博物馆研究入门

杨 瑾 著

科 学 出 版 社
北 京

内 容 简 介

博物馆是致力于全球和谐、向公众开放的非营利机构，通过征集、保护、研究、传播并展出人类物质文化遗产和非物质文化遗产，培养未来公民的终身学习和审美素养，从而增强国家和民族认同感。21世纪以来，中国的博物馆事业突飞猛进地发展，博物馆事业已经前所未有地被上升为国家战略，博物馆学研究也随之逐渐被从业者和学术界所重视。本书就博物馆学的基础概念、国际国内的博物馆行业理论与实践等方面出发，介绍了博物馆与博物馆学的形成，并结合作者多年的博物馆工作经历，对博物馆行业的未来发展方向做出了预期，为读者初步了解和深入学习博物馆学提供了参考。

本书适合高校博物馆学研究者、博物馆从业者以及对博物馆学有兴趣的社会人士阅读。

图书在版编目（CIP）数据

博物馆研究入门 / 杨瑾著.—北京：科学出版社，2019. 11
ISBN 978-7-03-062402-4

Ⅰ. ①博…　Ⅱ. ①杨…　Ⅲ. ①博物馆学–研究　Ⅳ. ①G260

中国版本图书馆CIP数据核字（2019）第210775号

责任编辑：张亚娜　郑佐一 / 责任校对：王晓茜
责任印制：赵　博 / 封面设计：美光设计

科 学 出 版 社 出版
北京东黄城根北街 16 号
邮政编码：100717
http://www.sciencep.com
北京厚诚则铭印刷科技有限公司印刷
科学出版社发行　各地新华书店经销
*
2019年11月第 一 版　开本：720 × 1000　1/16
2025年 5 月第五次印刷　印张：21
字数：410 000

定价：98.00元

（如有印装质量问题，我社负责调换）

自　序

我的文博研究始于最早的工作单位——秦始皇兵马俑博物馆（2006年更名为秦始皇帝陵博物院）。走进这座世界著名的博物馆我心中忐忑：一是因为我本科学的世界历史专业，对博物馆行业和博物馆学研究比较陌生；二是能够进入这个博物馆工作有一段神奇的经历。临到毕业，工作还没着落，时任武汉大学历史系主任的朱雷老师给我写了一个便签，让我到陕西省博物馆（今西安碑林博物馆和陕西历史博物馆前身）去找他的师弟——时任宣教部主任的王世平先生，王先生又给我写了一个纸条，让我去临潼兵马俑博物馆找副馆长吴永琪先生。我带着这个珍贵无比的纸条找到了吴馆长，他说："今年秦俑馆已经接收了11名大学毕业生，那就把你也加上，好事成双嘛。"就这样，在今天看来似乎是不可能想象的事情，竟然由两张小小的纸条完成了（很可惜，纸条已遗失了，那可是记载历史的珍贵"文物"呢！写到这里，万分感谢朱雷先生、王世平先生和吴永琪先生，是你们让我有机会长久而幸福地"学在博物馆"中）。

1989年7月进馆后我被分在宣教部工作，主要从事中英文讲解。在这期间，我尝试着翻译了一些文博文章，如《希腊小陶俑》（发表于《秦俑研究动态》1991年第1期，应该是我最早发表的文章）。其间，我被借调到陈列部，协助杨异同老师（馆著名摄影师）在南环道筹办图片展览，虽然我只是去外办、省图书馆和馆内阅览室查找资料，并进行英文翻译，但依然觉得很有趣，并由此朦朦胧胧地有了将讲解与展览结合起来的想法，也开始了"为更好地了解、融入"而解读博物馆的有趣旅程。

1991年到陕西历史博物馆工作后，我依然在宣教部从事讲解工作，但开始从宣教讲解角度学习博物馆学文章的撰写，如《讲解员与博物馆的社会教育》（收录于《文博宣教工作论丛》，三秦出版社，1996年）。这时候"观众"的概念越来越明晰，这对我后来从事陈列展览、学术研究非常有帮助，因为"观者""读者"的概念和定位已经牢固树立起来。再后来我逐渐将博物馆整体工作联系起来进行整体的、宏观的考量，并在大框架下对具体工作予以体系建设，也许这就是学术研究最初的逻辑、结构和语境的构建过程。用语言学家雅各布森（Roman

Jakobson）的研究范式来看，就是“纵轴（隐喻）和横轴（提喻）界定的选择与合成模型”，通过个体“提喻式地”反映整体，通过整体“转喻式地”剖析个体，以不同主题、视角展现博物馆研究的理性、有序和体系，以及从视觉意义向书写语汇意义的转变。因为“从展现事实的角度看，博物馆的展品一方面能够提喻式地通过个体反映整体，譬如一只蝴蝶或一个瓷罐就可以代表某一类型的蝴蝶或罐子；另一方面，它们也可以通过类似转喻的方法代表更多范围智识体系中的一部分，譬如自然历史或人类学”①。

到陕西历史博物馆后我曾在多个部门工作过，从开馆前筹建处的陈列保管组，到开馆后的宣教部（中英文讲解员）、党委行政办公室（外事秘书）、陈列保管部（研究及外语翻译）、陈列部（策展、研究与外语翻译）、科研处（科研管理、学术研究），不同岗位、不同工作为我带来了不同的研究视角，为我从宏观上观察博物馆提供了多重视角，研究内容、方法和目标也逐渐加深、拓宽且变厚，从不同工作角度“解读”博物馆过程中获得奇妙而呈结构性的系统感、跨越感和交融感。就这样，我在28年的博物馆工作中，不断获得感悟，逐渐从工作性研究慢慢进入学术性研究，即以藏品为基础，以陈列和教育等方面为主要内容的多层次、多学科综合研究到苏东海先生所论的普及性研究、服务性研究和学术性研究②。更理论性地说，按照徐显明先生的观点，学术性研究又分为传播性学术研究、整合性学术研究、运用性学术研究和创新性学术研究。创新性学术研究是各种学术研究的最高代表，可以带动其他三类学术研究。创新性学术研究能力是区分博物馆水平高低的重要标准。能进行创新性学术研究是我一直努力追求的至高目标和学术梦想，希望能够朝着这个目标越走越近③。

回想起一位博物馆研究馆员同事曾两次说过：“你发表在《陕西历史博物馆馆刊》第25辑的《众声合鸣——论唐墓壁画珍品馆展览的复调性》我看不懂。”我一直在纠结这个问题。因为很多年前，一位在陕西文博界工作的武汉大学校友曾反映过同样的问题：“小杨，你的博士论文我看不懂。”我记得当时回答说：“知识是一个含有多重结构的体系，像金字塔一样，我博士论文的知识来自更高级别专家的研究成果，而我的研究也会被其他人转化成另一种语汇表达，这样依次传播，让更多的人能够阅读与理解。”现在似乎明白了一点，

---

① 〔美〕史蒂芬·康恩著，王宇田译：《博物馆与美国的智识生活，1876—1926》，上海三联书店，2012年，第4页。

② 苏东海：《博物馆科学研究工作的再思考》，《中国博物馆》1995年第1期。

③ 徐显明：《大学理念论纲》，《中国社会科学》2010年第6期。

我也是慢慢自下而上地学习知识与传播知识，也是相关知识体系的使用者、构建者和传播者，这种知识结构或流转圈与格式塔学习理论（完形学习理论，configuration）有异曲同工之妙。也就是说，学术论文是以特定的理论为背景，用专业术语来对博物馆相关问题开展系统研究的，旨在试图超越特定的理论背景而做出新的理论创新，贡献新知识。它需要研究的深刻性，不考虑通俗易懂，因为论文本身并非大众知识，当然不是说晦涩难懂。

值得一提的是，1996～1998年我到北京语言文化大学参加国家文物局首届专业人员英语提升班，通过两年脱产学习，我有机会从语言文化角度考察博物馆与文物研究。2005年我返回母校武汉大学攻读近代早期世界史博士学位，跟随向荣老师专门研究宗教与贫困及救济问题，按照老师安排选择伊斯兰中东历史上的贫困与救济大方向。除去系统了解中东地区历史文化演变脉络之外，我意识到，这一产生当今世界著名宗教（基督教、犹太教、伊斯兰教）的地区就像一座无边界的历史博物馆一样，蕴藏着丰富的多文化交融风格的历史遗产（物质的、非物质的；文献的、文物的、图像的）。面对无数的珍贵文化遗产，选择什么主题、角度或方法的研究尤为重要，在老师的建议下，我采用新社会史研究范式对伊斯兰中东历史上贫困与救济问题追根溯源，在长时段内自下而上地观察宗教与贫困及救济的密切关系，这一研究视角对于我考察博物馆藏品产生了重要影响。后来在文物类研究方面，我也按照此种方法进行了有益的尝试，也产生了自己独到的观点和有意义的成果。

我在博物馆工作期间，曾到十余个国家随展、开会、考察、培训和工作，最喜欢参观的还是博物馆。每当静静地在博物馆长廊中目不转睛地看展品时，时差带来的疲乏、长途奔波的辛劳便一扫而光。每有心得，随时记录下来，也为后来的写作积累了大量基础资料。当学习和写作成为一种生活习惯、成为一种精神追求、成为一种和自己对话的方式、成为一种书写思维时，我不由自主地依赖于它。当有人开玩笑说，你这样不停地写啊写啊，生活还有什么乐趣，我答曰：这就是乐趣啊！

我的研究思路是选择文物学和博物馆学两个主题，进行跨学科、多方法的研究。通过长期积累，慢慢形成了自己独特的观察视角和书写方式，即将文物学、博物馆学、历史学、考古学、文献学及其他应用性学科，如传播学、社会学、人类学等实验性地结合起来，就获得了肌理分明、颇有层次感的感悟。尤其是从自己工作了28年之久的博物馆界到陕西师范大学之后，新的工作环境与模式、热烈的研究氛围和丰富的研究资源催促着、激励着我不断前行，但总是在不经意之间还是会回想，会有些念想，可能就像莎士比亚所说“一切过往皆为序章”吧。

也正是因为工作环境改变之故，才有了以整理、总结的形式，与以前告别并寻找某种链接，以便找到继续前行的方向和任务。2018年我的论文集《汉唐文明与中外文化交流》出版，分为上、下两册，包括20篇翻译文章和20篇独著文章，40篇文章皆以汉唐文物为主题。在梳理本书论文过程中，我发现关于博物馆学主题的文章也有30余篇，经主题选择最终采用28篇，分为博物馆建筑与藏品保护、陈列展览实例、全球化与博物馆、博物馆诠释与传播、博物馆与社会、博物馆与未来六大主题，共六章二十八节，第一章分为四节，分别为遗址博物馆的建筑与环境、博物馆与文化遗产保护、环境对文物的影响及保护办法、文物保管与保护的规范性操作。第二章分为七节，分别为将藏品变成展品、让展览吸引观众、三个外展例子、办好原创展览、发掘新展览主题、构建展览的叙事性和呈现展览的复调性。第三章包括五节，分别为博物馆与全球文化和谐、全球化与博物馆新诠释、新全球史观与博物馆藏品研究、当代博物馆发展现状、全球化与博物馆再定义。第四章分为三节，包括博物馆的学术传播、博物馆的新诠释方法和博物馆的伦理道德。第五章分六节，包括博物馆的社会生成、变化的观众、观众的教育、观众的培养、观众的参与和美国的观众。第六章分三节，包括2014年的美国博物馆、2015年的美国博物馆和2016年的美国博物馆。全书内容包括博物馆建筑、收藏、藏品管理与保护、陈列展览、博物馆观众和博物馆发展趋势等，涵盖博物馆工作的基础支撑和主要业务，重点在陈列展览实例和博物馆与社会，这两部分也是我长期工作的重点和主要研究内容，且有多项工作内容相互交叉、融合的特征。

在博物馆领域工作了28年，回看来时路，青春褪去，满头白发如霜染，伴随着日复一日的尽心感知、努力学习，沉浸其中既有遭遇瓶颈时的苦恼与困惑，也有解决问题后的舒适与惬意。对一个人来说，28年已约是人生之半，长久的身心投入似乎也形成了某种“博物馆范”，即所谓的耳濡目染后的沉浸与交融式意识与习惯，周围的人常常会说，“一眼就能看出来你们博物馆的人”。博物馆人到底什么样？也许谁也说不清楚，但却“只可意会不可言传”，这种绵纯、甘甜又静雅的意蕴，也绵延出博物馆博大而宽广的胸襟，它“将那些长久藏于地下疲乏的却渴望自由呼吸的远古珍宝紧紧拥抱，还用悲悯的眼光搜寻并抚拥那些被迫流浪的古代遗物；它用缄默的母性力量将古老三秦大地的辉煌历史永存”[①]。

---

① 杨瑾：《陕历博与女性之缘》，《中国文物报》2014年3月5日第7版。

转眼又一个春天来临，欣赏陕西师范大学春天里的朵朵鲜花，心里隐约闪现出博物馆春色满园时的别样美丽，可谓“一种相思，两处闲愁。此情无计可消除，才下眉头，却上心头”。其实，我心中的美丽愿景就是“读懂”文博行业，为它的未来建设添砖加瓦。

写这篇自序时，正是“五一”假期，我仍然劳动着，像所有在岗位上辛劳的人们一样，用平凡而执着的坚持耕耘，期待自己日后硕果累累。

杨　瑾

2019年5月2日

目　　录

第一章　博物馆建筑与藏品保护

顾名思义，博物馆就是“博物”在“馆”里，或“馆”里的“博物”。其特定的空间概念表明其建筑是至关重要的，也是一个专门领域。与其他建筑不同的是，博物馆建筑风格设计、功能划分、空间布局、建设过程等环节皆以文物藏品为核心，围绕它而形成不同的功能区，包括内核和外核两大场域，构成相对与绝对二元概念，富有交融性特色，如遗址博物馆的建筑与环境既要突出遗址本身的可持续性保护功能，也要强调其与内外文化环境的和谐。博物馆以馆舍形式在保护文化遗产的基础上，极大地拓展了其历史、文化与社会意义。藏品的保护既涉及理念性的规程，也需要具体的操作规程。

第一节　遗址博物馆的建筑与环境[①]

与其他建筑一样，遗址博物馆的建筑除了满足美观实用之外，也与周围的环境有着密不可分的关系。与其他类型的博物馆明显不同的是，遗址博物馆的建筑与环境离不开其功能和文化特性。众所周知，遗址博物馆的概念之所以能够成立，就在于它建于遗址之上，具有遗址这一不可移动的特殊藏品。这一特殊藏品给遗址博物馆带来了区别于其他类型博物馆的显著特点。

（1）遗址博物馆不脱离原来的环境。“该进博物馆了”是我们在生活中常常听到的一句话，它很形象地道出了博物馆的属性，在一般情况下，有了博物馆才有藏品；而遗址博物馆则是先因为有遗址然后才有博物馆，遗址博物馆的藏品——遗址不能像普通藏品那样随意搬挪。从这个意义上讲，遗址博物馆是将博物馆“搬”到了遗址上。

（2）遗址博物馆内容相对单一。与历史类博物馆藏品贯穿古今、面面俱到、容量巨大相比，遗址博物馆的内容仅反映某一历时阶段，或者某一历史事件。因此，它是片断，是一个点，是历史类博物馆藏品中的一个小环节。中国国家博物馆和北京猿人展览馆的关系恰恰就是典型的一例。从历史发展角度来看，北京猿人在中国国家博物馆这个反映中国悠久历史的主要线索中是一个小节。单从这一点讲，中国国家博物馆和北京猿人展览馆是包容关系。但问题是这个说法立论又不足。确切地说，从历史内容看，两者是点与线的关系，北京猿人是中国历史不可或缺的组成部分。但从博物馆角度看，北京猿人展览馆是中国国家博物馆表现内容中某一点的特写和全景，具有无法替代的作用。陕西历史博物馆与半坡遗址博物馆、周原遗址博物馆、唐华清池御汤博物馆等；河南博物院与二里头遗址博物馆等；浙江省博物馆与河姆渡遗址博物馆；辽宁省博物馆与沈阳新乐遗址博物馆等，无不体现了这种“点”与“线”的关系。这些遗址博物馆在内容上的单一性和功能上的不可替代性，赋予了它们独特的魅力。看似星星点点的单个遗址博物馆汇集在一起，就成了庞大的遗址博物馆群，这个群体表现为多样性。

（3）遗址分布的不均匀、不规则决定了遗址博物馆的布局只能因地制宜。造成遗址博物馆不规则分布的原因既有先天的，如唐华清池御汤遗址；也有后天

---

① 原刊于《中国博物馆》1999年第2期，有改动。

自然和人为破坏的（使原本分布还算规律的遗址遭到破坏），如西安唐代大明宫遗址、麟游九成宫遗址等。遗址的不规则现状为建筑设计师提供了充分施展才华的空间，但前提是不能离开遗址现状。

从上述遗址博物馆特性中，不难看出影响遗址博物馆建筑的因素首先是遗址所反映的人文历史方面的内容。建筑设计师必须考虑的问题是如何使自己设计的作品与遗址内容相协调，即如何使遗址博物馆的整体布局和建筑形式巧妙、恰当地反映出遗址中的历史信息，或者说是体现出遗址特有的某种内涵。但这并不意味着越追求形式上的古远设计就越有历史感，相反如果缺乏时代气息，其生命力将不会持久。理想的做法应是将两者有机结合起来，追求和谐与统一。具体说就是要将遗址中的历史信息或能代表该遗址的某一特征或符号，具体地或抽象地反映到建筑设计中，从而给人留下深刻的印象。

遗址内容对博物馆建筑形式的影响有以下几个方面：① 经济能力；② 文物保护；③ 设计水平和材料等。秦始皇帝陵博物院的建设过程就是最好的例证。一号展厅建成后，效果并不理想，原因有技术方面的，也有经济方面的，还有文物保护方面的。没有更多地在建筑形式上进一步推敲与遗址的关系，造成了建筑外观与遗址内容相去甚远。有鉴于此，二号坑和三号坑的展厅建筑从造型上采用了秦汉陵墓的覆斗形，入口处配以仿汉阙门，外墙装饰浅浮雕俑头，屋檐以古代城墙垛口作点缀；外形上的大屋顶与内部的大空间处理，以恢宏的气势给观众以强烈的印象，仿佛置身于历史中，体味“秦王扫六合，虎视何雄哉”的宏伟与壮阔。这种建筑风格淋漓尽致地表现了遗址的内容，透露出浓厚的秦汉古风。这种建筑形式是成功的。

将遗址内容生动形象地反映出来的成功典例还有以下博物馆建筑：辽宁沈阳新乐遗址博物馆，其外形利用科学想象复原新石器时代建筑外观；陕西法门寺博物馆珍宝阁，其被设计成法门寺地宫出土的铜浮屠形状；陕西铜川耀州窑遗址博物馆，其整体构思为完整的宋代窑炉造型；陕西临潼唐华清池御汤遗址博物馆，因其遗址均为唐代因而其建筑也为唐代风格。这些成功的例子充分说明建筑与遗址在正确的结合点上达到了内容与形式的完美统一。

通过以上例子可以看出，建筑的形式设计均以遗址内容为出发点，或抽象或具体地将遗址所包含的历史信息或多或少地反映在建筑形式中，这些信息对建筑形式的创作起着至关重要的作用。如何正确地把握建筑形式与遗址内容之间的契合点，并恰当地反映在建筑形式上，使二者较为完美地结合起来，成为和谐统一的整体，这又是建筑的关键。同样，恰当的建筑形式对遗址博物馆周围环境、气氛的营造有不可低估的作用。建筑形式与外部大环境是否融合，以及融合得是否妥帖是衡量一个遗址博物馆成功与否的重要标准之一。试想如果将代表现代文明或后现代文明的摩天大楼或最前卫建筑建在遗址区，会是怎样的不伦不类，滑稽可笑。即使是最摩登的形式，如果与周围环境不协调，也只能称作败笔。

一般来说，遗址博物馆的地点环境是无法选择的。在上面论述的博物馆中，有的地处喧哗的闹市，有的位于偏远的乡村，有的原貌被人为破坏严重。在这种情况下，建筑设计师在营造这种人工环境时需动一番脑筋。通常的做法是通过总体规划、特色鲜明的建筑形式、得体科学的绿化、设置恰当的建筑小品等创造出人工环境，构成以遗址博物馆为中心的、相对独立的文化空间。这样的建筑外形、色彩与布局等都是在大于现存环境因素的前提下考虑的，能给建筑设计师提供相对较大的构思和创作自由，能体现出建筑设计师的创作力以及对遗址文化内涵的正确理解和把握。以秦始皇帝陵博物院为例，建筑设计师除了对二号展厅、三号展厅的建筑外观巧妙处理外，还匠心独运地以大面积灰色花岗岩为主调，配以古铜色的门窗，营造出博物馆大环境中颇具古意的格调。雕塑和建筑小品在现代化建筑环境创造中已屡见不鲜。随着人们对遗址博物馆建筑环境认识的不断提高，雕塑和建筑小品也成为营造博物馆环境、氛围的重要手段。西安半坡博物馆在这方面称得上典范。由于该馆周围毗邻大型工厂，除采用环境绿化、建喷水池等办法优化环境外，设计师还在大门设计上狠下功夫——装饰有人面鱼纹的A字形仿木式大门浓缩了五千年前远古人类文化，给观众留下了深刻的印象；庭院喷池边的半坡姑娘雕塑更是画龙点睛之作，使观众感受到母系氏族社会的古朴与原始，恬静的半坡少女把生命的艰难、生活的苦难化作脸上的一抹微笑，怎会不叫人感动与慨叹！成功的雕塑和建筑小品对营造环境、氛围的作用也就不言而喻了。但若在数千兵马俑的秦始皇帝陵博物院设置雕塑或建筑小品，不仅会画蛇添足，更会破坏环境。运用雕塑失败的例子便是临潼华清池九龙池中的汉白玉“贵妃出浴”像，它不仅没有美化环境，更有大煞风景之嫌，落成不久便在众人的异议中拆除了。所以，遗址博物馆中的建筑小品和雕塑应是少而精、巧妙恰当的。遗址博物馆的环境当然不仅仅局限于馆区范围，对于外部自然环境、人文景观保持较好的遗址博物馆来说，就不能单纯局限在内部环境的整理上。建筑与环境的协调应该是建筑形式、色彩、布局，甚至包括与山川、河溪、植被的和谐与统一。位于骊山脚下的临潼唐华清池御汤遗址南临华清池正门，西接九龙池畔，北倚骊山，既有优美的自然景观，又有丰富的人文资源。如果像秦始皇帝陵博物院展厅那样采用大规模建筑，虽然从文物保护角度上讲是可行的，但与周围现有的自然风貌和人文景观相悖，试想一下，如此大体量的建筑将对整个骊山风景区带来多大的负面影响，比“贵妃出浴”像的副作用不知要大多少倍。有鉴于此，建筑设计师以每个遗址点为单元，化整为零，分别建造五个小型仿唐建筑，形成一组因山就势、高低错落有致、彼此呼应的建筑群体；并通过每个建筑屋顶形式的变化反映出建筑内部遗址的级别关系。这种在每个御汤遗址上建小馆的设计，不仅显示出单个遗址的独特身份和地位，也标识出与其周围人文景观的与众不同，新颖别致、意味深长；在色彩上选择灰色陶瓦以映衬葱郁的骊山和碧绿的华清池，醒目的红柱高白墙、人字形斗拱，鲜明地表现出唐文化的神韵和建筑特征。即将兴建的阳陵遗址博物馆，地处陕西渭北高原，地势平坦，视野开阔，原上耸立着西汉一朝九代皇帝的陵墓及大量陪葬墓。阳陵为汉景帝和王皇后合葬墓，边长170米，高31米，在粗犷宽广的黄土高原的衬托下，益发雄伟，凛然庄严，因此肯定不欢迎与它欲争高下的大体量现代化建筑，故拟建博物馆建筑只能以低矮为基调，将汉代文化特征创造性地融入其中，色彩也宜以深色为主调，才不会与附近众多的陵墓格格不入。因此，这类博物馆生态环境的保持和维护就显得格外重要。环境和遗址的因素对建筑外形有着至关重要的决定作用，建筑只能从属于大环境，融入大环境。因为它是作为环境的必要补充、必不可少的组成部分存在于诸多人文景观之中的。虽然在某种程度上，建筑形式的主观创造会受到客观条件的限制，但只有融于大环境中，才会锦上添花，否则会大煞风景，甚至喧宾夺主，适得其反。

顺便提一句，对于诸如乾陵、茂陵、昭陵等以陵墓为中心的博物馆环境，其长远的发展方向是一个值得深入探讨研究的课题。有人提出陵墓类博物馆环境园林化的论点，但从几个实例来看，并不正确。如果将假山和水池等江南造园式手法生搬硬套地置于陵墓类博物馆中，必然会削弱其原有的庄严、肃穆与神秘。因此，陵墓类博物馆环境陵园化在目前形势下是值得提倡的发展方向。在这里，环境的营造存在着学术界的专业化要求与一般老百姓民俗文化需求上的反差。

综上所述，对于遗址博物馆而言，建筑及环境有着相对于其他类型博物馆更为重要的作用，认识到这一点并在这方面作有益的努力，对遗址博物馆的发展无疑有着十分重要的意义。

第二节 博物馆与文化遗产保护[①]

文化遗产泛指历史文物和历史古迹，两者的保护是全世界关注的话题。欧洲的历史文物和历史古迹数量多，分布广，历史古迹保护工作卓有成效，罗马、威尼斯、佛罗伦萨和雅典等城市最突出，尤其是佛罗伦萨“旅馆大多利用了古老的建筑。像教堂、修道院、贵族府邸，甚至监狱，都在尽可能保护的前提下，补充了现代化设施，使得这些旅馆既用于住宿，又充满历史感”[②]。在美国和加拿大，有千余座古堡垒或遗址，其中的1/10经过维修后，作为博物馆或参观点供游人参观。

一、为什么要保护历史文物与历史古迹?

仅仅是因为年代久远？如果年代是衡量标准，那么一堆煤或一块岩石比任何人造艺术品都更有价值。我们保护历史文物与历史古迹不仅仅限于实用目的，那动机还会是什么？“对过去好日子”的怀旧心理起着很大作用。在一般民众看来，历史文物与历史古迹具有娱乐价值，如迪士尼神奇王国、维多利亚式餐厅和服装店。毋庸置疑，娱乐、怀旧、对祖先感情的认同等类似情感促成了很多历史文物与历史古迹的保护。况且，这样做还能带来可观的经济效益，很多企业和社团都把旅客对历史的怀念看作挣钱的机会，如美国阿肯色州的尤里卡斯普林斯城曾争取到73万美金的联邦城区改造补助金，为了吸引游客，闹市区被重新装修成19世纪90年代的风格，并被宣布为历史文化区[③]。

仿建欧洲街景吸引游客的做法曾在美国风行一时，“巴伐利亚风格村庄”也红火了一阵[④]。但有些专家认为这不是历史文物与历史古迹保护。如果从博物馆

---

① 原题目为《为未来留住历史——漫谈古迹保护》，与王锐合著，刊于《陕西历史博物馆馆刊》（第13辑），三秦出版社，2006年。

② 毕克官：《欧洲古迹保护一瞥（一）：古城佛洛伦萨的整体保护》，《文物天地》2003年第7期。

③ 〔美〕乔治·埃里斯·博寇著，张云、曹志建、吴瑜，等译：《新博物馆学手册》，重庆大学出版社，2011年，第5—139页；G. Ellis Burcaw. Introduction to Museum Work. Walnut Greek: Altamira Press, 1997.

④ 巴伐利亚风格指德国巴伐利亚式建筑、饮食、服饰等，在美国，主要指德国开拓者后裔的生活区域，如华盛顿州的莱文沃思、密苏里州的赫尔曼、得克萨斯州的佛雷德里克斯堡、明尼苏达州的新乌尔姆、密歇根州的佛兰肯慕斯、爱荷华州的阿曼那、佐治亚州的海伦镇、俄勒冈的天使山等的各种元素风格。

角度来看历史，一件藏品是为了教育或审美目的而被保存、保护的。同样，一座古建筑、一个老城镇也可以被看作博物馆的一件文物。一所保存下来的、经过维修装饰过的老房子就是一件真正的藏品，其既能作为独立的单元就地开放，也可以搬运到博物馆，经过装配成为户外博物馆的展品或藏品。然而，这样做会付出一些代价：它曾是原来环境的一部分，在那里起着独有的作用。如果从原址搬离，会破坏前后时空关系。保留在原地的老建筑，以博物馆目的进行管理时可以称作博物馆、房屋博物馆、古建筑或历史保护单位等名称。这样的老建筑可以看作单个的标本博物馆。

二、历史文物与历史古迹保护的目的是什么？

和博物馆一样，是为了公共教育。因此，其他类型博物馆的定义和检验标准也同样适用于古建筑或古遗址。很久以来，世界各地的有识之士都在积极努力地保护古物。1971年英格兰在修建高速公路时发现了一处罗马时代的浴室遗址，就将公路改了道，遗址被保护起来，并对外开放。同样，墨西哥在修建环形地铁时发现了阿兹特克神庙建筑，地铁也绕道而过，阿兹特克神庙变成了车站的一部分。但并非所有古迹都有这样的好运气：印度德里一处17世纪的防御墙上建造了奢华的居民楼；日本平等院寺庙有千年历史的古钟曾饱受附近工厂腐蚀性烟尘的损害，移入室内后再也敲不响了。

当历史保护与盈利或市政管理急功近利的现实决策发生矛盾时，争议纷至沓来。在美国，大量的小木屋和纽约城宾夕法尼亚铁路重点站点等老建筑被拆毁，扔进了垃圾堆里。当古建筑所占土地变得越来越值钱时，就会以各种名义被逐渐私有化，公众将永远失去它们，但又无能为力。如果老建筑被当作停车场的话，你可以将车停泊在绿树成荫的、可爱的老房子或古宅院中，但你不可能带着成群的学生像参观一个博物馆一样去看一个停车场。

法律常常滞后于时代的发展。20世纪六七十年代，潜水运动风靡一时，很多水下考古遗址因此遭到严重破坏。于是，很多地方的博物馆和历史社团不断抗争，迫使如1987年美国国会通过的《被弃沉船法案》（Abandoned Shipwreck Act of 1987）通过了保护公共水域文化遗产的相关法律。谁又能知道，中国的房地产开发对古迹（古建筑）造成了多么严重的破坏？

为什么要如此费心？因为历史对我们很重要，人总是以古鉴今。谁说那些看起来美丽的缺点不是我们最需要的东西？历史不再是过去事件的记录，它是富有启发性的、能够说明问题的记录；历史以各种形式拓展人类生活，诠释每个阶段文明的产生过程，展示历史如何仍然活在我们中间、仍然主宰着我们，使我们能够以古知今。如此说来，历史是鼓舞人心、能沟通灵感的。今天及未来的人们都会相信，研究历史、尊重历史才会有真正的价值。

我们必须清醒地看到，当一个社团或一种文明消失后，人们会遗憾地发现：历史已被遗忘，人们对一直伴随自己的东西视而不见。人类筚路蓝缕的初始阶段被遗忘了，人们变得自我满足。曾经的团结和共识一度足以战胜腐朽和分裂，足以冲破阻挡人们前进的障碍。但嘲笑者来了，人们听到了否定者的声音。对历史的幻象和希望消退了，人类变得愚钝，与嘲弄者和否定者同流合污，对伴随自己的历史声音置若罔闻。

令人欣慰的是，世界各地的人们，不分年龄大小，都积极参与到保护文化遗产的活动中。1958年成立的爱尔兰乔治亚社团向公众征集一些老宅样本，培训手工匠们铸模和其他必需的修复技艺，借此来激发公众保护文物古迹的积极性。1969年，19个欧洲国家的代表汇聚布鲁塞尔，讨论欧洲国家共同保护跨国界遗产问题，达成协议要在国际范围内为保护历史而共同努力。意大利那不勒斯、西西里岛等地采取的“领养一个古迹”项目卓有成效，孩子们不仅对自己领养的古迹细心研究，而且为来参观的游人讲解。美国的“一便士保护活动”让孩子们参与到文化遗产的保护中来。学校里的孩子将自己的零钱一便士一便士地存起来，用于保护19世纪废奴领袖哈里特·比布曼（Harriet Tubman）的故居。通过参与古迹保护，孩子们不仅对历史古迹产生了兴趣和责任感，更重要的是他们学会了尊重自己的历史文化，这对文化遗产的未来传承是无价的。

三、历史文物与历史古迹保护的释义与标准

1949年，在关于北京城墙存废问题的激烈争论中，林徽因提出“保留文物古迹应该与为什么要学历史联系起来”“古迹保护是对具有重大历史、文化意义的遗址、建筑进行科学研究、保护修复、维护和宣传的全面工程。任何历史古迹保护的唯一和仅有目的是传递历史教训，为了现在和将来都能从过去学到点东西”[①]。今天的历史古迹保护拥有了更广泛的概念，为了保护历史古迹，其建筑常常被用作商业或行政用途，如餐馆、礼品店或游客中心等，以保证它们继续存在。一所具有历史意义的居所可以被保留下来，重新装修后成为旅馆，这样的实

① 申予荣：《北京城垣拆除始末》，《文物天地》2003年第1期。

践可能不是最理想的，但肯定比让有古老的建筑或历史意义的古迹沦为废墟或被夷为平地要好得多。

在博物馆范围内，使一所老建筑免遭腐朽或被拆除的命运，最简单的保护是抢救，且为了公共教育或审美目的，要将它维护在最好的状态下。老宅可以继续作为私人住宅、博物馆、图书馆、历史社团或公共服务机构的活动中心等。为了公众利益，美国和加拿大的千余所老宅作为过去文化的标本而被加以保护。这些国家每年百万次的“博物馆参观”中大约有一半是古迹参观（有教育价值的是古迹与周围居民和自然特色的关系、地形和自然植被等）。

然而，现有的或潜在的保护主义可能面临的最大哲学难题是：保护什么、不保护什么。一个建筑物有价值仅仅因为它是老的或与某个名人联系在一起吗？博物馆的藏品也是因为是老物件或与某个名人有关而被收藏的吗？如果博物馆的一件藏品只有面包盒大小，博物馆会选择征集、保存它吗？不管从建筑还是历史角度看，它都是重要的？是一件有价值的艺术品，或有助于讲述过去的生活？与一位重要人物、机构或事件有关？这样会增加我们对历史的了解？这些都是参与保护的社团和博物馆要考虑的主要问题，即要从艺术，主要是建筑和历史，包括社会学和人类学角度出发。

救护一座老房子仅仅因为乔治·华盛顿在这里住过？因为曾一度属于一位美国参议员或因为它恰巧被捐献给国家保护？对于一个值得保护的建筑物来说，它必须能够展示给观众看，能被宣传、解释或说明。它可能是19世纪80年代中西部农舍、20世纪20年代下层人居住的小木屋、著名设计师设计的一座大楼、一所在公共事务方面颇有影响力的人物居住的邸宅，里面有年代完整的室内装饰、一个商业场所或学校等。总之，最基本的理念是：不要简单地认为古迹保护是留存一些东西，而必须是为了某个目标。宣传是中间目的，教育则是终极目的。

从实际角度来看，保护工程必须有教育价值（不仅仅是私人的、情感的、娱乐的价值或审美价值）。从开始勘测到修复计划，特别是在永久性所有权方面。保护对象的位置很重要。要考虑到是否安全、容易进入，是否能为该地大多数人服务。当城市扩大变化时，会不会需要一次次被拯救？最后是有关真实性和重要性。建筑是那个时代真实的表现吗？如果多年后遭遇变化，会不会被毁掉？

因此，历史古迹保护应该具有以下四个原则。①为了更具法律效力，必须保护那些具有重大历史或文化意义的建筑实物、物品或遗址（不是每件东西都值得保护，不是只要有一座古建筑的城镇都值得拯救）。②历史古迹保护的命脉是研究。做好保护和宣传工作，需要大量的研究工作。工人也必须对过去物质文化的每一个细节了如指掌。而有些细节可能已经无可挽回地丢失了，如在某一特定时期或在某一特定房间使用了哪种墙纸、窗帘、地毯和家具，不经研究，谁能回答这些问题？25年或50年以后，谁还能记住童年时候家里布置的这些细节？③一项历史古迹保护工程，要像打造博物馆一样，必须清楚其目标、可行性和局限性。④任何历史古迹保护工程的价值都是由保护和宣传的质量来衡量、来决定的。再伟大的藏品，只有将它引导至丰富人类生活中时，才会有真正的价值。一座经过精心保护过的建筑物本身不会说话，只有把它表现、解释给观众，乃至用来教育观众时，才具有真正的意义。

世界上最伟大的古建维修工程是美国威廉斯堡的殖民城。威廉斯堡曾是弗吉尼亚殖民地首都，后来成了洛克菲勒家族约翰·D·洛克菲勒的私人财产。自1926年起，经过差不多40年时间，洛克菲勒家族花费了8亿美金对原建筑进行维修，重建和重新装修了500多处建筑物，构成了殖民城的中心区，每年可接待数百万游客。当观众愉快地享受参观时，谁也想不到威廉斯堡是一座经过全面而细致研究的、严肃的户外博物馆。该馆印制的幻灯片宣传材料上有这样的声明：我们的美国生活方式面对的国内外所有问题，都没有像现在这样来反思我们的政治和文化遗产重要。对美国人和任何其他地方自由的人们来说，这是极其相同的遗产，给我们以精神力量和理解。太多时候，我们想当然地享用基本自由。谁曾想到过，18世纪给予人们的是什么样的思想和观念。如果有的话，这些是关于人类自由、自治和人权的重要概念。我们太少意识到我们的种植园主、政治家为了统一殖民地、建立民主形式的政府冒过多大的风险？放弃了多少自己的利益？通过观看威廉斯堡幻灯片，这些爱国主义情感同样会传递给学生和成年人组织。就像整个威廉斯堡工程，通过将18世纪背景下的活历史戏剧化，充分显示出其鼓舞人心的精神力量和教育价值。哥伦比亚大学论坛杂志有评论文章说，“有一天，人们会怀疑古迹的力量，因为全国人民都在向往国家的新气象，他们的思想被固定在未来。看看现在，人造大厦一个个被废弃，在一夜之间完全消失在人们的视线中，人们都无动于衷。但最近以来，美国人已经培植了一种‘自恋式’怀旧的历史感。我们保护恐龙印迹、建造纪念碑怀念‘比尔小子’、维修和重建殖民城。然而，我们太频繁地把过去理想化、博物馆化而且纯净化。威廉斯堡18世纪的气息对20世纪人们的震撼如此巨大，以至于能冲刷观众脑海中的其他任何印象。但历史通常是经过均匀分布、可以被清洗和可以删改的，多种历史对过去进行完全人工重塑的结果。这样的处理将走向对精挑细选的事件逐一陈列：对时代、内容、事件和个人的选择。历史的流动被打断了，时间的连续性也看不见了。历史停留在孤立的、遥远的和基本上毫无生命力的状态。”

这也许就是被称为保护陷阱的负面效应。经过保护的器物看起来是崭新的、光闪闪的，好看的。有些人可能说一切都装饰得花枝招展的，每件东西都变得漂亮、好看，历史本身变成了故事书。在很多国家，历史中的每一个人都是浪漫的、打扮得体体面面的，像绅士般有教养地生活。在全国一般性古建维修工程中，从殖民地城到带传统花园的老宅，保护陷阱被解释得很完美。还有一个经久不衰的、对事实进行整理的倾向：每件东西都要维修到这样一个程度，即现实和真理早就被抛至脑后。公众在很大程度上得接受这个事实，似乎还得欣赏这样的再造神话，他们甚至还会怀着敬畏的心情去参观这些人工改造的所谓遗迹。

所以，史密森协会在计划重建贫民窟，并将其作为美国生活展具时，巧妙地避免了保护陷阱的出现。有人说，我们正处在丢掉今天的危险中。为了不让中上层博物馆观众与生活的阴暗面失去接触，展览布置得夏天热、冬天冷，空气中充斥着令人不爽的气味，甚至还有老鼠。有人说历史博物馆在学术上有责任去努力展现生活的真实性。通过陈列展览真实反映历史的客观性。博物馆面临的宏大命题过去曾是、现在仍然是博物馆必须告诉人们整个真相，不能仅仅是博物馆人士所想象的公众要了解的美的或浪漫的部分，与自然历史博物馆动物部不要过分突出恐龙，艺术博物馆不要假装“艺术”与“绘画”意思相同，历史博物馆必须承认并非所有人在过去都有着舒适的生活，或者都被很好地对待着。如果这样，所有博物馆看待主题的视野将更宽广，威廉斯堡殖民城被批评“美化”殖民生活，现在该地正在进行严肃认真的研究，力图真实地表现美国早期奴隶制。同样，被关注的还有南北战争前种植园遗址的宣传，越来越多的非裔美国人认识到他们构建了种植园经济的基础，而不仅仅是这段历史的旁观者，只是与占据种植园主要房屋的富裕家庭待在一起罢了。

四、关于历史文物与历史古迹保护是否有价值的思考

很多国家已经通过法律给予古迹保护以实际帮助，如扩大全国性具有历史意义建筑的登记工作，颁布历史古迹相关立法文件，分批公布重点文物古迹保护单位，设立历史保护办公室以及提供财政咨询等①。

① 古迹保护标准制定后，至少美国联邦基金不会毁坏国家登记的任何一处建筑物。该标准还要求商业开发利用要尽最大可能地保护联邦、州和地方政府的风景地和历史遗址，以及其他具有历史意义的土地和遗址。

我们用下面几个因素来判定一个保护工程是否值得花费时间、精力和金钱。

（1）历史意义。建筑与重要历史人物的生活或活动有无联系（远远超出“睡在这里”这类联系）？与国家、州或社团历史机构起重要作用的群体或个人有联系？与重要历史事件（文化、经济、军事、社会或政治）有联系？建筑与社团历史上循环出现的重要事件（如每年一度的庆祝）有关？与曾对城市生活做出实际贡献的过去的或仍然继续存在的机构有关？

（2）建筑价值。是城市中保留下来的那个时代少有的建筑之一？是一种特殊建筑风格或特定时期本地独一无二的样本？是一种特殊建筑风格或特定时期很多杰作之一？知名建筑师的作品？具有特别艺术价值的建筑奇观或别致的作品？本身具有价值的原始材料或能看见建造工艺的建筑材料？原始设计的完整性是保留了下来还是已经发生了改变？

（3）背景环境。能否让一般公众能看得见？是或能够是城市特色的一个重要元素？是或能够是附近建筑特色中的一个重要元素（单独的或与附近相似建筑物有联系）？对街区建筑统一性做出贡献？现在的环境背景（庭院、树林、篱笆、墙、地面处理、外围建筑及其他）恰如其分？建筑和遗址是否会常常受到有害物质的侵害？

（4）使用价值。公共或私人行为使建筑受到被拆除的威胁？能够保持原状或目前用途？有足够的教育价值可作为博物馆物品？能适应再生产性功能？方便进入？服务于公用事业，适应现代用途？能适应新用途，且不损害那些增加其重要性的部分？

（5）花费成本。保护或维修在经济上是可行的吗？以后还好继续维修吗？

古建保护程度不同，所用词汇也各不相同。问题在于观众或游客辨别不出俗气的或陈腐的商用模制物与博物馆和相关组织经过艰苦研究过的复制物之间的差别到底有多大。

保护（维护）：保持已经存在东西的现有状态，保证不再使已经遭受的损害（变化）进一步加重（增多）。

复原：通过去除后来的附加物、替换丢失部分、清洗、油漆等方法，将现存的建筑物恢复到最初的外观和状态。

重建：重新构造，新建的作为已经失去东西的代表物。有时可以矗立在所代表的原物的基础上，与再创造（恢复原状）为同义词。为了搬迁，房子大部分或整个要拆开，然后在新址上再重新构造，或从原址将一座房子搬到新址，如移到户外博物馆中。在这种情况下，虽然再次组装，但房子在外形上是原貌，所有或大部分部件是原装的。

原貌：最初的或第一个样本，是复制的模型。

复制或翻版：对原作准确地、一丝不苟地再现或对原型最近似地重造。

模仿：按照原型的风格或样式恢复，但不是完全照搬。

模拟：虚拟、假设原来的面貌，通过模仿已经明确的特征，通常是表面化的、肤浅的，像舞台布景般机械、呆板。

重新装修：清洗（倒空所装之物或所存之物），使外表看起来鲜亮一些。重新装修是重新给房间或建筑物装配家具或器具。通常带有尽可能相似地复原到原来样子的意思。

历史的：本身就是一段历史，本身具有历史价值。

历史性的（涉及历史的）：关于或与历史有关（因此，林肯的摇椅是历史的，一本描述椅子的小册子是历史性的）。

一般的保护原则是保护比维修好，维修比重造好，重造比什么都不做好。如果某个博物馆或某个文保单位因扩建之需急需房屋的话，正好有一所老房子要捐赠，真是皆大欢喜。宣传本地历史要与古迹保护结合起来，一所老房子可以单独用作一座独立的建筑博物馆或作为某社团博物馆的一个分馆。

在中国，面对快速现代化的进程，古迹保留与废弃的争论十分尖锐，很多具有重大历史意义的古迹被毁；毁坏了的历史古迹，就等于截断了历史信息，人们与历史对话的对象就没有了，活的历史消失了。美国城市规划协会秘书长苏杰夫在2004中国南京世界历史文化名城博览会上说："中国的城市规划缺乏对历史和文物的保护，而且保护和发展存在严重脱节。城市领导人认为保护和发展是冲突的，实际上经过精心规划，文物保护会提升城市的发展战略。"①

令人欣慰的是，当1999年杭州最终广泛接受"保留杭城文脉"的共识时，立即开展了对名人故居、历史遗迹的保护与维修工作，胡雪岩故居就是其中最典型的例子。2001年南京市政府启动了大规模的城墙维修保护工程。2003年北京大学、清华大学校园成为第五批全国重点文物保护单位，西安市也对所有历史街区和古民居进行逐一普查，科学确定保护范围，通过政府公告的形式公之于世，让广大市民自觉参与到文物建筑的保护和监督中来，并积极推动人大立法，用法律

① 组委会：《2004中国南京世界历史文化名城博览会　世界历史文化名城市长论坛》，《建筑与文化》2004年第3期。苏杰夫还说："中国的文化及其遗产应该是全人类的财富，当游客来中国的时候，他们想看到中国城市的风格而不需要看到休斯敦在中国的翻版。"

手段加强文物保护；对古民居和历史街区，属于危房的要进行加固，属于文物保护范围的要予以维修保护，逐一拿出维护修缮的办法，要加强管理，统一规划，统一要求，使开放利用和古城等历史内涵和文化特色相一致。2004年秦皇岛市北戴河正式公布《北戴河区近代建筑保护规定》，把1949年以前建造的具有历史意义、艺术特色和科学价值的建筑列入北戴河重点保护范围，首批64栋近代建筑被核定为北戴河重点文物保护单位，现有其他近代建筑列为登记系列近代建筑，目前北戴河共存有近代建筑130座。

这些好消息，让我们看到了希望。因此，保护历史古迹不仅仅是为了保存过去，更是为了传递历史，为了可持续发展，让历史延续，代代相传。保护不好历史古迹会愧对子孙。应该加大宣传力度，让更多的人参与到保护我们的历史古迹保护活动中来，使我们的古建筑、名人故居、古迹遗址恢复原来的风采，像罗马、佛罗伦萨、威尼斯那样放射出迷人的光彩。

第三节　环境对文物的影响及保护办法①

博物馆的文物，无论是在库房存放还是在展厅展出，都会受到周围环境的影响，有利的环境会稳定或改善文物的现状，延长文物的寿命；相反，不利的或有害的环境会损害文物，减短其寿命，给收藏单位带来无法弥补的损失。与其他物品一样，文物的损坏也有一个较长的过程。在这期间，多种因素综合作用而产生一系列物理和化学反应，使器物外形和内部结构都朝着不利的方向发展，最终导致毁坏。一般来说，环境对文物产生的危害有以下几个方面：火灾、屋顶漏水、管道渗漏、灰尘、烟熏、具有放射性的灯光、相对温湿度的聚变、热源、接近有害物质，以及由以上原因造成的微生物破坏（生虫、滋生霉菌及受到腐蚀等）。因此，我们有必要针对它们对文物的损害方式采取有效的处理方法，为文物创造良好的保存空间，使文物的价值得到充分发挥。

一、影响文物的环境因素

环境对文物的损害主要来自光线和湿气，这两种有害因素会引起并加速文物

① 原刊于《陕西历史博物馆馆刊》（第3辑），西北大学出版社，1996年。参考资料来自《艺术品的收藏与操作流程——美国大都会博物馆保管工作实践》，美国大都会博物馆出版社，1997年。

的物理结构和化学性能发生变化，这两个过程有时会同时发生或交替进行，因此，我们应在仔细研究各类器物所需要的最佳光源和相对温湿度后，提供并保持理想、稳定的光源和温湿度，使文物在良性的环境下保持最佳状态。在造成文物损害的诸多因素中，过分潮湿、极度干燥、光线不足、文物本体过高、大气污染以及接近有害物质（体）是最值得人们注意的，无论哪种材质的器物都会或多或少地受到影响，产生物理或化学反应，从而引发不同程度的损害。

针对上述有害环境因素对文物产生的危害，建议采取使用微生物的办法来防治，如湿度过大滋生霉菌，可鼓励文保人员使用某些昆虫来杀灭。培养生物酶来防治有害物质对文物产生的损害也不失为一种简便有效的方法。

在损害文物的诸要素中，光线的影响最大。几乎所有光线都会对文物造成损伤，其中紫外线和红外线的破坏力比较强，它们会使器物发生化学变化，从而造成结构性损害，使器物不断老化。而低于400纳米的紫外线产生的光化学伤害最具破坏力。红外线产生的热效应也会使器物发生化学变化。虽然可视性辐射不像紫外线和红外线那样具有持久的毁坏力，但也能使颜料、色淀颜料和染色剂褪色、变暗。光化学对纸制品、纺织品和人造材料类有机物的负面影响较大，且范围较广，主要会导致器物的物理性能和结构发生变化，如使合成材料和天然材料类器物发生脆变和衰变，清漆和颜料氧化，纸张、纺织物和木制品漂白、变色、发黄或发黑变暗。

一般来说，器物暴露在光线中受到的损害是与光照度和时间成正比的，如一件器物在10英尺烛光[①]（较低光度下100小时与在100英尺烛光光线中仅仅暴露1小时所受的光损害程度相同）。文物的自然老化是不可避免的，较为理想的保存环境是处于惰性气体中或暗处。如果条件不允许，我们可采取一些有效的措施来延缓文物的老化过程。

（1）控制光谱的分布。最有效的办法是采用一些能吸收紫外线的酸性薄膜，如UF-4普雷克斯工业用丙烯酸树脂或卢塞特树胶SAR-4等，罩住表面稳定的纺织物和纸制品，或给玻璃柜内和木窗户上的荧光灯加上套子或管子来过滤光线（未经过滤的荧光散发出高强度的紫外线和具有破坏性的短波紫外线辐射）。建议采用浅黄色的UF-3或颜色透明的UF-4普雷克斯或类似材料，这些材料会过滤掉大部分紫外线及其产生的辐射。酸性薄膜具有静电，不能直接用在油漆表面的

① 英尺烛光，一种照度单位，等于一个表面上每一点与强度为1烛光的均匀点光源之间的距离均为1英尺时，该表面上的照度，或等于1流明/平方英尺。

器物上，否则漆层会剥落，也不能用于粉质表层类器物上，如彩铅粉、粉笔、碳素及树胶类水彩画所用的颜料，同样粉质层也会脱落。

（2）保持适当的光照。对有机类器物来说，存放和展出时需要的最佳光线应保持在8英尺烛光。绘画类作品则无特殊限制，但混合材料制品或有问题的画所需的灯光要与文保人员商量。总体来说，展室光线应比室外暗一些，展室之间或入口处光线也应该柔和一些，这样观众的眼睛容易适应。

（3）限制光照时间。敏感材料不宜长期展出，应定期撤回库房。有机材料类文物在一年内展出的时间不宜超过三个月，不展出时，无论是在展厅还是库房，都应放置在光线较暗的地方；有窗帘的地方，最好将窗帘拉上。存放带框架的印刷品、纺织物或绘画（版画）时，应用牛皮纸、墨水纸或黑色纤维物盖住。

（4）保持稳定的温湿度（表一）。过热或潮湿都会加速器物的光化学反应。

（5）避免文物直接暴露在阳光、折射光或聚光灯的热源中。

表一　环境因素导致的化学反应和物理变化

环境因素	化学反应	物理变化
湿度过大	金属器物生锈、失去光泽、颜色变暗；石器、瓷器和玻璃器中的盐分流失；纸张、羊皮纸、皮革、纺织物、黏胶物（动物脂肪）等所含的纤维和蛋白质分解；照片和幻灯片褪色或失色；有机类物品中杂质和染色剂流失	由于吸收湿气而使吸湿性强的物品（纸张、羊皮纸、皮革、纺织物、木制品、象牙类制品、芦苇等）外形和尺寸发生变化，如肿胀、膨胀、弯曲变形、裂缝、裂解、变软、起皱（帆布画）等
过于干燥	由于脱水而使纸张、纺织品、皮革等的细胞结构瓦解、纤维断裂，最终导致有机材料变脆、萎缩	胶合板黏合剂和黏接处变干；线装书上的绳子断裂；画布表面酥解；木制品弯曲、变形
过热（散热器、阳光、白炽灯、聚光灯、照相用泛光灯产生的高温）	频繁的化学反应会加速有机材料的老化和脱水	天然树脂、蜡、树胶等由于经常吸灰而变软；油画边缘变形、膨胀；油画和版画出现裂孔；木制品由于脱水而变形、裂解
低于400毫米的可视光和紫外线	光化学和氧化反应造成有机材料的结构性裂解；可视光过低会造成不耐晒燃料褪色、羊毛和纸张变白、一些有机材料发生色变；紫外线过弱会导致纸张和丝变黄、黑色木制品褪色、天然玉合成树脂失色、纤维素和蛋白质材料裂解	物理结构裂解，如由光催化产生的化学反应使有机材料变脆、变酥

续表

环境因素	化学反应	物理变化
大气污染（二氧化碳、氧化氮和臭氧）	铁、钢和铜合成类金属器物生锈。①臭氧：使大理石、石灰岩及壁画等含碳酸盐成分的器物发生衰变；合成染料的色剂裂解；纤维素和蛋白质类物品以及其他合成材料分解。②硫化氧：银器表面发乌；颜料，如铅白和铅红变黑。③煤烟和灰尘：酸侵蚀造成有机材料产生污斑	①化学损害会造成材料结构松散、失去张力，如腐蚀大理石和石灰岩雕像、纸张和纺织品纤维解体而失去张力、皮革粉化。②表面失色、变脏
接近有害气体	有机材料失去张力	

二、相对温湿度①

可以肯定地说，博物馆的文物都曾或正在遭受光和热的破坏。为了将损害降低到最小，展室和库房都应该保持稳定、合适的温湿度，以确保有机和无机类材料艺术品的化学平衡性和物理稳定性。由于保存现状不同，如组成物质、厚度、损坏程度、平衡度（从大气中吸收及释放的水分总量）以及以前的保存环境等，每件文物都需要适合自己的温湿度。过分潮湿、干燥、发热及温湿度的波动都会对文物造成损害。在有害环境中，文物的体积会发生变化、内部会产生化学反应或被微生物侵蚀（表二）。因此，控制均衡、适度的温湿度对保护文物十分重要，最基本的应该做到以下几个方面。

（1）保存环境应恒温恒湿。理想的温度应该保持在68～72℉（20～21℃）。温差波动较大（忽冷忽热）会使文物周围环境过干或过湿，不利于稳定文物现状。

（2）在库房和展厅为每件文物营造出合适的小氛围，即使文物对外借展，也应要求同样的存放或展出环境。

（3）库房和展厅应该装上空调，以便涤除气体污染物和灰尘，保持空气循环流通，防止霉菌滋生。

（4）切记不要把文物靠近任何热源，如散热器、直射阳光或类似聚光灯的炽热光源。否则，强光产生的热量会降低大气湿度，使文物失去水分，受到损坏。

（5）在库房和展厅内放置温湿计、刻度盘、湿度计或温度指示卡。每6个月

① 相对湿度（RH），空气中的湿气量与在一定的温度和压力下人为弄湿时空气所能保持的湿气量之间百分比值的度量单位。一般来说，温度越高，空气能保持的湿度就越大。

定期用干湿球温度计检查刻度盘和湿度计是否准确。

（6）展览或存放对温湿度比较敏感的文物时，应有一个单独控制温湿度的微型环境（如匣或盒），建议使用玻璃柜。温湿度可以通过缓冲剂或硅胶来平衡。

（7）存在文保风险的文物与有机和无机材料类器物同时展出时所需的温湿度应与文保人员协商后共同制定。

表二　相对温湿度

材料类型	湿度	特殊要求
有机材料：① 纸张、羊皮纸、皮革、角质类文物、象牙类、骨类、毛发类、芦苇、干葫芦、树皮、黏合剂（天然的与合成的）、木制品、彩绘雕像、油画和版画。② 中国画和版画	① 45%～55% ② 55%～60%	湿度高于65%会导致某些材料发生霉变；低于40%则会变脆、变酥、变粉等
无机材料：稳定金属、珐琅、石器、瓷器、玻璃器	30%～60%	咨询文保人员
有特殊问题的无机材料：失透、滴漏和有裂缝的玻璃；有铜锈病变的器物；不稳定金属（生锈的铁器）以及含有盐杂质的瓷器和石器	30%～45%	一般来说，实际采用的湿度要求相对低一些，其中有些器物需要较高的湿度
有机材料和无机材料：① 两种材料的合成品。② 无机材料，如瓷器和玻璃器使用有机黏合剂或用对潮湿敏感的材料存放时	① 45%～55% ② 30%～45%	与文保人员商量。应首先考虑敏感材料所需的湿度

三、摄　　影

文物在摄影过程中需要的光线亮度与展厅内基本相同。照相灯光产生的高热量对文物产生的负面影响应引起足够的重视。由于每件文物对紫外线和可视光的敏感程度不一，对热的反应亦不相同，故应根据文物的组成、厚度、传导性和颜色选择最理想的拍摄光度。否则，文物在拍摄时会被动地受到不断重复的冷热循环的损害。如果强光产生的高热量集中在某一点上，就会导致文物局部变形。如果灯光频繁闪灭，忽冷忽热也会给文物造成伤害。如果延长强光的照射时间还会使器物表面温度不断升高，增加发生化学反应的危险。对于敏感性材料而言，过多或时间过长地受摄影灯光直射会出现以下损害：脱水干裂、翘曲、收缩、裂缝、表层脱落、蜡软化、吸灰、黏接处松动、纺织物和纸类纤维分解、油画起泡变形、画布和版画产生孔状剥落等。令人头痛的是这些损害不是很快就能察觉到的，而是一直要拖到六个月以后才能明显地表现出来（表三）。

表三　器物摄影照明光

材料类型	建议用光（要求所有灯光必须能过滤紫外线）
高敏感度材料：① 有机材料：纺织品、服装、地毯、纸类艺术品、照片、书籍、壁纸、染色皮革、羊皮纸、漆器、编织物、毛发类；人种学类器物中的纤维；木制品（油漆的和未油漆的）；色淀颜料；染色剂；颜料。② 有机材料及光敏感度不高的材料。③ 用颜料或敏感性黏合剂修复过的非敏感材料类器物	1. ① 5～8英尺烛光。② 一年中的展出时间不超过3个月（包括外展和馆内展出）。③ 暗处保存。 2. 光照度数应主要考虑对光敏感的那部分。 3. 通常无特殊要求。若有疑问，请与文保人员协商。注意切勿让直射阳光或聚光灯光直对着绘画作品的表面
中敏感度材料：帆布油画、版画；帆布丙烯酸涂料或黏合剂；未染色皮革；角类器物；象牙、骨制品及一些木制品	与文保人员具体商量
非敏感性材料：金属、素面瓷器、玻璃、珠宝、珐琅、未染色的石制品等	一般不做特殊限制

因此，在拍摄过程中应该注意以下几个问题。

（1）由于光和热的影响，文物受到的损害与日俱增，对那些已知或怀疑曾在强光下暴露过而导致脱色的文物或者是对光敏感的文物不宜多拍照。若必须拍照，光度应保持在100英尺烛光以下，最好能每3分钟停歇一下；没有实拍以前或不必要的时候，把灯光调暗一些。摄影灯要放置在安全的地方（远离文物表面，且温度增加不超过5℃），以防止文物在强光下不必要的暴露。预先把快门设定好并打开光孔，以便文物摆放好后能尽快拍完。对那些易碎品，最好不要再次摄影（像），建议使用现有的幻灯片、照片和复制品。国家文物局1981年4月8日印发的《关于拍摄文物的几项暂行规定》的第三条也明确规定："拍摄易损的文物（如：彩塑、书画、纺织品、漆器等），一律禁止使用强光灯，并应切实遵守保护文物的有关规定。"

（2）过滤强光。紫外线和红外线光谱是看不见的，应在摄影灯上安装能吸这两种放射性光线的过滤器，这样既可以防止文物不受光化学和热的损坏，也不会减弱摄影师拍照所需的光度（必要时也可在相机镜头上加光平衡器或补光过滤器，以便更正由于使用有害光过滤器所产生的色偏差）。给文物拍照时，宜用钨丝灯和石英灯，这两种灯散发的紫外线少红外线多，为防止红外线破坏，不要把对热敏感的器物暴露在照相泛光灯或未装吸收红外线的聚光灯下。可能的话，为易碎品拍照时，建议使用电子闪光灯（频闪灯管），这种灯不仅安全可靠，而且色彩准确、图像清晰，缺点是也会在瞬间散发出高度紫外线和红外线，但光照时间很短，对文物的损害不会太大。目前，使用最多的是紫外线过滤器或频闪灯管。当文物持续在强光下暴露时，如拍电影或电视时，应使用HMI灯①，以免损害对光敏感的器物，如油画等，但也要加上合适的过滤器来过滤少量的紫外线。

（3）挪动。为了拍出最佳效果，需要不时地调整文物的摆放位置，调整只能由受过专门训练的博物馆工作人员来进行。送到照相室的易碎品或有问题的文物应附有操作的特殊要求，必要时，由部门主管或技术人员来挪动。为了保护文物，尽量少搬动文物进行拍照。每件文物都应配上托盘，纸类文物应存放在囊盒中。对特殊文物应有相关的用光说明，如角度、用光及必要的其他细节。提供具体要求的人员最好能出现在照相现场。若需要支撑或支垫文物时，也只能由熟悉文物的工作人员摆放，主管馆长与摄影师协商后确定出最恰当的操作办法。在摆放文物之前，应先检查支垫或背板是否平整、牢靠结实。拍照时，摄影师在选镜头和调焦距时，要尽量移动照相机或摄影机，最好不要将文物动来动去。禁止在文物正上方调整镜头。挪动金属类文物时，必须戴上干净的棉手套，并听从文保人员和主管馆长的指导。

（4）为对热或光敏感的文物（包括所有有机材料）拍照时，摄影灯上应该安装能吸收紫外线和红外线的过滤器。对光敏感的器物，尽可能使用电子闪光灯（频闪灯管），并根据文物的具体情况，对电子闪光灯和造型灯的紫外线进行过滤，将辐射控制在380纳米之内。此外，还有一种折中的办法，即用能过滤紫外线的丙烯酸塑料盖在文物上进行拍照。对怕光的文物应在钨丝灯、石英灯和其他摄影用白炽灯外面装上能吸收红外线的玻璃。对已有孔状剥落的版画和稍见光热就受损坏的文物，在拍电视录像时，建议使用HMI灯，必要时过滤掉紫外线。拍摄用光要尽量低一点，对特别敏感的文物，要用间接光进行拍照，即使光线从周围的白色表面上反射过来或让光线通过薄纸或其他软薄的材料扩散开来。对光和热敏感的文物，应注意防止热量积聚，光线应保持在100英尺烛光左右。每3分钟停歇一次，将灯从文物上拿开、关掉。实拍前尽量不要开灯，只有在调焦距、读光、按快门时才可以开灯。建议使用变阻器将光线和色彩调足。为了减少热效应，降低事故发生的危险，尽量将灯远离要拍的文物。注意观察，勿使文物表面的温度超过5℃。条件允许的话，可以使用冷却扇（灯），确保文物表面不至于

① HMI灯是拍摄电影或电视时所用的一种泛光灯（高强度卤化灯）。与大多数照相灯相比较，它散发的热量相对较少，尤其是对敏感性艺术品的影响较小。它的光谱分布与日光相差无几。使用HMI灯为艺术品拍照时，还需要合适的酸性薄膜来减少紫外线光。

受强光照射而升温太快。

（5）调整周围环境。拍照室的温度应与库房保持一致。即使拍照室有空调，也满足不了特殊文物的具体要求时，主管领导或文保人员应提出更合适的拍照地点。对热敏感的文物拍摄时，应用标度盘或水银湿度计或温度计检测周围的温湿度，以便在文物表面温度上升太快时关掉光源。

（6）履行合同。协调外请摄影师的有关部门应事先了解他要用的灯光类型是否与博物馆的要求一致。若发现不一致时，应做具体要求，并确保其遵守博物馆方面的准则。建议电影和电视摄制组使用HMI灯，尤其是拍摄敏感性材料文物时。主管领导和文保人员可以决定是否要采用此类灯光等。主管领导或文保人员应对参与拍摄的有关部门事先讲明白拍摄文物或周围器物的特殊用光和具体要求。为确保摄制组遵守博物馆的要求，主管领导或业务部门的工作人员必须在拍摄现场实地督查。

（7）管理观众拍照。应告知观众馆内禁止使用光闸控制器或电子闪光设备（一种指示光闸能通过按压释放器而被打开后及放松释放器而被关闭的照相机装置，用来造成一个短时间曝光或闪光灯下的曝光）。基本陈列可以拍照，但禁止对临时展厅内的借展展品进行拍照。使用三脚架要经过馆领导的特殊批示。咨询台可指导观众申办有关手续。

毋庸置疑，所有文物都有一个自然老化的过程，非人力所能阻挡。但环境对文物的影响却能被人为地减少到最低。既然博物馆的主旨是永久性地保护其收藏的文物，为每件文物提供最佳的保存环境就是它的基本责任，这样才能尽最大可能延长文物寿命，保证博物馆的良性循环。

第四节　文物保管与保护的规范性操作①

博物馆藏品中的任何一件文物，不论是考古发掘品、征集品还是传世品，能保存至今，均缘于其本身所具有的艺术价值和历史价值，但它们目前所处的保存环境却不容乐观。究其原因，不外乎有这么两种：自然因素和人为因素。自然因素是指文物本身寿命的长短和自然的老化过程，以及光、热、温湿度所引起的干裂、虫和霉菌的破坏。自然因素最终能导致文物的损坏乃至消亡。人为因素是接

① 原题目为《藏品保管员的保护意识及其操作》，刊于《中国博物馆》1998年第4期。本节第二和第三部分参考资料为美国大都会艺术博物馆藏品操作规程。

触文物的人缺乏保护意识，粗心大意，操作不当而使文物遭受损害，更严重的会使文物顷刻之间不复存在。所以，博物馆中直接接触文物的人至关重要，如果他们责任心强、操作认真细心，会有利于文物的永久保存，也会延长文物原本很脆弱的寿命；如果抱着“反正它们迟早会消失”的消极态度，听之任之，粗暴操作，再结实的文物也会断送在这些人手中。

藏品保管员是博物馆内接触文物最多的人。所谓保管二字就是保护和管理之意。保好并管活是保管员的本务。保好就是要积极主动地按照“文物在我的手里一定要保持最佳状态”的要求去做好每件事情。管活就是要保持文物井然有序、检索方便、资料齐备；保好与管活的关系是相依相辅的关系，如果保护不好，文物破坏了，管就没有内容了，只有保好才能谈得上管而且管活。以往人们往往比较重视保管员“管”方面的素质要求，如鉴定、建档建卡、登录、排架等方面的能力。但对保管员的保护意识则有些忽略，结果就发生了很多例因为保管员或其他接触文物的人操作不当和处理失误而使文物破碎的事故，令人痛心不已，文物从此就不复存在了，而对事故及事故责任者的责任问题往往是不了了之。历史上曾发生过这样的事情。1932年，北京大学文史研究室主任刘复招待法国人伯希和参观西北科学院考察团在额济纳河畔的汉代烽燧上采集的居延都尉封泥简犊时，刘复大方过度，伯希和粗心大意，竟把这件文物珍品打碎了。1935年，英国维多利亚和阿尔伯特博物馆的爱希顿不慎将中国艺术团国际展览会的一件宋代卷轴画打落在地，以致画轴脱落。1939年，莫斯科东方文化艺术博物馆擅自修理皱裂的我国宋代轴画，因方法不当，致使该画不能长期保存。前几年，一件兵马俑出国外展时被打碎了。就是在现在的博物馆的日常工作中，因缺乏保护意识而使文物遭到破坏的例子也并不少见。失去的已经永远地失去了，带给我们的是深刻的教训和警示：希望这种悲剧不再重演。所以，藏品保管员的责任重大。笔者就自己的体会并参照国外博物馆的实践经验谈谈自己对藏品保管员的保护意识和藏品保管工作的一些看法，以祈赐教。

一、了解自己保管的藏品特性和保存现状是藏品保管员的第一要务

久经放置的藏品，即使外表上没有多大变化，内部也许已经或者正在遭受破坏，如书画、有字类文物和丝织物内部的纤维断裂不易被发现，可一旦发现，“亡羊补牢，为时已晚”。看起来很完整的器物，实际上是由一堆碎片粘合起来

的，很脆弱。所以藏品保管员要了解库房内不同文物的构成材料（质地）、物理和化学性能、内部结构、保存现状（完整破裂、修复过），并熟悉文物合适的保存环境，如乐器保管员要保证库房温度保持20℃恒温和50%的湿度；有效避免阳光直射和无遮罩荧光灯的光氧化物损害，避免聚光灯或摄影用强光灯散发出的高热量所导致诸多破坏，如器物表面干燥、接缝处的蜡融化，以及皮革部分和肠衣（线）做的弦类部件缩皱等。绘画、纸类和丝织文物的温度应控制在20～21℃，湿度介于45%～55%，低于或高于这个温湿度标准，都会使器物表面滋生霉、霉菌和褐斑，或导致干裂，并加速纤维老化。所以，藏品保管员有必要随时观察库房内的温湿度表，并作详细记录；同时也要留意器物的变化，若发现异常，应立即报告主管部门领导，并提出保护意见和建议。

二、护性地保管文物是藏品保管员最起码的职业规范和义不容辞的责任

文物存放在库房中，因受温湿度、灰尘、昆虫、霉菌、灯光及错误的上架和触摸等因素影响而随时会遭到破坏。温湿度的急剧变化会使文物内的有机材料膨胀或凝缩，即使波动程度很小，也足以引起裂缝和破损；高湿度和灰尘会使金属类文物遭到腐蚀。对于这种情况，保管员应详细地做好记录，一周一次。气孔、散热器、窗户、裸露的冷热水管、白炽灯及外墙都会对文物产生危害，应避免文物靠近这些危害源。理想的办法是按照文物各构成部分的敏感程度按类分组存放。例如，有机材料类文物应存放在较暗的地方以便保持相对适宜的温湿度；瓷器可以放在温度稍高、灯光稍亮的区域；漆器要放在有垫的囊盒内或漆盒内，温湿度与有机材料类文物相同。此外，还应该做到以下几项。

（1）库区应保持清洁。不要把小件文物放在地上。如果发现脏物通过气孔渗入室内，应加上空气过滤器。随时打扫地面、墙面和架子等设施。

（2）尽量将文物放进柜子（或屉子），因为开架或用塑料纸盖上都会招致有害物的侵蚀。定期检查所有藏品，查看是否有冷缩和其他反常现象。为避免刮伤或碰伤文物，应在架子上垫些柔软的不会起化学反应的材料。

（3）存放文物时，首先要考虑方便提取。每件文物都应单独存放，并用卡片标明存放位置。文物上架或拿下时应格外小心，架子及其竖杆，还有周围的器物，都会增加发生偶然事故的可能。不要沿着架板溜滑文物，以避免有害的震荡和磨损。将文物上架时，稳拿稳放，确保器物不至于滚落或与相邻的器物相撞跌

落。防止器物滚动的办法是在下面垫上一块泡膜压缩板做的楔形支垫。需要架起梯子把文物放在高过头顶的架子上或从上面拿下文物时，必须两人在场，因为要有一人扶梯并传递文物。文物上架时，不要挤在一处或堆叠起来，上下左右要留有适当的距离，以防相互碰撞，发生意外。

（4）每件文物都要贴上带有登记号和其他相关内容的标签。标签可以贴在大件文物的塑料盖布上，也可以用棉线绳直接系挂在文物上。系绳不能用金属丝或尼龙绳，否则会擦伤器物或在表面上勒出凹痕。同样，也不能使用金属框边的标签。应用纸或卡纸板做成，不能用洇纸的钢笔书写（尤其不能使用毡尖笔）。另外，薄而黏性好的胶带纸或防护胶布不宜贴在文物上，否则时间一长就会留下污点，揭取时又常常会粘掉器物表面。如果某文物上已粘有胶带纸，应让文保员来拿掉，因为这需要用一些专门的化学溶剂。金属器物上一律不能使用橡胶圈（带），因为橡胶中所含的硫化物会使金属色泽变暗。还有，不要用蜡、塑料和胶带纸来固定文物。

（5）如果库房内发现昆虫或霉菌，应立即采取行动，用熏蒸法来驱除。要不要采取适当的彻底根除行动则需要咨询文保员。发现昆虫后，要立即抓住并辨认清楚，以便采取适当的补救措施。不要把食物和饮料放在靠近库房的地方，以免造成隐患。像纺织物、丝棉类和纸类这些含有植物纤维的物品，以及皮毛类等动物制品，应放置在有窗子的库房内，一般不要打开窗子，应避免强光直射造成的损害。窗子上要装上除紫外线玻璃，室内照明灯也应该配有过滤紫外线的套管。

（6）不能直接触摸抛光或磨光的钢类文物，如兵器甲盔等。皮肤上的酸和盐分会把指印永远留在器物表面。拿起兵器如剑或枪时，应握住把柄，让剑刃或枪管依靠在戴着手套的手上或者盖着净布的前臂上。切忌碰摸钢质部分。目前，各博物馆所采用的既不影响观看又能起保护作用的做法是用一端不封口的塑料袋装上或用塑料纸松松地包上。要保证与金属器物接触的材料没有酸性成分也不会起化学反应。最好不要用橡树箱子、未成熟木料做的架子来盛放器物，也不能接触木浆制品如细刨花、橡胶质乳胶涂料以及糨糊等黏合剂。原始艺术品需要特别照顾。藏品保管员要清楚出土这些文物的遗址中酸碱度如何，它们埋在遗址内的状况和保存环境，出土后是否遭受自然或人为的破坏，程度如何？有无修复过？何时进行的？以便文物得到妥善保护和保管。不能用手触摸毛发类、绳索类纤维质文物，尤其不能直接接触彩绘部分，因为这些部分往往是松动的，也会被指印弄脏。木器类文物可能已有虫害，蛀虫集中咬噬的地方很有可能只剩下了一层薄薄的空壳，稍微用力的话，整个器物就会坍塌。漆器的保存环境要严格控制，光线低暗些，相对湿度则要稍高于一般有机材料类文物。接触漆器时必须戴上棉质手套，以避免留下抹不掉的指印。若漆器上落下灰尘，只能用极精极柔软的材料，如清洁照相机镜头的毛刷或纸类。

（7）在库房内提拿文物时如果发生了意外，应立即向主管领导汇报。在领导没有在现场的时候，应很仔细地将碎片收集起来放入带垫布的板子上或盘子里，清理现场时，因粗心大意而造成重大损失的事故时有发生。这种情况下千万不要试着去把碎片复原，否则会使碎片上的裂碴处相互摩擦而使以后的修复变得更加困难。切忌不能轻易丢掉哪怕是最小的碎渣片。丢掉包装材料时一定要反复检查，看是否有小物件或碎片被忽略掉了。由于粗心大意将文物连同包装纸一起扔掉的案例也不少，应引以为戒。

三、具备安全地移动文物的技能是对藏品保管员最基本和最重要的要求

由于年代久远，博物馆藏品存放在库房时会受到各种自然因素的损害。保管员操作时，如果态度不认真就会使有机材料类文物（动、植物制品）变得脆弱，金属类文物会受到腐蚀，修复过的器物会再次被损坏。所以很重要的原则是避免一切不必要的触摸和移动。如果确实需要移动文物时，则必须做好下面的准备工作并严格遵循必要的操作规程。

首先，对文物的现状做出正确的判断，当然这种判断来自对文物的高度负责和熟练精心的检查以及平时对文物的熟悉程度。在搬运开始以前，保管员对文物的质地（陶、瓷、金、银和铜等）、材料（有机的还是无机的）和物理性能（易碎、易弯、软、硬）都要了如指掌。其次，仔细查看其组成部分，表面、背面和侧面都要观察到；本身有无破损处，是否人手已经弄污了表层，尤其要注意那些正在发生变化的部位。接合处是否牢固，有无修复过等。最后，它有多重、体积大小，是圆还是方，重心在哪；只需要一人还是更多的人搬运，途经路线，通过的门和电梯宽窄，目的地基本情况，着手点和脱手点在哪等事项不仅要计划缜密，还要保证每个参与者心中有数，安排有序，行动安全。如果参加搬运的人数超过一人，应由保管员事先讲清楚以上注意事项和基本操作规范。

（1）大件器物。搬起时，膝盖弯曲而不是全身后倾；腿部用力而不是背部使劲。合适的运输工具是小型胶轮平板推（拉）车，一般应有两人完成整个运输

过程，其中有一人负责打开门，必要时扶稳文物，更要注意观察推车人看不见的地方并提醒他留神。

（2）雕像。搬运前，应将主干部分从底座上卸下来分别搬运，到达目的地后再安装在一起。若需要稍微调节一下姿势的话，则应由一人扶稳主体像，另一人移动底座。调整妥当后，不要急于离去，要检查一下底座是否稳当，能否承重。移动大雕像时，要具备绳索装置。若体型太大搬不动时，要使用滑轮装置将它提起来，务必先要用干净的毯子盖住雕像，以免被绳索和链子擦伤。不要随意把雕像翻倒，因为翻倒雕像不仅会使雕像发生摇晃乃至失重，而且会磨损底座。尽量将雕像竖放，使它处于能承受自身重量的状态，若平放的话，就使得不能承重的部位勉强承重，结果可想而知。如果必须放倒，则要在易断裂处如脖子和臂部加上垫衬。

（3）家具。搬运时切忌推拉，应提起来扛或抬。如果在地板上拖拉，哪怕一点点距离，也会对构件造成很大的损害。更糟糕的是，若伤及连接部位，如腿部与桌面的结合处，桌腿就有突然断裂的可能。大件家具在搬运前应检查一下是否最初设计有供搬运而能卸下来的部件，将各部分分别搬运。不要用手抓握把柄、扶手或雕刻花纹的部分，因为家具上任何凸出的部分都不能承重。提起椅子时应握住腿部之间的横档，不能提扶手，扶手常常是修复过的。若有大理石椅面或桌面，应卸下来分别搬运。门、橱柜和衣柜的抽屉都应事先锁上以防突然打开掉落在地。搬运家具时至少要有两人，这两人都要一只手从下面撑住，另一只手从侧面来平衡。若需要工具最好选用平板推车，大理石面和镜子要绑在车上，有花纹的一面朝上，最好再加上支垫。

（4）中小型文物。搬运时两手同时用力，不要用劲挤压器物。一般要戴上手套，这样就不会在金属器皿和漆器上留下抓痕和指印。不要提、握或举起任何附件，如柄部、扶手或凸出的部件，因为这些部分往往因经过维修而变得脆弱不堪，不能承重。要找出一些牢固的地方下手，如陶俑和金属雕像腰部周围比较结实；瓶罐类器物则要从外侧边抓住，若有盖子要先拿下，握杯碗时四指抓住内壁，拇指固定在外侧；珠宝饰品要在加工最少的地方如耳环坠部着手；钱币、铜镜和饰版类要握住边缘。提起文物后应立即用另一只手从底部支撑住。千万不能一手提着文物，同时又用另一只手去开门或拉抽屉。最稳妥的办法是用囊匣装上文物运输。切忌将文物放在地上，如果它不能承受自身重量的话，就会跌落；另外，还有被人不留神踢倒或踩碎的危险。

一般来说，尽量使文物呈站姿，不要侧着放。不能将铜镜、钱币和匾牌类文物叠起来。用囊盒或手推车运文物时，应注意力集中、行进缓慢。途经门槛、电梯口或其他坑洼之处时，要格外小心，防止器物颠簸。不要用胶带黏合器物，不要冒险把贵重文物放在公共场合，以防不测。用囊匣运文物时，应用聚乙烯泡沫或草垫类将匣内角角落落都填充好。用薄纸卷或聚酯纤维而不是棉花类材料将器物表面粗糙处、不规则处、剥落锯齿状或尖齿处包缠好。填充材料脏了，应立即更换，要随时保持干净。

四、协助、指导并监督其他接触文物的人

正确操作是藏品保管员应尽的义务。博物馆中接触文物的人，除了藏品保管员，还有陈列人员和摄影师等。当这些人要接触文物时，藏品保管员应就合理保护、规范操作和安全运输等事项讲解清楚，亲身示范并监督文物的提取和运输以及放入柜或摄影全过程。如果文物需要维修时，保管员应加入保护人员和专家组成的联合小组，积极参与前期准备工作和修复过程。因为藏品保管员了解文物需要维修是由于库房内不适宜的保管环境引起的损坏还是在入库前就已身染重疾或者是使用方法上的失误造成的。他们能辨明器物上的污垢是破坏性的需要清除掉，还是能标明文物的历史和年代特征的良性附属物而要继续保持。他们知道缺少哪个部分，原貌是什么，最佳的修复效果是什么，是将修复部分隐藏起来还是和原貌有所区别。总之，藏品保管员可以为维修提供可行的理论依据，并同保护人员一道通过实践找出一套以理论思考为基础并能经得起实践检验的可靠的处理方法。如果文物外借其他单位或出国展览，同样的讲解、示范和监督过程都应该由藏品保管员来设计并加以实施，以达到在保护的前提下利用文物，充分发挥文物在教育和传播文化方面的功能。

上述的诸方法看起来很烦琐，也许有人会问，这对藏品保管员是不是有点苛刻呢？他们能不能做到呢？答案是“不”和“能”。因为只有藏品保管员知道文物越管越少，损失一件就无法再找回这一再简单不过的道理，有谁希望因为自己的操作不当和处理失误而使千年珍品毁在自己手中呢？恐怕没有人。这是保管员的保护意识和保管方法问题。我相信，只要加强藏品保管员的保护意识和藏品保管的积极性，因操作失误造成的文物损失会越来越少，文物的寿命会因为保管员的精心爱护、合理保护和保管而得到最大限度的延长。

第二章　陈列展览实例

陈列展览既是博物馆公共性最集中的表现，也是博物馆学术研究最有效的转化形式。因此，博物馆不仅要加快藏品更多更好更快地变为展品，也要采用信息化时代展陈理念和诠释手段（包括科技媒介），借鉴当代世界著名博物馆的先进办展经验，发掘新展览主题，办好原创展览，构建展览的多维叙事性，呈现展览的复调性。

第一节 将文物藏品变成陈列展品①

博物馆藏品利用率低已是不争的事实，主要表现为以下三种情况。一是藏品分布不均匀，多集中在大中型博物馆或考古机构，市县博物馆藏品数量少，有的甚至支撑不起基本陈列。二是藏品多的博物馆，多见“死亡式收藏”现象。大量文物沉寂在库房，展出的只是常年不换的少数“高冷范”精品文物，而考古机构收藏的文物多为秘而不宣，与民众眼里看见的文物藏品差异很大。根据2013年国家文物局对八个中央与地方共建博物馆馆藏文物展出率统计，最高不足5%，最低仅1.2%，平均不足2.8%，与国外博物馆超过50%的利用率差别太大。三是藏品数量多，而研究利用少。博物馆专业人员自身对藏品研究缺乏兴趣，也不对外提供研究机会。2015年6月29日弘博网发表了《博物馆藏品为何“只藏不用”？》文章，质疑博物馆藏品很难供学术研究问题。笔者认为，博物馆应不断创新理念，通过多种方式来提高藏品利用率。

一、开放信息资源，增加藏品可视化利用率

博物馆不能仅满足于让观众在展厅观看有限的展品，也要让他们了解更多的藏品，还要让不到博物馆的人能够“看”博物馆藏品。

（1）提升藏品库房现代化管理水平，尝试有限度地开放。设施完备、科学分类、环境监控的库房也应该是集保护、保管、研究、传播等多种功能于一体的“幕后”展厅，可以作为有限制性的参观空间。目前已经有一些有条件的博物馆有选择地、把符合观看条件的库房作为有限制的参观项目。

（2）深入挖掘藏品内涵，探索仓储式展陈空间。指把库房变为展柜的库房式展示或密集式展示，这种展示方式在欧洲藏品多的博物馆较为常见，称为立体的藏品百科数据库，展览只提供登录号，展柜旁有计算机数据库可以查询完整信息，这种展示方法有效地解决了镇馆之宝与重复品之间的矛盾。另一种方式是把一系列有关展览主题的藏品连储存柜（架）一起搬到展厅，观众可以近距离观察、研讨等。此外，还有的博物馆开放文物修复室，让博物馆藏品储存与保护等幕后工作透明化、展览化，让观众随时看到博物馆工作人员的真实工作情况。

---

① 原题目为《加快藏品的展品化》，刊于《中国文物报》2017年12月19日第6版。

（3）采用智能化手段，实现数字藏品的可视化。博物馆藏品数字化后以文本、图片、三维图形、音频、视频等格式保存的海量数字资产也是丰富的展览资源，可以打造“指尖上的博物馆”“手机里的博物馆”“随身携带的博物馆”“视频展览”“24小时博物馆”“永不落幕的展览”新型观展览形式。

（4）借力高端平台资源，建设数字化藏品社区。博物馆不应该把藏品封存在库房里，埋藏在研究人员的晦涩的学术论文或“曲高和寡”的著作中，而是要把数字藏品资源承载的信息最大限度地激活，把实体的库房转化为虚拟的在线藏品数据库和在线展品，特别是细节展示，不仅实现同事和同行之间共享，而且实现公众之间的共享，跨学科合力深入挖掘、研究、诠释、展示与传播，真正实现藏品信息面向大众的科学化与民主化。

二、拓展展览形式，提高藏品利用率

一方面要把研究成果直接服务或转化为陈列展览和社会教育工作。随着藏品研究理论、方法不断更新，涉及的学科也扩展至历史学、考古学、艺术史、社会学、心理学以及各个学科的交叉与融通，转化为展品的信息点越来越多，能够为各行各业提供研究服务。另一方面就藏品本身而言，挖掘越深故事越多，不仅仅是社会环境、人物背景等，连藏品流传过程及其捐献者故事都会成为展览的内容。因为藏品留存过程中环境和人的因素等附加信息构成价值体系更人文的部分。

（1）从亮宝式展览向阐释性展览转变，或者在亮宝式展览中加入故事元素。一是将碎片化的藏品信息通过多元化展陈手段串联起来，由“物”见“事”。二是通过类型、时代、风格、环境、技术、人类学等多方面比对重构，变个体为族群或社区，由“物”见“人”。特别是被史料和考古环境忽略的群体，比如工匠、农民、士兵以及非主流文化、少数族群文化器物。三是突破古器物和考古学局限，关注被忽略的近现代、当代器物等，由“古”到“今”。四是由关注精湛的工艺、高品位的审美价值，到注重藏品作为社会记忆载体的功能，由“贵”到“凡”。

（2）尝试分众化的展陈理念。在展览设计中，充分考虑受众认知和需求的差异性，如中小学生和青少年群体、专业或准专业群体、家庭观众、年龄群体（老年人与广场舞、暴走等群体行为）、特殊群体（残障人士、病弱群体、权利受限制者等），尝试通过多元化的展览诠释形式，推出层次有差异、时段不同的展览内容。

（3）探索论坛型展陈模式。如何表现藏品的政治和社会关联或观众个人的专业偏好，如何通过物品的内聚性关系和特定“语境”关系，表达普遍性的共性特点或更为复杂的现象，特别是那些被认为并不伟大的东西，甚至那些负面的、有争议的问题和社会矛盾。

（4）借鉴概念性主题展览。展览主题不仅仅局限于文物的历史、文化、宗教、军事范畴，也要从科学、艺术、美学角度进行挖掘，近年来一些博物馆进行了有益的尝试，比如文物修复、考古札记等，以及诸多女性角度的、地域性对比的展览。这些展览突破传统理念极力挖掘文物中潜在的多感交织的复杂含义，给人耳目一新的感觉。

（5）尝试概念文物展览。比如南京博物院通过一个装置艺术把一个所谓的库房抽象化、概念化、形象化，用840件非典型文物和260个南迁文物包装箱分群分组，营造出视觉上的时空交错效果。让观众不再过度地关注展品的精美度和真假性问题，而是主动地接受文化和历史的灌输，看到文物背后的文化和精神内容。

（6）引入跨界融合的展览概念。一是艺术与科技、历史与自然、社会与医学等结合，会在不经意的“混搭”中激发更深层次的反应。二是不同时代、不同风格、不同地区的对比，或某一功能器物在不同时期的演变，比如原始陶器与明清瓷器展，古埃及文明和汉代文明对比展等。

（7）丰富多感交织的浸入式体验。应该结合展览主题、功能、定位与目标群体，恰当引入VR/AR甚至人工智能等新科技手段，让观众感受视觉上的强烈冲击和心理上的全新体验。

毋庸置疑，博物馆藏品的展品化需要遵循陈列展览的基本规律和展陈伦理。藏品展品化过程体现着博物馆人服务公众意识的前置与过程化，应该包括以下几个方面：首先，基本陈列设计中预留展品的可更换性。根据规划与藏品自身情况，定期和不定期更换常设展览中的部分展品，逐步改善“多年不变老面孔”现象。其次，从不同角度开发藏品的价值与意义。突破传统的按类别策展的展陈思维，挖掘并拓宽展览主题，从当今社会生活视角来策展。再次，提高国内外巡回展览或展品租借率。特别是全国第一次可移动文物普查数据平台建立后，打破地域、行政级别或隶属关系限制，通过联展、借展、巡展等临时展览形式，让大馆闲置的藏品在更广范围进行传播。目前，国内外巡展或展品互借已经成为各地博物馆的普遍做法，特别是一些省级综合类大馆。最后，利用新媒体的影响力。除了博物馆界加强藏品交流外，还要和其他社会机构广泛合作，帮助博物馆藏品以最新传媒形式转化为展品。近日，中央电视台大型记录类综艺节目《国家宝藏》从9家博物馆藏品中甄选出27件镇馆之宝在央视舞台上完成了一场由观众选择的特殊展出。此外，还可以通过流动博物馆或优秀文化“五走进”活动，进行主题性教育展示活动等。

在遗产保护时代，特别是国家号召的生态博物馆/社区博物馆建设运动中，博物馆要通过发自内在的藏品资源开放共享理念和新的诠释手段激活这些文化基因，从最初的收藏保护发展为开放展示。因为展示开放所带来的高利用率反过来对博物馆工作也有很大的促进作用，比如征集工作，私人捐赠更看重的是接受捐赠的博物馆如何对待自己的藏品，如果博物馆在展品说明中标注捐献者姓名，会极大提高捐赠者的积极性。反之，如果捐赠藏品在博物馆仓库“沉睡”，且捐赠者对藏品的保管和利用情况无从知晓，会在一定程度上打击捐赠者的积极性。我们应该积极挖掘、传播、叠加、交互与相乘博物馆里的物和博物馆人、博物馆观众乃至这些物背后的古人与今人那种具有生命历程和文化基因的信息，让藏品走出“深闺”，通过数字化、数据化、信息化等极其广义的“展”，走进社会，从而构建物与人新的互动关系。

第二节　让展览吸引观众①

陈列展览既是连接博物馆与观众的桥梁，又是观众与博物馆“对话”（交流）的媒介②。陈列展览分为临时展览和基本陈列（或固定展览、永久展览），德国德意志科学技术博物馆的基本陈列是世界上最长的，面积40000平方米，展线长达16千米。假如观众以每分钟12米的速度走马观花，每两个半小时经过12个参观点，看完所有展览需要53个小时。如果每个月参观2小时15分钟（大概是一次参观的合适时间。超过这个时限，就可能会身心俱疲），一个人要花上两年时

① 原刊于《陕西历史博物馆馆刊》（第12辑），三秦出版社，2005年。

② 中外博物馆对“陈列”和“展览”的理解不同。美国学者布尔考在*Introduction to Museum Work*（Altamia Press，1997）一书中认为，陈列仅仅指器物的罗列与展示，而展览等于陈列加说明解释，或者说陈列是展示，展览是展示和讲述。展览不是展示老房子里的钢琴这样的单个物品，而是按照一个主题组织文物，或者专门对一个主题或一组器物作刻意解释。这样，摆设齐全的客厅或整所老房子就可以称作展览。而王宏钧主编在《中国博物馆学基础（修订本）》（上海古籍出版社，2001年）指出，博物馆应有长期展出、比较稳定的陈列，也应有短期展出、经常更换的陈列。在我国博物馆，一般习惯将前者称为陈列，将后者叫做展览。实际上，陈列和展览二者并没有根本差别。

间才能看完展线上的展品。有人会说“你不能在一个下午看完博物馆展览中的每件文物。我们会在那里待上两三天”。事实上，对大型博物馆来说，两三周可能更合适。

对陈列设计师而言，这意味着什么？不要期待每位观众都能完全欣赏所有设计细节，综合类博物馆的观众只会参观展览的一部分。要记住“观众就像一位脚部受伤的路人，累了，痛着，但沉思着；他正在去往某地的路上。一个展览必须能让他停下来，产生兴趣，留下来观赏。让他得到乐趣，忘掉伤痛，受到教益”。留不住观众的展览，即使能得到领导的肯定，也不能称作好展览。

一、展览的分类

展览有不同的分类方法，包括以下几项。

（1）按照目的或知识内涵，展览可分为：① 审美型或娱乐型，展出人们喜欢看的物品。② 与事实相关联型，旨在传播信息。③ 概念型，表达观点。

（2）按器物之间的内在联系，展览可分为：① 横向系统型，即在时间上对某一时段的细节进行处理。② 纵向系统型，即随着时代发展的演变脉络进行设计。

（3）按照计划过程，展览可分为：① 没有组织的“开放式库房”展览，又称密集型展览。② 有组织的“开放式库房”展览，即根据器物来源和类型进行一定的组织排列。

（4）按照展品的构成，展览可分为：① 系统型。展示器物间的相似性或器物间的衍生关系。② 生态环境型。揭示地域、生态产地（繁衍、栖息地）及相互之间的生存关系。

二、好展览的标准

博物馆性质不同，展品的组织方式自然也不相同，但说到底是按时间顺序或空间组合来展现事物及其相互关系，构成“好”展览。何谓“好”展览？

（1）安全性高。必须为展品、观众和博物馆工作人员提供安全保障。

（2）观赏性强。光线充足，无视觉障碍，尽量减少不方便观众参观的和分散观众注意力的元素，如有些博物馆展品外围设有围栏，观众要踮起脚尖，费很大劲才能看清楚里面的展品，或者展品在高大的展柜里放得很低，观众得弯下腰去找。

（3）引人注目。观众只是匆匆而过的展览是不成功的。

（4）外观好看。观众对脏兮兮的、满是灰尘的、制作粗糙的以及没有品位的展览不感兴趣。

（5）留住观众注意力。一个展览必须有教育性，能激励观众，引起共鸣，产生感情，得到娱乐。产生这些生理、心理反应需要时间，这就要求展览能恰如其分地传递信息。当然，不同展览对观众停留时间要求各不相同，一般要将观众留住几秒钟到几分钟。

（6）有价值。当观众停下来，关注展览时，就进入了与博物馆的互动之中。博物馆千万不要辜负观众的信任，应及时地给观众反馈有价值的东西，让他感到停下来看展览是正确的选择。

（7）有品位。展览设计者必须为各个层次的观众诠释不同的品位，要充分尊重观众，尽量不要与之抵触，尽量接受不同的社会行为标准，小心处理少数民族和种族、集团等敏感问题，如宗教信仰和风俗禁忌。但这并不意味着裸体雕像就要披上袍子，自然历史展览一定要省略有关人类演变的参考资料。如果设计巧妙，编排恰当的话，还会产生出其不意的效果。如果不包括这些不愉快的话题，就无法全面准确地描述现实社会生活。博物馆管理层和工作人员必须把握住时代脉搏，与所处时代和社会氛围协调一致，激励观众，与观众团结一致。

三、好展览的效果

不管何种类型，也不论规模大小，一个展览要达到好效果，必须具备以下几个条件：① 精致的说明牌。包括自己清晰、易读易懂得简短标题，较详细的副标题，能够提供必要信息的一个或多个附加标题，有关文物必要的说明文字（就像一个新闻故事）。② 文物与说明牌之间协调统一。③ 精心的设计。包括平面规划和立体布局、正确运用印刷技巧和照明设施以及对上述要素的恰当运用。这样的设计加起来就构成一个好结果——展览，给观众提供交易、信息、愉悦、鼓励和良好的审美视觉。

什么是“好结果”？博物馆就像一个企业，投资资金生产某些东西。资本是钱、空间、员工的精力和热情。正如企业追求效率一样，展览也需要高效率，虽然我们清楚地知道花了多少钱，员工工作了多少小时，但往往不明白完成了什么。这是个大问题，但却常常被有意或无意地忽略掉，因为博物馆工作人员将注意力集中在一些小事情上了，如花很多时间和精力去给说明牌找到最合适的黏胶剂，却不关心观众是否从展览中学到了什么。因此，不要只是决定展什么，怎样展，在哪里展，而不去考虑为什么。此外，还要预先设定展览目标。很多博物馆办展览仅仅是为了填充空展柜或展室，把一块空地填满，或者是把“好东西”从库房中拿出来，甚至为了取悦某个领导或比较“自我”的捐赠人。这些动机毫无意义，唯一有价值的是为教育观众而努力，教授观众一些东西。但教授给谁，又是一个问题。观众的情况各不相同，如年龄、性别、体型、社会阶层、宗教、教育程度、文化背景、民族、智力、性别、兴趣及价值取向等，还有生活环境、政治立场、生活态度、心智健康与否、开放程度、经济状况、文化修养等。另外，有些人是色盲，有些人听力不好，有些人文化程度不高，不习惯阅读……如果把所有观众都看作“一般观众”，并假设他们都一样，对博物馆方面是很危险的，应充分意识到观众的个体（组群）差异。

四、好展览的内容

好展览的内容即展览教授什么？是一段技术性信息，还是一个与前后展览无关的抽象事实？应该由展览设计师决定将要完成什么，再合理计划，这样才能达到目标，最后进行展览评估，了解展览是否成功地完成了设计理念。唯有此，展览的最终结果才不会是藏品或展览本身，甚至不是观众来看展览，而是展览带给观众的心理变化，这才是博物馆存在的真正原因。衡量一个博物馆是否成功的标尺就是看这些心理变化的聚合体是如何更好地反作用于博物馆工作的目标。一台机器的效率是用给定操作所需消耗的能量与完成工作总量的比值来衡量的，博物馆的效率就是所花费的资金与所完成的工作比率。

那么，最受欢迎的展览内容应该是什么？一些博物馆用分发自测问卷的形式来征询观众参观完展览后的信息获取量，表明博物馆方面在认真考虑如何合理利用公共基金，实实在在地回报观众。也可以将某一展览吸引观众的创意借鉴到其他展览中。设计师就是一个讲故事的人，会娴熟地运用结构、戏剧、悬念、高潮、幽默等元素，设计出导向合理、富于启迪、教育性的行进路线，让观众有序参观，有所收获。

五、好展览的设计

怎样才能成功地设计一个展览？有以下方法可以参照。

（1）开放保管法[①]，即将刚入馆的文物不经任何处理立即拿来展览。① 随便摆放，不做组织安排。② 与同类器物一起展示。③ 与来自同一捐赠人、出自同一地点或时期的其他文物摆放在一起。④ 上述几类文物混杂摆放。采用这种方法，说明牌要么不要，要么只在必要的位置摆放几个，只简单地提供一些有用的信息，如油灯由某人捐赠等。筹办这类展览的博物馆一般要设来宾登记处、捐赠处，并要有知识渊博的服务人员。“开放保管法”蕴含着“不是为了展览而从藏品中挑选展品”和“展览本身就是藏品”的双重含义。

（2）器物法。展览方案一定下来，就要围绕教育目的从藏品中挑选上展文物。器物必须是：① 经过精心选择的。② 在展柜中排列。③ 经过研究的。④ 有说明的。⑤ 灯光适度。器物法可能导致非知识性动机或缺乏观点的结果，最终呈现的就是信息量很少的器物展览。

（3）观点（念）法。这种展览方法早在20世纪60年代就已出现，更多地强调概念而非器物，出发点是交流信息，注重并强调博物馆的教育使命。这类展览需要事先决定以下几个问题。① 表现什么观念或故事。② 如何以最佳方式表现故事。③ 从藏品中挑选展品，并加以阐述，实用照片、图表、模型、绘画和其他辅助手段。④ 计划展览。运用各种技巧强调概念、观念或观点。⑤ 布展时，每部分作为一个单元。但这样做，一不小心就会走极端，变成教科书式的展示，没有器物，只是很多词汇、一些图片。还可能产生这样的问题，如结果是否经得起推敲，博物馆是不是被迫给予信息，最好的办法是下面的综合法。

（4）综合法。将藏品中最重要的、值得展示的器物和博物馆的目的（要告诉观众什么东西）结合起来。重点考虑如何按合理的顺序把展品分组。一个展览不应该是一堆杂乱无章的器物，同样一个展厅也不应该成为填充着无序展览的空间。展览要有起伏，有变化。展示的多种器物和表现的几个观点就代表了博物馆给观众编排的“故事”的重要部分。

---

① 近年来，博物馆界尝试了一种能让观众接受的新式陈列方法，即精心策划的“开放保管”陈列方法，它是在常规的、说明性的展览区周围展出大量相关的展品。美国哥伦比亚大学人类学博物馆是第一个成功举办“开放保管”式陈列的博物馆；佛罗里达大学的佛罗里达自然历史博物馆为了学习而举办的“看得到的保管室”也很成功；1988年纽约大都会艺术博物馆的“美国之翼”为研究美国艺术而开放亨利露西中心，展出的是公众从未见过的收藏品，观众可以通过电脑直接查到每件文物的附录和编目信息；纽约罗切斯特的斯特朗博物馆也有类似陈列。因此，“开放保管”被赋予了全新的、被褒赞甚至被推崇的含义。如今，网络和大型观赏屏幕已经运用到了“开放保管”陈列实践中，使得观众可以接触到博物馆的其他重要藏品和一些私人收藏品。

不要为了完成某项任务，把展览办成一堆物品、一堆说明牌、一堆图表和电子辅助设施的堆积或罗列，真正的、典型的展览应该有一个大标识牌（主说明牌）告诉人们“这是什么”；一个或多个附加说明牌呈现展品的基本信息；每件带有识别标题的精选展品以及内容更多、更详细的标牌供那些有时间、有兴趣的观众细细品味。

目前，一些中型博物馆的固定展览由签约的专业展览公司完成，这与“少花钱，多办事，追求高效率，增加专业技巧，分权管理”的理念相符合，好处是更经济、效率更高，服务好，质量保证。但让外行做展览并不是正规做法，特别是一个公司在展馆内设计和施工、安装展览时，很容易因循守旧，该公司也许对当地社团（博物馆公众）了解不够，甚至缺乏个性或创造力，这很容易使人联想到电梯音乐：枯燥、平滑、毫无特点、不真实。设计师和安装人员不是专家，所以博物馆专业人员在基本工作和公共教育方面要负起责任，毕竟签约公司只是临时负责展览，他们使用新的、大家喜欢的设施时不会考虑观众是否会乐意接受。大多数观众来博物馆就是为了享受一段快乐时光，他们并没有把参观看作去学校或刻意寻找要学到点什么。博物馆工作人员面临的挑战就是在此基础上接受观众，让观众感兴趣，在娱乐的同时，对博物馆文物有所了解。有时候，接受一个观点或记住一个题目就足够了。

在设计好展览时，博物馆面临的最大问题是如何处理教育与娱乐之间的矛盾。两种观点理由都很充分，博物馆工作人员应辩证地看待，恰当地运用。观众来博物馆是为了娱乐，而博物馆最初存在是为了告诉人们一些东西。博物馆既要给观众以教益，又要给他们娱乐，让他们感到参观时愉快的体验。娱乐元素多少的把握要得当，教育和娱乐也许会同时兼顾，也许不会，运用不当会导致两个极端，要么成了娱乐项目或狂欢节，要么变成陵墓。

六、临时展览

展览就是展览，不管展期是三周还是十年，博物馆都不愿意使用“固定”一词，因为它会让人联想起一成不变的陈列、外观灰秃的陈旧设施；展览落满灰尘，颜色灰暗，不被重视，传递出价值不大的、过时的信息。有些博物馆更愿意将所有展览都看成临时的，希望每五年能更新一次。但并非所有博物馆都有人力和物力进行短期的翻新。除了时间关系外，临时展览和固定展览有很多不同。最主要一点是临时展览采用了“展示行业”的很多元素。“展示行业”能带来视觉刺激，使人得到纯粹娱乐，像戏剧、歌剧以及观赏性的景观，如尼亚加拉大瀑布，虽然有些俗丽、浅薄，但很吸引人。将展示业的某些元素用于博物馆展览，也可以吸引观众，激发观众兴趣，为观众提供娱乐，创造出受观众欢迎的形象，就像草坪上的图腾柱、醒目的信纸抬头、宣传车、为儿童举办的各种活动、休息区放映的动画短片等。还有彩灯闪烁的喷泉、动听的音乐、景色宜人的庭院，灯火辉煌的建筑夜景、广告牌、免费气球、展销台、保安显眼的制服、餐厅特色餐具以及有趣的新闻故事，博物馆采用的这些手段，本身不具有教育性，但也是服务观众的手段，因而也能吸引观众。

在各种娱乐设施快速出现、与博物馆争夺观众的时候，博物馆要采取各种措施赢得更多的公众支持。临时展览就是最佳方法，地点灵活机动，可选择乡村集会、商店橱窗、宾馆走廊、学校或机关单位作为展览地点，这样展览就能经常出现在观众视线中，以便引起社区兴趣，争取到经常性观众。既然临时展览是短期的活动，它就可以算作一则新闻事件、一个故事，而固定展览则不是。临时展览种类繁多，形式多样，且多与社区相联系，有令公民自豪的因素，但也会产生一定紧迫感或忧虑等情绪，从而促成改进的契机，因此，临时展览的作用在数月或数年后才显现出来。作为固定展览的延伸，临时展览蕴含着很大的教育价值。

临时展览的特点是“虚悬规则”，故演艺因素在临时展览的效果要比在固定展览中好得多，因为临时展览比固定展览灵活、自由。固定展览必须是整体的一部分，有限定和目标，经过认真研究，精心准备，认真布局，空间上经济实用，时间和投资安排得当，更重要的是必须表现出一个大观点。临时展览则属实验性质，主题不必限制过多，布置快，花费不多，不很严肃，令人轻松，且打破博物馆展览常规，不用花太多力气，对观众和工作人员来说，都是一次难得的机会，可以观赏、学习一般看不到的资料和器物，如私人艺术家的收藏品，通常藏在深宅，不为人所知，在博物馆短期展览，观众才有机会欣赏。临时展览展品的获取渠道很多，可涉及很多领域，一般是自筹或租借，称“巡回展”，由图片、摹本或艺术原作、馆藏文物、演示设备组成，花费从几美元到几千美元不等。史密森学会组织的“巡回展”题材广泛，有当代艺术、历史展览、人类学、自然科学和其他领域题材。

临时展览展品一般是从其他博物馆、社团组织或个人租借的单类或多类器物，乃至整个收藏，性质是临时的，纺织工业协会、岩石爱好者协会或园艺俱乐部等地方兴趣俱乐部或手工组都可以提供展品。临时展览为本地人提供了看展览和被展览的机会，让个人或团体参与博物馆工作，使他们关心博物馆工作，对博物馆感兴趣，并产生责任感。如果周围社团的人说“我们的博物馆”，就表明博物馆已经与公众建立了良好的信任与合作关系。举办本地不同行业的展览，会为博物馆带来更多新朋友。博物馆也可以从自己的藏品中组织展览，照片、文献或那些因故未能上固定展览的文物都可以。另外，科技博物馆的艺术类藏品，历史博物馆的钟表收藏、动物标本，艺术博物馆某个著名收藏家或捐赠者的个人纸类收藏品等都可以成为临时展览内容，费用可向当地企业募捐。临时展览的开展、结束时限明确，常常与公众熟知的某个特殊事件或庆祝日联系在一起，如周年纪念、总统竞选、工程揭幕式及电影首映日等，表现及时或适时的事件和人物，增加社团兴趣，具有很强的宣传效果。

为了寻找更多宣传机会，吸引更多观众，所有博物馆都不断推出临时展览，从各个方面进行尝试。临时展览是表现单纯观点或一类（单元）器物的最好手段，它不需要冗长的说明牌、晦涩难懂的专业词汇、空洞的说教，而是以通俗易懂的形式让观众在走动中迅速掌握信息。临时展览作为短期展出，具有实验性或探索性，常常会违背“激励思想，扩大观众视野”的初衷，引起敏感的社会问题。博物馆提供的场地只是一个中性环境，临时展览可能涉及具有争议性的社会问题，如宗教、政治立场、移民、性取向、节约木材和伐木业的对立、如何看待美国国旗、堕胎的赞成论与反对论等。只要涉及这类社会敏感问题，舆论界就会“绷紧弦”，可能会给博物馆带来负面影响。若处理不当，会把公众极端化，使一部分人对抗另一部分人，把人们置于博物馆或博物馆工作的对立面。馆长还可能被卷入是非之中，甚至被拖到法庭。1988年秋，宾夕法尼亚大学的当代艺术研究所举办了罗伯特·梅普尔索普（Robert Mapplethorpe）的175幅照片巡回展，名为“完美时刻”。该展览在费城和芝加哥展出时，引起轰动；准备到华盛顿特区的科克伦艺术馆展出时，有人警告说展览内容可能会引起争端，在科克伦的展览计划被迫取消了，国家艺术捐献委员会也出面干涉；在辛辛那提当代艺术中心，观众比以前更多，热情更高，但反对者也准备好了反击，争议最大的是7幅半裸儿童和同性恋照片，大法官控告该中心及中心负责人涉嫌淫秽，而且拒绝被告律师提出的“作为文化和教育机构，当代艺术中心不应该对巡回展览内容负责”的辩护，被称为震惊国际艺术界的重大事件。

在60年后的今天，舆论界和公众对类似事件的态度已经宽容得多了。博物馆对固定展览和临时展览的探索也取得了更多更新的进展，研究仍在继续，观众对博物馆展览的期待依然如旧。总而言之，让展览贴近观众是博物馆为之不懈努力的终极目标。

第三节　三个外展例子

一、“秦俑：秦始皇的卫士”展览[①]

2008年5月18日至10月12日，由陕西省文物局主办的“秦俑：秦始皇的卫士”展在被誉为美国西海岸明珠的洛杉矶圣塔安娜市的宝尔博物馆（Bowers Museum）展出，成为轰动南加州的文化盛宴。此次展览的成功运作值得我们深思与借鉴。

（一）宝尔博物馆简介

宝尔博物馆位于美国加利福尼亚州南部著名的旅游胜地——橙县的圣塔安娜市，是橙县规模最大、历史最悠久的非营利性博物馆。建筑由主馆和儿童活动中心组成。主馆面积14220.72平方米，员工73人，会员600名，年观众量15万人次。展览、规划、运作皆由会员支持。主馆开放时间是周二至周日上午10：00—下午4：00（每月第四个星期延长至晚上8：00）。门票：基本陈列成人12美元，62岁以上老人和学生9美元，6岁以下儿童免费。10人以上（含10人）团体免一张成人票。儿童活动中心开放时间为周四及周五上午10：00—下午3：00，周六及周日上午11：00—下午4：00（每周一、美国国庆节、感恩节、圣诞节及新年闭馆）。该馆宗旨是“为观众开启一扇欣赏世界文化之窗，致力于推广不同的文化展览”。

主馆前身是1936年当地富商查尔斯·宝尔夫妇捐建的一座展示橙县地方史的博物馆或纪念馆。经1985年、1992年两次扩建，成为具有广泛国际影响的文化博物馆。藏品85000余件，主要包括中美洲前殖民时期文化、美国印第安文化、非洲及大洋洲艺术，特别是巴布亚新几内亚及加利福尼亚州早期印象派绘画。2007年年初建成开放的、另一座占地面积33000平方米的现代化展馆——康诺及桃乐丝甘遒迪馆和容纳350人的多功能报告厅，大大提升了主馆的业务水平和影响力。该馆除了四个固定展览外，还多次举办国际展览，特别是大型中国艺术展，如1992年“鸿禧镏金佛像”展、1994年“鼻烟壶”展、1995年“民俗冥画”展、

---

① 原题目为《洛杉矶宝尔博物馆“秦俑：秦始皇的卫士展”随想》，《陕西历史博物馆馆刊》（第15辑），三秦出版社，2008年。有删减。

1996年“汉唐三彩”展、1997年“台湾历史博物馆的清代玉雕”展、2000年“北京故宫珍品”展、2002年“南京博物院文物精品”展、2003年“雪域珍藏——中国西藏文物”展、2007年“五千年的中国艺术与文化：上海博物馆珍宝展和宝石之光”（仍在展出）等，会员人数超过6000人，成为美国人必去的博物馆之一，享誉海内外。除了展览外，该馆唐加塔（Tangata）餐厅还为游客提供一流的餐饮服务，还接待婚礼、会议、聚会等活动。2008年4月底，“秦俑：秦始皇的卫士”展的到来更使该馆声名鹊起。

儿童活动中心位于主馆南边，于1994年12月对外开放，总面积990平方米，专为儿童、家庭和社区设计多种活动，如家庭文化艺术节、讲座、系列电影、研讨会、教师工作室（一年两次，为教师提供关于展览的信息，为老师提供电脑、触摸屏、猜谜等教学设施，让学生更好地了解展览及历史知识）、文化艺术套盒（迷你艺术馆，以很少租金租借给学校，用于课堂教学，包括触摸式艺术品、教学计划、影碟、书籍等），宣教人员每年通过课堂讲解和博物馆课堂等形式为8万在校学生提供教育服务，特别是分不同年龄段开展的教育活动，如学龄前儿童的发现之旅（每周二、三早上，供3～5岁儿童及父母、祖父母、保姆参加的亲子艺术活动，音乐和运动，讲故事，健康快餐等），二年级学生的活动之旅（由教育人员讲述与博物馆展览有关的故事、做游戏、唱歌、弹奏乐器，时间为1小时左右），三年级以上学生的文化艺术课（制作与博物馆展品有关的艺术纪念品，如沙画、临摹中国水墨画等），中学生的理解之桥活动（在线互动项目，与世界各地学生进行在线交流，增强跨文化理解力，体验跨越地理、景教和宗教界限的交流），生日聚会（整个馆区或社区等场地可以出租，有偿提供脸绘、讲故事、艺术项目或模拟考古发现等活动），童子军训练、发掘如何“发现埃及”考古冒险（专为团队、儿童、生日派对、夏令营设计。团员们身穿考古服，在考古室观看考古发掘指南及考古遗址信息，然后再去挖掘，用新学的知识为发现的艺术品定名和分类），艺术夏令营（一周左右，为孩子们提供了解世界文化的机会，具有创新性，主题别出心裁，包括博物馆和考古发掘现场参观）。

为配合主馆的兵马俑展览，2008年6月15日至8月31日，儿童活动中心举办了“美猴王，中国之旅”特展。孩子们可以穿美猴王的衣服，用京剧技巧模仿孙悟空冲上云霄的动作，或分组在山上完成挑战项目，借此了解英雄主义，学习自律和集体协作。门票：成人和3岁及以上孩子每人6美元，会员和2岁及以下孩子免费。相关活动：开幕式庆祝（6月5日早10：00～16：00。内容包括故事会、精彩的艺术活动、表演、饮料等。成人和3岁以上儿童6美元，会员和2岁及以下儿童免费）、穿越亚洲（探险亚洲四大奇迹，攀缘到富士山顶，在空中花园休息，回答兵马俑是什么、为什么他们如此有趣、长城有多长等问题门票非会员65美元，会员50美元，每个家庭限2个孩子，多出的孩子每人15美元。时间7月8～29日或7月9～30日12：30～2：30）、儿童瑜伽（时间8月5～26日或8月6～27日12：30～2：30，对象为4～9岁儿童，每班限10个家庭。门票非会员65美元，会员50美元，每个家庭限2个孩子，多出孩子每人收取15美元）。

（二）"秦俑：秦始皇的卫士"展

该展览在宝尔博物馆顺利开展，揭开了美国巡展的第一站（2009年5月18日至2009年10月16日将在休斯敦自然科学博物馆展出、2009年12月19日至2010年3月3日将在华盛顿国家地理博物馆展出），展品、图片来自2007年9月13日至2008年4月6日在大英博物馆（又称"不列颠博物院"）举办的"秦始皇：中国兵马俑"展，展览由希瑟·詹姆斯（Heather James）艺术与文物、东西方银行和UPS文物快运等15家单位联合赞助。门票：周一至周四成人票25美元、学生和62岁以上老年人19美元，周末成人27美元、学生和62岁以上老人21美元，6岁以下儿童免费。公众可通过电话、网络订票，或当日在博物馆游客服务处购票。

1. 展览地点

位于该馆主厅，展览面积1200平方米，展出秦俑及相关文物100件，展览分发现、战国时期、秦以前的宫殿与建筑、宫殿模型、百戏俑坑复原、马厩坑、二号坑、最新发现与修复八部分。展览采取了开放陈列法，使得观众能与兵马俑面对面近距离交流。参观路线按照内容设计，方便观众疏散，且增加文物展示的多维度效果。陈列文字流畅华美，设计师对灯光和色彩进行了匠心独运地融合，不仅衬托出秦俑的壮阔与雄浑，而且营造出厚重的历史感与环境感，独特的悬柱式展牌为观众提供了更多信息，醒目而引人入胜。自动语音讲解系统采用兵马俑、秦始皇、工匠、演员和讲解员对话的形式，生动有趣，好像演绎一个历史故事。大屏幕视频循环播放关于秦俑发掘的信息，给观众带来强烈的视觉冲击。专程从台湾赶来助兴的真人模仿秀更是锦上添花，上述多种手段生动演绎了秦俑的有趣故事，收到了极佳的展览效果。

2. 新闻发布会

2008年5月16日早上10：00，宝尔博物馆举办了大型新闻发布会，洛杉矶和橙县主流新闻媒体和当地华人媒体悉数出席。发布会由馆长皮特·凯里主持，负责陈列内容和图录文字的斯坦福大学丁爱华教授和负责秦俑国际运输的UPS集团代表分别发言。皮特馆长详细介绍了展览的筹办过程和此次展览的重大意义，并对四川灾区表示极大的同情与支持。丁爱华简述了秦俑的发现与研究情况。会后，陕西历史博物馆程旭副馆长、陕西文物交流中心韩钊副主任、陕西省考古研究院王炜林副院长等在展厅分别就展品及背景知识接受媒体采访，他们倾力宣传中华民族悠久的历史文化和陕西作为十三朝古都的光荣与辉煌。

3. 展览开幕式

2008年5月18日晚，宝尔博物馆为展览举办了隆重的开幕式，洛杉矶名流济济一堂，华盛顿、休斯敦的会员也赶来助兴。中国驻洛杉矶总领事张云先生参加开幕式并为展览剪彩。程旭副馆长和韩钊副主任分别在展厅接受中央电视台采访，介绍展览的意义和陕西辉煌灿烂的历史文化。开幕式当晚，代表团及时向陕西省文物局发回配有精美图片的专题报道。开幕式有两大特点：一是该馆东厅举办的义卖会和冷餐会，服务人员全部都是博物馆志愿者。参加义卖的商品或作品很快就名花有主，中国书法家、素描家和艺术家的倾情表演为开幕式增色不少。二是在博物馆附近空地上临时搭建的帐篷里举办该馆年度最隆重的活动——慈善募捐晚会，慈善募捐晚会共招待来客600名，多为当地名流或博物馆会员。座位按照位置以不同价格售出，最低价为1000美元。晚会在欢快的汉唐乐舞和诙谐幽默的秦俑真人秀表演和积极踊跃地竞拍捐献中达到高潮。据主办方说，此次筹款活动相当成功，甚至超过预期目标。除了为展览捐款外，主办方还为社区60名贫困家庭学生组织了一场募捐活动，支持他们到宝尔博物馆进行参观。

二、盖蒂艺术馆和圣地亚哥市艺术博物馆

盖蒂艺术馆（新馆）是洛杉矶最大的艺术博物馆，主体建筑有三层，集科研、展览、收藏、休闲娱乐等多种功能于一体，建于半山腰的白色大理石建筑格外引人注目。游客一般搭乘小电车到达山顶，先观赏高台上的宏伟建筑和宁静的花园，然后到底层参观古代艺术和花园平台咖啡厅。一楼是雕刻、装饰艺术、摄影、艺术咨询室、研究所和餐厅与咖啡大楼，二楼是油画和轮换展览厅。盖蒂艺术馆按照方位分为东、西、南、北、中五个部分，北馆展出17世纪以前的艺术，东馆和南馆展出17～19世纪的艺术，西馆展出19世纪以后的艺术，中馆作为临时展厅。其藏品的丰富和高品质，以及新颖的开放式陈列方式给代表团留下了极为深刻的印象，观众可以与精美的展品零距离接触，享受从未有过的体验。

圣地亚哥艺术博物馆位于美国与墨西哥交界的圣地亚哥市中央文化区。这里曾是1910年国际博览会的会址，当年各国风格的建筑得到悉心管护，犹如世界公园。如今分别用作民俗博物馆、摄影博物馆、艺术博物馆、儿童博物馆和电影博物馆等社区文化娱乐中心。穿过绿荫覆盖的长廊，沿路看着悠然自得的人们，轻松舒适涌上每个人心头，古建筑、人、自然和文化如此和谐，勾画出怡人之美景。

圣地亚哥艺术博物馆位于万国城的最深处，紧挨着法国凯旋门。据说这里是举办公共庆祝活动的地方。该馆藏品丰富，从古代亚洲的艺术品到加利福尼亚的当代艺术品应有尽有，其中不乏欧洲艺术大师的作品。未进博物馆，先被门前一穿红衣男子吸引，它举着写有“SDMA”（圣地亚哥艺术博物馆英文缩写）的大牌子来回走动。经询问，他是“活动的”入口标志，告诉观众入口位置，这种做法令人印象深刻。让人印象更深的是馆内多元艺术展览带来的视觉冲击和艺术享受。该馆有特别展览、美国艺术展、亚洲艺术展、欧洲艺术展、欧洲艺术大师作品展、南亚艺术展等。今年春季特展为“印度旋律：南达拉尔博塞艺术（1882～1966年）”。舒适的参观环境让我们真正品味到了艺术之魅力和魅力之艺术。

三、感想与心得

（一）展览的理念

笔者感受最深的是团队合作的集体精神。

1. 多渠道的资金来源

此次展览由希瑟尔·詹姆斯艺术和古玩有限公司、东西部银行等16家单位倾力赞助。另外，太平洋投资管理公司（PIMCO）基金会提供10万美元来赞助“周五免费之夜”活动，在每周五下午4、5、6、7点分别为100名观众提供免费参观展览的机会，观看纪录片。博物馆晚上8：00关门。基金会代表马克·珀特尔菲尔德说：“这是对宝尔博物馆的主要赠予，真难以置信，秦俑就在橙县开始它的美国巡展之旅。这无疑是世界上最重要的展览之一，我们要确保任何想一睹为快的人都有机会看到它。”宝尔博物馆发展和市场部伊奈兹·沃林思说：“通过延长晚上开放时间，太平洋投资管理公司‘免费周五之夜’让更多人在方便的时候体验展览。宝尔博物馆的周五之夜对上班族来说，再好不过了，他们在周末欣赏精美的艺术，和朋友小酌一番，还能结识志同道合的新朋友。”此外，该馆还通过售卖开幕式的慈善晚宴门票，同时举办拍卖会，售卖纪念品和图录等，以便增加收入，代表团和随展组的参观用车、门票费也是由会员赞助。

2. 多种宣传形式

除了鼓励吸引公众捐献外，主办方在展览宣传方面更使出浑身解数，屡出奇招。除了在洛杉矶各大媒体（中文、英文）、公共场合宣传画外，还精心设计了不同规格的图录和针对不同观众的学术讲座、台湾行为艺术家现场秦俑真人秀表演、制作带有秦图案的餐巾和纪念品、推出兵马俑套餐，甚至赶制一批秦俑猜谜饼干免费发放（每块饼干里面有一个小纸条写着与秦俑有关的小问题和答案，如“秦俑是哪年发现的？1974年”）。展览期间每周五6：30在博物馆放映厅播放有关秦俑、秦始皇、古代中国等18部纪录片。

3. 浓厚的服务意识

博物馆工作人员，特别是教育人员（志愿者）有问必答，态度和蔼，知识丰富。多种介绍材料在服务中心随时取用，上面有关于展览的、基金会的、各种协会的、旅游信息等。盖蒂艺术馆有各种语言的介绍材料（英语、法语、西班牙语、德语、日语、韩语等）。在各展厅举办有关特展的学术讲座、30～45分钟的建筑导游、艺术资讯室（了解艺术制作过程、触摸真正的羊皮纸和金箔，提供临摹名画、素描的工具和参考）。特别值得一提的是家庭活动项目和设施、供游客休息的餐吧和快餐厅。

4. 鼓励公众参与的会员制度

这是欧美博物馆运作的突出特征，大部分博物馆都设有会员部。博物馆与城市、社区、公众浑然一体，是群众踊跃参加的组织。博物馆会员可以免费参观藏品和展览，为情趣相投的人士提供交流机会，营造归属感，加强社团团结，构建人与人、社区与人的和谐关系。我们参观的博物馆都有印制的会员入会手册与申请表，就放在入口处，方便观众取拿。申请人按个人或家庭缴纳一定会费，圣地亚哥艺术博物馆个人会费45美元/年，两人家庭75美元/年。博物馆之友175美元/年，或采取捐助形式，如500美元或15美元享受更多的服务和参与博物馆管理。学生、教师、现役军人和65岁以上老年人享受价格优惠。会员可以享受优惠临时展览门票、参加博物馆组织的各种活动等。宝尔博物馆会员已有6000余人，包括各行各业、喜爱博物馆的人士。

5. 集合公众之力的志愿者工作体系

国内很多博物馆界人士已经注意到外国博物馆的志愿者制度。大众的力量和需要是博物馆发展的源泉。在宝尔博物馆展览开幕式年龄悬殊的志愿者，义务出车带我们参观的林先生和招待我们的童女士都在为博物馆愉快地贡献着。他们认为成为博物馆会员和志愿者是一种荣誉，是人生价值和社会影响的体现，他们不仅身体力行，而且鼓励家人和孩子参与。年轻的志愿者或静立一旁或穿梭人群提供简餐和饮品服务，脸上露出自信和愉悦，这些都是我们期望看到的也是努力要做的事情。在这里，代表团对博物馆与公众的含义有了切身体会。博物馆与公众开展互动，博物馆的办馆宗旨和功能就不言而喻了。代表团在宝尔博物馆、盖蒂艺术馆和圣地亚哥艺术馆参观过程中，在工作人员亲切耐心的服务中，在观众怡然自得的脸上都能看到这一点。盖蒂艺术馆开放式陈列让观众既能近距离与珍贵文物对话，又能让观众感到尊重，让他们尽情享受古代艺术的魅力。在观众需要更多解释的地方，都有方便观众自由拿取的、制作精美的大说明牌，无论孩子还是成年人都乐在其中。代表团直面这些精美文物时，所受到的冲击不仅仅是视觉上的，更多是心灵上的。

（二）对少年儿童作为潜在观众的关注

据介绍，美国基金会资金的90%用于儿童文化教育活动。无论是宝尔博物馆的儿童活动中心，还是圣地亚哥的儿童博物馆或盖蒂艺术馆庭院内东馆的家庭活动区，都在坚持这样的理念：少年儿童是博物馆工作的中心之一。从硬件设施和服务人员来看，博物馆都切实地为孩子和家长提供活动的空间。游戏盒、拼图、图画书和电脑等看似普通的用具在博物馆环境下，也具有不同的含义：博物馆、孩子、家长相得益彰。特别是盖蒂艺术馆设计的展厅游戏，如疑难油画辨识和艺术侦探等。定期组织生动活泼的家庭故事会，用英语（每周六、日）和西班牙语（每两周的周六）讲述与博物馆藏品有关的传说和传奇人物。周末家庭讲习班要求5～13岁少年儿童在家长陪同下由老师带领参观不同展厅，然后在工作室内进行艺术创作。专供家庭参观重点文物的自动语音讲解系统（付费3美元）。每个地方都鼓励孩子亲身体验、参与、动手制作，如制作蝴蝶标本，16世纪法国宫廷室内复原，孩子可躺在豪华的古典床上，听妈妈讲故事。由此联想到我国目前博物馆界讨论最多的青少年教育与博物馆问题，这里是把争论化解为简单的行动：少年儿童是社会关注的中心，藏品对孩子完全开放，满足他们的求知和娱乐需求。

四、“一统天下：秦始皇帝的永恒国度”展览[①]

2012年7月25日，为纪念香港回归15周年，由香港康文署和陕西省文物局主办的“一统天下：秦始皇帝的永恒国度”展在香港历史博物馆开幕，至当年11月26日结束。展览总面积超过1850平方米，是该馆成立以来规模最大的专题展览，也是香港历年来规模最大的一次秦兵马俑展。

这次展出的120件（套）文物在数量上突破了国家文物局对秦兵马俑出境数量之限，等级之高（一级品占40%）、种类之全前所未有。展示方法有诸多突破，打破历史与科技界限，充分运用投影、动画、电脑、扩充实境等多媒体技术。展览内容全面准确，严格参照考古和文献资料，注重与观众互动，努力给观众全新体验。

这次高质量、大制作的展览取得了极大成功。截至目前，观众人数已经达到30万人次，创该馆举办临展观众人数之最。笔者作为学术交流团成员赴港访问，通过与该馆工作人员交流并亲身体验、参与互动等，较为全面地感受到该馆“以观众为中心、以社会教育为宗旨”的办展理念和多元化社会教育活动的具体实践。

（一）办展理念十分明确

“服务社会、观众至上”是笔者在港听到最多的话题。这次展览共耗资3500万港币，其中1500万港币由香港赛马会慈善信托基金以制作辅助展具（多媒体互动项目）赞助，其余由香港特区政府拨款。

这次展览的门票为10港币，应是秦兵马俑出境展览以来最低的，门票收入与巨额办展费相比委实太少。但是，香港特区政府愿意投资博物馆办展览，对民众进行“润物细无声”的历史传统文化教育。在门票预订一空的情况下，为了满足更多观众的需求，馆方将开放时间延长至晚上10：00，此举说明主办方在不追求盈利的理念下，更多地为方便公众参观给予人性化管理。

为扩大影响加强了宣传。除常规的新闻发布会、电视节目外，还在地铁站、巴士站、码头做了灯箱、橱窗、电车广告和户外巨型海报、网络宣传；配合传统中秋节以“秦城俑现”为主题举办大型兵马俑灯笼组合，在馆外广场地面上布置大幅兵马俑立体地画、大型兵马俑坑照片，憨态可掬的Q版兵马俑作为标志出现在展厅、报告厅。

① 原刊于《中国文物报》2012年10月19日第3版。

（二）区域功能科学合理

该展览总体上分为广场拍照区、展厅多媒体体验区（六组）和文物观赏区。让观众循序渐进地关注、享受、感悟、赞叹展览所带来的视觉冲击和心灵震撼。

1. 广场拍照区

上层区域为游客拍照区，通过完成“拍照→取票→到达兵俑工坊→输入票号→投影到兵俑模型上”等环节，就可以获取“千人千面”互动体验。广场地面上有大型立体地画，让观众体验秦兵马俑坑的壮观场面。连接二者的两排台阶上也贴有秦俑坑照片，通过分块集合方式自上而下复原出秦俑坑的场景，加上一排可爱的Q版兵俑形象，让过往行人充分享受身临其境的体验。

2. 850平方米多媒体体验区

与以前该主题展览更多关注兵马俑历史价值理念不同的是，此次展览利用多媒体弥补单纯文物展览的不足，力图全方位展示秦人发展历程和兵马俑的历史意义。

首次以“马”为切入点演绎秦国的崛起与强大过程，马与车的细节则严格按照考古和文献资料，确保了科学性与准确性。这些都是展览的亮点。该区有“秦人与马”（视像节目）、“发现地下王国”（互动性虚拟场景）、“地下兵团的秘密”（知识问答）、“军人本色”（光影与三尊高1.8～2.8米俑模型重构制作、破坏及修复过程）、“飞越秦始皇陵”（最为瞩目震撼，巨型环回悬浮幕，立体影片回顾秦陵的建造、焚毁与发掘）和“兵俑作坊”（观众通过触摸屏为秦俑绘色）六部分，深入浅出地演绎了秦代历史文化、文物和兵马俑背后的故事，增强了展览的趣味性和教育性。

“飞越秦始皇陵”最为瞩目，采用32台投影机无缝拼接技术和300台高配置渲染机群作巨型包围式投影，将兵马俑和秦始皇陵影像投射在巨型环回悬浮幕上，以超越大型电影院IMAX影片标准解像度播放，营造的立体视听效果让观众仿佛置身于时光隧道中，感悟秦始皇帝陵、兵马俑的历史沧桑和无穷魅力。这是该项技术在香港乃至世界文物展览中首次运用，是文物展示手法的重大突破和创新。

3. 20件必看文物观赏区

展区以红和黑为基调，以饱满而富有韵律节奏的形式设计和流畅优美的说明文字，以多媒体、立体雕塑、悬空陈列等为辅助手段，多角度地诠释了展览的主题和主旨。

（三）教育推广形式多元

馆方为配合展览设计实施了系列教育推广活动，让公众全面深入地了解我国源远流长的历史文化特别是秦代的历史文化，并将展览内容公布在馆网专题展览专栏中。在教育推广的总体设计上分为馆内和馆外两部分，即“迎进来，走出去”双向互动。

（1）展览讲解。每天在特定时间由志愿者负责约一小时的讲解，逢周六、周日和特定节假日增设英语和粤语讲解。馆服务处还提供粤语、英语和普通话导览器，详细介绍众多精品文物背后的有趣故事。

（2）网络信息。馆方专门为展览设计了宣传网页和手机应用程序，提供展览最新消息、展览精品介绍、票务情况和各项教育推广活动等，激发观众了解秦代文物的兴趣。馆方早前还开设了画面专页，以铠甲将军俑为向导，向大家介绍展览的最新动向；中文提示为“我是来自陕西西安的铠甲将军俑，请即成我的粉丝，为大家提供展览的最新消息及资讯”。馆方专门注册并开通了推特用户网，随时报告和更新展览最新动态，并可与将军俑互动。

（3）学术交流。邀请香港著名出版人张倩仪女士主讲《当秦始皇读〈谏逐客书〉》、香港著名音乐人陈永华教授主讲《古风乐韵：先秦乐器、乐曲及乐论》、香港中文大学历史系黎明钊教授主讲《秦代历史文化：以图像及出土文书为中心》等。邀请10多名来自英国、日本、中国等专家学者参加学术会议，与听众分享秦人历史文化、兵马俑、遗址和文物保护等方面的最新研究成果。学校、学术团体可通过电话或网络向馆方预约，关注馆方网页获取最新消息。

（4）展厅互动。开展丰富多彩的互动项目，如“秦俑试身室”“故事手工作坊：秦俑陶塑艺术”“复活的军团：秦代马车和兵马俑纸模型制作”“考古学家之路：古代文物发掘”等。

（5）图书推介。与中央图书馆合办“一统天下：秦始皇帝的永恒国度”图书展和“秦朝二三事”图书展；推出“亲子成语故事坊：秦朝故事书中书”活动，还有中文电子图书、图书馆电子资源、互联网资料库和相关网站推介。

（6）特殊服务。开设手语传译导览和兵马俑模型制作工坊，特别导览和触摸兵马俑陶塑模型工坊，导览和兵马俑模型制作工坊。这些活动每月举办6次，每周星期一、四、五推出，每次有15名听障人士参加。社区关怀的外展工坊需通过向香港小童群益会预约，活动共举办20次、每次30人。内容包括“故事手作坊：秦俑陶塑艺术”、“复活的军团：兵俑模型制作”和“考古学家之路：古代文物发掘”等。

（7）比赛活动。开展面向香港中小学生的校际比赛活动。参赛者可电话咨询或从馆方网站下载比赛手册和报名表。活动有面向高小、初中级高中组的兵马俑文物纪念品设计比赛；面向初中和高中组的秦始皇历史漫画绘画比赛；面向高小、初中和高中组的“我最喜爱的展品”的征文比赛。各组均设冠军、亚军、季军和优异奖各一名；高中组获奖学生可参加 2013 年西安历史文化考察之旅。

还有一些比赛活动：面向香港中学生和公众人士的“由兵马俑启发设计：动画／录像设计比赛”；针对中学生推出“秦俑产品设计比赛”；面向家庭亲子组合项目“秦俑机械人设计亲子工作坊”；面向香港、澳门和内地设计系学生或毕业生的“裳・俑时装设计比赛”和时装表演；在香港文化中心大堂举办“由兵马俑启发设计”展览。

（8）其他项目。馆方印制了展览图录、小册子、折页、参观攻略宣传册和中小学生“展览工作纸”；与教育局课程发展处、社会和人文教育组合作举办教师研讨会，由馆方专家讲解展览背景、展品故事和历史文化等；亲子总动员有冰皮月饼制作、传统花灯扎制，旨在激发年轻人的创意设计、艺术创作兴趣和积极参与公共艺术活动。

通过以上精心设计和组织的活动，该馆充分强调、表达了对陈列展示社会教育功能的重视和诠释。除积极采取措施吸引更多的普通公众外，该馆还表现出了对特殊群体的体贴和关怀。此外，该馆对信息化和全球化背景下观众参观的新动向颇为重视。他们通过网络开展内容丰富的活动吸引更多的人进行远程网络参观；对年轻手机用户提供参观便利，以满足不同层次观众的参观需要。馆方通过以陈列展示为核心、以新科技为支撑的多元化诠释方法，在提升香港民众对祖国历史文化认同感方面做出了积极努力，也为更好地履行博物馆的社会教育功能进行了大胆创新。

第四节　办好原创展览①

进入21世纪，博物馆越来越重视其社会教育功能。博物馆界甚至将社会教育提升至博物馆工作核心的高度。陈列展览作为博物馆履行教育功能最直接、最有

① 原题目为《“中原文明 华夏之光——中华文明起源展”回顾与总结》，刊于《陕西历史博物馆馆刊》（第19辑），三秦出版社，2012年。

效之手段，同样要将社会教育作为终极目标。2011年6月20日至9月20日，由陕西历史博物馆承担的国家文物局、科技部、陕西省政府主办的“中原文明 华夏之光——中华文明起源展”就是这种观念的一次有益尝试。该展览通过新的策展理念与展陈模式，以代表性器物为支撑，多维度地展示以豫晋陕交界地区为主的广义中原地区从公元前10000年至公元前1000年文明演变轨迹，以及这一地区在早期中国文明“多元中有统一，统一中有多元”发展格局中的中心地位，揭示这里出现早期中国国家形态的原因和长时段积淀过程，进而突显以中原地区为中心的早期文明对后世的深远影响。

此次展览参展单位包括7省（区）25家博物馆和文博收藏机构，展品共260件（组）。展览时间2011年6月20日至9月20日，正值我馆观众高峰期，参观展览的观众已突破20万人次。因而，从整体效果上讲，展览达到了预期目标。首先，展览因科学有序的组织编排、精美的辅助展品和考究的灯光效果得到了各级领导、学术界、博物馆同行和普通观众的普遍赞扬和认同。各参展单位代表和张忠培、王巍等著名考古学家参观展览后，给予了很高评价，认为该展览展品新颖精美，结构宏大，及时展示了探源工程在中原地区的新成果，表现出了中原地区在早期中国历史起源和形成过程中的核心地位。其次，首次采用大密度、多方位的宣传教育和学术推广活动赢得了多层次观众的好评。很多观众在留言中纷纷表达了对祖国悠久文明和精巧器物的自豪与赞叹。

一、项目由来及执行组织结构图

（一）项目由来

2004年“中华文明起源与早期发展研究”项目启动，它是继“夏商周断代工程”之后又一项国家支持的多学科综合研究中国历史和古代文化的重大项目，其目标是多学科结合，全方位、多角度、多层次地研究中华文明的起源与早期发展的过程、背景、原因、特点与机制，追溯自龙山时代至夏商周时期，我国古代文明起源与早期发展、古代王权国家产生和初步发展轨迹。

为了及时、准确地反映和宣传“中华文明起源与早期研究”成果，促进研究成果的社会化应用，国家文物局会同有关部门于2009年9月26日至10月30日在首都博物馆举办了“早期中国——中华文明起源”展，首次以展览形式向社会展示和宣传中华文明起源历程，展览取得了圆满成功。在此基础上，国家文物局联合有关部门在一些有关中华文明起源的重点省份继续推广首都博物馆办展模式，揭示中华文明“多元一体”的发展规律。2011年5月8日至8月8日，辽宁省博物馆承办了由国家文物局、科技部、辽宁省人民政府主办的“辽河寻根 文明溯源——中华文明起源”展，展示辽河流域早期文明在早期国家形态演变过程中的地位与作用。2011年6月20日至9月20日在陕西历史博物馆举办的“中原文明 华夏之光——中华文明起源”展是国家文物局和科技部第三次向社会推出中华文明探源工程在中原地区的最新成就，以及这一地区在早期中国国家形成过程独一无二的历史地位。

通过各地区的系列考古成果展示，向全世界昭示中华文明探源工程成果所证实的：中国早期文明是在自身的基础上独立地产生、发展起来的原生文明，也是世界上最早形成且唯一未曾中断、延绵至今的文明，不仅有助于化解国际上那些对中华文明起源的种种质疑，也能帮助我们解开古籍中那些关于“三皇五帝”与中华文明关系的谜团。因此，经过精心筹划的系列展览在研究我国古代文明的起源与发展过程中起到了不可低估的作用，而且对于从世界范围内探讨人类文明的产生及发展变化的机制和规律也具有不可替代的作用。因此，该项目既是对中华文明科学研究新成果的展示，也是献给国际上所有关注中华文明起源与发展的人们的一份礼物。

（二）项目执行组织结构图

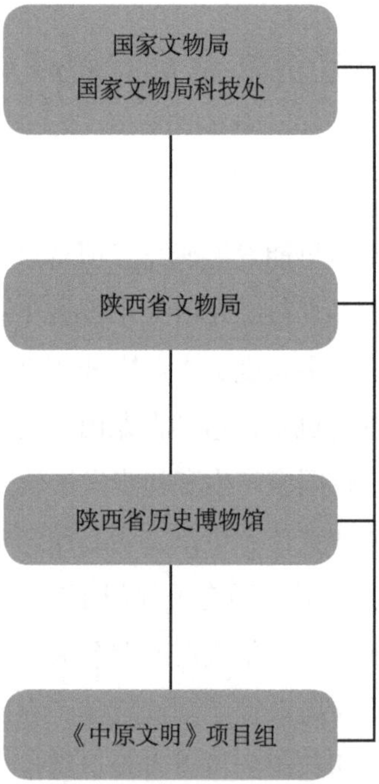

二、项目执行情况

（一）项目进展时间表

“中原文明 华夏之光——中华文明起源”展的工作从2009年7月开始，至2011年10月基本结束（表一）。

表一 项目进展时间表

时间	进度
2009年7月	国家文物局确定展览选题、立项
2009年8月中旬	陕西历史博物馆成立策展小组，开始赴河南、山西等地收集资料，撰写展陈大纲，制定策展方案（含预算、宣传、出版、学术讲座、纪念品开发等方案），并举行了数次大纲论证会
2009年9月中旬～10月中旬	在山西、河南、北京、甘肃等地范挑选上展文物
2009年10月10日	确定设计施工中标单位
2009年10月20日	确定形式设计方案。举行形式设计论证会
2010年1月30日～6月30日	赴山西、河南、北京、甘肃等地调集上展文物
2010年7月1日～12月30日	展厅改造与展具选购
2011年6月6日～19日	布展
2011年6月20日	开幕仪式
2011年6月20日～9月20日	对外开放
2011年9月21日～10月20日	撤展、归还展品

（二）展览大纲概要

以探源工程科研报告和研究著述为学术支撑，在广泛征集各地专家意见的基础上，形成以时代为竖向区系，以区域特色文化为横向板块，按照各地区同类器物比对原则，用实物展示出相同文化因素的累积，经历从量变到质变的飞跃，在整体上表现出中原地区文明“多元中有统一、统一中有多元”的发展脉络，以及其在早期中华文明发展格局中的中心地位，既勾勒出各地区自身发展趋势，也体现与其他地区互动交流的动态演变过程。

陈列大纲经过三次专家论证会（西安两次，分别为省内和全国性；北京一次，全国性）（表二）。

表二　陈列大纲专家论证会

序次	时间	地点	专家
第一次	2011年2月	陕西历史博物馆	杨亚长、王炜林、张宏彦等
第二次	2011年4月	陕西历史博物馆	赵辉、唐际根、杭侃、王炜林等
第三次	2011年12月	北京青城宾馆	严文明、赵辉、杭侃、王炜林、罗静、施晨燕等

定稿的大纲共分为四个部分：序言（大厅）；远古家园 采耕大同；邦国之路 中原领先；王国崛起 辐辏中原。

1. 序言（大厅）

以神秘色彩、配有主要遗址标识的点点星光，醒目而直观地突出展标，左边用器物照片图示出的展览时段大展板和右边厚重的前言展板，多角度地构架了鲜明的展览主题和清楚的时空概念。

2. 远古家园 采耕大同

以定居农业与制陶业发展作为线索，以大型实景背板下的半坡和姜寨彩陶为主体，以1∶1比例复原的史前聚落模型与“农业村落”半景画为辅助，总体叙述这一地区在公元前10000～前4000年文明发展的大致面貌，为后续展览内容进行铺垫。

3. 邦国之路 中原领先

用“社会分工，各司其职”“人神有序，礼乐初兴”“兵戈相见，战争频仍”“岁月留痕，文字起源”“兼容并蓄，文化融合”“祀龙为祖，信仰萌发”六部分历时性和共时性地展示出这一地区从公元前4000～前1900年时段的渐次发展与演变轨迹，凭借有利的自身条件和大的时代环境，终于在文明进程加速期进入了邦国时代，反映了早期中原文明和中国文明发展格局中“多元并进、中原领先”的历史规律，体现了“多元中有统一、统一中有多元”的演进模式。

4. 王朝崛起 辐辏中原

以“王都煌煌，初具规模”“国之大事，在祀与戎”“尊贵有序，富贵有别”“交流传播，互通往来”“天下中国”五个部分反映公元前1900～前1000年以高度发达的二里头文化与商王朝确立为标志，早期国家逐步形成，“中国”初具雏形，中原地区成为中央之国。

结尾以西周早期何尊表现最早的“中国”二字出现，既与前言的设问遥相呼应，又突出中原文明进入高度发展的礼制文明阶段，中国历史进入全新时期。

（三）展览形式设计效果与展厅实际效果图

如何运用多种表现形式完美诠释展览主旨和策展人的理念是此次形式设计的难点和重点。为此，大纲撰写人员一遍遍为形式设计人员讲解展览主题、展品安排和辅助展具的多层次思想构架，让其充分理解所要表现的内容，确保概念性形式设计能够在展厅落地，且根据展览主旨进一步营造展厅的理想环境。设计方案经过省局组织的专家论证会反复论证，多方达成共识，以器物为线，构架起远古时空宏大背景下的叙事主体，用多元化的展示手法充分挖掘展览主题和表现主体，着重营造历史厚重感、环境感和认同感。

（四）多元化的宣传推广活动

1. 媒体宣传

针对此次展览主旨，即让更多的老百姓了解中华文明探源工程意义、成果，我们设计的媒体宣传目标就是采取多重媒介方式，扩大覆盖面，增加展览的曝光度。具体办法是在南门外人流和车流量最大的地方放置大型户外广告（16块大展板）、醒目的招贴画进社区（60个社区）、彩色画报进大学校园（20个）、小型宣传画进出租车（2000辆），扩大展览影响力和社会效应。通过宣传进社区、校园、公共交通等方式，激发广大民众和在校学生对中华文明探源的兴趣，引起对我国中华文明探源工程的关注。

2. 隆重的开幕式

为了扩大展览影响，我们把开幕式特地定在6月20日陕西历史博物馆建成开放20周年纪念日，400名来自国内外的嘉宾和博物馆同行参加了隆重的开幕仪式，开幕式由陕西省文物局局长赵荣主持，陕西省副省长景俊海、国家文物局局长单霁翔等发表了致词，科技部、陕西省委省政府、西安市委市政府相关领导也参加了开幕式。当日，各地媒体对开幕式进行了详细报道，如《中国文物报》《华商报》《三秦都市报》等。

3. 专刊及其他形式的宣传推广

《中国文物报》以及陕西主流报刊，如《华商报》《三秦都市报》《西安晚报》《陕西日报》等都刊登了关于展览的消息，西部网、汉唐网、新华网、人民网等网站也对展览进行了多种形式的宣传。

4. 馆内宣传

针对展览所在展厅位置，专门将展览海报贴在参观区各个醒目位置，引起观众注意；在大门口、连廊、展厅门口及展厅内设置醒目导引牌引导观众参观。

（五）精美的图录及宣传彩页等

图录编著参考了首都博物馆的《早期中国——中华文明探源》和辽宁博物馆的《辽河寻根 文明溯源——中华文明起源》，采取了与上述两本图录相同的编著体例，并邀请国内三名著名学者作专题学术文章，从面到点地介绍中原文明演变历程及其与早期中国文明的关系。值得一提的是，该图录内容还经过多位专家梯队式的层层把关，确保内容的学术性、艺术性和可读性。在此基础上，该图录还增加了更多的说明文字和更详细的英文介绍。与上述两本图录形成较为完整的序列。此外，还印制了精美的宣传彩页，放在发票处，与免费门票一起发放给观众；序厅也放置了一些折页，供观众免费取用。

（六）系列学术讲座

为了扩展展览内涵，拓宽受众面，增加展览的学术性，我们设计了内容上紧密结合的五次专题学术讲座。河南省文物考古所研究员、《华夏考古》主编方燕明，山西省考古研究所薛星明研究员，中国社会科学院考古研究所所长王巍，陕西省考古研究院院长王炜林，西北大学文化遗产学院教授张宏彦分别作了精彩讲座。讲座采取主题演讲和问答互动方式，吸引了众多博物馆同行、院校学生、博物馆志愿者和普通观众，系列讲座极大加深了听众对中华文明探源工程和早期中华文明、中国形成的了解，极大拓展了展览的学术内涵。

表三　系列学术讲座

报告人	单位	时间	地点	题目	听众数量
方燕明	河南省文物考古研究所	2011年7月28日	多功能报告厅	《嵩山东南颍河中上游地区文明化进程》	70余人
薛星明	山西考古研究所	2011年8月16日	多功能报告厅	《陕晋豫交界地区的文明化进程探索——山西芮城清凉寺史前墓地解析》	80余人
王巍	中国社会科学院考古研究所所长、研究员	2011年9月1日	多功能报告厅	《中国文明起源研究的新进展——以新的考古发现为中心》	80余人

续表

报告人	单位	时间	地点	题目	听众数量
王炜林	陕西省考古研究院院长、研究员	2011年9月8日	多功能报告厅	《庙底沟文化与中国文明——以高陵杨官寨遗址为例》	80余人
张宏彦	西北大学文化遗产学院教授	2011年9月16日	多功能报告厅	《中国文明起源研究的几个问题》	90余人

（七）系列教育活动

为了更好地诠释、拓展展览主旨及主题，我馆针对不同层次的观众和受众，开展了立体式教育推广活动。第一，主创人员“讲解+报告”式的教育活动。第二，8月17日，宣教部和陈列部联合举办了专门针对该展览的教育活动，首次将教育对象拓展至志愿者。第三，尝试新的教育活动模式。由专家先对外教志愿者进行专业培训，然后由其对外宾团队和青少年学生进行“外语讲解+讨论”的开放式教育活动。8月26日，我馆外籍教师志愿者斯蒂芬·莱纳（Stephen Riner）在展厅分别为外宾团队和青少年学生进行“边看边讲边讨论”的英文讲解活动，现场气氛热烈，外宾团队对这种讲解模式赞不绝口，青少年学生则踊跃发表自己的看法。第四，专门观众调查。以上教育活动之后都有观众问卷调查活动，即时征求观众对展览或展品的意见。问卷系事先专门针对展览设计。《中国文物报》《文化遗产报》等报刊和主流网络对这些活动进行了详细报道。

表四　系列教育活动

主讲人	时间	地点	听众人数/组成	形式与结果
杨瑾	2011年8月16日	中原文明展厅和多功能报告厅	本馆讲解员和大学生志愿者讲解员	汉语。现场讲解与报告会及填写调查问卷
斯蒂芬·莱纳、杨瑾	2011年8月26日上午	展厅	英国旅游团20人	英语。现场讲解与问答式互动
斯蒂芬·莱纳、杨瑾	2011年8月26日下午	展厅	中学生、大学生志愿者和文物爱好者25人	英语。现场讲解和小组讨论，以及填写调查问卷
斯蒂芬·莱纳	2011年9月18日上午	展厅	美国旅行团23人	英语。现场讲解、全体讨论，以及填写调查问卷
斯蒂芬·莱纳	2011年9月18日下午	展厅	大学生、志愿者和文物爱好者	英语。现场讲解、小组讨论，以及填写调查问卷

附：问卷调查样本

2011年陕西历史博物馆问卷调查
“中原文明 华夏之光——中华文明起源”

1. 您的年龄：____________

2. 您所在的院校及专业：____________

3. 您在“中华文明 华夏之光——中华文明起源”中的停留时间。

A. □30分钟　　B. □1小时　　C. □1.5小时

4. 您参观“中华文明 华夏之光——中华文明起源”的目的。

A. □好奇　　B. □增长知识　　C. □文物鉴赏　　D. □学术研究

5. 您认为“中华文明 华夏之光——中华文明起源”的陈列思路如何。

A. □非常满意　　B. □满意　　C. □一般　　D. □不满意

6. 您对该展览中最感兴趣的文物是：________________________________

7. 您参观完该展览的总体感受：________________________________

8. 您觉得还有哪些需要改进的地方？

____

（八）产品开发

针对展览主旨，为让更多的人了解展览和文物信息，我们改变思路，走大众化、生活化、实用化路线，设计出小巧的印章、别致的男女T恤衫和结实耐用的购物袋等，大受欢迎。

（1）阿富汗石纪念章。龙图案、展标和标题（篆体）艺术排列以及美观大方的盒子显示出古典与雅致之韵味。

（2）男女T恤衫。男式T恤衫为深蓝和墨绿色，女式T恤衫为桃红和宝石蓝，在胸、袖、两侧等部位绣出色彩反差却和谐的精致“中国”（何尊上最早出现的“中国”）二字和何尊轮廓。

（3）大号购物袋。仿照国际名牌休闲包款式，以淡化处理的何尊铭文为背景，凸显出“中国”二字。共两款：一款纯文字，一款带龙图案。

三、办展经验总结

陕西历史博物馆举办此次涉及7省（区）25家博物馆和文博收藏机构260件（组）的大型史前展览，是一次难得的机遇，同时也面临着各方面的巨大挑战。在筹备过程中，我们边摸索边总结，终于给观众办出一个高水准的展览。我们的心得体会如下。

（一）各级领导卓有远见的战略思维和方向引导

在资金方面，国家文物局拨出充足的专项资金，从根本上保证了展览的顺利进行。

在接到任务初期，我们面临诸多困难：主题的凝练、内容的总体把握、文物的遴选与借调，以及陕西历史博物馆缺乏这方面的专家。我们的初衷是用自己学习与办展的经验引导观众逐渐了解、理解这一陌生的展览主题，进而领悟展览的主旨。在这个漫长的学习过程中，我们得到的是馆领导和各级领导的倾力支持和不断鼓励；在我们走出去摸排文物和收集资料的过程中，得到了各地博物馆和考古所领导的无私帮助与支持，重点遗址的发掘者不吝赐教，为我们提供了很多珍贵信息和有益的建议。具体和我们业务联系的老师也是热情地为我们提供更多工作方便和信息资料。

在国家文物局组织并参与的历次陈列大纲和形式设计的专家论证会中，参会的专家和领导更是提出许多建设性的建议和意见，使得陈列大纲逐步完善，并符合学术规范。由于年代久远，关于这一主题的研究众说纷纭，莫衷一是，往往是专家们及时帮我们拨开迷雾，引领方向。

在借调各地文物过程中，国家文物局和省文物局大力协调各地藏品单位，从25家考古所、博物馆以及其他文物收藏单位借出260件（组）珍贵展品，有些展品是考古发掘后一直深藏在库房，有的则是最新发掘品，保证了展览的时效性和高质量。

在具体的办展过程中，国家文物局领导和专家多次莅临工作现场，具体指导工作，有时细小到一个标点符号。

可以说，国家文物局和陕西省文物局给予此次展览充分而持久的重视，正是他们高屋建瓴的战略视角，才保证了展览的成功。

（二）各省市参展单位及上级机关的大力支持

围绕此次展览主题的展品来自7个省（区）25家单位，有的是第一次打交道，所涉及单位及上级领导给予展览足够的重视，他们踊跃参与展览，将自己最好的藏品拿出来参展，有些单位同志说："能参加此次国家级的大型展览，我们感到很光荣，我们要让领导们来看看。"很多借展单位都是及时将展品运送过来，还帮我们提供很多辅助展品资料。在展览开幕时，很多参展单位代表看完展览后，纷纷说："从未见过我们的文物放在如此宏大的展线中，很出彩，很漂亮。""你们一定要再到我们库房来看，我们还有好东西哩！"

（三）坚定的信念，认真务实的态度和细致扎实的工作

接到展览任务后，展览组就树立了办出让国家文物局和观众都满意的精品展的目标。以此为中心，我们力争每一步都做足功课，稳扎稳打。为此每位成员都严格要求自己，谨慎细致地做好每一项工作。为此，主创人员亲自到各地博物馆和考古所展厅和库房寻找展品，拜访相关专家，特别是重要遗址的发掘者，听取他们对遗址及出土文物的认识，以及如何展出这些文物，以获得更多的资料信息。在撰写展览大纲的过程中，注重文物的历史环境感和细部处理，注重语言文字的流畅和可读性，考虑到陕西历史博物馆（以下简称陕历博）旺季外宾观众人数众多，展览大纲在英文翻译上下了很大功夫，并请美国考古学家审阅，力争做到"信""达""雅"。

也正是为了给国家文物局交出一份满意的答卷，给观众提供一个了解中华文明探源工程成果的合适场合，我们在展览开幕后，一直关注观众的反应，不断调整预先设计的宣传教育活动，开展多层次的教育活动。首先，培训馆内讲解员和志愿者讲解员。其次，尝试让外教志愿者用英语给外宾团队、青少年志愿者和普通观众进行互动式现场讲解。一是让外国了解展览主旨，扩大宣传面。二是培养潜在的对外宣传者。年轻人用英语跟外国人交谈时，会自然而然地谈到这个话题。三是让一些高级知识分子传播这方面的知识，如第四军医大学的教授等。

（四）高效率的展览项目组

此次展览是陕历博举办过的较复杂的展览之一。在接到国家文物局的展览任务后，陕历博迅速抽调精兵强将，由馆长挂帅，组成项目组，汇集了多名经验丰富的高级职称办展人员，制定详细的工作时间表，筹备工作紧张有序地展开了。

同时，还与国家文物局建立了有效的沟通机制，凡事先沟通、汇报、商量，对于重大事项，如文物借展、专家讨论会、宣传和产品开放活动、开幕式、展览验收、专家讲座、教育活动等，都有周密计划，都是事先与国家文物局沟通，事后及时汇报。上级领导机关和下级执行部门上下同心、协作一致，最终使展览始终站在高起点，保持高水准。

（五）集思广益，广泛征询专家意见

筹办如此高学术质量的展览，需要强大而坚实的学术支持。在提炼主题、撰写大纲、准备辅助展具过程中，每一步骤、每一细节，都征询过多名专家学者的意见，特别是发掘者本人。我们的专家团队来自国家文物局、本地院校和科研机构，还有博物馆学专家、形式设计专家和专业展览人士。力争做到在忠实科学的基础上，以多种形式将中华文明探源在中原地区最新成果展示给观众。

（六）加强与施工单位合作

办好展览不仅需要优良的陈列大纲，更需要沟通、合作高效的制作和施工单位。为此，我们多次与制作和施工单位负责人进行沟通，一遍遍为他们讲解展览思路和制作要求，直到对方领会掌握。此外，与合作者建立有效的沟通机制，各负其责，随时解决问题，既保证了制作质量，又提升了展览效果。

回顾办展过程，我们也总结出一些值得借鉴的经验。比如，一位专家负责到底的工作机制比多位专家式的论证会更有效果、行政领导与专家多种协调机制、多部门合作模式与项目负责人合作权展的模式等。

第五节　发掘新展览主题[①]

近年来，博物馆的女性题材展览备受关注，成为当代博物馆展陈体系中的新亮点。这种现象说明了博物馆作为社会变革的倡导者和参与者，积极采用现代展陈理念和科技手段，不断挖掘藏品内涵，反映历史上的女性生活概貌、社会作用，展现了她们对所处时代社会生活的广泛参与以及重要贡献，并积极探讨、阐释与传播女性的当代使命、性别角色及其历史演变的现实意义。笔者在梳理国内

① 原题目为《博物馆女性主题展览的类型与意义》，刊于《东南文化》2018年第2期。

外一些主要的女性题材展览的基础上，尝试从展览结构和社会影响等方面提出一些粗浅看法，望方家指正。

一、女性题材展览的类型

女性题材的展览主要分为女性博物馆的基本陈列和专题展览、综合类博物馆的常设展览和临时展旨在以“物”为媒介来展示女性的生存状态和精神追求，与公众一起讨论有关女性的话题，甚至包括一些敏感的、有争议的现象或问题。

（一）女性博物馆的基本陈列与专题展览

早期的女性（妇女）博物馆大多出现在欧美国家。目前很多国家都有女性博物馆，最为著名的有：德国波恩女性博物馆（Frauen Museum），美国华盛顿妇女历史博物馆（Women's History Museum in Washington D. C.）、华盛顿国际女性艺术博物馆（World Museum of Women in the Arts，简称WMWA，专门展出女性艺术家的作品，包括著名的芙烈达·卡萝、乔治亚·欧姬芙和玛丽·加萨特）、得克萨斯州的国家妇女历史博物馆（National Women's Museum of Texas）、旧金山国际妇女博物馆（International Women's Museum of San Francisco）、加利福尼亚妇女博物馆（Women's Museum of California）和科罗拉多西部妇女博物馆（Colorado Women's Hall of Fame），阿联酋德伊勒区拜特·巴纳特女性博物馆（Bait Al Banat Women's Museum，Deira。一个针对阿拉伯妇女知识的博物馆，介绍了阿拉伯妇女传统着装和生活。馆内收藏有阿拉伯妇女的传统的礼服、珠宝首饰、头齿轮、长袍和美丽的作品艺术作品），越南妇女博物馆（Vietnamese Women's Museum）等以及克利夫兰国际妇女航空航天博物馆（International Women's Air & Space Museum，Cleveland）、弗吉尼亚美国军队女性博物馆（The US Army Women's Museum，Virginia）、田纳西州的国家牧牛女博物馆和荣誉厅（National Cowgirl Museum and Hall of Fame，Tennessee）等区域性或专题类博物馆；还有一些新奇的胸罩博物馆和月经博物馆等。中国目前所见女性博物馆主要有中国妇女儿童博物馆、陕西兴平杨贵妃墓博物馆、四川广元女皇文化陈列馆、陕西师范大学妇女文化博物馆、山东烟台中华旗袍博物馆、四川安仁三寸金莲博物馆，以及上海宋庆龄故居纪念馆、湖南长沙杨开慧纪念馆、四川宜宾赵一曼纪念馆、贵州遵义中国女红军纪念馆、山西晋中尹灵芝烈士纪念馆、山西文水武则天纪念馆等以女性为主题的纪念馆。

这些博物馆多为女性或女性组织建立，基本陈列和专题展览的主题非常明确而具体，既有西方女权主义思潮下普遍性社会运动的写照，也有对某一专题或问题的深入挖掘，尝试多角度地勾勒一般女性或某类女性的历史、生活和创造的价值与贡献，光照当今，指引方向。得克萨斯州达拉斯展览会公园的女性博物馆（Women's Museum，Dallas Exposition Park，Texas）创始人凯西·波娜（Cathy Bonner）说，该馆主题展览旨在赞誉过往，激励未来，即通过展示过去女性的奋斗事迹，鼓励年轻一代的女性心怀梦想，努力实现梦想。典型展品是一件女性雕像，表现一位女子从仙人掌中站起来，双手紧握多枣的树枝，象征女性所有的成功都来自艰苦卓绝的努力、自信甚至痛苦挣扎，反映女性努力奋斗的“永恒精神”①。纽约布鲁克林博物馆（Brooklyn Museum）伊丽莎白·A·赛克勒女性主义艺术中心（Elizabeth A. Sackler Art Center for Feminist Art）的基本陈列为“她故事（herstory）”展厅，以公元前4900～前1400年的九件女性陶像为主线，表现丰腴女神的“她故事”或“她时代”②。中国妇女儿童博物馆从不同侧面反映各个历史时期妇女的生存状态、地位变化、杰出人物和社会贡献，从不同角度展示中国妇女勤劳智慧、顽强进取、无私奉献的博大情怀和坚韧品格，讴歌妇女创造历史、传承文化、推动文明的伟大功绩。陕西师范大学妇女文化博物馆作为该校教育博物馆四个分馆之一，通过服饰、工艺品和文献来反映不同地区的女性生活③。除了上述励志型的女性博物馆外，还有一些既关照女性精神享受，又具备缓解女性疾苦现实需求的功能型女性博物馆。比如，美国纽约女性解剖学博物馆（Women's Anatomy Museum）既有介绍女性解剖知识、传播女性文化的基本陈列，还在馆内开设诊所，招募门诊医生为女性参观者提供诊疗服务，解决女性遇到的生理和心理问题，费用仅为5美元。如果参观者无法描述自己的疾病，可以比照展品找到自己的症状，指着某个模型、图示或标本来就诊。这种展示既普及女性对妇产科和儿科的知识，也可以培养一种自我认知，强化切身体验，如同表演般让观看展品变成女性认识自己身体的过程。杨贵妃墓博物馆在基本陈列“唐代妇女生活展”中增加“如何成为绝美的杨贵妃”此类具有参与性、体验性的内容，鼓励观众“穿越”大唐，再回长安，感受唐代女性的都城生活。

① 晓春：《美国首家女性博物馆》，《市场报》2002年7月5日（收藏金页）。

② Uzma Z. Rizvi & Murtaza Vali. The Fertile Goddess at the Brooklyn Museum of Art: Excavating the Western Feminist Art Movement and Recontextualizing New Heritages.Near Eastern Archaeology, 2009(3)：144.

③ 屈雅君、傅美蓉：《博物馆语境下的性别文化表征——以妇女文化博物馆为例》，《南开学报》哲学社会科学版2009年第2期。

（二）综合类博物馆的常设展览和临时展览

前者如陕西乾县乾陵博物馆。该馆于2013年重新开放的基本陈列题为“女皇武则天时代”，该展览以武则天为中心，再现盛唐时期包容开放、文化繁荣的“世界性”时代特征以及武则天出现的历史环境和文化氛围。陕西历史博物馆于2016年建成有限开放的常设展览“皇后的天堂——唐贞顺皇后墓石椁陈列”，以贞顺皇后墓出土石椁、壁画和陶俑等文物为中心，表现她在那个男权时代的爱恨情仇，以及石椁被盗、被贩往国外和中国警方多年成功追索的曲折经历。

后者如云南省博物馆“金笺宝篆红泥印——云南省博物馆藏清缪嘉惠作品展”、安徽博物院“潘玉良美术作品展”，以及美国大都会博物馆“维杰·勒·布伦：法国大革命时期的女性艺术家（Elisabeth Louise Vigee-Le Brun: Woman Artists in French Revolution）”。此外还有陕西历史博物馆和中国妇女儿童博物馆举办的“馨逸——梁洁华人物画展”，以及现代女性画家展、女性手工艺作品展等。此类展览关注藏品中女性创造者的生活世界，以女性创作的作品为展览内容，尊重并承认她们长期以来被忽视、被淹没的特殊才能，重新认识她们在专业领域的地位。

除了以本馆藏品为主在馆内举办女性题材展览外，还有一些博物馆以联展形势，而且创新展示视角，如南京博物院“温·婉——中国古代女性文物大展”、西安博物院“丰腴之美——唐代仕女生活展”和“环肥燕瘦——汉唐长安她生活”、陕西历史博物馆“唐代妇女服饰展”等，尝试采用新社会史学，“自下而上”地寻找历史上普通女性“并不平凡”的日常生活及其社会参与。

还有些博物馆尝试以现代女性为题材举办形式多样的展览，包括图片展、作品展或书画展等，如湖北省博物馆“中国第一女性与中国梦展”、中国妇女儿童博物馆组织的巡展“永远的女红军——中共中央转战陕北70年纪念展”等，以表现现代女性多彩的社会生活和在某一领域的特殊贡献。近几年各博物馆举办的女性主题展览如表五所示。

表五　女性主题展览一览表

序号	名称	时间	地点	内容
1	流芳未歇——明清时期女性画家作品展	2017年11月25日～12月24日	浙江省博物馆	五部分：墨笔写意，白阳风韵；没骨写实，两枝并秀；书香世家，艺术熏陶；独立开放，各具风采

续表

序号	名称	时间	地点	内容
2	女性与时代·百年中国女性艺术大展——迈向新时代	2017年11月22日～12月7日	中国妇女儿童博物馆	五部分：国画、油画、版画、雕塑、装置
3	殷商王后——纪念殷墟考古发掘九十周年·妇好墓出土文物特展	2017年10月27日～2018年3月4日	长沙市博物馆	三部分：初识妇好、允文允武、宫闱静好
4	金笺宝篆红泥印——云南省博物馆藏缪嘉惠作品展	2017年8月18日～10月8日	云南省博物馆	三部分：画、书、印
5	茜茜公主与匈牙利：17—19世纪匈牙利贵族生活	2017年6月2日～2017年9月3日	上海博物馆	五部分：哈布斯堡王朝与匈牙利、衣着服饰、日常生活、武器装备以及宗教信仰等
6	玉鸣锵锵——商代王后妇好玉器特展	2016年12月7日～2017年5月7日	广东省博物馆	五部分：发现妇好、参与国事、缤纷生活、香消玉殒、“好”玉之谜
7	美人如花隔云端——中国明清女性生活展	2016年7月12日～9月12日	北京艺术博物馆；北京颐和园管理处	五部分：服饰仪容、家居用品、女红巧技、休闲娱乐和书画才艺
8	传奇妇好展	2016年7月20日～10月20日	山东省博物馆	三部分：妇好、王后、女将
9	环肥燕瘦——汉唐长安她生活	2016年5月18日～?	西安博物院；中国妇女儿童博物馆；天津博物馆	五个部分：风华、服饰、妆容、乐舞、宴游
			武汉市博物馆	五部分：短长肥瘦各有态、风吹仙袂飘摇举、云鬟花颜金步摇、回雪飘摇转蓬舞、长安水边多丽人
10	王后·母亲·女将——纪念殷墟妇好墓考古发掘四十周年特展	2016年3月8日～6月26日	首都博物馆	四部分：她的时代、她的生活、她的故事、她的葬礼
11	温·婉——中国古代女性文物大展	2015年8月11日～10月31日	南京博物院	四部分：形塑女性、女仕日常、才媛集艺、笔端容功
12	呦呦鹿鸣：燕国公主眼里的霸国	2014年7月29日～10月7日	首都博物馆	四部分：出嫁——合二姓之好、祭祀——国之大事、丧葬——事死如生、宴饮——明君臣长幼相尊之义

续表

序号	名称	时间	地点	内容
13	丰腴之美——唐代仕女生活展	2013年～2015年	北京艺术博物馆；湖州博物馆；扬州博物馆；镇江博物馆；深圳博物馆	三部分：开放的社会风气、精致的日常生活、精彩的娱乐生活
14	丰腴之美——丝绸之路唐代仕女生活展	2014年8月～2015年3月	新疆维吾尔自治区博物馆	五部分：丰腴之美，霓裳羽衣，灼灼其华，天香国色，多姿多彩
15	盛世佳丽——唐代仕女生活展	2014年6月20日～8月24日	深圳市民中心博物馆	五部分：丰腴之美，霓裳羽衣，灼灼其华，天香国色，多姿多彩
16	华装风姿——中国百年旗袍展	2012年3月8日～3月27日	中国妇女儿童博物馆	五部分：推陈出新——旗袍的起源、历久弥新——旗袍的流变、中西合璧——旗袍的新语、妙手天成——旗袍的工艺、风华永恒——旗袍的今天
17	永远的女红军——中共中央转战陕北70周年纪念展	2016～2017年国内巡展	中国妇女儿童博物馆	三部分：气吞山河，人间奇迹；巾帼铁流，巍峨丰碑；不忘初心，薪火永续
18	武则天时代展	2013年6月8日常设展览	乾陵博物馆	五部分：壮美人生、布政维新、农商并重、抚近怀远、辉煌灿烂
19	武则天政绩陈列 武则天家族史料陈列	常设展览	武则天纪念馆	展示封建时代杰出女政治家的不朽业绩
20	唐代妇女生活展	2008年常设展览	陕西省兴平市杨贵妃博物馆	八部分：审美情趣、发髻绰姿、面靥倩影、服饰新潮、出行常度、翰墨风流、乐舞春韵、农家浅露
21	女皇文化展	2011年8月28日	四川广元市女皇文化陈列馆	五部分：龙兴利州、走向皇位、伟业胜绩、无字丰碑和改变历史

注：笔者根据相关资料整理

二、女性题材展览的现实意义

上述展览均通过展品反映了女性人物故事及其积极意义，引起社会共鸣，特别受到各界女性的热议，产生了积极的社会影响。崔波认为这些展览是“适应时代转型大潮下对女性的社会角色的重新定位，为女性办展是博物馆对时代文化需要的有力回应”[①]。弘博网专文也称，女性专题博物馆或展览的目的“并不是强调女权主义，而是通过展览来‘表征’和‘再现’女性自身的性别文化和历史真相，使参观者能够认识和理解社会性别的概念、价值和观念，呼吁更多的人尽快参与到性别意指和历史重构的实践中来”[②]。

笔者认为，尽管女性话题始终伴随着人类历史发展的各个阶段并得到各种理论范式的解读与诠释，但是用博物馆或展览形式与公众“对话”“讨论”这一鲜活的历史话题，也是博物馆“为研究、教育、欣赏之目的征集、保护、研究、传播、展示人类及人类环境的物质及非物质遗产”核心使命的表现。尽管国内外女性博物馆或主题展览产生的社会背景和文化心理各不相同，但它们均产生出共情性社会效应。

（1）女性博物馆或女性题材展览是呼应博物馆的女性观众越来越多，其教育背景、知识结构和参观需求越来越高且不断多元化这一现实。早在 1992 年，艾米丽·库兰（Emily Curran）就提出，博物馆观众中至少有半数是女性，而学生群体中有一半是女孩[③]。现在的博物馆更是如此。在当今社会，女性在生产和消费领域都能顶半边天，她们对“参与”“互动”“体验”话语权的要求越来越高，不仅希望博物馆能提供舒适、方便、愉快的“全感型”参观，而且希望能更多地参与到博物馆的藏品研究、展陈活动和教育项目中，希望通过博物馆活动愉悦并提升自我，并塑造新的社会形象和性别角色。笔者认为，女性博物馆或女性题材展览都要特别关注青少年女性的精神需求和现实困惑，与新生代女性建立更加广泛的联系，为她们积极贡献于未来社会提供各种帮助。

（2）女性博物馆或女性题材展览反映了博物馆行业中女性员工比例不断提高的现实。美国女作家希莉·哈斯特维（Siri Hustvedt）说：“在美国（或许全世界），70%的策展人都是女性，大都会博物馆70%的员工是女性，很多高级行政人员也都是女性。”[④]

我国博物馆情况也大致如此。首先，博物馆女性员工比例增多，女性越来越多地在工作岗位中添加了独有的性别特征，很容易发现藏品中与女性有关的内

① 崔波：《为博物馆给女性办展点赞》，《中国文物报》2016年3月15日第8版。

② 《博物馆能为“她”做些什么》，http://www.sohu.com/a/125455059_426335。

③ Emily Curran. Half the Students in Your Museum Are Female: Gender Equity and Museum Programs. *The Journal of Museum Education*，1992（2）：14.

④ Javier Pes：《大都会博物馆前馆长托马斯·坎贝尔坦陈离职风波与“博物馆之友”的回应》，《艺术新闻（中文版）》2017年第7期。

容，比如各类材质的雕像和图像本身就是女性形象（特别是一些历史上著名的女性如褒姒、西施、金元太后、慈禧太后等），也有女性制造者、拥有者或使用者。其次，博物馆中女性参与策展等主要业务的比例增大，且多为高学历的业务骨干，她们在策展过程中凭借着较高的研究能力、组织能力和执行能力娴熟驾驭整个流程，并将敏感细腻、精打细算和包容温暖等女性特质融会贯通，在选定展览理念和主题、组建团队、项目协调、资金筹措和成本控制等体系化复杂程序中更是表现出色。本文讨论的女性展览大多也出自女性策展人之手。此外，女性本身就具有较高的教育天性，善于组织观众活动，会极大地提升展览的参与性和教育性，这就是刘迪、吴月所谓的“现代博物馆具有外在女性特质”①。

（3）女性博物馆或女性题材展览反映了现代策展理念和叙事结构的新趋势和新特征。首先，展览主题思想明确，内容逻辑结构和层次丰富。以女性视角组织和发展主题，选择和组织相关展品，强调展示元素（实物、图文版和辅助展品）之间的联系。“除了文物标本和图文版外，往往采用大量二维或三维的辅助艺术品以及数字媒体和科技装置，并强调四者的信息组团、相互映衬，共同说明一个故事，这个故事可能是关于人物的、事件的、地方历史的、行业历史的、自然生态的、科技知识的等”，成为当前博物馆展陈叙事的独特方式，受到业内认可②。比如“呦呦鹿鸣——燕国公主眼里的霸国”荣获“第十二届全国博物馆十大精品陈列精品奖”。其次，展览强调以“物”见“人”，由平面的单向“展示”到立体的多向“诠释”或“叙事”，由象牙塔式的“高冷”转向平等开放式的“亲民”，从学究式的晦涩到生动有趣的叙事，从“观看”到多感交融的身心体验，从展示上层乃至帝王女性向展示普通女性转变。比如西安博物院策划的“环肥燕瘦——汉唐长安她生活”就是从上流女性转向普通女性，使以文物为中心变为以时尚、漂亮、好看为目标，从“凝重”的文物展变为“轻松”愉悦的时装展。最后，在策展模式上，跨学科多元化手段利用娴熟。此外，展览延伸活动丰富多彩，比如配套文化创意产品、研讨会、专题讲座、出版物和系列教育活动等。

（4）女性博物馆或女性题材展览开始关注一些被忽视的女性群体，尤其是女性童工、留守女童等。很多博物馆组织到边远地区的流动展览；组织留守女童到博物馆参观，为她们组织教育体验活动，但策展中该主题并不多见。目前已

① 刘迪、吴月：《论现代博物馆外在女性特质》，《博物馆研究》2015年第1期。

② 陆建松：《博物馆展示需要更新和突破的几个理念》，《东南文化》2014年第4期。

有一些关爱留守女童的“向阳花系列活动”“彩虹行动”等组织或机构举办过“关爱西部留守女童爱心图片展”。美国波士顿儿童博物馆（Boston Children's Museum）的做法值得借鉴，该馆与马萨诸塞州琳恩市的女孩俱乐部（Girls Club of Lynn，Massachusetts）合作，为女孩提供社交、娱乐和非正式教育项目，其中一项名为“女孩与科学”教育活动专为二至三年级拉丁裔女孩设计，鼓励女孩寻找博物馆展品中有关科学、技术和工程的知识。美国南方会议旧址馆（The Old South Meeting House）也与“女孩俱乐部”合作，推出了为期八周的“通过她者之眼看历史”活动。每周一天10名五至六年级女生到馆内参观，聆听教育员讲述美国革命前夕曾在这个房子里祈祷的两个少女的故事［非裔少女诗人菲利斯·惠特莉（Phillis Wheatley）和文艺女孩安娜·格林·温斯洛（Anna Green Winslow），二人名不见经传，皆客居他乡；惠特莉曾为脱离英联邦和废奴运动奔走呼吁］，然后到阅览室查阅资料，撰写新闻稿，进行集体讨论，尝试从两个女主人公的视角，观察18世纪波士顿的日常生活，极大激发了女孩的智力潜能①。

（5）女性博物馆或女性题材展览开始涉及“有争议”的敏感问题。比如与性、性屈辱或性歧视有关的隐晦莫深的话题，以揭示被有意掩盖的、被蹂躏、被迫害女性的黑暗历史。最典型的例子是1998年澳大利亚佛尔曼特历史博物馆（Fremantle Museum）在其反映当地社会史的展览“墙内（Within These Walls）”加入了性工作者内容。2000年佛尔曼特的“郎树181妓女博物馆（Langtrees 181，Historic Bordello and Museum of Prostitution）”建成开放，展示澳大利亚历史上被诅咒为“该死的妓女”的生活状态，呼吁社会关注这一女性群体在军事史、经济史或国家历史中的特殊贡献，引导人们理性看待色情行业及其遗产。2002年 9 月悉尼帕丁顿牛津街澳大利亚摄影中心（Australian Centre of Photography in Oxford Street，Paddington）以妓女为叙事框架，举办了名为“红灯（Red Light）”的图片展②。2015年12月1日，侵华日军南京大屠杀遇难同胞纪念馆的分馆南京利济巷慰安所旧址陈列馆建成并对外开放，具有划时代意义；2016年10月，上海师范大学的中国慰安妇历史博物馆开馆，这是中国大陆首个以保存慰安妇悲惨境遇证据为主题的博物馆，引发了国内外的广泛关注。这两座馆

① Emily Curran. Half the Students in Your Museum Are Female: Gender Equity and Museum Programs. *The Journal of Museum Education*, 1992(2): 14.

② Simon Adams, Raelene Frances. Lifting the Veil: The Sex Industry, Museums and Galleries. *Labour History*, 2003(85): 49-51.

的馆长均是上海师范大学教授、中国慰安妇问题研究中心主任苏智良，他将数十年的研究成果转化为陈列语言，讲述残酷战争中那些被鲜少触及、不被承认的慰安妇所遭受的摧残、屈辱与痛楚。2017年，这个特殊的博物馆随着纪录片《二十二》的公映，迎来了源源不断的参观者与捐赠者。

（6）“互联网+”时代背景下线上“女性展示”引发国际关注。2017年“全球博物馆周”和“美国妇女历史月”为展览中的“她”叙事提供了很多启示。前者是由总部位于法国巴黎的非政府组织“文化发展促进网络（Culture for Causes Network）”与联合国教科文组织共同举办的一项交互性网络社交媒体活动。2017 年的主题是“女性与文化”，七天的主题（博物馆与美食、运动、音乐、故事、图书、旅行和文化遗产）均与女性有关，所有主题都可以在博物馆藏品或女性员工中找到共鸣，为博物馆展览、传播等活动提供有价值的“她”视角：比如馆藏和展览如何体现对保护遗产作出贡献的女性形象，以及探讨女性缘何成为保护遗产的重要力量等。后者指2017年3月美国国家女性艺术博物馆（National Women’s Museum of Art）举办的“说出5位女性艺术家”“妇女历史月”社交媒体宣传活动，旨在发掘博物馆和艺术展览中的女性形象。

三、结　　语

近年来越来越多的女性主题博物馆、展览或活动均表明，无论是社会大众还是博物馆界，对于女性的认识和态度都在发生着明显的变化，女性的参与度也越来越高。博物馆行业内的女性带着当代女性共有的心态和精神，通过展览挖掘藏品中的女性元素，采用现代策展理念和科技手段，真诚回应女性自我完善与社会发展的现实需要，鼓励并引导男女平等的和谐社会，进一步消除社会对女性的偏见与歧视，为建设“以人为本”的小康社会作出应有的贡献①。

当然，也存在一些缺憾，比如女性博物馆数量少（国家文物局登记备案的少之又少）；博物馆展览和诠释活动中对女性的价值和意义挖掘不够，有的似乎偏离了题目所界定的女性空间，有些仅停留在“罗列现象”，尚未触及本质；博物馆自身的“声音”不够清晰、响亮。再如有些展览的叙事结构与名称有出入；有的对展品的“她”故事挖掘不够，结合前沿女性学术研究成果不足；古今结合也不够，与现实生活结合度不高；分众策展理念不足，针对特殊女性群体的展览很少；有些更敏感的社会问题尚未涉及。

① 傅美蓉、屈雅君：《博物馆语境下的性别文化与身份认同》，《河南社会科学》2010年第2期。

今后，博物馆应更多地通过线上线下展览叙事等形式，围绕展品组织研讨会，规划有吸引力和包容性的教育活动，鼓励妇女更广泛地参与社会生活，在文化、政治、经济和个人等方面获得更多的有效福利①。尽管博物馆在减少和消除社会公共空间的性别歧视方面将会遭遇很多挑战，尽管博物馆在组织女性题材展览中还会面临区域合作、社会支持、国际视野、思维突破等方面的诸多困难②，但博物馆已经把女性作为一个主题进行诠释和展示，鼓励并引导社会开展交流与对话、探讨与传播，提高社会对女性问题的理性认识③。为实现这一目标，包括博物馆女性在内的各界女性，都应继续充当这一社会现象和思想潮流的引导者和实践者。

第六节　构建展览的叙事性④

博物馆举办“丝绸之路”主题展览由来已久，而近年来更是成为热点，各地博物馆举办的丝绸之路主题展已有数十次。究其原因：一是相关研究成果非常丰富。丝绸之路一直是学界关注的热点，已成为吸引国内外学者广泛参与的一门显学。仅在中国知网检索“丝绸之路研究综述”，就可以搜索到几百条信息。二是博物馆展陈理念的变化。陈列展览作为博物馆核心社会服务功能之一，受到越来越多的关注，在展览经费得到保障、新展陈理念和新技术手段不断介入的前提下，很多博物馆开始筹划一些宏大主题的学术型原创展览，包括近年来备受青睐的丝绸之路主题的展览。该主题展览从时间上看，既有常设展览和临时展览（有的属于巡回展览体系）构成的实体展，也有各类虚拟展。从展地来看，既有固定的展厅，也有场地变换的巡回展览，还有国外展览。从办展单位看，既有单个博物馆独立办展，也有多个博物馆举办区域性或跨区域性的联合展览，比如2010年西北五省（区）六家博物馆在陕西历史博物馆联办的“丝绸之路——大西北遗珍”展（此后在国内13家博物馆巡展）。2013年福建、广东、广西、海南、江苏、浙江、山东7等地45家博物馆联办“丝路帆远——海上丝绸之路文物精品七

① Carol Malt. Women, Museums, and The Public Sphere. *Journal of Middle East Women's Studies*, 2006(2): 115-117.

② An Sutherl, Harris. Women in College Art Departments and Museums. *Art Journal*，1973(4): 417-418.

③ 辛田：《女性身份、历史、话语的博物馆再现》，陕西师范大学硕士学位论文，2012年。

④ 原题目为《试论博物馆“丝绸之路”主题展览的叙事性——以2017年度全国博物馆三项陈列展览奖为例》，刊于《博物院》2018年第6期。

省联展”，在福建、北京、山东、广西、天津、新疆、甘肃等地巡展，并作为2014年国家文化品牌在纽约联合国总部展出。2014年，内蒙古、甘肃、青海、山西四省区在内蒙古博物院举办“相映成辉——草原丝绸之路文物精华展”，国家文物局、北京市政府和福建省政府在首都博物馆联办的“直挂云帆济沧海——海上丝绸之路特展”，文化部、国家文物局、陕西省、甘肃省、宁夏回族自治区、青海省、新疆维吾尔自治区、河南省政府在中国国家博物馆合办的“丝绸之路”等。三是一带一路建设的契机。随着丝绸之路成功申遗和一带一路建设不断推进，丝绸之路受到全社会的高度关注。特别是随着水下考古的兴起和一系列中国古沉船及相关遗址的发现，海上丝绸之路研究越来越深入，已发展成为一个涵盖海外交通、航海科技、宗教、民俗、中外陶瓷、城市发展、区域经济等众多课题的庞大学术概念，海上丝绸之路主题展览受到热捧。因此，各类冠以“丝绸之路”名称的陈列展览持续升温，数量之多，领域之广泛，手段之多样，题材之丰富，影响之广泛，可谓空前未有，蔚为壮观①。

以全国十大精品陈列来说，截至2018年共举办了15届，获奖陈列展览358个，冠以“丝绸之路”名称的陈列展览获奖6次，共有9个陈列展览，申报单位来自10个博物馆，而最为集中的是2017年，共有3个，河南1个，陕西2个②。2015、2016、2017连续三年俱有获奖，2016年为2项，2017年为2项精品和1项推介国际及港澳台合作奖。此种态势估计还会进一步加强，可见博物馆界对该主题的高度重视。

笔者发现，博物馆关于丝绸之路的陈列展览无论是整体上，还是个体上皆立足于国际视野，采取多元阐释手段，构建起长时段、跨时空的宏大历史叙事，呈现出“众声和鸣”式的多元叙事风格。为集中表现本文旨趣，特选取2017年度全国博物馆十大陈列展览精品奖中的“谁调清管度新声——丝绸之路音乐文物展”（以下简称“丝绸之路音乐文物展”），“长安丝路东西风”和国际及港

① 有“陆上丝绸之路”“海上丝绸之路”“草原丝绸之路”“陶瓷之路”“香料之路”“茶叶之路”“白银之路”等令人眼花缭乱的各种名称、各种会议、各种活动，还有诸多关于丝绸之路的学科、机构、组织等。丝绸之路文物的概念内涵不断拓展，从三维文物到一维文物，包括物质与非物质、可移动与不可移动，文本与信息，有形与无形等，包罗万象。

② 1998年度提名奖：新疆维吾尔自治区博物馆、新疆文物考古研究所、上海博物馆联合举办的“丝绸之路文物精品展”；2007—2008年度精品奖：宁波博物馆“东方‘神舟’——宁波海上丝绸之路主题展”；2013年度精品奖：福建博物院“丝路帆远——海上丝绸之路文物精品七省联展”；2015年度精品奖：云南省博物馆“茶马古道——八省区文物特展”；2016年度精品奖：宁夏固原博物馆“千年固原 丝路华章”和中国丝绸博物馆“中国丝绸和丝绸之路：锦程、更衣记”。

澳台合作奖的“绵亘万里——世界遗产丝绸之路”（以下简称“世界遗产丝绸之路”）[①]，从展览主题、定位和展品等方面进行分析比较，观察各自的叙事功能、叙事结构与叙事特征，并针对博物馆该如何举办主题展览提出几点建议。

一、展览的主题与定位

一般来说，展览定位来自动机、展品、观众与传播媒介。从定位理论来看，博物馆展览定位首先应该是《韩非子·扬权》中的“审名以定位，明分以辩类”。换句话说，在深入分析藏品的基础上，以观众参观需求为导向确定主题、划出范围、排出顺序等次、设计内容和形式，并突出重点，提炼亮点，最终多维度地传达给观众的动态过程。目前的博物馆陈列展览在信息定位型展览和器物定位型展览的争议之后[②]，又兴起了关于叙事型展览的定位讨论[③]。无论是哪种定位，都强调主题的表达和叙述故事的能力及效果。

在陈列展览的主题与定位方面，本文选取的三个以丝绸之路为主题的展览各有侧重，“长安丝路东西风”的主题为“长安”，定位为丝绸之路与地域性文化相结合的展览[④]，但力图突破地域性，旨在在欧亚大陆的宏观视野下，以汉唐长安为观察点，揭示由丝绸之路产生的东西方文明交往互鉴的动态演变过程，由一

① 分别由河南博物院和洛阳博物馆联办，陕西省文物局主办、陕西历史博物馆承办，国家文物局主办、陕西历史博物馆（陕西省文物交流中心）承办。

② 沈佳萍：《信息定位型主题性展览策划研究》，复旦大学硕士学位论文，2008年；陈波：《展览、观众和藏品——从信息定位型展览谈起》，《中国博物馆》2013年第4期；吉光：《信息定位型展览的得与失——以刀剪剑博物馆常设陈列为例》，《中国博物馆》2014年第2期；张思桐：《信息定位型展览传播效益强化途径探索》，《中国博物馆》2017年第4期；严建强：《从器物定位到信息定位——对〈博物馆有“器物定位型展览”吗?〉一文的回答》，《中国博物馆》2012年第2期；严建强：《信息定位型展览：提升中国博物馆品质的契机》，《东南文化》2011年第2期；严建强：《新的角色 新的使命——论信息定位型展览中的实物展品》，《中国博物馆》2011年Z1期；李文昌：《博物馆有“器物定位型展览”吗》，《中国博物馆》2012年第1期。

③ 刘佳莹、宋向光：《博物馆的媒介优势 ——结构主义叙事学视角的博物馆展览试析》，《博物馆研究》2009年第4期；张晓晴：《博物馆“叙事性”展示设计探讨》，中央美术学院硕士学位论文，2012年；刘佳莹、宋向光：《历史陈列的叙事学模型解读与建构——从内容设计到展览表现》，《中国博物馆》2017年第2期；周安翠：《博物馆主题展览叙事研究》，南京师范大学硕士学位论文，2016年；李无言：《浅议博物馆叙事型展览说明文字的编写》，《博物馆研究》2015年第3期。

④ 杨效俊：《聚焦长安，提炼丝路价值——“长安丝路东西风”策展理念》，《中国博物馆》2018年第1期。

"城"探一"路"，提炼丝绸之路价值，突出交流与对话性，多角度展现出符号化、象征化的"长安"所延展出的大地域性文化风貌。"丝绸之路音乐文物展"以"音乐"为主题，定位为反映丝绸之路音乐文化的专题性展览。通过丝绸之路具有丰富性、连续性和典范性特征的音乐文物，全景复原一个数千年传承不衰的丝绸之路音声世界，让更多观众了解中国古代音乐广纳百川的永恒魅力。"世界遗产丝绸之路"的主题为"世界文化遗产"，定位为展示作为当今世界文化遗产的古代丝绸之路全貌的大型综合类展览。通过讲述丝绸之路故事，促进和而不同、兼收并蓄的文明交流，推进一带一路民心相通，为构建人类命运共同体贡献一分力量[①]。

从以往的丝绸之路主题展览来看，很多成为丝绸之路主题的"节""会""年"等活动的标配。此种动机和功能在"世界遗产丝绸之路"展览中表现尤为充分。它属于庆祝香港回归祖国二十周年系列大型展览活动之一，第十届"亚洲文化合作论坛"重点活动之一，中国首批世界遗产诞生三十周年纪念活动之一，来自内地的一份特别礼物和一场文化盛宴，创下了四个第一：第一次配合一带一路倡议举办的展览，第一次在申遗成功后向联合国教科文组织汇报的展览，第一次在世界遗产语境下举办的展览，第一次由中哈吉三国联合举办的展览。而其他两个展览则属于国内区域性博物馆联合办展，"丝绸之路音乐文物展"系河南博物院根据藏品特色和科研学术规划而花费五年时间精心准备的原创展览，配合2016年中韩人文交流项目——"音乐考古与实践主题学术论坛"，在洛阳博物馆举办（因河南博物院改造）。"长安丝路东西风"是陕西历史博物馆基于本馆功能、藏品特色、科研学术传统和原创展览计划而策划的大型展览。无论选择以"古都"为主题的地域性定位，还是以"音乐"为主题的专题性定位，以及以"世界遗产"为主题的综合性定位，三个展览都力图以文物叙述丝绸之路，从不同角度和层面展示丝绸之路历史文化风貌，但基于不同语境的考量，三个展览呈现出不同的叙事维度和风格。

二、展品的叙事功能

美国著名博物馆学家弗兰克·汉密尔顿·库欣（Frank Hamilton Cushing）曾说："我们有一个共同的理念：从这些展品中发现故事，让这些故事自己在那些

① 香港历史博物馆编：《绵亘万里——世界遗产丝绸之路》，高科技印刷集团有限公司，2017年，第6页。

未经专业训练的参观者面前展开。”[①]显然，三个展览在选择展品方面已经做到了让人们在看到它们的第一眼就能读到故事，特别是跨区域来源的展品组合。“世界遗产丝绸之路”展览在展品来源上展现出最多元的个性特征。该展览首次调集中哈吉三国37家单位210多件（组）展品，其中陕西、甘肃、新疆、河南167件（组），哈萨克斯坦和吉尔吉斯斯坦文博单位50多件（组），包括陶器、壁画、青铜器、玉器、瓷器、金银器、丝锦帛织物、木质文物、纸质文物、玻璃器、石刻、泥塑等。展品选择的原则是将时间严格限定在公元前2世纪至公元10世纪，“不搞丝绸之路无限制的延伸，不搞穿越历史的硬拉胡扯”，以历史价值和艺术价值并重，舍弃无特色或艺术性不高的文物，使这次展览成为一次视觉上的盛宴[②]。

“长安丝路东西风”展览集合陕西、宁夏、甘肃、新疆、青海西北5省（区）12家文博机构的140余件珍贵文物。以公元前2世纪为上限，以张骞出使西域为开始，截至唐末。从汉代长安的建设和发展开始，以标志丝绸之路开通的文物为引导，讲述佛教从印度到长安的远距离传播及极为漫长的中国化过程，选取最能代表丝绸之路价值的文物，沿着丝绸之路路线，对同类文物进行组合排列，表现丝绸之路所传递的能量，并通过“物”表现丝绸之路上的“人”，通过胡人骑驼俑、胡人俑等人物形象表现穿行在漫漫黄沙中的丝绸之路客商，用银腰带和丝袜等服饰复原东来胡人的样貌。

“丝绸之路音乐文物展”展品的选择十分贴合展览主题，不拘泥于文物的级别，突出一些文物以往被忽视的音乐文化特性，使观众从音乐的角度欣赏到文物的别样魅力。该展览首次汇聚丝绸之路沿线的6省（区）近20家文物收藏机构的126组近300件陶、石、骨、青铜等材质的自新石器时代至隋唐时期的音乐文物，多角度诠释“谁”、“调清管”和“度新声”三个层面的内涵，表现“以人为本”“展演一体”“以交流促创新、促发展”的多重目标，再现中西音乐文化交流互动的双向性，和不同文化之间的包容、互鉴与共同发展的不平凡历程，传播丝绸之路的音乐文化，弘扬和平合作、开放包容、互学互鉴、互利共赢的丝绸之路精神[③]。

---

① 〔美〕斯蒂芬·康恩著，王宇田译：《博物馆与美国的智识生活，1876—1926》，上海三联书店，2012年，第2页。

② 葛承雍：《从学术研究到展览艺术》，《中国文物报》2018年5月11日第8版。

③ 张得水、李琴、闫睿：《谁·调清管·度新声“丝绸之路音乐文物展”展览策划理念解析》，《中国文物报》2018年3月30日第5版。

三个展览皆旨在挖掘多源展品的多元展示价值，尝试讲述“人”的丝绸之路故事。“丝绸之路音乐文物展”策展团队在策展过程中，尝试跳出物的形态展示，透过文物本体，深挖其背后蕴藏的丰富历史内涵、文化内涵，强调以人为本，由“物”到“人”，见物见人见精神，凸显人在丝绸之路音乐文化发展过程中的积极作用。比如用宋贺铸《平阳兴》词中的“谁调清管度新声”作为主标题，凝练展览的“人本”思想：一是丝绸之路音乐交流过程中涉及的各色人群，比如决策者（统治阶层）、推动者（使者、商旅、僧侣以及教坊、太常寺等管理或培训机构）、实施者（作曲家、演奏家）和消费者（各阶层），他们隐没在乐器之后，凝固在图像中。或是广义上的胡人，或是狭义上的粟特胡人[①]。二是指历代丝绸之路音乐的传承者。三是指参与展览中的各位观众及为展览付出辛勤劳动的工作人员。因为有人，才有故事，才有丝绸之路音乐。观众、策展团队以及隐藏在文物背后不同时期的歌乐舞群体在这个特定的环境中，共同完成一次穿越时空的对话和交流。

三、展览的叙事结构

由于主题和定位的不同，三个展览的叙事结构也表现出各自不同的选择角度和策展理念。

“长安丝路东西风”展：围绕汉唐时期的都城长安展开发散型叙述，分为“凿空西域”“佛陀东来”“长安胡风”“丝路遗珍”四个部分。凸显汉代长安作为丝绸之路起点，唐代长安迎来丝绸之路繁荣的重要地位和影响。策展者认为，该展览最大亮点是摒弃以往按照时间顺序进行“亮宝”的展陈模式，转为以“风”为核心，用文物展现丝绸之路上的变化，呈现中西方的文化风、贸易风和交流风，讲述丝绸之路故事与丝绸之路文明，提炼丝绸之路的人文价值、财富价值、工艺价值和艺术价值[②]。

“丝绸之路音乐文物展”：以音乐为主线，采用以时间为轴的通史性叙事手法，将丝绸之路数千年音乐文化的内涵浓缩为“华夏与西域：丝路之前的音乐文化”“凿空与涌流：两汉魏晋南北朝时期的音乐文化”“百川归海：隋唐时期的丝路音乐盛景”“天乐妙响：丝路沿线所见佛教音乐”四个部分进行展示，提取

---

① 葛承雍：《从学术研究到展览艺术》，《中国文物报》2018年5月11日第8版。

② 杨效俊：《聚焦长安，提炼丝路价值——“长安丝路东西风”策展理念》，《中国博物馆》2018年第1期。

每个时代或地区最具代表性的音乐文化进行阐释，全方位展现唐代以前丝绸之路音乐文化的交流发展演变。每部分用两到三个单元进行阐释，各单元自成体系，各有侧重，共同服务于丝绸之路音乐文化交流的大主题。独特的空间分割在展示展览的节奏感同时凸显主题展示的连续性，表达等级社会的秩序感和仪式感，增强观众的递进式体验感。在丝绸之路特定语境下多维度地解读与诠释自远古时代至隋唐时期的音乐文物，探讨音乐对丝绸之路文化潜移默化的影响，以及对沿线人们意识形态和生活行为的塑造，全面呈现丝绸之路音乐文化的交融历史和中国古代音乐的魅力，努力让丝绸之路音乐在观众心中活起来。

"世界遗产丝绸之路"展览：策展团队依据联合国教科文组织对世界文化遗产讲述文明史主题的要求，以"路"作为线性道路的关键，揭示"路"相通则共繁荣，"道"封闭则同衰败的历史规律，并表现"路""道"所带动的驿站保障体系的建设，商贸聚落的布局，中心城市的形成，运输工具的制作，贸易物品的生产，宗教和文化艺术的传播等一系列业态的聚合能量①。展览分"绵长驿路，里程度量""明月照城，星灿边镇""胡客东来，移民聚落""驼鸣马嘶，古道载物""中西风物，泽被人类""多元宗教，众神共生""艺术传奇，亚欧传播""胡风汉韵，文化传播"八部分。力图在时空上通过搜罗中哈吉三国世界文化遗产，以跳跃与穿梭方式，延伸出有关联性的叙事结构，用重点文物先铺出线性的"路"，再在路上种植一棵棵文明之"树"，让树生长出景教、祆教、摩尼教等繁茂的枝杈，"叙述着宗教信仰的共通性，更说明外来宗教在丝绸之路沿线的传播"②。然后移木为林，培育出整片森林，即"一个点联结许多点构成一个网状路径，使人穿行其间领略到人文历史的博大"③。

四、展览的叙事特征

三个展览均采取了大视野的复合性叙事结构，充分展现了策展团队学术功底之深厚、对主题理解之深刻、逻辑思维之缜密和宏观组织能力之强，充分彰显了展览的叙事功能，受到普遍赞誉。

（1）全球性的学术视野。三个展览的策展团队均长期沉浸于丝绸之路学术研究的前沿领域，学术积淀深厚，学术视野宽广，擅长文本、物证与图像的综合

① 葛承雍：《从学术研究到展览艺术》，《中国文物报》2018年5月11日第8版。
② 葛承雍：《从学术研究到展览艺术》，《中国文物报》2018年5月11日第8版。
③ 葛承雍：《从学术研究到展览艺术》，《中国文物报》2018年5月11日第8版。

研究，具有广泛的国际影响。故此，他们能用国际比较的视角发掘展品的叙事功能，并以反映世界文明交流为主脉络来考察丝绸之路。在建立展览叙事结构时，他们已经具有了一个关于全球的叙事框架，脑海中已经有了一张全球地图，思想上已经有了一套立足全球的知识体系。以全球为立足点看丝绸之路，势必极大地拓展展览的叙事维度。

（2）科学的丝绸之路观。三个展览均通过长时段的叙事来回顾丝绸之路，因为丝绸之路不是天然形成的，它是人类交流的需求催生的。丝绸之路也非一天建成的，而是经过了世界各地无数代集体努力才得以存在的。丝绸之路并非单向输出，而是双向互动、互鉴，甚至是多向交错。丝绸之路并非只有中国人发挥作用，而是沿线地区人民共同建造的。正如张骞凿空西域，中国人走出国门，面向广阔的世界。丝绸之路也并非是让人孤芳自赏、唯我独尊的，而是把我们的视野延伸至更遥远的地方，让我们看到更多文明并存与生长、枝繁叶茂的世界万花园，让我们看到汉唐中国人为了解世界和维持世界秩序所做的艰苦卓绝的努力，让我们看到中国历史发展中诸多源自丝绸之路驱动的重要元素。更重要的是，在丝绸之路上，无数人追逐梦想，寻找文化认同、共处之道而鞠躬尽瘁，死而后已。丝绸之路塑造的是人们心怀寰宇的世界观和人文情怀，丝绸之路创造的世界各民族的互动交流使得古老的中国才成为真正的中国。不管是过去、当今，还是未来。

（3）叙事的新方式。除了常见的策展策略外，值得一提的是三个展览中的“大题小做”与“小题大做”的巧妙使用。前者将大主题分解于小细节和个体表现，后者则将小细节和个体表现汇集成大观念。两者皆注重事实远胜于结论，强调展品在表达知识、地域与全球等理念中的作用。以“世界遗产丝绸之路”为例，策展团队在表现多重叙事结构时采取三度考量模式：一是丝绸之路申遗与汉唐丝绸之路的古今结合；二是汉唐中国与西域的古代镜像，与当今中国西北六省区、香港与中亚三国在不同时空的交错关系的构建；三是由丝绸之路展望未来的人类命运共同体。该展览叙事从“路”展开，向西、向东双向时空并序。第一部分为“绵长驿路，里程度量”。从长安向西以“关”字瓦当为关键词，记录传车的汉简和彩绘驿使砖（复制品）讲述的是交通的工具（车、马）和人，吐鲁番发现的天宝十四载交河郡马料账本记载着这里过往客商、马料、马匹等详细资料，也见证了中国纸张的西传。而康居使者、匈奴王“日逐”、唐代人年某、牵驼牵马的胡人向东行进，前往首都长安，一件件文物从不同角度表明了“路”的存在与作用，并将人们视线引向遥远的星夜边陲的城与镇，自然过渡到第二部分“明月照城，星灿边镇”。然后从城镇到人，即第三部分“胡客东来，移民聚落”，人居于此，所作何为？第四部分“驼鸣马嘶，古道载物”，他们是丝绸之路上用马、骆驼从事中转贸易的人，围绕他们又产生出一套管理体系和职业群体。他们转运的是何物？第五部分“中西风物，泽被人类”，他们把中国的物产带到各地，提升了所到之地人们的生活质量。除了物质生活外，他们精神生活如何？第六部分“多元宗教，众神共生”介绍了丝绸之路上人们的宗教信仰。有了精神支撑，往来的人们便有了放歌丝绸之路的追求。第七部分“艺术传奇，亚欧传播”讲述往来丝绸之路的人们如何把各地艺术传播至亚欧。第八部分“胡风汉韵，文化传播”丝绸之路上的人们既有胡人，也有汉人，长期的认知产生了文化上的交融。作为个体的“路”“人”“车”“马”“骆驼”“城镇”“宗教”等细节和个体文物既有本体的独特光芒，也组合成多重关系网络。“大主题”与“小细节”大小交错，最后升华出“结语：丝绸之路的今天”，一语中的，点出了丝绸之路不仅是历史的回响，更是光照当今，指引未来的精神象征。

（4）“以人为本”的对待观众理念。三个展览开宗明义，给观众讲述丝绸之路故事，都有观众调查。“丝绸之路音乐文物展”在策划实施之前，先确定出展览的目标观众群体，并让所有的策划设计都围绕并服务于目标观众群体，最后以观众的反馈来评估展览的文化传播力和社会影响力。展览是在千年古都洛阳，这里是著名的国际旅游地，因此目标观众群体定位为国内外的观众，范围十分广泛。要照顾到各层次观众的需求并非易事，策展团队首先对观众的参观习惯及喜好进行调查与分析，根据研究结果，选择观众易于接受的展览表达形式与描述语言，来讲述唐代以前丝绸之路音乐文化的交流、发展及演变。“长安丝路东西风”展览也充分考虑到观众的审美需求和兴趣点，在给观众传播知识的同时，也激发他们对长安和丝绸之路文化遗产的兴趣和进一步探究的热情，增强文化自信。三个展览都有各种观众体验互动区，聆听丝绸之路故事，触摸丝绸之路文物，欣赏丝绸之路旖旎风光，加深对丝绸之路文化遗产和优秀传统文化的理解。

（5）学术支撑的原创性。丝绸之路就像一部百科全书，包罗万象，涉及自然科学和社会科学各个领域。而展览由于旨趣和规模所限，主要以考古发现为主，辅以其他手段或材料，采取考古学、社会学、文化学、历史学、宗教学、美学、传播学、教育学等学科手段，予以研究发掘。因此，需要策展团队深厚的学术背景与视野支撑。三个展览的策展团队皆注重理论联系实际，以打造学术型展览为宗旨，将前沿成果转化在展览中，为公众举办更好的展览。“长安丝路东西风”策展团队采用了长安与丝绸之路专题研究的诸多成果。“将以往已趋成熟的地域性学术研究课题整合为可以解释丝绸之路沿线文化交流与传播的综合性课题，而且开辟了学术新领域，探索了新问题。这些丰富的学术研究成果为策划‘长安丝路东西风’奠定了坚实的学术基础，而此次展览也是将这些学术成果进行转化的一次有益尝试。”① “世界遗产丝绸之路”展在策展过程中，同样非常注重学术研究成果与展览展示相结合，并不断把学术研究前沿成果转化为展览实践，比如在库车龟兹石窟出土唐代陶祖的说明中除了介绍了它是研究摩尼教禁欲的珍贵资料外，还介绍了其他几种不同的学术观点，以开放性态度，鼓励观众思考。该展览学术总顾问葛承雍先生认为：“策展团队只有从文物展品中寻找灵感，并具备宏观视野上的贯通，具备学术通观的思维，才能将平时积淀的知识融会贯通其中，方能发掘文物背后真正的故事。讲故事不是展览的全部，不能纯粹为讲故事而寻找或编造故事，讲故事必须有意义，让文物说话，而不是让博物馆说话。”②

（6）资源整合的大区域性。像所有宏大叙事一样，丝绸之路叙事旨在诠释长时段、多空间、多族群的世界级文明的主题，需要更综合性的、来源更广泛的展品支撑。三个展览均采用外向型策略，对多家博物馆的最具优势藏品资源进行有效整合。“长安丝路东西风”从西北五省区12家文博机构挑选展品，“丝绸之路音乐文物展”的展品来自六省区近20家文物收藏机构，“世界遗产丝绸之路”展则动用国家力量，克服重重困难，确定了中哈吉三国37家文博单位的展品，甚至还有非国有博物馆的精品，也体现一种“好展品不论出处”的态度。正因为有多元化的展品来源，才使得讲述丝绸之路大故事成为可能，并由此勾绘出万花筒般的丝绸之路全景，构建起丝绸之路系统、丝绸之路观、丝绸之路文化、丝绸之路精神等世界历史理念。“‘世界史不是过去一直存在的，作为世界史的历史是结果。’……各个相互影响的活动范围在这个发展进程中愈来愈扩大，各民族的原始闭关自守状态则由于日益完善的生产方式、交往以及因此自发地发展起来的各民族之间的分工而消灭得愈来愈彻底，历史也就在愈来愈大的程度上成为全世界的历史”③，丝绸之路沿线国家或地区的发展亦是如此。

尽管如此，由于时间原因，也有一些遗憾。一是“亮宝”与“叙事”关系仍未厘清。尽管三个展览都强调不依靠文物的珍贵性吸引眼球，“世界遗产丝绸之

① 杨效俊：《聚焦长安，提炼丝路价值——“长安丝路东西风”策展理念》，《中国博物馆》2018年第1期。

② 葛承雍：《从学术研究到展览艺术》，《中国文物报》2018年5月11日第8版。

③ 吴于廑：《吴于廑文选》，武汉大学出版社，2007年，第35页。

路”展策展团队明确表示，不能办成丝绸之路珍宝展或佛教展，但在挑选展品时却提出花大价钱保证好看的、珍贵的展品优先的“少而精”策略。其他两个展览也反复强调展品中一级文物的数量和比例，依然有强调精品文物之嫌。二是宏大叙事的呈现也有缺憾。对丝绸之路主题而言，展品的数量与叙事的技巧颇为关键，“长安丝路东西风”展览仅用140件组文物，在缺乏对每件文物深度时空叙事的前提下，对于一个宏大主题而言，会造成叙事链接的稀疏和展厅空间的失衡。本应凸显长安古城辉煌盛景的“长安胡风”部分所用其他地区文物，也冲淡了单元主题。三是叙事风格上仍有专业的冷傲。“丝绸之路音乐文物展”的主标题“谁调清管度新声”虽然取意讲究，但理解起来比较费劲，策展团队也是用了很大一段话才表现出深邃的含义，而一般观众就更难理解①。

然而，“瑕不掩瑜”，同届获奖足以证明三个展览无疑都是同类主题展览的佼佼者，从不同角度展现出丝绸之路主题展览的叙事力量：丝绸之路不是在与不在的问题，而是如何被“发现”的问题。丝绸之路无论在历史上，还是当今，乃至未来，绝不仅仅是一条路，永远没有既成的答案。正如葛承雍先生曾说的那样：“我们力求展览中的每件文物都有着沉默不语的巨大叙述力量，都有学术研究的支撑，有主题、有思想、有话语权。”②

笔者认为，丝绸之路主题将是博物馆展览无尽的宝贵资源，目前正在中国国家博物馆展出的“无问西东——从丝绸之路到文艺复兴”说明丝绸之路主题展览还将继续成为博物馆陈列展览的热点③。有鉴于此，笔者提出以下五点建议。第一，组织跨区域或中外联合的丝绸之路文物调研活动，梳理国外学者的研究成果，加快学术成果向陈列展览转化。第二，加强博物馆有关丝绸之路藏品的学术研究，推进丝绸之路学科建设。因墓葬或遗址考古发掘品经过博物馆化后失去了很多原生信息，藏品中有些与丝绸之路相关的信息尚未得到重视，需要更多策展团队去“发现”，用新理论方法去诠释老藏品，用新的技巧去讲故事。第

---

① 张得水、李琴、闫睿：《谁·调清管·度新声“丝绸之路音乐文物展”展览策划理念解析》，《中国文物报》2018年3月30日第5版。

② 葛承雍：《从学术研究到展览艺术》，《中国文物报》2018年5月11日第8版。

③ 由中国国家博物馆和湖南省博物馆共同举办，2018年6月9日至8月19日在中国国家博物馆展出，展品共200余件（套）文物，来自21家意大利博物馆和17家国内博物馆，包括中国在“丝绸之路”中的见证物，以及受到中国元素影响的西方物品，为近年来国际博物馆与国内博物馆合作中数量最多、文物最丰富的展览之一。首展于2018年1月27日～4月30日湖南省博物馆，名称为“在最遥远的地方寻找故乡——13～16世纪中国与意大利的跨文化交流”。

三，尝试建立丝绸之路主题展览的叙事模式。站在世界历史发展的视角，摈弃以西方为中心的欧洲中心论和“华夷之辨”下的中原中心论，用尊重平和的态度，以平等对话的方式，整合丝绸之路沿线国家文物资源，尝试体系化的大型学术性专题展览，用宏大的丝绸之路叙事诠释人类文明发展的真谛，真正实现从追求国宝或精品的亮宝展向挖掘文物背后故事的叙事展转变，减少过分依赖精品而削弱展览的旨趣，促进丝绸之路学学科的发展，举办符合时代潮流的，且社会真正需要的丝绸之路主题展览，更好地服务于一带一路建设。第四，加强对国内外已举办的丝绸之路主题展览的综合研究，尤其是观众市场的调研，进一步尝试分众式策展理念，避免大材小用式资源消耗，或勉强而为的尴尬。第五，加强国际丝绸之路展览资源库建设和数字化工作。整合丝绸之路沿线国家博物馆友好联盟、丝绸之路国际博物馆友好联盟资源，拓宽丝绸之路主题展览的视野，将丝路主题展览项目延伸到更多国家，使资源得到更为充分的利用，影响更多人群，在人类命运共同体视角下，以现代科技手段再现丝绸之路在世界文明中的作用与影响。

第七节　呈现展览的复调性[①]

“复调（polyphony）”原为一种乐理术语，指多个独立声部共同组成的“多声”音乐形式。它出现于公元850年前后，至文艺复兴时期以臻成熟，后被非音乐领域广泛应用。最著名的是苏联文艺理论家巴赫金提出的“复调小说”概念，旨在打破传统小说（独白型、单旋律）的单一视角，发掘表层文本下的潜在话语体系，表现多元立场[②]。但在博物馆学领域，“复调”仍少为人知。英国社会学家戈登·法费（Gordon Fyfe）在《圈内人—圈外人关系与博物馆的社会生成》一文中介绍了德国著名社会学家诺贝特斯·埃利亚斯（1897～1990）分析11～12世纪欧洲社会变迁的复杂情形时所用的“复调”理论，即社会变革时期社会力量和社会领域的分化及不同力量和领域之间既不同步又犬牙交错的复杂关系。他认为“如果真的要理解这个文明化过程，我们必须知道历史的这种复调性”，因为社会群体此消彼长的“复杂的复调性”所形成的“圈内人—圈外人关

① 原题目为《“众声合鸣”——从唐墓壁画珍品馆看博物馆展览的复调性》，刊于《陕西历史博物馆馆刊》（第25辑），三秦出版社，2018年。

② 葛孝亿：《论教育叙事的复调写作——基于巴赫金文论的视角》，《教育学术月刊》2015年第8期。

系”动态模式对博物馆的社会生成和形态演化产生重要影响。戈登采用该理论分析大英博物馆、泰特现代艺术馆展品中的复调性及其社会意义①。周安翠关于展览主题并置结构的分析中简单提到了复调叙事或叙事的复调法，但未做进一步阐释②。笔者认为复调性对提升博物馆陈列展览叙事性颇有裨益，尤其是多元展品和跨时空的宏大主题，比如陕西历史博物馆唐代壁画艺术珍品馆展览。

不同于常规性专题展览的是，该展览展品是非常珍稀的唐代墓葬壁画真品，按照不同时期墓葬进行展示，展出过程中根据观众反馈不断完善展厅内容与形式，可谓一个动态的办展过程。笔者在参与2017年唐墓壁画馆说明牌提升过程中，越来越清晰地认识到该展览具有“众声合鸣”式的复调性，但这一特征却被忽略。有鉴于此，笔者尝试通过唐墓壁画藏品本身蕴含的复调元素来考察展览整体所表现出来的复杂的复调性及其对提升展览诠释维度的重要性③。

一、唐墓壁画作为博物馆藏品所蕴含的复调元素

唐代墓葬壁画是中国自远古时期“事死如事生”观念影响下的两世伦理及其实践的艺术表现。截至目前，尽管全国发现的唐代墓葬不计其数，但绘有壁画者不足两百座，主要分布于陕西、河南、山西等十六个省、市自治区，其中陕西关中地区发现壁画的唐墓数量最多，占中国唐代壁画墓总数的70%以上，内容非常丰富，包括人物、动物、植物及其多种形式组合，堪称唐代社会史的百科全书。特别是唐代帝陵陪葬的高等级墓葬，作为再现或纪念墓主人生前非凡生活的镜像世界，表现出题材极其丰富、时间持续长（从唐太宗至唐懿宗约250年，包括初唐、中唐、盛唐和晚唐）且序列完整（仪仗、四神、仪卫、仆从、高士、建筑和自然景象）、绘制水平极高、个性特征极其鲜明等特点（图一、图二）。从整体性上看，唐墓壁画无论在题材、制作还是功能上皆与当代社会现实息息相关，表

---

① Gordon Fyfe. Established-Outsider Relations and the Socio-Genesis of the Museum. *Historical Social Research/Historische Sozialforschung*, Vol. 41, No. 3 (157), Special Issue: Established-Outsider Relations & Figurational Analysis (2016), pp. 54-80.

② 周安翠：《主题并置叙事结构在博物馆展览中的应用》，《中国博物馆》2016年第4期；周安翠：《博物馆主题展览叙事研究》，南京师范大学硕士学位论文，2016年。

③ 关于唐墓壁画馆展览的一般性介绍很多，严谨的学术讨论主要见成建正等：《十年磨一剑：陕西历史博物馆唐墓壁画珍品馆建设历程》，《中意合作古代壁画保护与研究学术研讨会论文集》，文物出版社，2016年；刘莉：《大唐盛世的绚丽画卷——“唐代壁画珍品馆”建馆历程回顾》，《乾陵文化研究》2012年第6期。

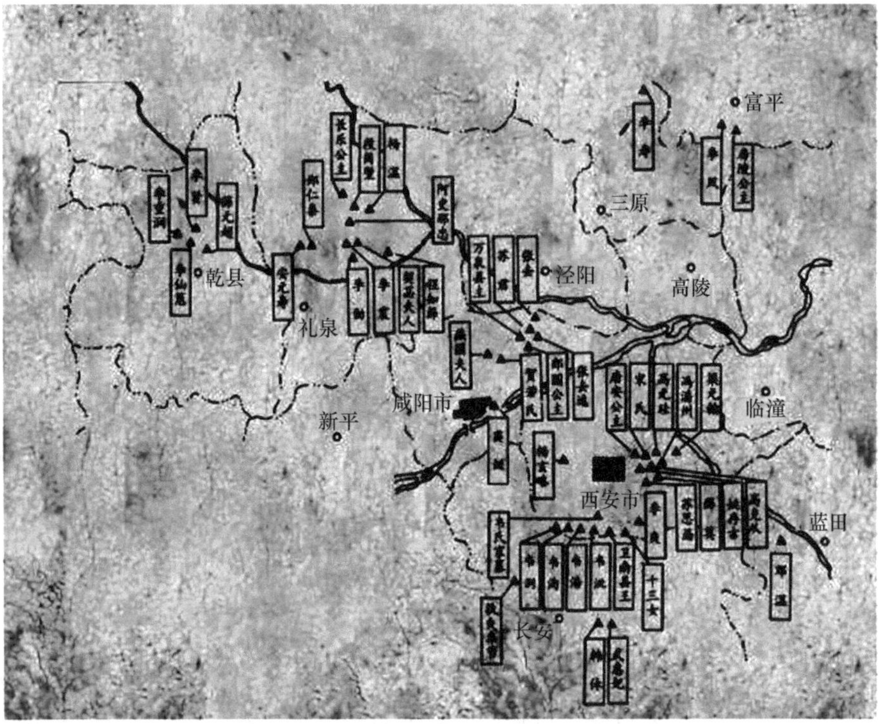

图一　陕历博藏唐墓壁画出土墓葬示意图

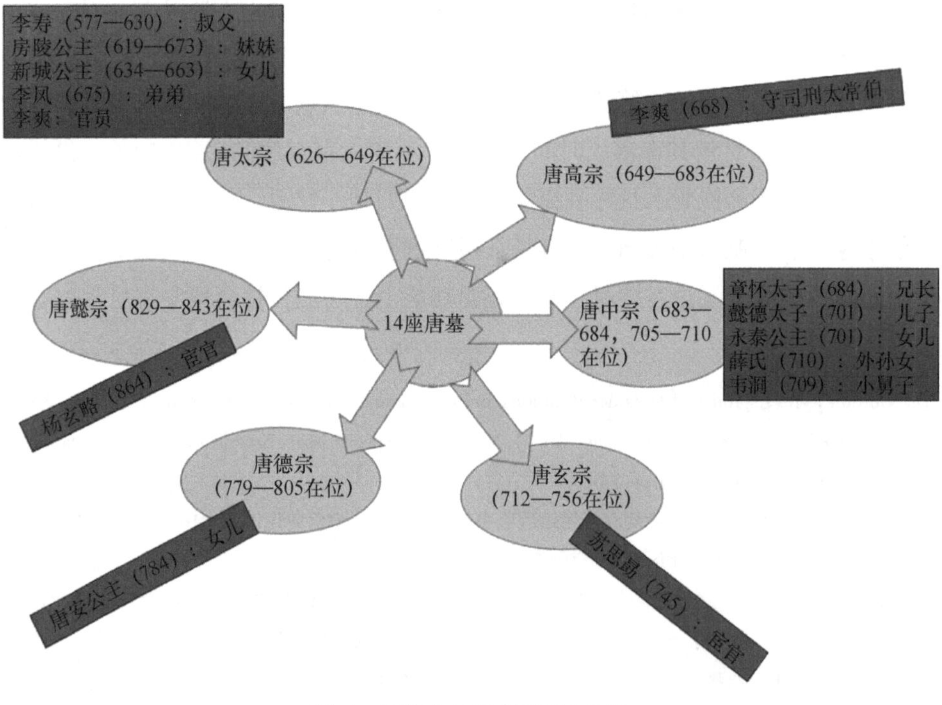

图二　展览中14座唐墓墓主情况

现出同一时期葬式葬仪的共性特征。从个性上看，唐墓壁画与墓葬严格的等级性、空间构造的复杂性、随葬品的多重性、墓主人的是非功过等密切相关，共同构成了葬式葬仪的复调性，表现出生者、死者、我者、他者等“众声喧哗”的复杂关系网络。

在博物馆藏品结构中，唐代墓葬壁画与其他遗物、遗迹和遗存一样，主要来源于考古发掘，少量来自征集、收购、捐赠和移交等，目前陕历博共珍藏唐墓壁画约630幅，面积1200余平方米，构成该馆最具代表性的支柱型藏品，并以其个体独特的位置造就了个体生存样态的差异性、多样性及关联性，集中表现在：① 作为藏品的唐墓壁画与同墓葬其他类别器物有关联性。每幅壁画与同时期或不同时期其他墓葬壁画的关系尤为密切，表现在题材、技法与环境因素等方面。每幅壁画因保存情况各不相同，需要针对性极强的个性化保存环境。② 作为展品的唐墓壁画面临巨大挑战。在博物馆展览体系中，唐墓壁画不仅作为基本陈列的展示内容或辅助展品，而且自身可构成独立的展览题材。但因离开原生环境的唐墓壁画无比脆弱，对展厅的光线、温湿度、空气质量和柜内微环境都有极其严格的要求，因此很少对外展出，仅见部分短期展出，如1959年唐墓壁画首次亮相于中国文化部举办的“全国出土文物展览”；1974年陕西省博物馆在馆内举办为期半年的内部壁画展；1991年陕西省博物馆收藏的唐墓壁画全部入藏陕历博后，40块面积较小的壁画曾在东展厅中短期展出；1994年陕历博“大唐墓室壁画真迹库”以特展形式对外有限开放。为了在唐墓壁画保护修复和科研教育基础上对外展示传播，1998年开始与意大利政府合作建设唐墓壁画馆专题展览。2011年97幅壁画以仓储式形式对外展出，在这里，壁画既是受到特殊保护的藏品，也是主要展品[①]。③ 成为展品的唐墓壁画具有鲜明的复调性。每幅壁画皆为加固修复后带框的单体形态，彼此独立又相互协调，具有多线（声部）并存的含义，表现多重含义和多元立场，形成了展览场域的复调形态，也使得该展览成为多主题的混合型展览。办展者利用各种载体、艺术设计、新媒体甚至对话途径对壁画藏品进行策展阅读，因而，展览不再是一种教条式的壁画展品的累加，而是以壁画艺术展示传播的新视角，解释壁画藏品的内在含义，实现历史记忆的再生产，最终呈现出一种与社会政治和文化背景相关的正式的、概念性的对抗性和类比性，反映出多元和开放特征的当代策展理念和多重跨界的历史叙事风格，展现出强大的复调叙事功能。

① 成建正：《大唐记忆——陕西历史博物馆之唐代壁画珍品馆》，《美成在久》2015年第4期。

二、唐代壁画珍品馆展览的复调性

从广义上讲，博物馆展览普遍具有一定的复调性，即展览中两种以上或多种同时进行的“声部”组成的一种复合呈现。而从狭义上看，有些类别（主题）的展览旨在表现展品的多重含义与价值，且呈现出较为明显的复调性或复杂的复调性。两者皆为一种策展思维和展览的结构理论，旨在以新视角发掘特定历史语境下藏品与当今或未来的多种关联性，鼓励不同特性的文物以各自独立的声音平等对话，达到一种在互证互识互动互补之中共存共生的高级境界。而唐代壁画珍品馆展览呈现的复调性表现在以下四个方面。

（一）独白与复调

传统意义上的展览，比如通史式陈列或亮宝式展览等，往往是举办者按照自己的思想意识对展品、人物、事件进行组合与诠释，主要用陈列语言（包括说明词、展场与展柜环境、辅助展具等）表达理念与实践，有陈述、有态度、有评判，常见直白的单一视角，强调普适性与同质性：统一的世界观念、一贯到底的主观意志和统一的人物声音。复调是对上述独白型展览的反思、重构与创新，在同一个展览中出现两个以上各自独立但相互对话的主题（声音或旋律），表现多元立场和多重价值意义。① 个体与整体关系。通过调动每一件文物的主体性，表现一个个鲜活的、独一无二的个体声音和思想，巧妙运用故事情节，让众多人物、经验与声音互动起来，让展品与展品、展品与说明文字之间的关联性按照叙事而演进（冲突、适应与创造），并由此产生出未完成性，让观者听到合音中的独立声音。② 叙事策略。该展览采用“主线+N种辅线”并存的复调叙事策略，鼓励多方参与故事情节，创造多元的表述特征与良好的叙事效果。因为唐墓壁画与墓葬构成了自我闭合的独立系统，因为每幅壁画在原来墓葬中保存状况各不相同，因此，当这些壁画进入博物馆后便成为脱离原生墓葬环境的藏品，每一幅壁画都表现出极强的独立化、多元化和散点化特征。办展者面临的主要问题是：如何从一幅幅“散乱”壁画中提炼出“关联性”与“协调性”，如何在展览主题中体现各幅壁画不同的声音（价值）。首先，结合馆藏壁画的保存环境和研究现状，对14座墓葬的97幅壁画的修复效果、展示价值和展场效应进行跟踪检测与评估。其次，针对不断完善的展示环境，将中意专家长达十年的联合保护修复唐墓壁画的理论与技术探索充分展现出来，包括有利于脆弱壁画保护的展柜造型、照明系统、最佳展示位置、观赏距离和角度的选择、学术延伸与传承利用等。最后呈现出展览以墓葬年代为主线，按照墓主人的性别、身份、功业、墓葬规制和时间自成体系，根据现存壁画大小进行排列组合，对同一题材的绘画风格进行竖向对比和横向展示。一是向观众传播唐墓壁画所表现的唐代绘画艺术、丧葬制度、贵族的物质文化生活等方面的内容，并且通过复杂的现代化展览设计手段，缩短唐墓壁画之间及其与观众之间的距离，增强唐墓壁画的沟通力量①。二是展示不同时期和不同认知体系下唐墓壁画的保护修复研究历程。包括20世纪50年代初至60年代的石膏加固法，20世纪70年代初至80年代末的木龙骨与环氧树脂加固法，20世纪90年代至今的铝合金龙骨与环氧树脂加固法。三是展示中国与意大利壁画修复技术长达十年的合作成果（2次修复研讨会和6次培训班），比如中国传统修复与欧洲“美学修复”理念的比较研究成果，唐墓壁画价值体系的构建和艺术欣赏的引导等。四是通过辅线上搭配题材、时代和环境相类似或可类比的陶俑、陶瓷器、金银器、高仿真绘画、临摹品、艺术品等辅助展品，营造多线并行、相辅相成的展览效果（图三）。正如王有庆先生所说，“从壁画修复到壁画复原组合到展厅环境，展柜，采光照明设计都做了详细设计，设计开辟了4个永久、固定的单独陈列国宝的陈列室，分别在每一个半封闭空间 39.6 平方米厅内陈列一幅国宝级壁画，同时，设计提供给观众在一种特殊氛围里欣赏唐墓壁画的最佳环境”②。

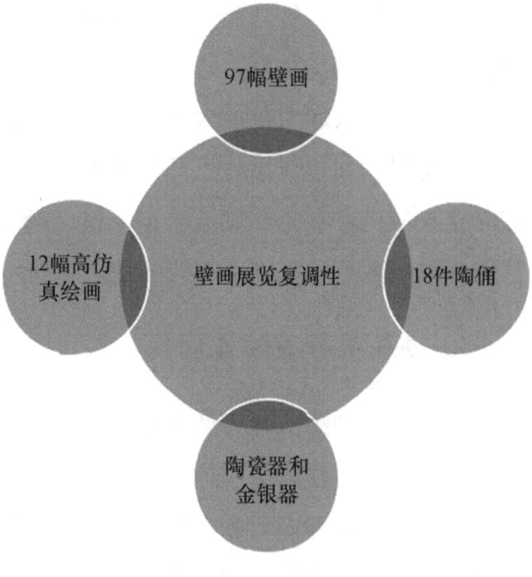

图三　唐墓壁画展览复调性构建示意图

（二）对话性

由于每幅壁画自成一统，各具独特的地位与价值，展览随着时间轴线自由流动，形成历时性对应和共时性对话的氛围，“让壁画说话”“让壁画互相交

① 翟战胜、张沛心：《关于唐墓壁画馆的建设构想》，《中国博物馆》2000年第4期。

② 王有庆：《物以载道，实话实说——也说博物馆陈列艺术设计的创新》，《文物世界》2006年第3期。

流”“让观众聆听、阅读后，与壁画对话”，这种开放式、民主式的展览对话特性，极大地延伸了作为展品的个体壁画和作为展览的所有壁画的整体价值与意义，表现出多种理念的冲突与协调，汇集成“众声喧哗的多声部”。沈辰将展览总结为“与观众展开的一场认知对话”。他提出：“为了实现博物馆和观众之间情感和认知的有效沟通，博物馆的展览，无论大小，皆需经过一道文化阐释程序。这种文化阐释，即‘释展’，同时通过平面设计、空间设计、市场调查和媒体宣传最终呈现在观众面前，接受来自各个层面的观众严格甚而近乎苛求的评判。释展背后‘一切为了观众’的理念，并不意味着一味迎合取悦观众，而是通过阐释达到让策展人可以经由展览与观众之间营造出一种无声却带有默契的知识对话。博物馆毕竟不是生意场，观众与博物馆的关系毕竟不是纯粹的需求与供给。展览策划应该通过策展人和释展人的合作在知识生产和大众需求之间找到平衡点。”[①]唐墓壁画展览似乎也符合这种文化阐释，展厅里的各幅壁画表现的内容在时间、题材、技巧和墓主人身份等方面相互构成特殊的意义，比如墓主人的性别、相互之间的关系，既有李氏家族宗亲关系，也有宦官，既有命运多舛的公主，也有命运大起大落的太子，还有盘根错节的皇亲国戚，单就人物之间复杂的关系，精湛的角色对话就已开创该展览的新格局。它能够让多种声音和经验在特定时空场域内并存且回旋流动，不仅仅局限于壁画馆，而且与本馆其他展厅同时代的展品也能产生时空上的关联性，从而形成了更宏大的唐代文化阐释体系。

（三）办展或释展的复调性

在唐墓壁画藏品变为展品过程中，单个墓葬和单幅壁画的复调性被辨识、被协调、被安排，构成众多声音合奏共鸣的复杂的复调。按照沈辰的观点，释展人应该是展览复调的创造者，他们与策展团队、与展品协调，与观众协调，让展品既能合奏，又能表现自我。① 与策展人沟通，确立展览主题与旨趣。② 与公众服务部门和市场部合作，确定展览的目标观众群。③ 与策展人、平面设计师、空间设计师沟通，规划概念设计（策展人、团队、观众）、叙事结构以及呈现方式。④ 与策展人、翻译人员、平面设计及空间设计沟通，创作展览文字，设计叙事风格。沈辰进一步指出：“成功的释展工作令具有学术分量的展览变成一次生动有趣的体验。释展的目的在于连接‘观点’与‘意象’，激起观众在离开展

---

① 沈辰、何鉴菲：《“释展”和“释展人”博物馆展览的文化阐释和公众体验》，《博物院》2017年第3期。

厅后继续探究的兴趣，而非呈现一份完美、与观众割裂的学术研究……一个展览也可以从不同层次和不同角度来阅读、来阐释。由于必须在有限的展览空间中阐述众多难舍的展览议题，策展团队必然需要在让展品满足艺术欣赏和让文化阐述成为观众体验的一部分两者之间进行抉择，或者接受更大的挑战：尽可能地将两者合二为一。”①在唐墓壁画展览的释展过程中，中意两国多个领域的数百名专家通力合作，最大限度地避免单个专家独白或单向灌输性观念，更多地强调壁画展品在时空上的关联性和在文化意义上的多元声音，启发、激励观众去寻找、去感受多元声音及其组合呈现的复调性，并与壁画展品交互，甚至在观众中间形成交流对话的场域。

（四）展览整体的复调性

该展览是通过多感交织的阐释语汇共同完成的具有宏大叙事功能的“复调制成品”。首先，单个壁画展品的复调性经过深度挖掘与多元艺术呈现，用几乎最直接的形式串联成“众声合鸣”“跌宕起伏”的交响乐章。整个展览描绘的是一去不返且无法直接呈现于眼前的唐代社会某段历史景象或单个墓主人的生前生活场景，虽然展览并不能直接“说话”，但它代表某种曾经出现过的“声音”和某种特定的“表达”。对于整个展览而言，所有元素都作为信息复合体，都被赋予特定的意义，都被安排在展览的恰当位置，单独表达出某种声调，合力营造出展览的复调性。其次，该展览表现的是以壁画为载体的复杂的复调性。中意专家从国际最前沿展览理念中提炼出最适合升华唐墓壁画价值意义的语言技巧，经过选择、发现、建构、想象、创造等环节，表现每幅壁画的文化审美内涵及其对事件和事实的描述性与诠释性，并对其蕴含的复调性进行提炼、萃取、编码、连接、运用与呈现，令神秘的唐代丧葬文化与帝国政权建设变得可以理解，让观者借此“抵达”历史上曾存在甚久的唐人世界。在此过程中，专家或多或少或明或暗地将自己的情感态度、价值判断、伦理立场、政治倾向和审美偏好渗透在其中，包括真实性、故事性和整体性。

1. 真实性

唐墓壁画展览不仅通过陈述单个壁画展品来表现唐代的两世观念与实践，而且通过发现和确定唐代历史事实以及事实之间的关联，选择合适的策略来描绘

---

① 沈辰、何鉴菲：《“释展”和“释展人”博物馆展览的文化阐释和公众体验》，《博物院》2017年第3期。

“宏大的历史景象”。该展览也不仅仅展示壁画作为藏品的真实性，而且选取不同角度、内容和载体表达某些真实的理念：血缘家族的爱恨情仇、王朝政权的军事构建、两世情怀的艺术再现、丧葬仪轨的文化力量，以及“自上而下”的官方政治意识形态和阶级结构下隐约映衬出“自下而上”的逆向生态，这些都是唐代历史中社会单元或个体的真实再现。当然，正如吕思勉所说：“真正客观的事实，是世界上所没有的……其能成为事实，总是我们用主观的意见，把它连属起来的。”①

在壁画展览组织规划过程中，中意专家会面临这样的问题：应该把哪些壁画所呈现的史实纳入展览叙事中，哪些居于主要位置？哪些居于次要位置？分别呈现哪种意义？以何种方式呈现？如何将某些史实合理地组合和关联起来？当然，不同的态度、视角和方法往往会呈现出不同的事件面貌，比如同一幅壁画既可以写成一首盛唐赞美诗，也可以编撰一部社会下层边缘生活的实录，甚至可以变成一幅讽刺作品。因此，唐墓壁画展览构成一种多内涵的复合结构，至少包含三个截然不同的层面：一是壁画本身作为展品进行最直白地陈述；二是在发现、表达和记录壁画记载的客观历史事实的基础上，呈现各幅画面诸元素的相互关联性，并通过叙述来表现认知与观念。三是通过选择、扬弃等方法来构建展览主旋律，这就要求办展者具备将某些事实断然排除在外的能力，并依靠此种能力，将一个个事件构成完备融通的情节结构，或对事实组合进行解读。比如，章怀太子墓打马球图：一种解读旨在表现飞驰电掣的骑马者之间勇猛的对抗，精湛的马术，高超的球技，持久的耐力，灵活的策略，果断的进退，多种技艺大比拼、大挑战，表现唐人勇往直前、开拓进取、追求卓越的精神风貌；另一种则是通过营造酣畅淋漓、对比强烈的画面视角感，反衬章怀太子生前数次遭受母亲武则天的打压、摧残和陷害致死的冤屈与无奈，通过顶级画师之手，似乎可以看到皇室政治斗争的残酷与激烈，以及武则天对皇权的贪念、无度索取和公然掠夺。在主题和对象相同、史料高度重合的情况下，不同叙事者的开头故事将截然不同：一种是暗流汹涌、危机四伏的宫廷阴谋，章怀太子曾三次监国，在迈向皇位的道路上，数次被卷入武则天设计的政治漩涡中，最终死于宫廷斗争，经历了三次平反昭雪，魂归生身父母的陵园，同胞弟弟唐睿宗将他的墓园改造成了长乐未央的永恒天园；在另一个故事的开头，章怀太子、懿德太子和永泰公主壁画表现了出生于帝王之家的幸运与不幸的瞬间转换，武则天用尽权谋，在腥风血雨铺就的皇权路上，踩

① 张耕华：《历史哲学引论》，复旦大学出版社，2004年，第74页。

着亲人和异己者的尸体，意欲消灭李家王朝，建立武氏大周政权。武则天的贪欲，不仅给李氏宗族带来灭顶之灾，而且给中国古代历史秩序带来了颠覆性的变革，造成了严重的伦理纲常危机，给后世女性带来了被束缚、被贬损、被异化的性别危机。上述壁画通过历史证据和特殊语汇，以不同声音讲述关于唐代这段历史的真相，以求真和客观精神理解和建构历史时空，发挥鉴往知来的政治和道德功用。

2. 故事性

通俗意义上的“讲故事”，往往被等同为叙事（一种话语模式，按照时间顺序将特定的事件依序纳入一个能被人理解和把握的语言结构，从而赋予其意义）。唐墓壁画展览的复调性强调作为整体的展览叙事，因为没有哪件壁画展品偶然记录下来的历史事件本身就能构成一个故事，它仅仅提供了故事的元素。如何把故事元素变成故事？一是压制或贬抑其中某些成分，比如，有意突出墓葬壁画的艺术性和故事性，弱化墓葬的阴晦性等消极方面，消除人们对死亡和墓葬的恐惧心理。二是通过叙述、主题重复、语调和视角的转换、交替描述等方式，把画面描述的事件放进墓主人的生平故事中，构成一种多线索的复杂的复调叙事。换句话说，以此种方式讲述的故事中，既有来自史料的情节发现，也有叙事者的发明创造，即包含了诗性和修辞性元素的“虚构”“想象”“创造”“建构”“拟构”，正是这些元素将事实清单一样的史料描述和随葬品组合变成了故事。三是通过编排多个人格情景对话的形式，表现矛盾、冲突与结局，讲述一个完整的故事，然后将一个个故事组成多重叙事与复调主题，最突出的是章怀太子墓大幅壁画所表现的宫廷斗争的惨烈与悲喜交加的人生，唐安公主墓白描式壁画似乎挽歌一般表现出唐德宗对最珍爱的女儿死于动乱、二次迁葬从心底深处发出最悲亢的痛哭之声。四是以事实陈述或事件为基础，采用一些诗性元素或技术手段，讲述故事或展开叙事。历史学家明克指出：“故事不是存在的，而是被讲述出来的。”他认为，人们完全可以将同样的事实编排为不同的故事样式，呈现出不同的意义，当然故事离不开事件[①]。因为当讲述某组事件的某个故事与事件本身之间的关系时，可能“指涉和对应”过去，故有“真假”“对错”之分。比如，不同的讲述者对章怀太子墓中两块墓志、两层壁画、两批陶瓷器和金属器孰真孰假，与哪些事件对应，态度和解读也不一样。五是如何用唐墓壁画内容的

---

① 彭刚：《叙事、虚构与历史——海登·怀特与当代西方历史哲学的转型》，《历史研究》2006年第3期。

“真”“假”来评判有无“虚构”或多少为“虚构”。安克斯密特认为，历史叙事作为一种语言制品，不能用真假对错二元对立模式进行简单的评判。因为任何人都能轻易说出历史的某些真实性，但很难说出历史中那些恰当的事情[①]。对唐墓壁画而言，客观性是诠释性展示无限趋近却又难以企及的理想。与其说把唐墓壁画当作一种再现形式，不如将其看作一种谈论事件的方式，因为“真实性”无法与某种特定的叙事方式相对应，因此，同一主题可以有两个及以上客观正确但相互独立的叙事。

基于观者对唐墓壁画描绘的所谓“真与假”充满好奇，丽贝卡·赫兹认为“博物馆的开端是好奇心橱柜，里面放满了奇珍异宝，却并不能构成一个故事。博物馆应该讲故事，照亮一条道德之路，还是保持历史事件本身的复杂性？如果博物馆擅长讲故事，或许可以重新塑造人们对于一些历史事件的看法，而人们看待历史和当今社会的角度也可能发生改变。博物馆有能力讲述精心安排的故事，将这些故事带到幕前，就能够改变人心。博物馆也可以提供各个角度的历史细节，重现历史的复杂性。博物馆还可以展示历史学家们的工作成果，让混乱复杂的历史变得清晰有意义”[②]。博物馆展览在讲好故事的同时兼顾历史的复杂性，比如唐墓壁画展览对唐太宗、唐高宗、唐玄宗、唐德宗时期的壁画进行对比性展示，努力挖掘墓主人的多面角色，同时还与辅线上的陶俑、高仿真绘画、小型临摹品进行对比，展现不同语境和故事序列中的不同含义，比如，有的作为喜剧故事元素，有的作为悲剧故事的元素，有的在情节中起着主导作用，有的起着辅助作用。

3. 整体性

在唐墓壁画展览中，各自独立的单幅墓葬壁画和孤立的墓主人排列在一起，并不会自动呈现出意义，唯有各个单元彼此相关的讲述才能构成一个可理解的、有意义的故事脉络和内容生成，才能形成“多种声音”，才能合奏成一支和谐优美的乐曲。当然，办展者的认知模式、价值立场、情感倾向和审美偏好及其采取的文化形式也至关重要。为了展览的整体性，他们采用编年、故事、情节化、多重论证和主题升华等方式，通过不同层次的语汇、情节和观念的逻辑链条来构架一个超越单个陈述总和意义的多层叙事框架，表达出远远超越真实的复杂意

① 彭刚：《对叙事主义史学理论的几点辨析》，《史学理论研究》2010年第1期。

② 丽贝卡·赫兹著，郑君怡译：《博物馆到底要讲故事还是讲事实？》，湖南博物馆网站http://www.hnmuseum.com/。

义[①]。在克罗农看来，情节在整体叙事中的重要性不言而喻，它们“是一些深深根植于我们语言中的文化建构……历史学家没有创造它们，而是我们对它们熟稔于心，我们就可以把讲故事的模式塑造成符合它们的样子……它们都有隐秘的议程，影响着叙事包含什么和排除什么。这些议程的力量是如此强大，即使是身为作者的历史学家也不能完全控制它们”[②]。唐墓壁画展览的整体性也是通过情节化的单个墓葬及其信息体来表现，构成整个故事的事件序列，并展现出某种特定类型的故事方式，比如阅读型或倾听型，人们可以通过辨识被讲述的故事的类别来确定该故事的意义（图四）。

图四　展厅场景

总之，唐墓壁画展览尝试突破常规展览的单线叙事模式，避免单一而固定的叙事视角产生的刻板判断，表现叙事主线外的插曲，展示主要声部之外的“多音”“和（合）音”，表现单幅壁画展品的声音和立场，并通过切换叙事者身份，将视角转向“他者”，鼓励他者发声，并参与多元对话，扩大叙事场域，让隐藏在壁画背后的褒贬谏喻有了容身之地。办展者通过换位思考，挖掘单个壁画展品的故事性，激发单个壁画展品的对话性，营造多个人物声音交织的“众声喧哗”的历史交响和意味深长的复调叙事景观。

① 彭刚：《叙事、虚构与历史——海登·怀特与当代西方历史哲学的转型》，《历史研究》2006年第3期。

② 彭刚：《后现代史学理论读本》，北京大学出版社，2016年，第10页。

第三章　博物馆诠释与传播

作为多学科支撑的博物馆学，除了常规历史学、考古学、文献学之外，还需要阐释学、传播学的理论与技术手段，旨在从整体上考察博物馆的发展路径及其与社会的关联性。信息化时代的博物馆需要重构使命和功能以及从“物”到“人”或“物”与“人”相辅相成的运作方法，以“互联网+”思维实现博物馆的多重阐释和传播体系，不断提升博物馆自身发展能力和服务社会的能力，获得好口碑，达到新愿景。

第一节　博物馆如何进行学术传播①

一般来说，博物馆的学术工作涉及多学科、多领域，包括收藏、展览、考古、科技、教育、交流、服务等诸多方面，苏东海先生将其分为学术性研究、普及性研究和服务性研究②。无论哪个方面和哪种形式，都对博物馆的科学运作与可持续发展起着至关重要的作用，但目前大多数博物馆普遍存在着学术研究不受重视，研究水平和成果与当地高校和专业研究机构相差甚远，研究人员从事学术研究的内动力不足等现象。因此造成在研究有关博物馆传播的问题时，多选择信息传播、展示（展陈、展览）转播、文化传播、品牌传播、价值传播、知识传播、教育传播、网络传播、危机传播等作为研究内容，很少提出其中的学术因素或学术传播的成分。造成这种现象的原因主要在于我国博物馆快速发展过程中对于“学术”认识的偏颇以及由此带来的管理逻辑、观念与实践中所存在的一些问题。笔者认为，上述内容本身就包含着不同层次、不同内容的学术因素，从学术传播角度来看，也大概包括且支撑上述内容，还需要学术及相关活动传播作为延伸或补充。这可以说是广义上的学术传播，既包括陈列展览、图录、文物复制品与修复品、专著、论文、研究报告与工作报告等物化形式，也包括讲解、讲座、公众论坛等信息传递推广形式，二者都包括“互联网+”时代的线上线下模式，音频、视频等电子形式或社交媒体形式。

本节讨论的是除了上述内容之外的狭义的学术传播，即著作、图录和期刊论文类学术成果传播，以及讲座、论坛等学术活动作为传播载体的重要性。学术传播是针对上述内容而采用现代传媒方式进行的推广拓展活动。笔者根据陕西历史博物馆近年来在利用学术活动进行传播博物馆文化方面的一些探索与实践，主要讨论博物馆传播形式中经常被提到但却往往被忽略的学术及相关活动部分，探讨学术传播中的可传播与不可传播性、传播角度与深度的选择、谁来传播、给谁传播、用何种手段传播等问题，梳理当今博物馆环境下学术活动传播的价值与意义。

---

① 原题目为《对博物馆学术传播的几点认识——以陕西历史博物馆为例》，刊于《博物院》2017年第3期。

② 苏东海：《博物馆科学研究工作的再思考》，《中国博物馆》1995年第1期。

一、学术传播的基础：概念与范畴

传播是博物馆的重要功能之一。ICOM对博物馆定义（2007年）中的五大功能（征集、保护、研究、传播并展出）中，传播使用的是动词形式communicate。2015年11月7日联合国教科文组织通过的《关于保护和加强博物馆与收藏及其多样性和社会作用的建议书》，提出博物馆的四大功能——保管、研究、传播、教育。其中，传播用的是名词形式communication，并指出："成员国应鼓励博物馆积极阐释和传播其专业领域内关于收藏、古迹、遗址的知识，并在条件合适的情况下组织展览。另外，为在社会发挥积极作用，应鼓励博物馆使用各种传播途径，如组织公众项目、参与相关文化活动，及其他实体或数字形式的观众互动""传播政策的制定应考虑平等、可及与社会包容，并应与公众（包括通常不参观博物馆的群体）合作完成。博物馆行动还应依靠公众和社区的自惠行动而加强""信息与通信技术发展带来的变化为博物馆保管、研究、遗产及相关知识的创造和传播等工作提供了机遇。成员国应支持博物馆分享和传播知识，确保博物馆能够获取此类技术，以帮助其更好地实现主要职能。"

这两段内容都说明了传播作为四大功能之一的重要性，也凸显了支撑传播的学术因素，要求博物馆应该根据类别与性质，与公众一起制定具有平等性、可及性和社会包容性的传播政策；通过信息与通信技术手段，举办展览、组织公众项目、参与相关文化活动及其他实体或数字形式的观众互动，传播专业领域内关于收藏、保管、研究、遗产等方面的知识。最重要的是，从博物馆整体来定义传播，而没有将其局限于某一方面或局部的工作。这种认识在彼得·冯·门施关于"博物馆的一切工作或学术研究都可以被视为在从事一种将物博物馆化或媒介化工作"的论点中找到共鸣[①]。也为在梳理并整合该主题研究成果基础上，以整体视角对学术活动的传播作用进行观察提供了分析思路和理论框架。

本节讨论的学术传播包括传播者、受传者、讯息、媒介、反馈等传播讨论中的所有元素。传播者是博物馆组织及其工作人员；受传者是那些并不满足展览等形式提供的内容的观众；讯息则是以"物"为中心的，经过更多更综合研究的、具有更高水准的关于博物馆藏品及其价值的科研成果；讯息通过多种媒介到达受传者。

① 〔荷〕彼得·冯·门施著，侯春燕译：《注解环境：博物馆与新技术》，《中国博物馆》2006年第4期。

二、学术传播的实施：手段与方法

进入21世纪以来，博物馆所处的社会发生着复杂而明显的变化，尤其是互联网时代颠覆性地改变了社会经济及人们的生活形态，博物馆观众的代际差别越来越显性化，结构越来越多元化，对博物馆的需求也日趋多样化和碎片化，这些都给博物馆从业人员带来了极大挑战。对于像陕历博这类多年未经改扩建的综合类博物馆而言，免费开放后面临着馆舍面积有限、基础设施老化、参观人数逐年攀升等制约瓶颈。该馆自免费开放后每年参观人数多达250万人次，且以10%的年增长率逐渐增多，而展厅面积仅有11000平方米，除了每周一闭馆外，基本上已经没有淡旺季之分。由于展厅拥挤不堪而造成参观环境很不理想，有的观众只能随着人流走马观花，意见很大。经过连续五年的观众调查，我们发现，本地观众的参观需求，因门前排长队而很难得到满足（每年进馆不到总数的30%），但很多人对陕西作为十三朝古都的文化认同感很强烈，希望结合文物藏品，获得更多历史信息，借此更好理解、爱护自己身边的古城和文化遗迹。有鉴于此，我们制定了面向公众的学术活动规划，组织了看展览之外的多种学术活动，初步建立起了覆盖面较广的学术传播网络。

根据观众需要，陕历博在学术传播内容设置和活动安排方面，进行了一系列探索，主要包括以下四个方面①。

（一）常态化的特色讲座活动

学术讲座是很多博物馆开展常规化学术活动的重要手段，很多已经形成自己的品牌，比如中国国家博物馆的国博讲堂、上海博物馆的学术讲坛、故宫博物院的故宫讲坛、天津博物馆的天博讲坛、河南博物院的中原讲坛等。结合馆藏、展览与教育活动，以及博物馆科研学术规划，经过长期调研，陕历博探索出了不同层级的互补互益性学术讲坛，以文博讲坛（每季度一次）、长安讲坛（每两月一次）、历博讲坛（每月一次）、长安与丝路论坛（一月两次）为依托，建立起针对不同层次参与者的金字塔式讲座体系。将普及型、专题型、文化型和主题型相结合，并有专属LOGO，特制的鼠标垫、水杯和文物模型饼干作为配套支持。同时，针对上班族和高校师生的需求，将历博讲坛和长安与丝路论坛安排在周末，

① 李秀娜：《博物馆传播及其议程设置功能》，《中国博物馆》2016年第3期。

形成了一批固定的参与者。通过参加活动，参与者逐渐成为交流对话的主体。此外，陕历博还通过格式化的听众问卷或网络调查，长期收集听众意见，评估活动对参与者的影响，不断改进讲座方式，设计讲座内容与形式，逐渐培育体验型、对话交流型的听众队伍，目前已经有400多名长期跟随讲座的稳定观众，以本地高校师生、当地博物馆志愿者为主体的忠实粉丝。

（二）围绕临时展览举办的学术活动

除了诠释通史性基本陈列外，围绕年度临时展览活动，陕历博开展了主题化、系列化、多元化的学术活动，并探索国内外知名专家作为评议人的新机制，帮助公众深入了解专家讲座内容。针对一些重要的主题展览，分展前、展中、展后三个阶段，采取两种形式：一种是邀请观众选择某些内容，提交论文，与专家共同研讨；另一种是让观众全程参加研讨会，并设置台上交流或圆桌论坛环节，就某一展品展开讨论。比如，“梵音东渡——日本醍醐寺国宝展”，除了专题研讨会外，布展团队还组织了展厅研讨活动——专家和观众在展厅讨论一些展品和专题考察活动——组织观众到青龙寺、大兴善寺等遗址进行研讨活动。而“毛利碧玉展——新西兰文化艺术珍品展”研讨会除了常规的演讲内容外，布展团队还引进了毛利长老的现场吟唱环节，并通过视频和音频展开实时连线讨论。“熠熠生辉——秦晋豫冀四省两周青铜器展”先后举办四场讲座，其中一场是视频研讨，一场是西部网直播，与线上观众实时讨论。

（三）围绕馆藏组织专题学术活动

陕历博藏品以周秦汉唐为主，蕴含着有关丝绸之路的丰富内涵，经过多年探索，我们以“长安与丝路”为专题，定期邀请一带一路沿线国家的文博专家，组织读书班、学术沙龙、研讨会和考察活动，并邀请社会公众参与；结合我馆的国宝档案大系学术出版工程，举办主题研讨会，比如唐墓壁画、何家村金银器、唐三彩、陶俑和铜镜等，通过多视角的研讨，让公众提前介入，融合多学科的社会力量，加大公众参与度。

（四）拓展学术活动的传播形式

我们专门为学术活动建立了微信平台，通过平台进行信息预告、预约报名、定期推送名家新作。与此同时，官方微博、官方微信、OA网、馆官网、汉唐网、海报、短信、电话等在不同时段以不同方式发布消息，建立全覆盖的互动网络。还选择了《三秦都市报》、西部网、雅昌网及其他社交媒体作为长期的固定合作伙伴，实时快讯、深度报道、视频、音频、访谈等，快速而广泛传播。

（五）学术活动成果的传播

除了活动本身传播外，我们还把活动成果（包括公众互动交流）以纸媒和电媒方式进行传播，分学术类、鉴赏类和科普类三个种类，尝试文字版、动漫版、图画版三种形式相结合的多感官体验与互动，力争实现专业性、艺术性和普及性三个层次。

以上学术活动都采用双向互动模式。一种是邀请公众到博物馆，还在馆内组织研学活动，为西安、北京、兰州、洛阳、广州、台湾、香港等地中学生、大学生进行讲座。另一种是走向社区、高校和科研院所，组织专题性讲座和学术活动。目前，以唐墓壁画为主题，陕历博专家到陕师大、西北大学、西安美术学院、西安文理学院、西安石油大学、西安理工大学、兰州大学、中国美术学院、中央美术学院、四川美术学院、湖北美术学院等进行讲座，听众有4000余人。在不断探索中，陕历博的多元讲坛体系逐渐建立，品牌影响力不断扩大。

三、学术传播的规划：政策与挑战

发挥学术活动的传播作用，需要制定有效的政策或策略。总的思路是要将藏品置于当代社会与历史文化背景下进行传播。首先，要加强对藏品的多（跨）学科研究，对老藏品进行新诠释。苏东海先生曾将博物馆比作以“物”为中心的圆，内圆是科研，外圆是教育[①]。曹兵武先生也认为，要通过研究、关联、阐释进行激发和创造，“在物的既有信息上叠加新的信息，开掘新的意义和价值，因此博物馆在扮演信息与知识架桥者和供给者的角色的同时，也扮演价值观与世界观的建构者和教化者的角色，博物馆通过选择、分类、关联、研究、发现、诠释、呈现，在信息扩增的基础上生产知识和价值，为受众提供真善美的享受和价值观的培育”[②]。

---

① 李玫：《关于“第三圆”的思考——现代博物馆宣教工作之我见》，《回顾与展望：中国博物馆发展百年——2005年中国博物馆学会学术研讨会文集》，紫禁城出版社，2005年，第460页。

② 曹兵武：《为历史、科学与艺术塑像：博物馆空间及展览论》，《东南文化》2013年第4期。

（一）基于高水平研究基础上的学术传播活动应该遵循的原则

1. 准确性与客观性

目前一些学术传播活动为了迎合年轻公众，出现了一些弱智化和低俗化现象，如将有关文物的人物、历史环境与影视作品或演义小说中的人物、历史环境错误混淆。因此，学术传播活动应该有较高的水准，要用文物说话，以正视听，传播准确的历史信息，还原客观的历史事实。故宫博物院陶瓷专家耿宝昌先生曾说：“作为历史传承下来的物品，在那里摆着，它不言不语，但如果把它研究透了，它就会说话了。”[①]不仅如此，学术传播活动还要传播证据充足的、代表博物馆水平的观点，而不是纯粹标新立异的个人化观点，或者是不负责任的、并不全面或权威的个人观点或随意解读。近年来，陕历博实行了由馆内统一管理的“科研发布机制”，博物馆层面所有对外发布的学术内容都由馆内外专家进行充分讨论之后，再进行发布，确保内容的准确性和观点的前沿性。

2. 双向互动性与共享性

强调参与过程中的反应与互动，以达到认识与信息的共享，即戈德的“共享说”。他强调，传播就是变独有为共有的过程，博物馆要充分运用符号——词语、画片、数字、图表等传递信息、思想、感情、技术等。与展览提供的站立状和行走状交替的观看方式不同的是，学术传播活动以多感交织的“头脑风暴”方式，对实物进行全方位的立体解读，将隐藏在实物深处的隐性信息挖掘出来，同时为观众提供专业化的自主解读方法。比如，专门为公众参与而举办的学术论坛不仅获得来自准专业化水平观众的智慧贡献，而且建立起跨学科专题研究的新范式。

3. 快速性和广泛性

在社交媒体时代，学术传播活动也具有实时性和迅速覆盖的特点。新观点应该及时传播出去，不仅要转化为博物馆的宣传教育、陈列展示和文化创意等活动，而且要尽快转播到高校和科研院所的课堂教育和专家研究中。我们与多家媒体合作，针对不同受众，在前、中、后不同阶段进行阶段性重点传播。

---

① 师文静：《96岁故宫陶瓷专家耿宝昌：研究透了，文物就会说话》，《齐鲁晚报》2017年5月17日。

（二）学术传播活动面临的挑战

2007年，ICOM将博物馆的收藏对象拓展为“人类及人类环境的物质及非物质遗产”，“物”的内涵扩大。物质遗产包括制作、功能等本体信息，意义与精神等衍生信息，新增功能等流转信息；非物质遗产包括口头传统与表述、表演艺术、社会风俗礼仪与节庆，有关自然界、宇宙的知识和实践，传统手工艺[①]。这种概念的新拓展对博物馆的传统观念和实践带来极大的挑战：如何处理好物质的、非物质的阐释资源与实物展品或全部学术资料之间的关系，如何解决获取资料的开放性不足，如何在实践中掌握这些资料之外的可用信息及获取渠道，研究人员如何改变仅依靠文物学、考古学和物质文化史等传统学科闭门造车式研究，开辟面向公众新的专业知识传播途径，通过学术活动传播博物馆知识，激发公众的互动热情，达到共享信息、共同发展的目标。

这就要求博物馆不仅要研究物的内涵，展示物的价值与意义，还要研究这些信息的有效传播，研究多层面、多角度传播的政策与手段，将展览有限空间中提供的有限信息进行延伸解读。博物馆中的科研人员需要拓宽思路，突破机制体制的限制，加强对非物质文化遗产的研究，加强对文物工艺和科技价值的挖掘，采用国际流行的力量范式进行重新解构与阐释。

就藏品而言，除了保管记录和展览说明外（两者皆因规范和书写空间所限而表现为高度概括、提炼而简洁），还需要更多的有深度、有温度的阐释。比如，对于藏品的价值而言，保管与展览的规范性与格式为：名称、尺寸、重量、年代、出土地、收藏单位，很多丰富内涵无法展现，而专家讲座或学术研讨活动等可以补充或延伸出更多文物背后的信息或故事。

（1）多角度地展示器物及其细节特写的照片与素描图，材料分析，制作工艺，损坏与修补等情况，以及其相关研究情况。

（2）通过更多的背景资料，探索与讨论器物的“原始”文化、社会、历史、艺术、民族和科学背景，以及地图和图表、制作和使用器物（或相关物品）等情况的照片或图示。

（3）提供详细的器物档案。包括流传经历（制作者、历任使用者和拥有者），入藏博物馆的全部信息，包括改动情况说明、入藏时间及理由，入藏后的历

---

① 周婧景、严建强：《阐释系统：一种强化博物馆展览传播效应的新探索》，《东南文化》2016年第2期。

史，包括使用情况、教育项目或展出情况。

（4）获取关于现状与保护情况的信息，包括保护方案、使用意见或建议、禁忌、对光的要求、是否容易破损。

（5）提供讨论的内容，包括诠释角度、价值与意义、可推荐的用途、教育潜力和研究潜力。

（6）梳理研究前史和参考书目，包括研究资料档案、已发表文章的副本、已出版书籍的摘要、展览笔记以及专家的信息沟通资料。

有了以上内容，文物才显得丰满与生动，才有利于更好地传播。

四、学术传播的途径：口碑与品牌

在传统的传播途径中，主要靠策略和操作两个层面来实现，前者强调听众引导和服务质量，后者则采取一般的营销策略和特殊措施（介绍活动）相结合的方式来进行。两者都以口碑的传送者——听众为载体或中介进行传播。在新媒体传播途径中，朋友圈、粉丝或追随者使用技术手段传送学术活动的内容，提供具有真正价值的信息，在虚拟环境中广泛传播，并激发出互动讨论（争论）的新平台或新环境。

我们使用以上两类传播途径来提升学术活动的传播效力，特别强调传播者与受传者的互动性，通过广告、册页、广告、促销措施、直接推销、网址等途径，力争获得受传者“好口碑”，进一步提高传播力。笔者认为安德里亚·哈斯曼（Andrea Hausmann）的口碑论（word of mouth，WOM）同样适用于博物馆的学术传播。它与介绍者和接受者的知识背景、兴趣爱好及所处环境有关。分为人与人之间的传统传播模式、网络媒体中的虚拟传播模式（eWOM：脸书、推特、油管、朋友圈的影响，覆盖面广）①。哈斯曼认为，在社交媒体环境下，WOM的概念框架（分类与项目）主要由技术、内容和互动三部分构成。技术包括申请的可进入性、传递或传播内容的便捷机制（比如，告诉朋友）、评论功能的安装与开启、连接到合作者（具有类似目标群体的其他机构）、其他社交媒体申请的融入。内容包括活动时间表，活动的相关性（针对目标群体的信息）、唯一性（独家信息的可行性）与呈现形式（讲故事、叙事），以及媒体的多样性（照片、排练记录、演出、艺术家访谈等），此外还包括活动提供的服务或产品不足的透明

① Andrea Hausmann. The importance of word of mouth for museums: an analytical framework. *International Journal of Arts Management*, 2012, 14(3): 32-43.

与诚实（因对批评）。互动包括粉丝评估内容的机会（喜欢）、讨论内容的机会（对海报的评价）、激发与内容相关的讨论（通过问题或评论）、为其他人激发互动提供机会（意见墙）、涉及用户的活动（竞赛、意见调查或投票）、对用户需求的反应（反馈与投诉管理）。上述活动衍生出数据收集（满意度和参与度）、数据整理和数据库或网上社区的建设。“实践证明，这些措施能够帮助我们更全面了解WOM对博物馆的作用，因为需求方的认知也很有指导意义”[①]。

五、学术传播的愿景：目标与意义

近年来，一些学者将建构主义及学习理论用于博物馆研究中，特别是博物馆教育工作中[②]。笔者认为，该理论范式对学术活动的传播也有一定的借鉴作用。

（一）有关学习的概念

学习是一个循序渐进的过程，人的思维随着学习变得越来越灵活，也是一个能重新构建人的思维的主动过程。对于公众而言，他们希望通过展览之外的其他丰富而有内涵的学术活动，获得对博物馆及藏品的长久关注与参与。比如解读展览图录和论文集等主题学术活动会进一步拓宽、加深公众对文物所源自的历史时期海量信息的兴趣与探究。因为公众对文物背后的故事有着浓厚的兴趣，他们愿意成为博物馆的固定观众，即所谓的让人们踏进门，让他们再回来，参加讨论，推进主题研究的发展。

（二）有关传播的四个范式

一是说教与说明式：主动地说明——把知识分割成独立的单位，依一定的顺序教授；二是刺激与反应式：问题引导学习——注重教育过程对受教者的改变；三是发现式：供参与者探索和自我发现的思考型学习环境建设；四是建构式：注重多元化、自我决定顺序的自我学习过程。参与者通过参加学术活动，会在原有知识经验的基础上，在一定的社会文化环境中，主动对新信息进行加工处理，达到获得新知识和新认识的目的。

---

① Andrea Hausmann. The importance of word of mouth for museums: an analytical framework. *International Journal of Arts Management*, 2012, 14(3): 32-43.

② 《中国博物馆》杂志编辑部：《建构主义学习与博物馆教育》，《中国文物报》2015年9月22日第05版。

（三）有关目标的五点认识

一是抓住参与者的想象力，激发其好奇心，并与他们已有经验相联系。邀请并鼓励参与者形成自己的诠释、提问并解答自己的问题，从博物馆展品与活动中发现与自己的关联性，从而将一座呆板的权威性知识库房转化成一个活力四射的、制造意义的博物馆，参与者便是这种意义的制造者。二是让参与者获得历史信息、哲学的知识、审美的享受、道德的激励，逐渐改变其意识与行为。博物馆甚至可以通过学术活动来培育国民性，消除负面情绪，缓解社会矛盾。因为博物馆藏品不仅包含着文化、历史、自然和技术等信息，还可能暗含着关于权力争斗的残酷和军事战争的血腥，可以帮助人们内省、沉思、探索与发现，理性认识当今社会的问题与个人的作用。三是将文物置于个人、社会和文化历史与体验的丰富环境中进行诠释和解读，鼓励专家、初学者及不同知识层次的人，通过参观文物藏品获得愉快体验，提升在生活中能够发现意义的能力，提高生活质量。“在某一历史时期特定社区符号化的语汇中获得个人独特的观念和情感的视觉表现。”[①]四是通过学术活动，展示多种人类视角，发掘精妙，古今对比。鼓励参与者进行探索、问询，将熟悉与不熟悉结合起来，增强好奇心，激发创造性思维，创建联系。五是鼓励参与者交流思想和感情，述说记忆和诠释，增加对事实的认知，唤醒和提升求问感，达到奇凯岑特米哈伊（Csikszentmiha）提出的所谓“最佳体验”，即“流动性体验”，包括：① 以目标为导向；② 高度集中；③ 复杂的内心活动；④ 由知识、记忆、情感、感知和观念构成的、且发挥作用的融合性维度；⑤ 接受那些能推动技能水平的挑战的意愿[②]。

六、结　　语

对博物馆而言，学术传播对于提升其社会教育与服务水平具有非常重要作用，不仅应该纳入其整体发展规划与根基性支撑体系中，而且要与其他主要业务活动相辅相成，分阶段、分步骤予以实施，做到以下三个坚持：坚持学术传播的科学性，避免牵强附会和过度解释；坚持学术传播的特色性，避免片面化和狭

① E. Louis Lankford. Aesthetic experience in constructivist museums. *The Journal of Aesthetic Education*, 2002, 36(2): 140-153.

② Mihaly Csikszentmihalyi. Notes on Art Museum Experiences, *Readings in Discipline-Based Art Education: A Literature of Educational Reform*. ed. Ralph A.Smith, Reston, Va.: National Art Education Association, 2000.

隘化倾向；坚持正确的指导思想，避免同质化与庸俗化倾向。然而，我们应该清醒地认识到，尽管2011年国家文物局发布的《博物馆事业中长期发展规划纲要（2011～2020年）》要求“省级以上博物馆和国家一级博物馆的研究水平和能力达到与普通高校基本相当”，尽管2015年2月15日习近平在视察西安博物院时提出“一个博物馆就是一所大学校”，但从很多博物馆的现状看，学术研究工作与当地同类大学或专业研究机构相比，依然有弱化的趋势。有机制体制和经济原因，也有观念、认知、管理方法的落后，对当代科技发展的速度、深度和广度不够敏感，也导致了研究成果在数量和质量上的停滞不前。

离2020年还有1年，我们不知道究竟有多少博物馆把这一目标纳入了发展规划中，究竟有多少博物馆正在努力探索如何才能成为一座大学校。但无论如何，如果一座博物馆要成为一所大学校，必然要以学术为支撑，要以学术传播为己任。探索的快慢与彻底与否，关键还要看博物馆人对学术短板和制约瓶颈的认识是否深刻，改变这种现状的决心是否坚定有力，措施与方法是否科学有效。

目前，我国博物馆正面临着快速发展态势，自媒体时代观众维权意识不断增强，但发展掣肘无法应对的多重挑战。最新数据显示已登记注册的博物馆已经达到4873座，约每30万人拥有1家博物馆，到2020年，全国博物馆公共文化服务人群覆盖率达到每25万人拥有1家博物馆。越来越现代化的硬件建设需要与之相配套的、与当地高等院校相当的知识体系和学术研究水平。不仅如此，最近发生的多起观众在自媒体上暴露博物馆展陈缺乏学术性或学术前沿性不足的事件，也充分说明教育程度越来越高的观众对博物馆不能紧跟学术潮流、不能及时更新传播内容、不能提供前沿最新研究成果而提出质疑与不满。这些事件本身提出了这样的问题：博物馆如何进行学术的传播或学术地传播？如何了解并应对学术需求不断提高的观众？如何认知并选择对这类观众进行“高学术”的传播？

对这些问题无论有多少答案，但有一点是可以肯定的，博物馆自身思想解放的程度与速度，以及改变多年养成习惯的决心与信心决定着转型的快与慢、多与少。我们应该根据观众（个人、群体、社会）对博物馆的认知需求构建多元化的传播价值体系①。在注重以展览为主体的传播手段之外，还应该积极挖掘藏品及展陈的学术传播价值，更多地敞开藏品的意义，向更多的观众进行传播，努力实现藏品价值意义的社会转化，让博物馆成为全民参与型的新型学习与教育空间。

① 郑茜：《意义还原与价值传播——博物馆藏品实现沟通的两个向度》，《中国博物馆》2014年第3期。

第二节 博物馆如何采用新诠释方法[①]

作为一门弥久日新的国际性学问，景教学研究硕果累累。林悟殊[②]、耿昇[③]、Grant LeMarquand[④]、Dietmar W. Winkler和Li Tang[⑤]、牛汝极[⑥]、路远[⑦]、马小鹤[⑧]等先生在综述景教研究前史时也多次提到这点。马先生认为，经过了“中国学术国际化的第二波和80年代以来的新浪”两个阶段，景教研究已经进入了“世界学术之新潮流”[⑨]。与学术研究不断推进的盛况相比，博物馆对景教文物的阐释和传播手段相对单一，挖掘不足，很多历史信息和文化内涵并未在博物馆语境中体现出来。本文基于我国博物馆收藏及（或）展出的唐元时期景教文物现状，尝试在整体观察基础上构建起多维度的阐释与叙事体系，在丝绸之路文化交流的宏大历史时空中探析景教文物视觉构建的价值与意义。

一、看见与看不见：博物馆关于景教文物的阐释现状

在西方的社会发展进程中，曾经出现了一种教堂退出、博物馆跟进的现象，

① 原题目为《丝绸之路视角下景教文物的博物馆阐释》，在2019年4月27、28日清华大学道德与宗教研究院、清华大学哲学系、中国社会科学院基督教研究中心、中央民族大学宗教研究院、福建神学院主办的“2019景学研究福州论坛：文献、文物与丝路文化交流”作为发言论文题目。

② 林悟殊：《西安景教碑研究述评的分析》，《中国学术（第四辑）》，商务印书馆，2000年。

③ 耿昇：《中外学者对大秦景教碑德研究综述》，《明清之际中国和西方国家的文化交流——中外关系史学会第六次学术研讨会论文集》，大象出版社，1999年。

④ Grant LeMarquand. Select bibliography of christianity in China with special reference to English works on Chinese anglicanism. *Anglican and Episcopal History*, 1998, 67(2): 238-254.

⑤ a. Dietmar W Winkler, Li Tang. *Hidden treasures and intercultural encounters: studies on East Syriac Christianity in China and Central Asia*. Münster and Berlin: LIT Verlag, 2009. b. Li Tang, Dietmar W Winkler. *From the Oxus river to the Chinese shores: Studies on East Syriac Christianity in China and Central Asia*. Münster and Berlin: LIT Verlag. 2013.

⑥ 牛汝极：《近十年海外中国景教研究综述》，《宗教学研究》2011年第3期。

⑦ 路远：《碑林语石——西安碑林藏石研究》，三秦出版社，2010年。

⑧ 马小鹤：《中国学术国际化一瞥——以“三夷教”研究为例》，《暨南史学》（第九辑），广西师范大学出版社，2014年。

⑨ 马小鹤：《中国学术国际化一瞥——以“三夷教”研究为例》，《暨南史学》（第九辑），广西师范大学出版社，2014年。

不仅很多宗教文物变为博物馆藏品，近年来更是出现了不少教堂、修道院等被直接改造为博物馆的案例。当教堂变成博物馆之后，原境下展示的宗教文物（艺术品）成为博物馆藏品或展品，它们本身不具备讲故事的能力，不会自动转化成具有历史叙述能力的公共陈列的艺术品，这便需要一个博物馆学的策展过程，需要会讲故事的策展人“制造一种让参观者在特定的时间和特定的展室里看一幅绘画时可以体会到一种发现的条件，而不是觉得自己是站在历史的传送带上”①。换言之，博物馆要通过语词或图像和布置（顺序、高度、用光及组合）将宗教文物故事讲述给观众。

目前我国博物馆界对景教文物的阐释如何？据笔者不完全统计，情况大致如下。

（1）西安碑林博物馆藏《大秦景教流行中国碑》。明天启三年（或五年）发现。目前在该馆第二陈列室展出，外有玻璃罩，仅有标注名称的说明牌。它背后蕴藏的丰富历史内涵只能靠讲解人员进一步阐述，但很少有人能够完整地、深度地解读并讲述其自发现以来海内外宗教界和学术界研究、征集、收藏与展示历史，原因如下。一是该碑具有无与伦比的历史价值，被誉为世界著名的四大名碑之一和最具多元价值的博物馆展示题材。自出土以来，它的保护、拓印、收藏（原物、拓片及其他）、展示、传播等情况都与博物馆有关。例如，丹麦人何尔谟受大英博物馆、大都会艺术博物馆、伦敦博物馆等博物馆征集藏品之托来到西安，以普通游客身份最初见到这块碑的时候，它在破旧的金胜寺中没有任何保护措施，只是寺院里的一件普通古物而已，寺院主持自称是其“拥有者”②。何尔谟与主持达成秘密协议，复制原碑偷换原碑未遂后，将拓片和新刻碑运至纽约并在大都会博物馆展出③。原碑于光绪三十三年（1907年）年八月二十七

① 〔美〕大卫·卡里尔著，丁宁译：《博物馆怀疑论》，江苏美术出版社，2014年，第125页。

② Frites Holm. *My Nestorian Adventure in China: A Popular Account of the Holm—Nestorian Expedition to Sian—Fu and Its Results*. New Jersey: Gorgias Press, 2001: 151-152.

③ 何尔谟在《我为景教碑在中国的探险》中写道：“我拜访了几位博物馆的负责官员，他们都对入藏这块具有重要历史价值的石碑感兴趣。我每到一处都受到了他们的鼓励。就像伦敦的罗塞塔石碑、巴黎的摩押碑、墨西哥的阿兹特克石刻一样，景教碑是独一无二的，而且只有这一块是基督教碑，它也许是这世界四大名碑之首。”何尔谟认为这种珍宝在中国得不到很好保护，他要把它放进条件良好的博物馆。同时也遇到了西安府天主教会的阻挠，因为后者也想把该碑作为礼物献给梵蒂冈的主教。何尔谟把复制品租借给大都会博物馆展出长达8年（1908～1916年，每周5天免费，2天收取0.25美元门票）。期间，何尔谟向希腊、委内瑞拉、印度、丹麦、加拿大、德国等十三国大学和博物馆赠送有色石膏依照仿刻碑铸造的模造碑，扩大了景教碑的国际影响。后来仿刻碑被纽约一位富有的天主教徒蕾丽夫人出资购买并送给教廷下属的罗马拉特兰博物馆，1917年后永久性展出。

日（公历10月4日）入藏西安碑林，建亭子予以保护，具体位置在所谓“经石孟子”碑室入口处东侧。此后，经西安碑林管理委员会、陕西省图书馆、平民教育委员会、中央古物保管委员会西安办事处等不同管理机构后，放置于第三陈列室“唐碑类”展区，与其他57块名碑一同展出（包括佛教碑、墓碑、墓志、儒教刻石等）①，现在碑林第二室。二是《大秦景教流行中国碑》已成为全球知名度最高、被中外学者研究最多的一块石碑，并衍生出一门经久不衰的国际性学问，一块石碑能获得如此高的国际知名度恐怕再难找出第二例。三是何尔谟后来将复制的13块碑分别送给了希腊、委内瑞拉、印度、丹麦、加拿大、德国等十三国大学和博物馆，包括哥本哈根“黑钻石”图书馆、耶鲁大学、日本京都大学文科部博物馆（长方形碑座）和歌山县高野山大僧正密门宥范镰田观以及朝鲜金刚山长安寺等②。此外，该碑拓片数量之多，收藏之广泛，也恐无法统计，故390余年的流传经历和学术关注已勾勒出全球化的传播轨迹和网络体系，即以欧洲学术界为主导的、以西方中心论为视角的东西文化交流系统，这一系统在明清西方传教运动中得到进一步强化③。其中很多波澜壮阔的故事都与博物馆有关，理应成为博物馆学术型展示阐释的极好素材，特别是关于诸多细节的争论。但当前简单的陈列并未涉及，也未和陕西发现的其他景教文物建立关联，如唐代波斯籍景教徒李素墓志（陕西省考古研究院藏）和中亚米国籍景教徒米继芬墓志（中国国家博物馆藏）等。

（2）敦煌博物院陈列中心展出的景教文物。① 十字架。1988年发现于莫高窟北区B105窟，高、宽各6.6厘米，为宋、西夏时期典型的马耳他十字架（Maltese Cross），即东方叙利亚教会十字架，原为佩戴的徽章，属景教徒之遗物或随葬品，原来的镶嵌物现已无存。形制与西安《大秦景教流行中国碑》、洛阳《大秦景教宣元至本经》经幢上的十字架相似。类似造型也出现在敦煌藏经洞发现的景教画幡及新疆高昌城外景教遗址出土的景教壁画中。② 叙利亚圣经。1989年发现于莫高窟北区B53窟，高19.8厘米、宽30.8厘米，为纸质折页装元代

① 1944年陕西历史博物馆、1950年西北历史文物陈列馆、1952年西北历史博物馆、1955年陕西省博物馆、1991年西安碑林博物馆。

② 日本复制碑系1911年英国伊丽莎白·安娜·奚登夫人用石头刻成，呈日式雕刻风格，旨在“显扬天帝之光荣，追慕玄奘、惠果、弘法、般若、景净及景教宣传者之佛德”。

③ Isaac H Hall. The syriac text of the Chinese nestorian tablet. *The American Journal of Semitic Languages and Literatures*, 1896, 12(1/2): 118.

叙利亚文《圣经·诗篇》章节（2件），但有回鹘文佛教内容[①]。此外，陈列中心文物库房还收藏一件1250～1368年的叙利亚文景教经典残片（编号D0071，宽18.8厘米、高11.5厘米）。

（3）洛阳博物馆藏唐代八棱景教经幢：2006年出土于洛阳李楼乡城角村东北，长59～81厘米。经幢下方阴刻《大秦景教宣元至本经》经文19行431字，《大秦景教宣元至本经经幢记》20行348字，另有809字题记和祝词。此碑2014年曾出现在国家博物馆举办的“丝绸之路”展览中。

（4）洛阳龙门博物馆藏唐代左武卫兵曹参军上骑都尉灵武郡花府君公墓志。2014年发现于洛阳，墓主为景教徒花献[②]。

（5）内蒙古博物院藏辽代服饰上的十字架与景教碑的十字纹很相似，该馆藏丝织腰带青铜配饰上的景教十字架与达茂旗和鄂尔多斯地区宋元时期遗存出土的十字架形铜牌饰类似。

（6）鄂尔多斯博物馆和鄂尔多斯青铜器博物馆藏数百件青铜花押。在两馆基本陈列“鄂尔多斯蒙古族历史文化展”和流动展览“八百年不息的神灯：祭祀成吉思汗的鄂尔多斯蒙古族历史文化展”中作为民族文物展出。

（7）赤峰市松山区文物管理所藏元代白釉褐彩景教徽记墓志（曾称“景教碑、铁绣花景教碑”，长46.5厘米、宽39厘米、厚6厘米）。松山区城子乡画匠沟门村元墓出土。墓志面乳白釉色上饰褐彩图案及文字。中心为景教十字架徽记，底部为一朵盛开的九瓣莲花，留白处有叙利亚文和回鹘文墓志文。该墓志曾于2014年在内蒙古博物馆“草原丝绸之路文物精华展”中展出。赤峰白塔有一批叙利亚题记。此外，梳妆楼和张北基督教墓地亦有相关发现。

（8）福建泉州海外交通史博物馆藏38件景教石刻文物。其中37件与摩尼教、印度教、伊斯兰教等石刻同时在宗教石刻馆展出[③]。元景教尖拱形四翼天使石墓碑在展览中阐释得非常好：既有中英文说明牌（名称和出土地），也有清晰

---

① 彭金章：《敦煌新近发现的景教遗物——兼述藏经洞所出景教文献与画幡》，《敦煌研究》2013年第3期。

② 2014年1月9日龙门石窟西山红石沟北崖还发现一处唐代景教徒的瘗穴——“墓地”。景教文物在洛阳不断发现说明该地应该是唐至元时期景教徒的活动情况，也说明了洛阳作为多宗教交融重地的重要地位。

③ 如1619年意大利耶稣会士艾儒略在泉州发现的景教碑，1940年泉州出土的汉文、叙利亚文也里可温碑，1941年泉州出土的回鹘文景教徒墓碑，1963年、1946年泉州出土的叙利亚文景教墓碑，1946年泉州出土的景教徒墓档垛石，1948年泉州出土的八思巴文景教碑，1953年泉州出土的奉使波斯碑，1975年泉州出土的景教徒拱形墓碑，1987年泉州出土的也里可温碑。

的线图辅助展板，详细地介绍了云端中的飘带飞扬的有翼天使形象，并标出细部文化元素，包括壶门形制（佛教建筑典型装饰，象征“天”，寓意吉祥）、山形冠（佛教造像常见冠式）、飘带（源于西域，对佛教和道教产生重要影响，演变为隋唐女性服饰组成部分）、璎珞（南亚次大陆贵族身体装饰，后成为佛像身体装饰）、四翼造型（景教最早传播中心——古代两河流域典型文化元素）、云肩（蒙元时期流行服饰，体现了宗教文化中的世俗元素）、趺座（佛像标准坐姿）、莲花十字（佛教与基督教文化之结合，景教东传主要标志）、云气纹（道教朵云纹样与基督教穿越天界与人间的“云彩”），阐释为“多种文化元素融合而成的元代基督教四翼天使石刻精美动人（The Yuan Dynasty stone statue featuring the Christian motif of the four-winged angel blends elements of diverse cultures）”。此种展示方式有助于观众理解纹饰的图像学意义与价值。

（9）香港大学美术博物馆藏景教铜十字。2015年6月10日举办的元代景教铜十字牌展，展出文物700余件。该馆还将50件景教铜十字牌外借给佛罗伦斯著名的学院艺廊，现为“方济各艺术”特展的一部分。

其他收藏景教文物的博物馆有：中国国家博物馆收藏1枚在内蒙古发现的带叙利亚铭文的景教铜镜，北京故宫博物院藏洛阳附近出土的波斯人阿罗汉墓碑，南京博物馆藏北京房山发现的莲花十字纹石刻（首都博物馆藏复制品），福建博物院基本陈列第五部分展出1块元代景教石墓碑，扬州博物馆藏4块景教徒墓碑。上述发现或收藏景教文物的地区多处于唐元时期的陆海丝绸之路沿线地区，在地理分布上形成了相互关联的文化布局，也为展览提供了更广阔的宏大叙述构架。

关于国外博物馆收藏的中国景教文物情况，笔者信息有限，兹举几例：加拿大皇家安大略博物馆藏河南发现的15件铜十字架，韩国基督教博物馆藏在内蒙古一带发现的8～9世纪青铜十字架，法国巴黎国家图书馆藏《景教三威蒙度赞》和《尊经》（1900年在莫高窟藏经洞中发现，1908 年为法国人伯希和所得。编号 Pelliot Chinois 3847），英国图书馆印度事务部藏9～10世纪归义军时期粟特—突厥文书札（编号 Or.8212：86，1900年发现于莫高窟藏经洞，1907年被斯坦因盗走）和粟特文基督教占卜书（编号 Or.8212：182，1900年在莫高窟藏经洞中发现，1907年被斯坦因盗走，时代待考），大英博物馆藏10世纪敦煌景教画幡（1900年在莫高窟藏经洞发现，1907年被斯坦因盗走），德国柏林国立美术馆藏高昌出土的《棕枝主日图》（又名《圣枝主日图》）等①。

① 其中有6件文献、1件画幡，共计7件敦煌藏经洞发现的景教遗物，在6件景教文献中，有汉文文献4件，粟特—突厥文和粟特文文献各1件。

二、视觉效应与语境构建：博物馆景教文物阐释中存在的问题

作为符号构建物，景教文物自生成的决定性瞬间就具有了物或偶像崇拜的视觉效应，围绕其宗教性的社会语境构建并非是一条单行道，而是充满了辨证形象的多向路口。博物馆收藏/展示的景教文物主要有石质类（碑、墓志、经幢等）、壁画/绘画（纸质或绢帛等）、纸质文献和金属制品，有的是原址保护及展示（石窟），有的是异地搬迁后保护/收藏及陈列展示。但受现行藏品管理模式所限，有些同一遗址或墓葬出土的景教文物往往被分置于不同的藏品系统中，最初的功能与意义随着原境信息的模糊而被削弱或淡化，很少见专门的集中展览，大多作为综合类（专题类）展览中的单个展品出现，原生意义被多次重构，重要价值没有得到充分体现[①]，主要原因有以下几个方面。

（一）景教文物"物性"内涵挖掘不足

作为单个展品，景教文物往往服务于整个展览意旨。在既定的展线和空间中，往往取用其最为关联的信息。比如，西安碑林博物馆第二展室的《大秦景教流行中国碑》和其他唐代石刻一起展出，虽然它被安置在比较显眼的左侧第一位置，但玻璃罩着的碑体被局限在仄逼的空间中，厚重的石质被铁质加固条束缚，因距离原因刻字涣散不清，小小的说明牌只有简单的两行字。对于一般观众而言，如无讲解，根本无法获得有效的信息，无法了解它流传千余年的曲折故事，也无法欣赏到它无与伦比的世界价值。洛阳博物馆展出的景教经幢说明牌上有中英文介绍，但单独陈列且在周围设隔离带既无法使观众靠近，看不清刻铭，也无法获取文物背后更多的故事，比如葛承雍先生所提的母爱主题中涉及的诸多人物及他们的信仰与生活[②]。其他博物馆对于景教文物的陈列展示亦是如此。策展人因本身知识体系所限，无法对景教文物的价值进行辨识与深入研究。比如，景教碑拓片也出现在其他碑石拓片展中，又成为展示拓片艺术这种语境下的展品了。

---

① 可以检索到的资料是香港大学美术博物馆2015年6月10日举办的元代景教铜牌展（至2022年12月31日）。这批藏品最初由时任北京英国驻邮政北京理事聂克逊先生于20世纪30～40年代收集，后由利希慎基金会收藏，1961年赠予香港大学。展出的元代景教铜十字铸于中国西北部内蒙古鄂尔多斯地区，3～8厘米高，为平牌高浮雕饰件。背后有纽，方便系于衣服或腰带上，有可能用作私人印鉴。基督教与佛教图案及其下残留零星红墨，证明这些独特的私人纹饰曾被押印于别处。

② 葛承雍：《洛阳唐代景教经幢表现的母爱主题》，《世界宗教》2016年第3期。

（二）景教文物“在场性”艺术阐释不够

意大利作家罗伯托·卡拉索（Roberto Calasso）曾说，“在场性表现为形式，形式经过变形才会显现出来。每一种形式都有其无懈可击的灵活性，只要这种灵活性还能保留那个形式就行了，不过，所有人都知道，过不了一会，它可能就变成别的什么了”[①]。博物馆中的景教文物大多未经过“变形”，表现在：① 展示手段单一，基本为说明牌（中英文），仅有名称/时代/来源，有些语音导览或智能导览系统中会有一些辅助信息，但多元科技手段的阐释较少，比如敦煌研究院陈列中心展出的景教文物局限在小小的壁龛式墙柜中，一点也不突出。② 结构上多为难以组织与展示的线性形态，比如唐代碑刻展厅的景教碑缺乏相关的艺术语汇，很多历史信息丢失，也缺乏方向感和认同感。希尔顿·克莱默认为：“现代博物馆学旨在让艺术品远离所属权引起的变故，同时使其永远独立地处身在自己的话语世界里。”[②]因此，博物馆要思考的问题是，如何让景教文物从展厅其他展品中的比拟性视野中获得“综合的视野”或呈现出其他可视性，因为当景教圣像或雕塑变成博物馆的藏品或展品时，旧的认同性就变成了一种新的认同性，博物馆语汇描绘方式就出现了“保留”与“改变”、“再现”与“新造”之间的大不同。因为“谁”拥有艺术也真实地影响了物品的阐释方式，景教文物在经历变化时如何保持自身的认同性，让原来的信息在进入博物馆、变成藏品或展品的过程中存活下来。

（三）景教文物“内在的非时间性”研究不够

由于展览性质所限，很多景教文物在展陈中无法反映其学术轨迹，对前沿学者的研究成果及其价值体现得不够，文物内在的时间性和非时间性阐释不足，对当代指向性把握不够。按理说，景教文物的展览需要基于学术支撑的历史语境的复合构建，呈现出不同历史时空的功能和意义再现。比如上文提到的唐大和三年（829年）洛阳景教经幢所反映的一个具有非时间性的当代母爱或爱母故事，表现一个久居唐代洛阳的粟特籍景教家庭，在母亲安国妇人去世后，以刻景教《宣元至本经》于石幢的方式将世俗的母子之爱与神性的圣爱永固于天地间。而由大秦寺寺主亲自参加移坟仪式则表现出宗教团体的天堂希冀与祈祷，也说明景教在唐朝传播过程中本土化的倾向下产生的更为有效的赎救伦理和传教模式。

---

① 〔美〕大卫·卡里尔著，丁宁译：《博物馆怀疑论》，江苏美术出版社，2014年，第1页。

② 〔美〕大卫·卡里尔著，丁宁译：《博物馆怀疑论》，江苏美术出版社，2014年，第42页。

（四）景教文物“当代性”特征表达不清

目前，博物馆展览采用的技术性介绍语言无法诠释景教文物蕴含的“当代性”，无法对一件古代艺术品从一种文化挪移到另一种文化时的氛围进行修正，换句话说，景教文物从最初的庙宇拥有者到当代博物馆的参观者，其身份在转变过程中会出现一种“被同化”感，变成某一展陈体系或历史序列中的一件单独文物，需要一种新的阐释视角，即从一件艺术品或仅从材质、类型、造型、装饰母题等关键性证据视角，展示其最原真设计的每个具有特殊含义的元素构成与核心功能，通过原境再现实现启迪、引导、激励等价值与意义。

三、文化解码与艺术建构：博物馆阐释与传播景教文物的多元视角

博物馆的景教文物以形象（图像）和文本形式承载景教通过丝绸之路长时段和远距离动态传播的丰富内涵，以艺术曲笔的形式表现迁移性的变异与融合，特别是有关其他文化及宗教元素，如佛教、摩尼教、袄教或与道教、儒教等。因此，博物馆在展示性阐释过程中需要进行多视角的文化解码和艺术构建。以新疆高昌遗址发现的9～10世纪景教壁画《棕枝主日图》为例，手持饰有十字架权杖的骑马男性、圆领袍服男子、翻领袍服女性供养人、红衣回鹘女子、短襦披帛唐装女子，无论是个体，还是组合，都蕴含着多文化叠合的复杂信息，需要从希腊艺术、西域佛教艺术和中国绘画等不同风格中分别进行深度剖析。大英博物馆藏千佛洞发现的9～10世纪基督像绢画和《大秦景教三威蒙度赞》、印度新德里国家博物馆藏罗布泊米兰遗址发现的有翼天使、西安和洛阳等地发现的石刻、福建泉州和内蒙古等地发现的景教摩尼教经典及马耳他十字架（混合佛教风格）也要构架多种文化元素融合的呈现模型，表现景教文物在流传过程中主动或被动的适应性变化及其在艺术形式中新的曲笔性视觉呈现公式，“既有助于卸除观念的沉重负荷，也有助于减轻‘叙述者’的任务。为了突出某些情节，使之更容易理解，必然要牺牲其他的细节，在‘阅读’图像时，我们必须考虑到那些缺席的情节，必须将之放到上下文中加以读解”[①]。这种多元融合的宗教特征需要博物馆策展人用跨学科方法予以阐释与呈现。

① 曹意强、麦克尔·波德罗等：《艺术史的视野——图像研究的理论、方法与意义》，中国美术学院出版社，2007年，第13页。

至于景教文物背后的人物故事，似乎更为复杂，我们要考虑的是，景教碑上的景教僧、活动于唐长安城义宁坊大秦寺和洛阳修善坊大秦寺的景教徒、墓志中的安菩、米继芬和花献等，他们之间有着怎样可能的关联性①。牛汝极先生对泉州海外交通史博物馆藏的10块叙利亚文景教徒墓碑铭文进行了解读，揭示出高昌城人图克迷西艾尔之子乌斯提克塔斯汗（他67岁时来到刺桐城，完成了上帝的使命。他的灵魂将在天国安息）、主教约翰、圣乔治神父、牧师申马克夫人、女牧师阿依一库都尔夫人、主教大人马里失里门阿必斯古八、女牧师Barqmca以及4位景教女性的事迹②。长安和洛阳两地景教文物有着怎样的差别等问题③。还有如何阐释景教从新疆、敦煌、长安、洛阳、泉州、内蒙古、福建等地的长时段和远距离传播网络，其中衔接的节点如何定位等宏大主题。

笔者认为，博物馆应该从以下四个方面构建多维度的阐释体系。

（1）理解景教文物的艺术曲笔呈现方式。当景教圣物变成博物馆展品后，呈现方式发生变化之深刻不亚于再创造。一是博物馆要在文化差异中建立一种曲笔艺术形式或宗教认同，因为景教文物在不同文化之间迁移的过程中不可避免地经历一种文化氛围的修正。二是博物馆要选择特定的阐释语汇，从宗教学方面理解其神学意义，从文学、语言学、考古学、图像学、博物馆学、美术史等方面解构其曲笔艺术的呈现方式，在艺术史和科技史等方面寻找价值和创造。三是博物馆要深度揭示景教文物背后的深层复杂性、历史性和相对性。

（2）借鉴视觉转向的文化解码范式。博物馆应从关注景教“物或物体”向景教“观念和概念”及“语言”转变④，从“释物”提升到“观念”及“语言”的阐释，表现其历史的相对性、现实性和当代性。因此，需要混合构型的媒介或手段。策划展览时，注重图像、文本和场域等多种叙述手段的科学运用，围绕展览主旨和展品特色，借鉴数字技术和虚拟技术等信息化时代的新传播方式，以景教文物为介质，搭建与世界交流对话的平台。教皇弗朗西斯科曾说过：“博物馆需要更多的艺术呈现和表现，要向全球的所有公众打开大门，博物馆是不同文化、不同宗教对话的桥梁，是一个和平的工具，它需要活力，而不是灰尘满满，专门针对专家和精英的空间，要保护过去，并为子孙后代讲今天的故事。博物

① 葛承雍：《唐代长安一个粟特家庭的景教信仰》，《历史研究》2001年第3期。

② 牛汝极：《福建泉州景教碑铭的发现及其研究》，《海交史研究》2007年第2期。

③ 葛承雍：《西安、洛阳唐两京出土景教石刻比较研究》，《文史哲》2009年第2期。

④ 〔美〕W.J.T.米歇尔著，陈永国、高焓译：《图像何求？形象的生命与爱》，北京大学出版社，2018年。

馆建设的理念本身应该有一个活力的体现，它应该促使年轻一代去关心和喜欢它”[①]。

（3）讲述全球视角的传播故事。博物馆的景教文物本身并不能构成一个故事，尽管它们有经由丝绸之路不断传播的全球性宏大叙事。博物馆要用讲故事的方式，情景式重现景教流传历史的复杂性和迁移之路的全球性轨迹，重新塑造并改变人们看待历史事件的角度和立场。一是情节的设计。克罗农认为，情节“是一些深深根植于我们语言中的文化建构……对叙事包含什么和排除什么具有重大影响，这种影响神秘而力量巨大，即使是身为作者的历史学家也不能完全控制……我们要据此塑造讲故事的模式”[②]。二是事件的叙述。采用新的宏大叙事方法，讲述景教文物背后的不凡故事、人物趣事、审美情操和人文精神。历史学家明克和怀特认为，“故事不是存在的，也不是人们经历过来的，而是被讲述出来的”[③]。人们完全可以将同样的一些事实编排为不同的故事样式，表达不同的意义，当然故事离不开事件。“没有任何特定系列的、偶然记录下来的历史事件本身就构成一个故事；它所能给历史学家提供的至多是故事的元素。事件被炮制到一个故事之中，是通过压制或者贬抑其中的某些东西，而突出另一些东西，通过描画、主题重复、语调和视角的变化、交替的描述策略等，简而言之，就是我们通常会指望在一部小说或者一部戏剧的情节化中会找到的所有技巧”[④]。因此，博物馆策展者要从丝绸之路视角，利用展览语言技巧，赋予景教文物意义，使它们由陌生变得熟悉，使神秘的过去变得可以理解。三是表达的选择。借助全球景教研究者的学术语汇，让混乱复杂的历史变得清晰有意义。尽管当今景教之研究可谓硕果累累，但对景教文物当代价值的挖掘仍有较大空间，需要有全球视野和中国范式的综合性学术话语体系，并树立公共景教史学研究的理念。博物馆策展人员应尽可能地掌握前沿研究动态，挖掘藏品中的景教关联性及其价值意义，从中提炼出最契合展示目标和观众需求的阐释系统。就像路远先生所说，“搞清如《景教碑》这样重要的馆藏文物的流迁经过，是博物馆研究人员的本分”[⑤]。针对目前博物馆对景教文物“说明牌”式的普遍做法，笔者认为还应借

① 引自意大利福贾大学人类科学学院教授朱力阿诺·沃佩2018年9月21日在中国成都举办的“中意文物保护及博物馆规划与管理主题研讨会”上的主旨发言《文化遗产继承与保护创新性改革的思考》。

② 彭刚：《对叙事主义史学理论的几点辨析》，《史学理论研究》2010年第1期。

③ 彭刚：《叙事、虚构与历史——海登·怀特与当代西方历史哲学的转型》，《历史研究》2006年第3期。

④ 彭刚：《对叙事主义史学理论的几点辨析》，《史学理论研究》2010年第1期。

⑤ 路远、李宗保：《景教与景教碑》，西安出版社，2009年，第10页。

助现代科技手段，如多媒体、自媒体、互动展具或设施，多方位展示其文化、审美、宗教意义，而文物背后隐藏的人的故事更重要，比如拥有者、使用者、制造者，还原、复原历史语境下的人物生态将更有当代价值。

（4）展示丝绸之路文化交流的多元价值。景教传播是世界历史发展过程中重要的跨区域、跨民族文化交流现象，只有从丝绸之路视角，方可考察其长时段和远距离流传的轨迹与世界性影响。汉唐丝绸之路凿通的地域性交流网络使得景教传播具有了跨文化互动的共性特征，因此，要从丝绸之路大网络中缕析宗教传播过程中的动态发展脉络及其蕴含的世界意义，探究景教世界观念与中国传统文化观念（或佛教）的冲突性包容和融合性共存对古中国独特文化风貌的形塑机理。作为同样源于西方的机构，博物馆与景教存在某些契合，比如传播本身呈现出的多种文化特征的矛盾冲突与包容共存，知识传播与信仰逻辑也经历了反复的文化并置过程，从文本与艺术的复杂性多重构架逐渐走向统一的整体。芬诺罗萨认为："我们正在走向一个或可把人类在这一世界所创造的艺术品看作一个整体的时代，它是同一种精神和社会的努力所造就的无限变化……一种关于艺术的普遍性构架或逻辑。"[①]景教传播涉及不同民族、地区、权力、战争、等级、信仰、文化等多种因素，甚至遭遇许多特殊矛盾的异常状况，构成不同社会和政治语境下的一种普遍的或者一种世界艺术的叙述史。尽管外观有异，但一切景教艺术都有深刻的价值，都是按照特定的构思原则以及某种确定的节律加以表现。博物馆应该以一种统一的叙述方式来展示东方和西方的艺术以及它们之间的互动，建立一种共享相同审美价值的视觉秩序原则。例如，艺术方面，在丝绸之路宏大视野下塑造景教文物造型、纹饰与功能等审美共性。文化方面，在新丝绸之路理论范式中阐释作为艺术品的景教文物的当代观念与价值。宗教方面，不妨采用原境重建方式，再现景教文物的神性与哲学伦理的特殊性及其与其他外来宗教的关系在不同地区丝绸之路流传过程中的不同表现。科技方面，从丝绸之路文化交流的双向性角度展示文物高超的制造技艺。通过数量、组合、位置、先后次序等艺术再造，讲述与制度、习俗等密切相关的社会故事与人文精神，从世界历史的整体发展过程中探讨景教文物的历史影响和当代价值。

四、结　　语

如果说每件景教文物都是纪念其拥有者灵魂的圣寺，那么，将拥有者灵魂从

① 〔美〕大卫·卡里尔著，丁宁译：《博物馆怀疑论》，江苏美术出版社，2014年，第151页。

圣寺搬进博物馆，需要经过博物馆以传播为意旨的阐释系统，并在全球化时代通过还原历史语境的方式来创造当代的全新语境。由明天启三年或五年（1623年或1625年）西安发现的《大秦景教流行中国碑》引发的关于史书中寥寥记载的景教的各种遐想、探究、收藏、参观，乃至觊觎与偷盗影响至今。唐朝景教初传时的国际化浪潮经过千年沉积在19世纪末至20世纪初以探险与殖民为基调的国际化波涛汹涌中露出了诡秘而阴暗的长调（西方的教会和学术界“欧洲中心论”下的讨论），当代中国学者以热血情怀，在暗流中搏击，已进入、贡献并逐渐引领新一轮“世界学术之新潮流”。博物馆应与学术界并进，在当代全球性视角下，通过对景教文物进行文化解码与艺术并置，通过更多地将国际前沿学术成果转化为多元构成的阐释系统，使之产生多元意义，让观众了解景教在历史上的传播轨迹及其当今遗产和作用，尤其是建筑遗产、文物遗产、文化遗产及其当代功能，了解景教文物的生成过程、流传故事及其对中华文明的贡献。

第三节　博物馆诠释中的伦理道德

近年来，中国博物馆事业取得了令人瞩目的长足发展，《2016年度全国博物馆名录》中博物馆数量已达4826家，比2012年增加了1504家，举办展览3万余个，开展教育活动11余万项，接待观众9亿人次（不包含数字博物馆、虚拟展览、数字藏品、线上教育、网络访问者以及流动博物馆或展览等。笔者认为，随着博物馆形态变化趋势日渐明朗，随着博物馆越来越多地参与社会生活的各个方面，观众的概念外延不断延伸，类型和结构也越来越多元化）。当我们惊叹于这些辉煌成就的同时也应注意到其中夹杂着一些问题，比如见诸各级文物管理部门文件和媒体报道的部分博物馆（单位）在陈列展览、文物保管、包装运输、观众服务等方面发生的事故、突发事件和各种负面消息①，究其深层次原因，恐怕涉及博物馆合法化和专业化方面运营的最根本支撑——职业道德伦理②。上述问题也从另一方面反映出博物馆自身对职业伦理道德不够重视，相关部门或机构亦如此，表现在高校博物馆学专业尚无此类课程，文博类培训中也无制度化的专

① 参见2016年11月22日国家文物局在其官网发布的《关于加强馆藏文物展陈安全工作的通知》（文物博函〔2016〕1813号）；《国家文物局发布〈关于加强馆藏文物展陈安全工作的通知〉》，弘博网2016年11月23日。2017年博物馆头条选出全面记录见证中国博物馆事业发展的100个头条新闻中竟然出现了博物馆领域反腐新闻。

② 〔英〕Silas Okita著，陈姝洁译：《博物馆的道德责任》，《东方博物》2005年第2期。

题性培训，常规的培训内容中也寥寥无几，文博入职要求中也无通识性知识的专门要求，运行评估和绩效考评也无明确要求，学术研究较少①。笔者认为，对博物馆而言，从业人员是科学运营和可持续发展的根本，其必须接受特殊的技术与学术训练或具备同等实际业务经验，遵守业务伦理道德的基本规则（国际博物馆协1986年11月阿根廷第15届大会修订之规章）和公认的标准与法律，坚持职业的尊严和忠诚，反对非法或不道德的职业行为，利用各种机会宣传和教育公众，让公众了解博物馆的目标、作用和抱负，使公众更多地认可博物馆对社会所做的贡献。

一、一些现象引发的思考

近年来的博物馆工作总结或盘点过程中，已经越来越重视对一些引发公众关注的问题的总结与反思（有些由媒体曝光），归纳起来主要有：①死亡式收藏现象。博物馆藏品展出率很低，大量文物仍然深藏库房，难以与观众见面。2013年，国家文物局曾对央地共建的8个博物馆馆藏文物展出率进行统计，其中最高的不足5%，最低的仅1.2%，平均不足2.8%。2015年6月29日弘博网推出的《博物馆藏品为何“只藏不用”？》质疑博物馆秘不示人的收藏现状。②对文物研究不足，挖掘不够，造成不尊重文物的现象，比如不严谨的学术研究，展示中的复制品比例、诠释不足、说明文字太小太少和错别字、错误信息等低级错误，如媒体批评的“勿让博物馆成为白字先生”（多家博物馆遭到曝光）、“国家顶级抗联展览再出错误”、展示中的复制品比例过高、诠释不足、说明文字太小太少、灯光昏暗（损坏）等马虎草率、把关不严、水准欠缺的问题。此外，还有展陈内容涉及的政治避讳、战争暴力、种族性别等敏感问题（某博

① 论文类：姚菲：《论公众领域的博物馆伦理道德》，《四川文物》2014年第1期；张瀚予：《当代博物馆伦理问题研究》，中国艺术研究院博士学位论文，2012年；赵慧君：《取得、处置与返还：当代博物馆收藏伦理的探讨》，《中国博物馆》2016年第4期；陈国宁：《台湾博物馆从业伦理》，《中国博物馆》1996年第2期；拉斐尔·阿古勒、杨蔚：《美学及全球伦理的构建》，《国际博物馆（中文版）》2009年第4期；宋向光：《国际博物馆协会职业道德准则》，《中国文物报》2005年2月25日第5版；Antony J. Duggan著，程延年译：《伦理与博物馆研究人员》，《博物馆学季刊》1990年第4期；张健：《博物馆藏品征集和终止收藏中的道德问题》，《中国博物馆》1999年第1期；秦裕杰：《博物馆从业伦理与组织运作》，《博物馆学季刊》1998年第2期。专著类：〔英〕简·基德著，胡芳译：《新媒体环境中的博物馆——跨媒体参与及伦理》，上海科技教育出版社，2016年；Edson G. *Musuem Ethics*. London: Routledge. 1997.

物馆黑人与动物照片、壁画中的裸体人像引发争议），展厅文物损坏（玻璃爆裂），库房或展览过程文物的损坏事件等[①]。③服务意识不强，造成不尊重观众的现象。服务设施不足，观众排长队，参观环境差，开放时间达不到要求，服务质量（员工态度和产品质量）差，比如背诵式讲解，某博物馆限制社会人士讲解引发伦理争议。④管理能力不足，人浮于事，凝聚力不足，绩效大锅饭，慵懒散现象明显，甚至有不尊重员工的现象，特别是对所谓的非正式在编人员（志愿者、社招人员、外包企业员工）等。⑤学习意识不足，科研能力不足，岗位技能更新慢，缺乏热情与激情，研究水平普遍不高。甚至出现一些极端例子。⑥文创、宣传（社交媒体）一味地迎合大众审美情趣，过度娱乐，戏说演义，卖萌过头，对文物的敬仰与敬畏之心不足，甚至有商店出售假冒伪劣产品。⑦大数据时代的数据隐私、涉密、网络维护等。比如，网站不维护、不更新，隐藏安全隐患，不会应对网络问题，不会与网民沟通。比如，某博物馆网络事件（围观一场失败的攻关危机）、某博物馆网站被黑等。⑧法律意识淡薄，出现一些违规违法现象，比如劳资纠纷、图片或研究成果使用不考虑版权、从事不当文物买卖活动等，更有腐败、玩忽职守、贪污受贿等。以上问题产生的重要原因同样在于也是对博物馆职业道德伦理建设没有引起足够的重视和严格执行。

二、职业伦理道德是博物馆的重要支撑

职业伦理道德是通过行业自律机制建立的一套道德准则，从业人员自愿成为某一职业共同体之成员后就应该自觉遵守。它有别于法律规范，并非强制性，而是从业人员约定俗成的行为评价和指导准则，靠内心信念和社会舆论来维护，利用善恶观念来评判。博物馆职业伦理道德是其中一部分，是博物馆运行过程中调整人际关系的特殊行为规范的总和，也是处理各种业务关系的道德准则系统。它具有如下功能。

（一）特殊的认识功能

首先，在认识角度和范畴方面，博物馆职业伦理道德为博物馆从业人员与社会、与他人之间的利益关系，特别是对社会利益、博物馆利益和他人利益的态度等提供现实性信息，对行业的历史趋势、未来愿景进行展望和预测。其次，在

① 沈辛成：《险境中的博物馆：因迟钝与清高产生的距离感非常危险》，弘博网2017年5月26日。

行为准则、习惯、情绪、信念、理想等方面，它又是对现实博物馆的认识及其成果。再次，博物馆职业伦理道德的认识基础由群体、个人在实际工作过程中构建的。最后，它的评价标准是善与恶、损与益、荣与辱、高尚与卑劣、正当与不正当、正义与非正义等对立范畴。

（二）特殊的调解功能

在博物馆工作中，它约束着个人对待集体和其他人的态度，以及对各种活动和关系的调解。它从权利和义务两方面引导博物馆工作者履行其社会身份所应履行的义务，引导他们承认、尊重和维护其行为客体（集体和个人）应有的权利。具体来说，就是从“应该怎样”出发，对人们进行不同层次的要求和判断，又从“合理德行”出发，划分“非善”“小善”“大善”“至善”等不同层次、力争公德和私德兼修。它的调节方式重在运用舆论褒贬、沟通疏导、教育感化等，唤起知耻心、上进心、荣誉感、责任感，提高博物馆工作者的道德践行力和善恶判断力。

（三）特殊的基本原则

它由博物馆的性质、方针、任务和原则所决定，是博物馆从业人员在履行岗位职责、完成历史使命过程中处理以利益为内容的社会关系时必须遵守的共同准则：以服务社会为核心，以集体主义为原则，追求个性发展，包括：热爱、奉献、遵循规律、坚持真理、以身作则、关心集体、团结协作、学而不厌、开拓进取。端正的职业态度，高度的责任心，过硬的职业技能（管理、交往、研究、德育），尊重工作对象（藏品、观众、设施、员工），差异性工作方法，针对性和效率性，遵守职业纪律，维护职业荣誉，加强职业作风（执着、热情、效率，宽容友好处理人际关系，乐观真诚），职业良心（对自己所承担职业道德责任的自觉意识，是观念、情感、道德意志和信念在个人意识中的统一）。

（1）良心：自觉意识到自己的职业道德责任，自觉履行自己的职责。“博物馆工作是良心活”，因为一切外在监督、检查和约束都是有限的，只有内在职业良心，而非数量和指标考核，才能尽善尽美完成工作。良心也是博物馆工作者恪尽职守的精神支柱，特别是一些条件差、待遇低的地方，能够坚守在工作岗位上，主要是靠热爱文博事业的良心支撑，还有高度负责的精神、正确的荣辱观。

（2）义务：一般道德义务和工作道德义务，显见义务（或当然责任）和实际义务（或绝对义务、实际义务），承担道德责任，培养义务感，提升自己的工作意识水平，实现工作义务意识向职业良心的转化。

（四）特殊的培养方式

（1）情感：即在职业活动中对事物善恶进行判断所引起的内心体验，包括职业道德荣誉感、幸福感、责任感和良心感等，如爱、恨、荣、辱、美、丑等不同感受。

（2）幸福感：包括精神性、关系性、集体性和无限性，表现为良好的知识结构、高超的技术能力和健康的审美情趣。

（3）信念：坚定而强烈。表现为深刻的职业道德认识、炽热的职业道德清单和坚强的职业道德意志的有机统一，唯有此，才能形成优秀的职业道德品质。采取抑恶扬善和去恶从善等有效措施和实际行动提升道德修养。

（五）主要的内容、途径和方法

（1）内容。包括认识、情感、信念、意志和行为习惯等要素反复实践、认识的过程。

（2）途径。通过内化而形成道德品质和自觉行动以及敬业、乐业和勤业精神，运用正确的道德原则、观念，不断清洗、改正思想意识中的不正确观念，达到内心的反省或斗争，做到理论联系实际、知与行相统一。

（3）方法。加强理论学习，通过实践锻炼来提高自身素质；树立正确的世界观和人生观；明辨是非，提高遵守规范和要求的自觉性；提高专业技能，虚心向他人学习；注重内省和慎独，确立可行目标，坚持不懈努力，尽快实现从经验型向专业型转变，从职业道德逐步向专业道德发展。

三、职业伦理道德建设是博物馆的国际实践

1. 美国

从世界范围来看，博物馆道德伦理准则（code of ethics）首先出现在美国，因为美国博物馆大多数为私立性质，没有法律可对其业务加以规范，因此博物馆从业人员自发组成行业组织，以道德为基础制定博物馆的伦理准则，为博物馆和博物馆人的行为提供参考。目前，美国已有策展人、文保员、开发人员、馆长、商店工作人员、公共信息官员、登录员和志愿者等众多的职业道德伦理。主要有以下内容。

1925年，美国博物馆联盟（AAM）制定第一个伦理准则，之后又专门制定

了研究员（curator）和登录员（registrar）伦理准则。

1967年，美国历史和艺术品保护研究所颁布《文保人员伦理规范和实践标准》（Code of Ethics and Standards of Practice），1979、1993年修订。

1978年，博物馆伦理（Museum Ethics）。

1983年，《博物馆专业主管伦理规章》（A Code of Ethics for Curators）。

1990年，AAM教育委员会：《博物馆教育职业标准宣言》（Statement on Professional Standards for Museum Educations）。

2005年，AAM教育委员会：《实践中的卓越：博物馆教育原则与标准》（Excellence in Practice: Museum Education Principles and Standards），特别强调对公众的义务——受众的多元性、需求、多元视角；博物馆内的教育——教育政策和规划、教育资源、组织结构；博物馆教育工作者的责任与能力素质——知识、原则、倡导、交流、评估、管理、合作、传播和职业发展。

1996年，美国考古社团（协会、SAA）颁布考古伦理。包括监管、可问责性、商业化、公众教育和延伸活动、知识产权、公众报告和出版、记录和保护、培训和资源等8项[①]。

2000年，《博物馆道德规范》（A Code of Ethics for Museums）。

2009年，策展人委员会（CurCom）颁布《策展人伦理道德规范》（A Code of Ethics for Curators）。

而国际博物馆协会（ICOM）1970年制定《收藏道德》、1986年制定《博物馆职业伦理道德准则》（《博物馆伦理道德》，ICOM Code of Ethics，2001年，2004年修订）、2013年颁布《自然历史博物馆伦理道德》（ICOM Code of Ethics for Natural History Museums）、2016年发布《关于保护与加强博物馆与收藏及其多样性和社会作用的建议书》和《关于博物馆和藏品的深圳宣言》。

2. 英国

2002、2007年，英国博物馆协会（AM）颁布博物馆伦理准则。

2012年，英国博物馆协会（AM）颁布职业道德准则。

2015年，英国博物馆协会（AM）着手更新博物馆职业道德标准，强调三条准则，即公众参与和公众利益（与现有观众积极联系并合作，接触和开拓多元化的新观众群）、藏品管理、个人诚信和职业诚信。

---

① Bonnie L., Pitblado. An Argument for Ethical, Proactive, Archaeologist-Artifact Collector Collaboration. *American Antiquity*, 2014, 79(3).

3. 中国

1981年，国家文物事业管理局颁发《文物工作人员守则》。

1997年4月，国家文物局颁布的《中国文物、博物馆工作人员职业道德准则》。

2001年12月，国家文物局修订并重新颁布《中国文物、博物馆工作者职业道德准则》。

2009年11月，国家文物局印发《关于加强和改进文物、博物馆行业作风建设的意见》。

2012年7月，中国文物学会、中国博物馆协会修订发布《中国文物、博物馆工作者职业道德准则》。

可见，制定并实施博物馆伦理道德准则已是世界各地博物馆或相关机构的普遍做法，尽管称谓各有不同，比如加拿大皇家安大略博物馆的伦理与行为原则和政策宣言。核心价值在于：责任担当、诚实友爱、追求卓越（道德标准、职业标准和技术标准）。

四、职业伦理道德建设是博物馆理论探索与实践的重要内容

我国博物馆界对职业伦理道德的讨论大约出现在20世纪90年代，与保管、陈列和宣教等主流业务相比，似乎是尚未受到重视的非主流领域，可分为著述类和论文类。

（一）著述类

蔡琴著《博物馆学新视域》是中国博物馆职业道德伦理研究的首部专著，书中对藏品的保护、收藏政策及公共领域内的服务等伦理均做了细致介绍①。蒂莫西著《博物馆基础》（第3版）第6、53单元②。陈国宁等编著《博物馆的营运与管理》第九章③。

---

① 蔡琴：《博物馆学新视域》，浙江人民出版社，2003年。

② 〔英〕蒂莫西·阿姆布罗斯、克里斯平·佩恩著，郭卉译：《博物馆基础》（第3版），译林出版社，2016年。

③ 陈国宁：《台湾博物馆的从业伦理》，《中国博物馆》1996年第2期。

（二）论文类

又分综述类和专题类。

1. 综述类

蔡琴曾对2006年之前的博物馆职业道德研究情况进行过综述[①]，杨帆[②]、马研祥[③]、汉宝德[④]等分别从宏观层面予以论述，苑克健则将ICOM职业道德伦理进行了译介[⑤]。

2. 专题类

（1）相关概念。何谓博物馆职业伦理道德？安来顺认为博物馆职业道德指的是博物馆对公共利益所承担的义务，不仅是对博物馆良好运行的承诺，还包括对公共利益的认知，以及在这种认知基础上养成的行为，并最终演化为观众对博物馆的高度信任，需要在适应社会环境的过程中不断进步、调整和修正。博物馆不仅需要法律、政策、规章等制度性设计生成的“物理性”标准，也需要有共同的价值观、精神自律等“非物理性”标准，需要进行职业道德建设，以便博物馆摆正位置，处理好与公众的关系，在纷杂的“利益博弈”中做出正确选择[⑥]。

（2）公共服务伦理道德。博物馆提供公共服务是以“谁”为出发点，是方便自己工作，还是满足公众需求，目前这方面显然还没有厘清。安来顺认为应通过职业道德升华博物馆的公众服务精神[⑦]。姚菲认为博物馆在与公众的接触中，在展览、服务、讲解等方面存在有失职业道德、抵触社会公德的现象[⑧]。刘洪也提到讲解员的职业倦怠[⑨]。刘利伟认为应通过终身学习、建立复合式讲解模式来

---

① 蔡琴：《博物馆职业道德建设研究综述》，《东方博物》2006年第4期；蔡琴：《博物馆职业道德研究的若干问题》，《中国博物馆》2014年第2期。

② 杨帆：《文化大发展大繁荣背景下再谈博物馆职业道德》，《剧影月报》2016年第5期。

③ 马研祥：《试论社会主义博物馆的职业道德建设》，《中国博物馆》1991年第1期。

④ 汉宝德：《伦理就是做人的道理》，《博物馆学季刊》1990年第4卷。

⑤ 苑克健：《国际博协职业道德准则》，《中国博物馆》1987年第2期。

⑥ 安来顺：《职业道德语境下博物馆的公众服务功能》，《东南文化》2017年第3期。

⑦ 安来顺：《职业道德语境下博物馆的公众服务功能》，《东南文化》2017年第3期。

⑧ 姚菲：《公共领域的博物馆道德伦理》，《四川文物》2014年第1期。

⑨ 刘洪：《论讲解员的职业倦怠》，《中国文物科学研究》2007年第2期。

提高讲解员职业道德建设水平[①]。张建雄认为讲解员通过敬业、乐业、勤业、精业等方式，在市场经济下提高自己的业务水平和竞争实力[②]。

（3）博物馆展览伦理。展览是博物馆与公众沟通的主要手段之一，如何对待展品、如何对待观众，是衡量展览人员是否具有良好职业伦理道德（素养）的重要指征。朱晓秋提出应该从爱岗敬业、求实创新等方面加强博物馆陈列人员的职业道德建设[③]，蔡雪娇对博物馆展览设计工程伦理进行了探析[④]。Paolo Cherci Usai认为："在他们的领域中保持学术发展的当前性，开展原创性研究并发展新的学识，以贡献他们所在领域的以及作为整体的博物馆职业的知识体的进步。"[⑤]策展工作是一种"相伴艺术"的特权、责任、荣耀，策展人是构筑个体展品之间和谐的乐队指挥，价值表现在卓越性、忠诚性和透明性，职责为研究、阐释和整合藏品资源，在博物馆利益与个人利益发生冲突时，要以前者为重。Sarah E. Worth以鲍勃·琼斯大学博物馆和展览馆宗教艺术品的展示为例，讨论了对艺术及其展示的道德义务。她认为，博物馆不仅是某一历史或艺术的阐释者，也是某种体验的创造者。随着博物馆从以物为中心的展示向更加融合性的、体验类展览转变过程中，需要从"事物的藩篱"转向"意义的圣所"，需要重构教育性和审美性，需要重新梳理相关伦理道德[⑥]。大都会博物馆陈列的帕森陶壶（Python's bell-krater）被怀疑是盗墓品，惠特尼双年展的达娜·舒兹（Dana Schutz）作品引发公众抗议。

（4）藏品保管与保护。如何对待藏品关乎博物馆立馆之本，很多博物馆也都制定了相关的岗位职责或工作手册（流程），但人为因素造成的损失时有发生。陈明英翻译了《美国保管员职业道德准则》[⑦]，蔡琴讨论了博物馆藏品保管环节的伦理道德[⑧]，赵慧君讨论了藏品取得、处置与返还等方面的伦理道德问

① 刘利伟：《浅析博物馆讲解员职业道德建设》，《人才资源开发》2017年第24期。

② 张建雄：《市场经济与讲解员职业道德建设》，《中国博物馆》1991年第3期。

③ 朱晓秋：《博物馆陈列人员的职业道德建设》，《中国博物馆》1917年第4期。

④ 蔡雪娇：《博物馆设计的工程伦理探析》，东北大学硕士学位论文，2012年。

⑤ Usai, Paolo Cherci. A Charter of Curatorial Values. *Journal of the National Film and Sound Archive*, 2006 Spring.

⑥ Sarah E. Worth. The Ethics of Exhibitions: On the Presentation of Religious Art, *The Journal of Aesthetics and Art Criticism*, 2004, 62(3).

⑦ 陈英明：《美国保管员职业道德准则》，《中国博物馆》1985年第4期。

⑧ 蔡琴：《博物馆藏品环节的伦理观念》，《中国博物馆协会博物馆学专业委员会论文集粹》，中国书店，2013年。

题[①]，张健等人也有专论[②]，涉及收藏、保管和保护修复伦理：原真性、科学在藏品保护中的重要性、保护基础是科学价值之源。

（5）信息化。博物馆应该制定符合自身工作特征的大数据、云储蓄和智能化等职业伦理道德准则，比如藏品数据的开放共享、观众数据的保存与使用，以及人权、隐私权和知识产权等。简・基德认为，博物馆应改变高高在上的漠视态度，妥善利用资源及权利，主动地、合法合规地将专业知识向大众传播，鼓励用户创造内容、大众叙事：数字档案积累、社会性博物馆中的交互、具有移情作用的博物馆在线游戏和混搭博物馆[③]。

（6）建议与措施。陈福云认为博物馆职业道德建设处于放任自流状态，应该通过管理部门、馆方和职工等形成合力[④]。朱军、刘海龙认为必须对从业人员进行持续的培训教育[⑤]。

以上讨论在发现问题基础上，均不同程度地提出了改进的意见建议，也都强调博物馆从业人员应服务于博物馆利益，这些对于完善和促进博物馆职业伦理道德有着积极的意义。笔者认为，当今的博物馆处在快速发展与转型的社会环境下，新的收藏、保护、展示、教育、传播、文创等理念随着信息化时代迅速更迭而不断涌现，博物馆面临全新业态和与运作模式的挑战（新的市场竞争、新的从业人员、新的服务对象），更需要适应新形势的新的行业或职业伦理道德规范和专业化技能要求，我们应在以下几个方面不断探索与实践。

（1）进一步修改、完善、充实现有规则或文件，形成符合我国博物馆发展现状和未来发展的博物馆行业道德规范，特别是《中国文物、博物馆工作者职业道德准则》，并把它作为博物馆文化建设的必选内容，成为建设“知行合一”团队精神的根本保障。特别要参照《国际博物馆协会职业道德准则》制定严格的道德准则，不断反思道德和职业标准，以此赢得公众信任，提升准则与社会要求及标准的相关度。

---

① 赵慧君：《取得、处置与返还：当代博物馆收藏伦理的探讨》，《中国博物馆》2016年第4期。

② 张健、张荣：《博物馆藏品的终止收藏》，《中国博物馆》1988年第3期；张健：《博物馆藏品征集和终止收藏中的道德问题》，《中国博物馆》1999年第1期；辛泸江：《关于国有文物单位收藏不再收藏的文物的处置办法的思考》，《中国文物报》2003年7月30日第5版；Tristram Besterman、李惠文译：《博物馆收藏品的处置——伦理与实际》，《博物馆学季刊》1998年第2卷。

③ 〔英〕简・基德著，胡芳译：《新媒体环境中的博物馆——跨媒体参与及伦理》，上海科技教育出版社，2016年。

④ 陈福云：《谈博物馆职业道德建设》，《南方文物》2002年第2期。

⑤ 朱军、刘海龙：《当代中国博物馆职业道德建设初探》，《中国博物馆》2014年第3期。

（2）在高校博物馆学教育中增加通识课程，鼓励有志于博物馆职业的学生选修或必修，形成前置的基础教育部分。荷兰莱茵瓦尔德学院博物馆职业性中包括理论、实践和伦理，博物馆学硕士课程中涉及文化遗产领域的伦理与规划知识。

（3）在博物馆入职考试中增加相关内容，在博物馆所有培训中设置固定化板块，并通过机制体制予以保障：让从业人员明白，博物馆有自身的伦理道德（章程），如果想享受会员的利益，就必须遵从它所有的规章，而不是只去遵守那些于己有利的条规。据笔者调查，很多博物馆并未就从业人员的集体性（单位）义务、岗位职责、个人行为等方面应该恪守的伦理道德做出制度性规定，只是一些范范的、不成体系的、约束力不强的文本（考评体系中所谓“德勤廉”），以及一些规章制度，也未上升到统一的行业性层次，虽然有行业标准。

（4）加强职业伦理道德的前置性和预防性教育，改变事后教育与出台文件的所谓“亡羊补牢式”做法。2015年国家文物局印发《关于提升博物馆陈列展览质量的指导意见》，2017年陕西省文物局印发《关于进一步规范陕西省博物馆陈列展览工作的通知》都是针对已出现的问题采取的措施，比如，“博物馆不得展出来源不合法文物，展览中不使用未经证实、未公开和涉密的资料，禁止使用危害国家统一、主权和领土完整、民族团结的材料，尤其是在展示地图时应严格按照《关于在文物系统开展全覆盖排查整治“问题地图”专项行动的通知》要求进行展示”“对即将开放的展览，要请有关专家充分论证、严格把关，要建立健全纠错反馈机制，重视公众建议，及时解决博物馆在运行管理中存在的问题”。

（5）加强应用伦理学方面的研究，将其与中小学就开始的品德教育课程和公民道德与伦理常识等有效结合起来，利用博物馆作为融媒体的传播手段，比如线上线下展览、教育活动、讲座论坛、文创产品等形式，进行专题性讨论，引导社会对职业伦理道德的重视与尊崇，达到自身和公众品德素质和思想精神面貌境界的双修共进，实现博物馆真正服务于社会的使命。

（6）博物馆应该充分意识到职业伦理道德建设的重要性，并将其放进中长期发展规划中，并根据博物馆藏品性质和功能在各个职能部门和工作岗位中予以分解，分清主次和轻重，分层级或区域进行落实，并与相关领域的专业伦理相结合。完善专业资质制度，鼓励持证上岗，加强业内（馆内）常态化自查机制，条件成熟时引入社会力量进行“执业”监督检查。特别是一些关联较多的工作，比如博物馆教育。以AAM为例，1990年颁布《博物馆教育职业标准宣言》，包括博物馆教育定义、对公众的义务（观众的多样性、需求和多元视角）、博物馆内的教育（教育政策和计划，资源，机构性结构）、博物馆教育工作者的责任与能力素质四部分（知识、原则、倡导、沟通、评估、管理、合作、传播、职业发展）。2005年将原标准宣言修订为《实践中的卓越：博物馆教育原则与标准》，内容和结构有了较大变化，分为博物馆教育最佳实践原则和博物馆教育人员执业标准。前者分为可进入性、可问责性和倡导三部分，共10条，包括鼓励社区参与和服务观众，提出并运用一种多元视角；展现内容知识之卓越，将学习法和教育研究与实践结合，采用多种合适的教育工具提高学习质量；将教育提升至博物馆使命之中心；确立目标和衡量的对象，采取达到目标之策略，并记录整个过程；在博物馆界促进职业发展；鼓励询问精神和对新观点与新方法的开放性；在支持博物馆学习方面对公共政策产生影响。后者也分为可进入性（集中于观众和社区，多元视角）、可问责性（内容和方法论的卓越）、倡导（为观众/教育/学习而倡导）。

正如安来顺指出的，博物馆职业道德“不是与生俱来的，也不是一蹴而就的，而是博物馆专业成熟到一定阶段的产物，并在回应社会期待、适应社会环境的过程中不断地进步、修正和调整，是博物馆的一个永恒的话题”，也“不只是外在的硬性的条款和规定，更多的是博物馆及其从业人员的态度、价值和理念，它应该内化于博物馆管理者和从业人员的观念，并成为博物馆专业活动的习惯”[①]。切记“卓越需要伦理”，受新教伦理与资本主义精神影响的欧美博物馆发展出的职业伦理道德、行业精神和专业技能如此，我国的博物馆也应如此。

① 安来顺：《职业道德语境下博物馆的公众服务功能》，《东南文化》2017年第3期。

第四章　博物馆与社会

博物馆生成于社会之中，埃利亚斯的“圈内人和圈外人关系”理论为考察博物馆空间与社会提供了重要依据。博物馆与社会最密切的关系是观众，因为观众是博物馆存在的理由，面对不断变化的观众，博物馆要多措并举，通过线上线下方式为观众提供学习和受教育的机会，鼓励观众多维度地参与博物馆，与博物馆保持长期有效的互动关系。美国博物馆针对观众提供的多元服务对我们颇有启发。

第一节　博物馆的社会生成[①]

德国著名社会学家诺贝特·埃利亚斯（Norbert Elias，1897～1990年）关于博物馆的著述甚少，也很少有博物馆研究者熟悉他的《文明的进程》[②]。欧洲很多博物馆将源头追溯至埃利亚斯所考察的宫廷和王朝精英们的邸宅，包含了中世纪领主们的武备和珍宝、近代早期侯王们的藏宝柜和古代王朝政权的皇室收藏，艺术、装饰和设计博物馆展出欧洲已灭绝的宫廷精英们的奢侈消费文化。博物馆场景背后是伴随欧洲和北美藏品形成过程中的野蛮和典型性暴力，这一点已差不多被忘记。

一、埃利亚斯与博物馆

埃利亚斯本人也是一位收藏家，他了解自己的博物馆。他的代表性非洲艺术藏品曾于1970年在莱斯特博物馆展出[③]。他的著作充满了对文艺复兴时期艺术家的欣赏及对艺术史的精辟见解，其中关于博物馆精品的介绍（参考）随处可见。埃利亚斯具有丰富的人类史前史、自然史知识，他对长时段视角非常执着这些都是他关注博物馆的更深层次成因。我们很容易想象《社会学家隐退到当下》（2009年）的作者徘徊于大英博物馆亚述厅的场景。在博物馆史学家中间，也有人对埃利亚斯的著作比较认可[④]。然而，与福柯派和布迪厄派不同，埃利亚斯并没有将博物馆作为一个研究主题，博物馆也不是埃利亚斯的观点以任何主要方式付诸实践的地方。

---

① 原题目为《“圈内人和圈外人”关系和博物馆的社会生成》，作者为英国基尔大学社会学系教授戈登·J·法费，刊于《中国博物馆》2018年第3/4期。本文译自Gordon J. Fyfe. Established-Outsider Relations and the Socio-Genesis of the Museum, *Historical Social Research / Historische Sozialforschung*, Vol. 41, No. 3 (157), Special Issue: Established-Outsider Relations & Figurational Analysis (2016), pp. 54-80. Published by: GESIS - Leibniz Institute for the Social Sciences。注释部分有删减。

② 诺贝特·埃利亚斯：《诺贝特·埃利亚斯论文集·卷3·文明的进程》，都柏林大学出版社，2012年，第1939页。

③ 马尔堡的埃利亚斯档案馆收藏着埃利亚斯给莱斯特博物馆艺术品保管员的一封信，阐述了他的收藏方法。埃利亚斯拥有荷兰艺术家卡雷尔·阿佩尔（1921～2006年）的版画原作，现在莱斯特埃利亚斯故居中展出。

④ 〔美〕宝拉·方德伦：《拥有属性：近代早期意大利的博物馆、征集和科学文化》，加利福尼亚大学出版社，1996年。

埃利亚斯于1990年去世，此后的社会科学和博物馆实践之间出现一些交汇，其中一个重要方面是强调意义、可介入性和包容的所谓的新博物馆学[①]。社会学和博物馆专业人士在此对“圈外人”或埃利亚斯所说的“圈内人和圈外人关系”有了共同的兴趣。在与约翰·L·斯科特森（John L. Scotson）共同主持一项“圈内人和圈外人”的社区研究中，埃利亚斯阐明了“圈内人和圈外人关系”理论。他的理论与当代博物馆学中显现的观众研究产生共鸣。“圈内人和圈外人关系”被理解为不同群体之间的权力关系，是群体之间充满紧张的相互依赖关系。群体可能是阶层、地产、种姓或某种隔离的社会类别。他们可能是19世纪“美好社会”或现代郊区的新、旧家庭。他们之间的共同之处是包容与排除关系，社会紧张冲突在这里上升为组群憧憬与歧视。埃利亚斯在他的社区研究中首次对这个概念进行了详尽的理论探讨，后来在《文明的进程》中又做了进一步诠释[②]，因此，它贯穿于埃利亚斯的整个语汇体系中，包括他对科学社团和学术机构的考察[③]。的确，埃利亚斯只是太在意学术权力关系是如何对歧视和羞辱进行隐匿：20世纪中期他自己的作品就被评判为“过时”“陈旧”。

本文旨在表现从埃利亚斯的视角来研究博物馆的必要性。笔者将从“圈内人和圈外人关系”理论入手，揭示埃利亚斯的理论与博物馆的关系，而博物馆研究也会拓宽该理论范畴。从这一点来看，博物馆为“圈内人和圈外人关系”的动态发展打开一个窗口。笔者主要讨论以下三个方面：① 博物馆发展史支持埃利亚斯关于20世纪资产阶级习惯构成起源于宫廷社会的观点。② 在自认为是“仅有的文明之地”的西方信条中，博物馆是一个引领前缘。③ 博物馆的普世性与它将有些观众歧视为不文明“外来者”的潜力相互矛盾。“圈内人和圈外人”提供了概念性支撑。笔者从社会学角度对博物馆的一些观察开始，着力构建埃利亚斯研究视角对博物馆研究的关联性，再对前文甄别的三个主题展开讨论，深入探讨“圈内人和圈外人关系”理论是如何阐释19世纪的博物馆的。

---

① 新博物馆学在此不能详述。它是博物馆理论和实践的多维度转变，是自20世纪80年代开始的一个象征性革命。其中一个重要方面是从策展人—学者对器物的强调转向博物馆内部的意义制造（包括观众）。

② 诺贝特·埃利亚斯、约翰·斯科特森：《诺贝特·埃利亚斯论文集·卷4·圈内人和圈外人》，都柏林大学出版社，2008年，第1965页。

③ 诺贝特·埃利亚斯、约翰·斯科特森：《诺贝特·埃利亚斯论文集·卷3·文明的进程》，都柏林大学出版社，2012年，第1939页。

二、社会学、博物馆和圈外人

社会学对博物馆的兴趣相对较晚，因为博物馆在20世纪60年代才作为一个主题进入该领域[①]。社会学研究的前沿是关注社会阶层对观众体验的影响。在新博物馆学的权威之作中，皮埃尔·布迪厄（Pierre Bourdieu）和阿兰·达伯尔（Alain Darbel）提出了著名的观点，即不同观众体验可以用文化都市的社会分布来解释，有些工人阶级观众发现自己被博物馆所异化。他们认为“博物馆违背了其真实功能，虽增强了一些人的感情归属感，却排除了另一些人的情感”，这一结论得到很多支持，并被广泛引用[②]。

于是，他们与尼克·麦里曼（Nick Merriman）等人一起展现了博物馆如何能成为圈内群体团结起来反对圈外人的场所[③]。关于这一点，埃利亚斯仅在1900年前后谈及玛堡博物馆时有所提及，但他也充分意识到，统治无须将被排除者放进统治者的世界观中[④]。笔者在本文将讨论博物馆通常展示某种不确定性，无论圈内人和圈外人之间权利是否平衡，他们都包含关于统治权的“对话”成分。笔者认为，我们不应该将博物馆的特殊状况与其作为一个社会空间所具有的更广泛的融合性相混淆。因此，博物馆的意义没有被主流意识形态消耗殆尽，它们可以下延至观众，但也可以作为多元分布和体现的观众欲望、反应和表演，回流到中心[⑤]。博物馆的属性是作为不同生活世界之间社会相互依赖关系的空间，这一定义没有包含工具性，我们需要的是一个能抓住这一属性的博物馆概念。

新博物馆学一个重要组成部分是詹姆斯·克利福德（James Clifford）的著作。他借鉴了玛丽·路易斯·普拉特（Mary Louise Pratt）关于博物馆“关系性视角”的观点[⑥]。因此，克利福德认为，博物馆并非器物收藏之地，而是接触地带。他提出，“不同文化相遇、冲突和相互斗争之地，通常表现为高度不对称的

---

① 戈登·法费：《社会学与博物馆的社会方面》，《博物馆研究之比较》，布莱克威尔出版社，2006年，第33—49页。

② 皮埃尔·布迪厄、阿兰·达伯尔：《艺术之爱》，牛津政治出版社，1991年，第112页。

③ 尼克·麦里曼：《玻璃柜之外：过去、遗产与公众》，伦敦大学学院出版社，2000年。

④ 诺贝特·埃利亚斯：《诺贝特·埃利亚斯论文集·卷11·德国的研究》，都柏林大学出版社，2013年。

⑤ 安德里亚斯·胡塞恩：《暮光的记忆》，劳特里奇出版社，1995年；科林·特罗德：《愉快的纪律或艺术博物馆里的艺术史怎样观看》，《博物馆与社会》（1）2003年第1期。

⑥ 玛丽·路易斯·普拉特：《皇室之眼：旅行写作和文化嫁接》，劳特利奇出版社，2008年。

主导和服从关系”[1]。他认为，在其他事情中间，博物馆，特别是人种志博物馆是相互竞争的空间，文物诠释和返还等问题正浮出水面。因此，此前的圈外人，比如前殖民地区人民的后代，纷纷主张他们诠释艺术品和决定其意义的权利。但正如克利福德清楚地指出，圈外人可能就是居住在离博物馆仅仅一个街区的城镇贫者。

这种接触地带的观点流露出埃利亚斯的圈外人理论。从埃里亚斯角度看，接触地带是圈内人和圈外人作为观众相互见面的空间。它们是以不断变化和权利平衡转移为特征的流动空间。博物馆是圈外人和圈内人物质文化之间的接触地带。例如，它们可能是相互竞争的生活方式发生碰撞的地方，有些人或有些组织在这里可能享有优先（特权），而有些则被歧视化。博物馆是主体在社会交往中形成并以此为手段的场所，这个概念很好地抓住了博物馆的对话属性，说明了博物馆与现代性之间的联系，展现了博物馆具有能够产生新意义的力量，比如民族认同[2]。

对社会学而言，圈外人概念并不陌生。离经叛道者、逃学的学生、问题青少年、城镇流氓帮派、吸毒者和艺术家都包括在这个久已存在的主题中。从某种意义上，大多数博物馆参观者都是圈外人，就像医学界、法律界或政界一样，博物馆是由职业专家和外行民众构成的世界。但我们可能不愿意经历一次咨询或一次博物馆参观所带来的不平等之感。这在很大程度上当然得依靠权利的平衡，一些客户进入公共资源的渠道可能被切断，同时也无法获得自尊和尊严。问题的关键是，结构性失败如何被内化为个人失败和一个群体的失败。这关系到现代的大分化是如何被叠加到像博物馆这样的公共机构之上的理解，建立在公民权利基础上的博物馆事关重大，因为人们可能会认为博物馆里面应该没有圈外人。

三、圈内人和圈外人理论化

我们关注歧视问题。埃利亚斯在发展歧视理论及其在任何环境下的社会动力方面成就非凡。对他而言，圈外人不仅仅是标题。尽管圈外人被边缘化，但他们不是边缘利益者，而是一枚区别之币的另一面，区别可能是阶级、种族或性别。重要的是，一个群体可能团结一致反对对另一个群体，拒绝给其尊严。他认为，

---

① 詹姆斯·克里福德：《路径：20世纪晚期与翻译》，布莱克威尔出版社，1997年，第191—194页。

② 戈登·法费：《博物馆、社会学的想象和虚拟博物馆》，《迁移时代的博物馆》，米兰理工大学出版社，2012年，第77—106页。

关闭通道与象征性资源相联系，例如，老建筑和精品——社区的物质文化，而不单单是经济或政治资产[①]。

莱斯特项目研究中的圈外人和圈内人是居住在城郊的两组工人阶级家庭。由极少数中产阶级点缀的圈内人控制着获得名望的手段，包括俱乐部和教堂这类关键性机构。他们数代人居于此处，成为独一无二的老家族，其集体认同源自新近居住于郊区的圈外人的威胁。前者坚持行为标准，获得社区内赫赫有名的“老”家族的某些特权。而缺乏凝聚资源力量的圈外人被模糊化，被贴上低下的标签，无法掌握获得名望的资源。

埃利亚斯和斯科特森指出，他们研究的相关性已远超出20世纪60年代的莱斯特地区的程度。一些读者把各自相对较老的郊区家庭与欧洲历史上古老土地的家族进行比较，会有惊人的发现。但笔者认为，就像已灭绝的欧洲上层阶级的古老家族一样，在一些郊区老的工人阶级家庭中间，也存在社会约束所强迫的自制。在莱斯特郊区，像19世纪的美好社会一样，圈内人和圈外人之间关系紧张，后者在争取特权的斗争中被迫形成自我约束，产生出圈内组群那样的特性（差异）。统治群体为统治付出了精神代价，即自制的、文明化的行为，这些都是圈内群体所显现的独特之处，也是他们的第二特征。在《文明的进程》尚未被翻译成英文之前，大多数读者可能都没注意到其中的一条注释。但有些人意识到埃里亚斯关心的是文明进程的强迫性，对其所有的社会变体，都模式化为自我约束和社会约束的两重性。在个性结构和社会结构中作为同步变化。

作者潜伏至最底层，走到差异的引擎室，探寻激发歧视的动因。我们可能会想到一个郊区工人阶级或古老的地主阶级，他们认为资产阶级职业之人没有荣誉感。他们共同之处在于：作为曾经独立的群体，被捆绑于并不对称的权利关系中。有权势者可能把自己想成更好的人，而将圈外人污名化为不文明者，并说服他们承认自己的低下。这个模式的中心是流动的、变化的，埃利亚斯将其造型结构概念化。事实上，他坚持认为，一个成熟的“圈外人和圈内人关系”理论需要一个从静止走向动态的结构模型。这意味着要抓住“仍大部分隐藏的”和“兴起与衰落群体的合成复调”[②]。随着时间推移，他们作为压迫者与被压迫者，可能会转换位置和合作伙伴。圈内人和圈外人关系的一项功能是污名化对方的能力，

① 诺贝特·埃利亚斯、约翰·斯科特森：《诺贝特·埃利亚斯论文集·卷4·圈内人和圈外人》，都柏林大学出版社，2008年，第20页。

② 诺贝特·埃利亚斯、约翰·斯科特森：《诺贝特·埃利亚斯论文集·卷4·圈内人和圈外人》，都柏林大学出版社，2008年，第10页。

而最关键的是，它的焦点和强度是群体之间权利平衡的一个功能。埃里亚斯的一个格言是，不能仅凭快照式调查来理解这类问题，一个行之有效的群体歧视理论需要一个长时段的视角。

这一点如何与博物馆研究相联系？学校、大学、图书馆和博物馆等公共文化机构的一个道德谜团——与布迪厄有关——是为什么会通过明确地鼓励人们将自己排除在外的方式造成不包容的社会现实。如今，有人认为布迪厄和达伯尔对20世纪中期观众的研究已是过时的，也太法国化，故而将其摈弃。但笔者认为，他们揭示的不仅是被混淆的和被异化的观众，而且有观众和策展人之间的文化权利关系。后者为相对封闭的精英们，这些人表现出一种贵族的精神特质。他们通过个人关系和家族关系被招募入馆，多为对公众介入藏品不太感兴趣的“学者和策展人”。但策展人对观众的态度至关重要，它扎根于策展人的信条，即伟大的艺术会不由自主地给那些有眼缘和品味天赋的人展现其意义。在做好的策展人过程中，他们将自己与有些观众拉开距离。用埃利亚斯的话说，相对于品位被污名化的工人阶级“圈外人”而言，他们是圈内人。不仅如此，正如埃利亚斯指出，策展人在污名化观众的“内在声音”中有一个盟友[①]。

四、现代性、博物馆和旧秩序

埃利亚斯社会学一个显著特点在于其认为现代性的元素源于宫廷社会的观点。他的观点不是关于传统的遗存及其对工业资本主义发展或“传统创造的发明”产生有害影响的陈旧主题，而是采用西方长时段理性化观点的论证。他的论题是现代资产阶级理性的元素及其物质文化与宫廷理性的紧密联系。例如，他强调，像莱布茨尼、罗素和伏尔泰这样的启蒙思想家如何将有些事情归结于将情感表达文明化和理性化的宫廷习俗。他在《宫廷社会》中指出：① 古典艺术、高雅艺术和学术理论的重要之处在于它能将品位变成区别、反映和计算的客体；② 宫廷的物质文化、家具、绘画和服饰是通往现代世界的通道。埃利亚斯警告我们，博物馆在这方面具有双重功能：一是作为民族国家的一种图像贡献，二是作为滋养19世纪消费者文化扩张的设计特征[②]。

专制主义为了展示它对地产的霸权，便在符号权力方面进行投资。伟大的藏

① 诺贝特·埃利亚斯、约翰·斯科特森：《诺贝特·埃利亚斯论文集·卷4·圈内人和圈外人》，都柏林大学出版社，2008年，第10页。

② 诺贝特·埃利亚斯：《诺贝特·埃利亚斯论文集·卷2·宫廷社会》，都柏林大学出版社，2006年。

品映射出以君主为中心的且通过君王宫廷才能进入的宇宙秩序。皇室和贵族藏品逐渐向狭义的“公众”开放，表现皇室的权力和阔绰奢华。尽管参观的礼仪和仪式与当代博物馆相去甚远，尊贵的参观者增加了藏品及其收藏家的声誉。博物馆和其他公共空间的发展逐渐使得宫廷无法控制上层阶级的欢乐，无形之中也拓宽了普通大众的参与度。作为公共空间，博物馆开始出现了娱乐和社会交往中越来越城镇化的不确定性，也将上层阶级的快乐置于宫廷控制之外。这些新空间中出现了对观众开放的学术沙龙和展览，皇室权力和市场在此相互交错。

博物馆源于近代早期的各种藏品和收藏实践——皇室珍宝、圣物箱、庆典、好奇柜、奇珍厅和王侯们的收藏。首批宣称为公共博物馆的机构主要有：阿什莫林博物馆（1683年）、美第奇家族收藏（1737年）、大英博物馆（1753年）和卢浮宫（1793年）。各个国家博物馆的发展步伐快慢不一，反映出专制主义者和议会制政体之间的差别。我们发现，在梵蒂冈和俄罗斯，专制主义是早期公众进入博物馆的关键。与此相反，在那些没有强烈专制主义传统的国家，或权力平衡有利于议会的国家，“更复杂地协商和重新收集所需要的资源”①。因此，机构性变化反映出不同民族从传统到现代的不同转变历程，也反映出贵族和资产阶级生活方式的不同。

到19世纪中期，没有哪一个拥有自尊的都市没有博物馆。建筑、展陈、照明和嵌装玻璃的革新重点已由关注捐助者——收藏家的品位转移到观众观看和欣赏展品的需要。观众的观念得到确立，“康德式凝视”的集中关注成为可能。这种变化被用来适应一个理性的机构，满足更广泛观众的需求，促进观者对艺术品进行系统的比较，这些变化是文化都城发展的方方面面。博物馆的独特和现代之处表现在“所有时间、所有年龄、所有形式、所有品位都堆积于此”②。如果将文化都城比喻为一枚硬币，艺术品汇聚一堂仅仅是它的一个面，观众对文本都城的内化与加强则是另一面。博物馆将圈内人和圈外人关系理论化，这就需要我们承认博物馆内既有的，与收藏历史、策展实践和策展专家培养（发展）等都有关联的程序，需要我们表现博物馆内部的事物布置及其与文化都城积累相协调的身体安排的内化之间的关系，也需要我们把文化都城史和征集史链接起来，即博物馆诞生的前提是知识从藏品所有权中分离出来，同时将良知变成社会排斥的基础。

---

① 彼得·阿洛尼松：《解释国家博物馆：探索研究国家博物馆的比较方法》，《国家博物馆：世界各地的新研究》，劳特利奇出版社，2011年，第29—54页。

② 米歇尔·福柯：《不同的空间》，《美学、方法和认识论：福柯论文选粹 1954～1984年·卷2》，阿兰·莱恩出版社，1998年，第182页。

资产阶级吸收贵族物质文化的现象在国家展览馆这类机构中可能表现得最为明显。例如，建于1824年的伦敦国家展览馆就肇始于欧洲老一辈大师收藏家们的业余休闲品位。资产阶级在生活中融入贵族文化资源，并将这些资源转变为新型文化资本。建筑、宗教象征、装饰、家具、绘画和雕塑，这些老秩序中的物质文化传递到现在，有些被作为博物馆物品，有些被作为设计原则。博物馆成为贵族生活习惯的诸多元素内化为资产阶级人民的生活习惯的场所。这种转变在18世纪和19世纪资产阶级的生活方式和收藏习惯中清晰可见，也是为资产阶级和中产阶级家庭提供服务的消费行业不断发展壮大的一个特征。

因此，博物馆的形成不仅仅关乎艺术博物馆。博物馆、展览和博览会展示资产阶级科学、技术和设计的杰出生产力，有些高雅艺术就是通过这19世纪晚期的风格，比如新艺术（Art Nouveau）[①]予以表现的。博物馆藏品包含着宫廷风格的、古典的、巴洛克、洛可可和新古典主义等艺术历史语汇，激发了新品位，为提高风格和特征标准提供了机遇。

至1850年，大英博物馆每年观众数量已超过100万人次。欧洲各地的博物馆数量都在明显增加。埃利亚斯时代的德国就是如此：1900～1914年，新建博物馆179座[②]。还有更广泛的城镇集市展示文化和展示艺术，它们有些部分与博物馆共享，有些部分与博物馆重叠，不同的是博物馆将展览和陈列常规化和理性化，成为包括百货商店和国际博览会在内的更广泛的“展览综合体”的组成部分[③]。因此，博物馆是城镇发展、旅游、交通和零售等机构性配置的重要构成部分，在塑造和传播维多利亚时代文化都城品位、知识和歧视过程中起着重要作用。正如一位历史学家所说：乌托邦冲动将每座房子都变成一座博物馆，而不是一座城堡，这是贵族和教堂艺术在19世纪永不停歇地扩展性传播的最后实现[④]。

后来的博物馆历史最终将我们从一个文明体带到另一个文明体，我们发现，以美德消费为基础的增强性、炫耀性生产取代了以荣誉为基础的炫耀性消费。18、19世纪，随着资产阶级圈外人迁升为统治阶级，各种不同生活方式逐渐渗透。“随着资产阶级上升到上层阶级的地位，宫廷贵族上层阶级的行为模式与资

① 黛博拉·西佛曼：《法国世纪终点的新艺术》，加利福尼亚大学出版社，1989年。

② 阿尔玛·惠特林：《博物馆：教育历史及其任务》，劳特利奇出版社、科恩·保罗出版社，1949年，第136页。

③ 托尼·班尼特：《博物馆的产生》，劳特利奇出版社，1995年；《公民观看：博物馆与愿景机构》，《博物馆研究之比较》，布莱克威尔出版社，2006年，第263—281页。

④ 芭芭拉·布莱克：《展览：维多利亚时代及其博物馆》，弗吉尼亚大学出版社，2000年，第71页。

产阶级各基层的行为模式相合并。宫廷式礼俗被融入，被固化于我们现在所谓的‘文明’或更准确的表述‘文明行为’。”[①]此前的圈内人与圈外人关系演变为商业和工业发展之间不断增长的相互依赖关系的一个方面，反过来也提高了为“差异”而斗争的风险。埃利亚斯强调，“一种特殊的社会控制，即自我控制与对他人行为的敏感相结合，在习惯或第二特性形成过程中被强化”[②]。如笔者所见，博物馆欢迎这些习惯。

五、文明化空间，接触地带和博物馆的著作权

埃利亚斯认为，工业民族国家的综合性难以捕捉，它的对应物是宗教性浓厚的民族象征中被神圣化的想象和情感纽带。因为他们是法国人、英国人甚至是欧洲人，博物馆就成为19世纪人们看见自己已经文明化的地方。博物馆能够提升某个民族的信仰，也可以作为文明最根本的基础，在民族国家中建立信仰[③]。人们在其他地方如何生活？像卢浮宫这样普世性的博物馆成为民族国家的仪式性遗址。因此，展厅按照时间进行分割，表述可视的民族故事和上天所庇佑或厚赠的国家，观众依次参观。博物馆让文明站立起来。当观众从一个展厅走到另一个展厅，沿着权力和知识的走廊行进时，他们默诵着“现在比过去进步”的文明故事。博物馆以令人信服的方式让人们区分世界事物，他们可能将自己的民族置于人类进步的普世性故事中，想象着民族的发展规律最为重要。

因此，在收藏、保护和重构文物过程中，博物馆将民族国家规范为一种人类组织形式。正如沙伦·麦克唐纳（Sharon Macdonald）所言，观众把自己想象成人民，并以民族国家的公民的身份，齐聚一堂。人们也能发现，他们区别于他人，把自己想象成“我们”欧洲人，是“他们”——非欧洲人的天然殖民者。人种志和人类学博物馆在其自身文明的普世性方面迎合西方口味，将“他者”污名化[④]。18世纪末，统治世界的是以西方为中心的民族国家体系，它们通过贸易、

---

① 芭芭拉·布莱克：《展览：维多利亚时代及其博物馆》，弗吉尼亚大学出版社，2000年，第71页。

② 诺贝特·埃利亚斯：《诺贝特·埃利亚斯论文集·卷3·文明的进程》，都柏林大学出版社，2012年，第470页。

③ 诺贝特·埃利亚斯：《诺贝特·埃利亚斯论文集·卷3·文明的进程》，都柏林大学出版社，2012年，第470页。

④ 卡罗尔·都坎、阿兰·华莱士：《普世性调查博物馆》，《艺术史》1980年第1期；沙伦·麦克唐德：《博物馆、国家、后国家与跨文化认同》，《博物馆与社会》1980年第1期，第1—16页；《访问观众：观众参观手册》，《博物馆与社会》（3）2005年第3期，第119—136页。

竞争和战争相互连接。这个权力网络不断膨胀，对其他殖民化或非殖民化社会敲骨吸髓，并将其裹入世界系统中。随着19世纪晚期非洲的殖民化，欧洲帝国达到巅峰，对非洲土著人民的最后镇压后，将他们变为展品[①]。

在英国，议会权力的发展影响其对博物馆的政策。1800年，早期博物馆和圈内人的大都市风景不允许圈外人进入。尽管大英博物馆已正式开放，但它早期的特征是：抑制观众的限制性措施，“与工人阶级保持安全的距离”[②]。有限开放是源于对下层人根深蒂固的模式化负面印象，贵族的头衔、地位和权力又将这种负面印象进一步强化，即下层人的世界是粗俗的，那里有乡村集市、呆头呆脑的观者和大众表演，这些与博物馆相去甚远。然而，19世纪30年代，随着激进的资产阶级的群体政治权力（源自长期的商业化和工业化进程）不断增长，他们公开挑战贵族的文化特权。议会权力的增强表现在资产阶级对博物馆中的市民、工业和公众教育空间的兴趣。因此，从19世纪40年代起，随着工人阶级中的男性逐渐加入政治组织，工人阶级进入博物馆便获得了越来越多的政治意义[③]。

在欧洲发展中民族国家内部，随着职业逐渐成为支撑社会结构的支柱，公共藏品和博物馆的功能也因此发生改变。职业逐渐代替贵族头衔和土地权，成为尊严的源泉。身份认同围绕生产性职业工作的概念而成型。博物馆在欧洲各地作为民族空间而出现，不同阶级、不同朝代和上升（兴起）的资产阶层以及农民、工人和殖民地人民的生活世界开始作为公共的构成而出现。彬彬有礼的贵族鉴赏家之类的身份认同黯然失色，而其他的身份认同开始出现并浓缩为一种新的社会类型。参观博物馆的类型被承认为不同消费的模式，且变成价值的固定标识。

这些议题远远超出埃利亚斯《文明的进程》中最初对早期上层阶级那个阶段的关注。文明进程如何形塑其他阶层的习性，比如城镇的工人阶级，并非真正的重点。曼尼尔（Mennell）在思考19世纪的法国时提出，大众消费、军事征兵制度和学校教育是19世纪将工人阶级不断融入圈内的文明进程的时空背景[④]。博物馆

① 帕斯卡尔·布兰彻特、尼古拉斯·班瑟、爱里克·德儒编：《人类动物园：殖民帝国时代的科学与奇观》，利物浦大学出版社，2008年。

② 安托尼·波顿：《为激励而征集：早期博物馆收购、展示和设计改革》，《为所有人的艺术和设计：维多利亚和阿尔伯特博物馆》，维多利亚和阿尔伯特博物馆出版社，1999年，第53—61页。

③ 戈登·法费：《艺术、权力与现代性：英国艺术机构，1750—1950年》，莱斯特大学出版社，2000年，第137—140页。

④ 斯蒂芬·门奈尔：《诺贝特·埃利亚斯：文明与人类自我形象》，巴塞尔·布莱克威尔出版社，1989年，第125、126页。

在这方面也很重要，原因有三。首先，这些阶层是城镇社会阶层相互依赖、相互渗透的外在表现，他们在博览会、画廊和民族藏品中互相聚合为不同的公众。其次，宫廷是贵族心态形成的地方，而在19世纪欧洲美好社会中，典型的资产阶级心理、性情和习惯在博物馆（与展览）中逐渐成形，然后有选择地传向外面的人——农民、工人和殖民地臣民，这些人熙熙攘攘地挤满了19世纪晚期和20世纪早期的博览会。最后，博物馆的发展记录了一种超越暴力——布迪厄所谓的象征性暴力和税收垄断之外的新型国家。博物馆将藏品民主化，但正如其他国家机构一样，博物馆将人们拉入一种荣誉与污名的新微积分学网络中。不仅如此，这个公共舞台上还有看得见的主观性（心灵内部活动）在独自表演，并暴露在集体判断之中。

国家并未发明博物馆。博物馆事业根植于收藏及其在近代早期转型的宽泛历史中，并于18、19世纪以启蒙的、指导性的方式将博物馆付诸实践。但那些用法或功能不是博物馆产生的缘由。博物馆在形态上产生于王室藏品的潜在社会化，与不同于地产社会或分层化的阶级依赖性相联系。现代性产生出一种去中心化和微弱融合的中世纪社会所没有的一种矛盾情绪。在此环境中，按照个人头衔进行组织构架，这些人的生活世界相互隔绝，老死不相往来。在这样的社会中，等级秩序由神的旨意来决定，统治群体对被统治群体的内心世界不感兴趣。不仅如此，以个人服务为特征的中世纪世界里，战火纷飞，给予与窃取、忠诚与仇恨界线极其分明。这是一个具有明确格式化特点的（割裂化）、十分危险的世界，珍奇异宝类藏品展现出王朝的不确定性，为发动战争和结盟储存必需的财富。这些珍奇异宝只是藏品，而收藏它们的地方不能称之为博物馆。

埃利亚斯发现，在从地产阶层向阶级转变的过程中，一种新出现的社会结构藏匿了情感的新范式，不同阶层之间的情感变得越来越复杂，越来越模糊不定[①]。这些发现对我们理解博物馆作为阶层之间“对话”或甚至是争论之地而出现颇有帮助。因此，现代性不仅关乎传统的衰微和资产阶级的胜利，而且能扩展不同社会阶层的收藏视野，展示新模式所表达的复杂性。贵族逐渐失去以国家财政和公共花费为代价进行炫耀性消费的权力，而炫耀性消费本身成为资产阶级批评的对象。封建军阀被纳入专制主义君主的霸权中，失去了发动战争的能力，贵族和宫廷精英也被剥夺了对那些获得更广泛国家意义的集体表现和器物的私有权。

---

① 诺贝特·埃利亚斯：《诺贝特·埃利亚斯论文集·卷3·文明的进程》，都柏林大学出版社，2012年，第352、353页。

不同博物馆和文化机构以不同方式表达不同阶级之间的紧张情绪，并通过发展文化领域方式进行衍射。例如，带有皇室和贵族遗韵的艺术学院对博物馆的控制已经去中心化、被贬值和分离。残余的贵族和资产阶级之间的紧张冲突更多地将艺术职业分离开来，将维多利亚晚期的艺术世界一分为二，每个都与创意生活的不同愿景连接在一起。20世纪早期，现代主义的外界艺术家及其商业经销商将新展示和生意做法与演化为浪漫主义和波西米亚主义的贵族情调相融合。这些新象征主义专家与20世纪早期的文化产业结成合作伙伴，将贵族气质传播开来，融入20世纪新职业和新中产阶级生活方式中。这种支持者反过来对艺术博物馆形成包围之势，随着现代主义变成20世纪西方民族国家的官方艺术，而学院派艺术被污名化。

然而，圈内的贵族在收藏方面的兴趣没有消失。旧秩序在新文化平台上被挖掘。资产阶级内部的紧张在博物馆失去作用，这些有助于解释19世纪早期博物馆的初始性。博物馆远不是仅开放贵族邸宅，开放宅院作为博物馆而存在的意义，需要重修、扩展等工作，这些通常不是很明显。一个公共画廊或博物馆在为观众提供观看方面与私人画廊有所不同，这一点也不是专利①。英国19世纪早期博物馆和画廊内部与私人画廊并无不同。作为一个公共机构的博物馆是一个过程。今天我们判断为一个私人的、排他性空间“在18世纪似乎更加开放”②。

初始性并不能证明这样的结论，即这些机构与19世纪晚期、20世纪和21世纪的博物馆相比，更不像博物馆。但笔者认为，初始性塑造了博物馆。博物馆产生于快速城镇化社会中彼此相互依赖阶级之间的空间，在这种社会中，圈内人和圈外人之间的权力平衡是波动不定的。博物馆从社会层级之间相互依存关系中吸取能量，上帝的统一安排或主宰皆不能将二者彻底融为一体。博物馆的主体权不存在于一个阶级或国家，而是19世纪出现的圈内人和圈外人的结构。这些观点通过一个阶级结构引出了博物馆的集体主权性问题。

六、博物馆、圈外人和歧视

近年来的著述与研究中逐渐显现出博物馆带有竞争性资产阶级化的历史轮

① 克里斯托弗·维特海德：《19世纪英国的公共艺术博物馆：国家展览馆的发展》，阿什盖特出版社，2005年；尼克·普里奥尔：《博物馆与现代性：艺术展览馆和现代文化的制造》，博尔格出版社，2003年。

② 卡罗尔·都坎：《礼仪的文明化：公共艺术博物馆内景》，劳特利奇出版社，1995年，第36页。

廓。博物馆与资产阶级的社会地位上升相关联——尽管我们不应该假设，19世纪早期的中产阶级必然要将第一批博物馆看作他们的机构。不仅如此，其他社会阶层也是博物馆的竞争性等式的构成因素。相互依存的群体共同为文化心态、为空间、时间和主体培植了一种不同的且相互矛盾的关系。博物馆将阶级矛盾戏剧化，把不同消费模式和不同主体的文化汇聚一堂，让彼此在博物馆的公共空间中寻找相互竞争、相互依存之地。

自18世纪晚期开始，为了满足资产阶级观看的优先权，贵族藏品和早期博物馆的秩序逐渐被重构。绘画的悬挂方式从装饰性到历时性的转变，标志着资产阶级的社会地位不断上升，对他们而言，参观是一种增强文化资本的方式。博物馆记录着历史，威特海德（Whitehead）和普里尔（Prior）等人以伦敦和爱丁堡的国家展览馆为例，探寻国家藏品的话语变化及其与宫廷和贵族文化决裂的动态发展过程。在法国大革命时期，各种博物馆学原则的附和者对卢浮宫的悬挂艺术争论不休：一派主张采用混合型和装饰性的悬挂方式，把历史上大师们的作品并列在一起展示；另一派主张要对民族派别的发展过程进行历史的展现。这种争论被一种共和政体对旧秩序炫耀性消费的污名化论点所渲染①。

博物馆前进（运行）的方向是“以大都市资产阶级为主体”的个人化参观②。当然，观众可能以团体方式到博物馆，参观规范越来越多地要求观众安安静静地、规规矩矩地与展品进行密切的视觉交流且以此为前提，这种模式被优化为标准规范。如果团体参观基本上是“四处看看”的集体体验，那么，个人化参观则是密切关注的凝视和富有成效的体验。在这里，阅读公众的私有化与参观公众的形成齐头并进。图说新闻行业不断扩张的世界展现出冥想型而非好交际型博物馆观众所期待的景象。

博物馆规则的制定和装置的设计首先考虑的是个人进入文化资源的模式。受埃利亚斯启发，康斯坦斯·克拉森（Constance Classen）对博物馆参观者的行为举止的历史进行了考察。就像埃利亚斯通过礼仪书籍观察个人行为变化一样，她考察了18世纪和19世纪早期阿什莫林博物馆的参观规则。她发现，该馆不仅允许观众触摸展品，而且通过味道和气味等感官体验鼓励观众参与。但在其他博物馆，参观需预订，被规范化，变成一种纯粹的视觉体验，没有语音导览，没有嗅

① 安德鲁·麦克莱伦：《发明卢浮宫：艺术、政治与18世纪巴黎现代博物馆的起源》，加利福尼亚大学出版社，1994年。

② 凯文·赫瑟林顿：《空空的博物馆？主体、客体与空间的问题》，《博物馆与社会》（8）2010年第2期，第112—117页。

觉或触觉参与。随着界定正常参观的新规则和行为规范不断演化，博物馆需要新的识别力和对自发性表达的内在控制[①]。

但克拉森发现，这是一个有争议的排序。博物馆毕竟产生于欧洲世界，欧洲人民认识到在不同时代、在当下、在以任务为中心的时间里、在普世性的钟表时间里，同时也有人生活在世界其他地方。历史书中的时间在制造过程中是静止的，人民能记得"在一点都不现代的世界里，物质生活和精神生活"是什么样子。以政治家、知识分子和出版界为代表的激进的资产阶级对博物馆的旧秩序提出了挑战，特别是艺术博物馆，因为博物馆作为一种媒介，能够在一个国家时空中将所有阶级都纳入市民阶层中。可以想象，教化性、指导性和救赎性博物馆可能从伦敦西区一直延伸到东区的贫民窟，与改革中的国家形成合作关系。埃利亚斯认为，19世纪一个最重要方面不仅是资产阶级对旧秩序不断施压，而且是工业资产阶级作为一个整体对旧秩序进行施压。像伦敦南肯辛顿博物馆这样的工业和设计博物馆就是工业利益和不断攀升的资产阶级挑战捐献特权和贵族鉴赏力并迫使博物馆包容工人阶级的现场。

博物馆对参观者提出身体和心理（精神）方面的要求，强调反应性，强调适用于群体内部的自我规范行为，以及注意同时也会被别人观察的意识，即可见性与隔离性的二元悖论。城市需要一套新礼仪，城镇承认一个能够消除尊卑的空间，宫廷并非如此。与其他公共空间一样，博物馆观众与他人保持距离的方式是在回归自我的同时又在观察其他陌生人。19世纪的视觉艺术家擅长表现与城镇生活有关的"观看"，比如凝视、浏览、观看和查看。朱塞佩·加布里埃里（Giuseppe Gabrielli）的画作表现了伦敦国家展览馆的各类观众。埃利亚斯将他们描述为"单孢体"，因为大多人是迷失在思想中的沉默寡言的谜团。我们无法知道他们在想什么，因为他们的表情无所表现。加布里埃里捕捉到了反应性的目光，陌生人群中妥当的自我规范行为，同时也有自己被观察的意识。

但是，观众的体验是多元的，反应并不是单一的，而是通过与工业化社会相联系的各种娱乐和教育文化折射出来。人们以各自的阶级文化为媒介，对展览的反常状态进行反应。例如，1856年曼彻斯特的艺术珍宝展就表现了工人阶级的一次集体亮相，观众乘坐火车而来，在博览会中一起巡游[②]。凯特·希尔（Kate

① 康斯坦斯·克拉森：《博物馆举止：早期博物馆的感官生活》，《社会历史期刊》2007年总40卷第4期，第895—914页。

② 海伦·莱西：《博物馆主体：参观和观看的政治与实践》，阿什盖特出版社，2012年。

Hill）发现，出现在博物馆里的工人阶级并非是一群吵闹的人，他们是一群希望在一种集体经验之上进行相互自我提升的人①。19世纪博物馆另一个重要特征是：19世纪60年代以后兴起的工人阶级俱乐部运动为工人参观博物馆和古堡提供赞助。于是就出现了反映阶级形成过程的博物馆和展览空间，不同阶级在此形成各自的参观模式。1851年大展览期间，不同的、相互矛盾的“劳工尊严”如何同时存在，杰弗里·奥尔巴赫（Jeffrey Auerbach）的解释具有启发性，他提出了一个令人信服的观点，即展览并不消解社会差异，它是不同阶级共存的地方，是民族认同构成要素发挥作用的地方，是关于尊严的新概念正在涌现但仍未凝聚的地方②。随着密闭的地产残余被阶级代替，标志社会分层的原则发生变化，博物馆记录了这种变化的模糊特征和矛盾心理③。19世纪改革家关注的事情是工人阶级“使用和滥用”公共展馆，他们为拥挤行为而担忧与烦恼。公众争论的主题不仅仅是阶级差别，那些阅读新闻周刊的人们更广泛意识中出现的观众以阶级词汇被说明，被规范。在这种背景下，改革家们对周日闲逛的观众直瞪瞪注视展品的抱怨达到顶峰，并为“下层社会”的唾沫和呼吸表示担忧（比如，1878年画作《国家博物馆里过节的乡亲们》所描绘的场景）。

与博物馆扩展和观众数量增加同时出现的是一种文化分层化，是一种中产阶级对工人阶级污名化，前者将后者看作没文化的人。资产阶级国家利用博物馆来消灭贵族炫耀性的消费和工人阶级炫耀性的不负责任。乔治·伯纳德·奥尼尔（George O’Neill）一幅维多利亚中期的绘画《舆论》，尽管不是描绘博物馆，但表现出两种阶级的不同。场景是伦敦流行的皇家学院年度展览。这是一幅“主题性”绘画，主题是表现一群戴着高帽、穿着大方得体的中产阶级观众兴趣盎然地观看一幅画。一幅我们看不见的画吸引着观众的兴趣，他们的愉悦源于自我控制，而不是他们所凝视的器物有趣或事情美妙这样的外在媒介。这里至关重要的是，观者掌控着知识和“内在”心灵快乐的能力。艺术对公众具有普世性的吸引力，奥尼尔对此似乎胸有成竹，这幅绘画也招致了一些诽谤与质疑。两名男性潜伏于角落阴影中，向房间四周张望，一个人直瞪瞪地盯着一个年轻女性。维多利亚时代的观察者可能发现了其中包含的阶级线索。这两人身穿棉麻粗布，表明其

① 凯特·希尔：《英国公共博物馆中的文化与阶层》，阿什盖特出版社，2005年。

② 塞思·科文：《白教堂绘画展与观看的政治》，《博物馆文化：历史、话语权与奇观》，明尼苏达大学出版社，第22—24页。

③ 塞思·科文：《白教堂绘画展与观看的政治》，《博物馆文化：历史、话语权与奇观》，明尼苏达大学出版社，第22—24页。

身份是工人。艺术家邀请我们见证一种心猿意马的眼神和一种矜持自律的眼神之间的强烈对照。但也有一种救赎的允诺（希冀），因为绘画包含一个第三者工人阶级的面孔，他嘴里衔着图录，显然被画面所吸引。我们拥有一个正在形成的公众。

工人阶级观众具有新闻报道价值。博物馆以新的、令人惊奇的方式将人和事联系起来，展现所有意趣、兴奋和随着文化市场扩张与接纳圈外人（就像读者与小说，学生与学校或孩子与网络的关系）所带来的道德恐慌。两幅报纸上的图像也记录了中产阶级读者的心态。第一幅是《我们的印度观众》（1882年），描绘的是印度士兵参观，显然是博物馆的漫画比喻，圈外人带着错误的习俗来到博物馆，表现出错误的礼仪。在一位英国本土讲师的指导下，士兵们才表现出适合博物馆氛围的自律参观行为。否则，如果他们在一幅裸体画像前被抓现行，在一幅战争场景前幼稚地打斗或逃跑，这些反应就会引发焦虑和尴尬。更糟糕的是，这些参观者突然变成“本地人的仆从”，为其殖民地主人当“当牛做马”。第二幅是《圣母玛利亚和清洁女工》（1898年），画中的女清洁工不是观众，她们手拿清扫工具，正在工作的瞬间被捕捉到。肯定有人问，她们是在何种情况下出现在那里的。

这些图像中暗含着礼物或人类学家所说的礼物关系。在个人给予方面，很多欧洲收藏和博物馆具有中世纪渊源。但博物馆扩展的驱动力部分来自礼物关系的非个人化及其通过新公共机构的理性化。富裕的资产阶级收藏家——捐献者的慈善在博物馆历史中得到确认（被固定下来）。但我们也应该注意，中产阶级文化慈善家通过指导方式进行的工作及其与男性工人俱乐部合作的延伸工作。例如，在19世纪80年代和90年代，一些社会改革家开发出一项道德项目，展示传统英国艺术，并将该项目带到西区工人阶级中间。塞思·科文（Seth Koven）的论文见解独特，他认为，改革者和东区人之间关系非常复杂、矛盾和敏感。后者可能会削弱前者的权威，中产阶级导游可能暴露出他们对观众问题的漠视①。科文得出的“流动不是单向”的结论证据充分。我们无法假设的一个问题是，信息或给出的礼物是否会完整地被接收。科文、希尔和其他人提出的另一个问题是，博物馆和展览馆完全可以成为跨阶级交流与相互依赖的场所。我们永远无法确定，礼物的接受者、我们的孩子与亲戚，或值得帮助的贫者是否按照我们想象或希望的那样来处理我们给予的礼物。

① 杰弗里·奥尔巴赫：《1851年的大展览：一个民族在展出》，耶鲁大学出版社，1999年。

七、观察的辩证逻辑

博物馆展示埃利亚斯的主题，它们是知识、拟态（模仿）、兴奋、感情和举止之地，也是以上所有的总和——文明之地。笔者在综合以上观点的基础上，再来谈社会观察一事。埃利亚斯在《宫廷社会》中强调社会交往的视觉维度，特别重视17世纪宫廷生活对个人能力的影响，即观察和解释其他人行为的同时又能隐匿内心情感和意图。一方面，观察是宫廷主体的理性化及其控制和藏匿对他人真实感情的自我客体化的一部分。另一方面，宫室生活的节奏和条件强化了社会控制，引发自我意识的觉醒和对同时出现的“他者”的警惕，由此，将视觉体验置于比其他感官体验更优先的地位。埃利亚斯清楚地指出，20世纪中产阶级和工人阶级的习俗中都保存着贵族祖先的某些成分①。一个关键问题是关于资产阶级社会通过博物馆媒介选择、吸收和重塑贵族视觉习俗元素的方式。

可见性、观察和监控是博物馆研究的主要关注点。托尼·班尼特（Tony Bennett）指出，博物馆和展览被发展成“看”与“被看”的地方，重要的是，它们提供观看的位置，让观众看到万花筒般博览会盛景，也允许观众让自己与其他群众保存距离②。像埃利亚斯一样，笔者的重点也在于圈内人和圈外人群体的结构，他们是博物馆事业的书写者，他们将自己可视化。在宾克莱（Binkley）等人措辞优雅的观点基础上，笔者提出的观点是：话语权常常被嵌楔进结构性进程的强制力中，与博物馆观众有关的那些主观化技术是圈内人和圈外人结构的几个组成部分。维多利亚时期的媒体清楚地阐述、宣讲圈外人的刻板形象，并将其视觉化。但笔者认为，所谓的“圈外人”不是在“传递信息”，而是一群话语权被忽视的群体。下面将着重讨论话语权、可视化和结构。

安德烈·马尔罗（André Malraux）基于艺术再现的“没有围墙的博物馆”“虚拟的博物馆”等理论至今无人能企及③。与图说新闻一前一后涌现的是，实体博物馆的内部工作如何对外开放，并通过视觉形式予以记录，通过政府官员、委员会成员和其他人对展馆和展室内景予以观察和监督，但有关这方面的讨论较少。图说新闻是不断扩展的视觉世界的一个组成部分，包括博物馆、博览

① Hooper-Greenhill, Eilean（1992. *Museums and the construction of knowledge*. Leicester University Press）和班尼特（1995）的开山之作对我们理解博物馆作为可视性、观察和监控阵地非常重要。

② 托尼·班尼特：《博物馆的产生》，劳特利奇出版社，1995年。

③ 安德烈·马尔罗：《沉默之声》，赛克尔与沃尔博格出版社，1954年。

会和出版物。

我们应切记埃利亚斯所强调的圈外人和圈内人关系明显的流动性、潜在可能性以及话语权的关系性空间。让博物馆变得如此重要的是，参观者用来规范自己行为的知识来自多种文本载体：讽刺作品、报纸、小说、视觉描绘、科学考察、机构性报告和负责装饰公共领域的政府部门的官方表述。这些文献作为人们在展览和博物馆中所作所为的证据，具有不同的功能，通常用于规劝和判断。我们应注意，这些文献还是资产阶级对观看事物者和观察他人者的观察和判断。不言而喻，我们对此只是一知半解，因为改革者想要了解如何处理阶级和市民之间的关系，如何估算出“他们”的文明对不文明的圈外人有多大影响。我们还知道自己意欲何为，因为参观本身处于自我观察和他者意识之上。意识包括每个人明白自己也被他者观察的意识。

国家展览馆中欢度节日的乡亲们、印度士兵和清洁工妇女具有新闻报道价值。当然，这些对“他性”的描绘更多的是谈论读者、编辑者和他们的标题，而非参观者。虚构肯定不仅仅出于我们知道印度参观者和清洁女工心中所想，而且还是他们的评判者。圈内人意识中出现圈外“参观者”的方式让这幅画意趣盎然：编辑的幽默而拙笨的标题表明一种了解的需要。迈克尔·陶西格（Michael Taussig）在另一个完全不同的语境下指出，西方探险家对录音或摄影技术骄傲自大，关键是“白人男性”对“自己所痴迷的这些拟态地庞大机器”非常着迷，与他们对“土著”产生影响的社会学并无关系[①]。拟态性权力在这里至关重要，因为那种痴迷使得19世纪80、90年代这些图像具有了新闻报道价值。尽管有所畏惧，但仍要思考：图像表达出对圈外人消费、对中产阶级与工人阶级同欢乐现象的一丝恐惧感，期刊的字里行间和博物馆的官方叙述也表现出同样的不安，即他们在对我们的文明做什么？答案有可能改变参与对话的双方。

英国资产阶级改革家和观察者亨利·柯尔（Henry Cole，1808～1882年）是19世纪博物馆界最重要的人物，他是伦敦南肯辛顿博物馆建设的主要驱动力，他关于展品安全性的观察存在着矛盾之处。在1860年当选为特别委员会成员之前，他报告了南肯辛顿一对母子对雕像的破坏情况。他解释说，抱小孩的母亲让该雕像污迹斑斑。但1864年，他在另一个特别委员会再次说到这件事情，这次增加了母亲们拿小孩的脚丫与雕像进行比较的叙述。此时他还是乐观的、宽容的：孩子们和艺术家们的出现是“有益健康的特征”，而在最后分析一次人性化体验时母

① 迈克尔·陶西格：《模仿与思考：感觉的独特历史》，劳特利奇出版社，1993年，第198页。

亲们成为了他讲笑话的噱头：“我情不自禁地想到，艺术家和他的妻儿以那种方式经受一种非常人性化的影响，我认为，我们应该为此而感到高兴。”[①]我们可能会问，对他而言，这也是文明化吗？

八、结　　语

埃利亚斯在《文明的进程》中指出，20世纪的欧洲人从宫廷传统中继承了人格特征。他们的品位、理性和智慧（力）似乎是文明化个人的自然属性，这些人的生活方式优于他们正在取代的王朝精英及其附属群体，比如市民、工人、消费者和殖民地臣民。圈内人群体已经忘记（随着他们将其改革的目光朝向圈外人群体）自身的“优越标准”在历史变化的过程中已经发展成熟、消退且变得微妙。但深埋于资产阶级心理的是他们从衰落贵族阶级吸收的贵族成分、品位、反应能力、身体抑制和精神克制，并将这些内容进行内化。因此，对于埃利亚斯而言，17世纪远远不止是过去，生活方式的构成元素与资产阶级相混合，并传至20世纪，作为现代人的第二性。笔者已提出，19世纪的博物馆是一种媒介，贵族习俗借此被传承、与资产阶级习俗相融合，并传播至其他阶级。

布迪厄认为，博物馆的精英主义是过去为差异而斗争的产物[②]。埃利亚斯则认为，过去的斗争是文明长时段发展过程中的一个阶段，他将那个过程确定为分析的客体[③]。以这种方法来看，历史上的冲突例子是通向失忆之路的小站，被遗忘的是圈内人和圈外人为争取“差别”的斗争所引发的自我约束和文明性格的历史及其所带来的风险。埃利亚斯强调的是长时段观点，过去不是当今问题的历史背景，因为当代问题是历史问题。历史研究建立了记录在主流歧视模式中的多变的权力平衡规则。

20世纪70年代中期，随着以前的圈外人走向权力职位数倍增加，随着紧张冲突的主轴全球化，人们已不再过多地关注于变化的权力平衡，埃利亚斯对此中原因感到奇怪。在过去的30年中，很多西方博物馆不再以策展器物为中心，它们通过包容性政治和对观众及其体验的强调而得到重新塑造。毫无疑问，这些发展与西方民族国家的去中心化相联系，这些民族国家的核心认同已经被经济相对衰

---

① 英国议会特别委员会文章，1864年，第Ⅻ卷，编号Q2407。

② 皮埃尔·布迪厄：《区别》，劳特利奇出版社、科恩·保罗出版社，1984年。

③ 诺贝特·埃利亚斯、约翰·斯科特森：《诺贝特·埃利亚斯论文集·卷4·圈内人和圈外人》，都柏林大学出版社，2008年。

退、去殖民化、移民和全球化改变。很多博物馆记录与全球化有关的多变的权力平衡，它们的流动和能量产生了对藏品与博物馆之间区别的重新理解，产生了博物馆新的愿景。总之，只有在一种情况下可以说博物馆不应该表达圈内人和圈外人关系。我们又如何将自博物馆开始之初就显现的紧张关系理论化，如何将市民观看其遗产的正式权利与源自现代性大分流之间巨大的不平等理论化？

我们可从埃利亚斯对待博物馆的方法开始。它并非将过程固定下来，然后再进一步去寻找表演者。简单来说，没有哪个博物馆没有矛盾，因为它们是社会矛盾心里的产物。如笔者所说，博物馆开启社会各阶层之间和西欧发展中民族国家内部的对话，它们是由圈内人和圈外人所居住的接触地带。接触地带是相互竞争的空间，随着时间推移，它们以权力平衡的转化为标志，圈内人和圈外人，比如策展人和残障观众在此相遇。博物馆是不同物质文化之间的接触地带，它们是记录这些相遇的藏品或陈列，借此将符号从排他主义中解放出来。我们已看到它们是不同主体和不同生活方式的主体相互碰撞的空间，在这里，组织主体的特殊方式可能会被优先考虑。例如，我们在这里根据"观看"优于"触摸"论来书写博物馆的历史。它是关于如何逐渐拒绝让观众操作和触摸藏品，只把这种权利留给策展人的故事。它们变得越来越不平衡，统治者就越来越多把被统治者吸收进来，先前体验就越来越多地通过统治群体的类别将自身作为圈外人。20世纪中期，权力向策展人倾斜，但也可能走向博物馆（及其他公共机构）并不一贯迎合的那些人。继续进行圈内与圈外对话必将改变博物馆。

第二节　变化的观众[①]

最近多个博物馆遭遇的"说明牌"事件，充分说明了博物馆与公众之间的隔膜甚深，一方面是博物馆固有的专家型自说自话型思维模式依然明显地存在着，另一方面反映出博物馆所处的社会环境发生了巨大的变化，由此带来了结构、需求和参观方式已经大不相同的观众群体，而对于这种已经很明显的变化，博物馆了解不多，或了解不够。

（一）博物馆概念的变化

2015年11月7日联合国教科文组织通过的《关于保护和加强博物馆与收藏及

① 本节内容原刊于《中国文物报》2017年6月6日第8版。

其多样性和社会作用的建议书》，重申了2007年国际博协关于博物馆的定义，即“博物馆是一个为社会及其发展服务的、向公众开放的非营利性常设机构，为教育、研究、欣赏的目的征集、保护、研究、传播并展出人类及人类环境的物质及非物质遗产”。这个概念自1946年出台，经历了6次修改，2015年国际博协在年度工作报告中指出，2015年见证了对博物馆定义的新一轮讨论。博物馆一个变化的概念。多年来，ICOM一直努力更新这一概念，来反映社会的变革，现在必须考虑到数字时代的到来。这个时代产生了新的观众和新的实践。同时也带来对更新ICOM章程和制定2016～2022年新战略计划的热烈讨论。今天的博物馆是教育和分享信息的地方，是人们就文化、历史和自然开展对话的地方，是保存和保护遗产的地方。他们和你们构造和实施这些活动的方式，新实践和经验正在第三纪博物馆中显现，所有这些都很好地预示着未来。

（二）观众概念的变化

如今关于博物馆观众的名称有“访客（visitor）”“受众（audience）”“去博物馆的人（goer）”“游客（tourist）”“客户（顾客，client）”“使用博物馆的人或博物馆使用者或用户（user）”“客人（guests）”，词汇的变化反映出社会、经济、文化、技术、观念、消费行为等方面的变化。由此产生了观众参观行为的变化，除了线上线下这种明显特征外，还出现了“向自主消费者微妙地转型”观众群体，这类观众具有维权时代的自主思维，并利用各种方式主张自己的权利，比如近期的说明牌事件就是通过自媒体演化成新闻事件的。

（三）新的社会形势给博物馆带来新的挑战

在“苟日新，日日新，又日新”的时代，博物馆面临的是不断变化的观众和不断变化的自我定位。

首先是博物馆事业已经前所未有地被上升为国家战略。政府大力扶持博物馆的发展，2007年，国家文物局印发《国家文物事业发展“十三五”规划》中指出：“到2020年，主体多元、结构优化、特色鲜明、富有活动的博物馆体系基本形成，全国博物馆公共文化服务人群覆盖率达到每25万人拥有1家博物馆，观众人数达到8亿人次/年。”2016年2月24日，李克强总理主持召开的国务院常务会议上提出，将更多博物馆纳入财政支持的免费开放范围。其次是一系列国家层面的政策、法规、意见的出台，内容包括发展规划、藏品研究与陈列展示、教育、文创等重要内容，特别是对社会教育方面的要求越来越多。最后是社会高度关注，尤其是数字技术的全覆盖及其所带来的融媒体时代，博物馆从暗室走到聚光灯下，曝光率也越来越高。然而，博物馆自身也存在着机制体制的制约和行业内部的弊端，比如思想认识和自身能力建设问题，以及由此导致的适应新形势、新变化的迟缓与无力。前一个产生了无法感知、理解与应对社会变化的问题，后一个产生了服务意识不高和能力不足的问题。特别是免费开放后经费充足，这些行业性问题尤为突出，思想僵化，故步自封，自说自话，很少能以平等的态度与观众交流对话，多为单向输入式的姿态，因为无论是绩效评估、运行评估，还是各类评奖活动，都是行业内部决定的，而并非由第三方机构或观众决定的。换句话说，博物馆与观众、与社会存在较为严重的脱节。

（四）面对观众的变化，博物馆应该实现自我转型

如何在展览、教育活动、服务设施与项目、文创产品、宣传推广活动中体现转型？第一，应该加强对观众的调查研究。观众是陈列展览的参观者，是宣传营销的接受者，是智慧博物馆的参与者、互动者，是博物馆文创产品的消费者。观众研究也是博物馆学的最核心内容，尤其是社会教育研究的最根本点，也是难点。然而，目前国内博物馆对观众的研究没有引起足够的重视，现有的研究多为运行评估体系中所需的数据调查和展览评估类，很少对整座博物馆进行市场调研与分析。因此，应该进一步加强对观众的研究，以便博物馆不断调整自己的工作定位，而不是“用应该是”或者“大家都这么做”的理由来进行运营。有些专家质疑，如果展览内容、社教活动、文创产品等方面高度同质化以后，观众又有什么理由走进你的博物馆呢？第二，倾听观众的声音，是以积极态度去应对、以谨慎恰当去回应，还是置之不理、我行我素，取决于作为一个整体的博物馆的态度，也牵扯到博物馆评估标准和从业人员职业伦理等问题。因此，博物馆应该放低姿态，积极主动与观众沟通，建立开放式的互动对话模式，甚至建立“以观众为先”的博物馆公共文化服务绩效评估体系。这样，逐渐减轻任何一方的傲慢与高高在上都会导致两者平衡关系的失衡，带来对博物馆公信力的质疑的情况。第三，整合学术资源，增强博物馆观众研究的力量，理解观众的态度、价值观与情感，研究观众所处的社会、文化和物理场景，尽快实现从以物为本向以人为本的转变。目前的观众研究既有高校和科研院所学院派的理论优势，也有博物馆实践派的一线工作体验，如何针对博物馆的切实需要和发展趋势，实现强强联合，还需要各方的继续努力。第四，针对观众的变化，建立分类化的业务运行模式，特别是在陈列展览、项目活动中设计特定的目标群体。注意观众的差异化现象，这

是国外博物馆普遍的做法。比如，荷兰政府对文化机构的主要评定条件包括必须考虑差异化的观众，实现节目供需平衡；而美国博物馆联盟的"展览说明牌写作卓越奖"要求参评的所有展览都要注明目标群体。充分利用互联网时代的大数据和多媒体技术，及时准确地测量和预知观众的变化与需求，并予以正确理解、评估和回应。换言之，观众的变化意味着贯穿整个机构的理念转变，这种变化不仅仅是观众对于博物馆是什么和博物馆功能的深层次思考，也是博物馆不断重新定位、调整自身与观众之间关系、更好履行社会责任的强大动力。

第三节　观众的教育

一、美国博物馆的观众教育①

博物馆是一座教育供应站，美国博物馆每年在教育方面的花费多达20亿美元，有些博物馆甚至将教育预算的3/4专门投给K–12（幼儿园至高三）阶段的学生。博物馆每年接待的学生团体参观多达5500万人次，博物馆通常针对学校课程标准的需求，为学生量身定制数学、科学、艺术、文学、语言艺术、历史、公民和政府、经济和金融知识、地理和社会学等方面的教育活动。博物馆每年提供超过180万指导课时的教育项目，如馆内讲解、员工访问学校、校外活动、流动实验室、流动展览和教师职业发展项目等。在未来，博物馆作为浸入式、体验性、以自我为导向的、触摸式（互动式）学习的机构，将会逐渐进入教育主流，而非徘徊在边缘。

（一）美国社会未来教育概况

未来学习的主要目标之一是发现和诠释我们未来变化的模式和步伐。可以预见的是，美国已快处于以老师、实体教室、年龄分班，以核心课程为特征的正式学习时代的终结期，即所谓的"工业时代学习"时期。预示这种转变的迹象包括小学教育非传统形式的快速增长，如家庭学校教育（在家上学）的出现；对现行K–12教育体系接近创纪录的不满；州立和地方学校面临资助危机；高级教育中性别不平衡更加明显；改变课堂学习性质的电子内容和电子传输平台越来越多；

① 本小节部分内容来自2014年美国博物馆联盟（AAM）博物馆未来中心发布的《构建教育的未来：博物馆与学习生态系统》电子版，刊于《中国博物馆通讯》2015年第6期。

以自我导向性、经验性、社会性和分布式学习为特征的新学习形式出现，旨在培养21世纪所需的批判性思维、信息综合、创新、创造性、团队精神和合作等技能。博物馆作为学习者的资源和老师，扮演着越来越重要的角色。这种支撑美国教育制度范式的根本性转变将会进一步夯实社会基础，有效缓和根深蒂固的、分化整个社会的不平等现象，增强经济的流动性。目前阶段是影响未来数十年发展方向的关键时期，我们应科学预测一个潜在的、有可能从旧时代消亡的灰烬上升起的未来，并采取行动使之变成现实。

（二）变化的动力：形塑未来教育的力量

理解美国教育未来发展，需要了解三种主要力量。

目前已经出现以下几种趋势。

（1）各类城市学校由里及外悄然出现。传统校园学习时间之外的各种学习形式（如假期班和其他拓展性学习）兴起，可以加强和延伸在校课堂学习内容，受到那些在传统的教室中不活跃的学习者欢迎，也可以防止对低收入学生特别有害的“暑假滑坡”（或学习流失）。

罗得岛普罗维登的课外学习联盟（Providence Afterclass Study Alliance，PASA），一个与社区合作伙伴共建的适合中学生课后学习的非营利性组织，推动正式认可学生在校外学习的学分或网络学习徽章，由PASA和学区教师共同监督。学生参加课时每周一次2小时，为期必须超过10周，所有学生学习成果需要通过社区合作伙伴、PASA工作人员和学区老师的评估。学生还需要参加一个指定的网上论坛讨论学习经验，并通过部落格和多媒体视讯，展现学习活动成果。

图书馆和博物馆中的学习实验室：在博物馆和图书馆服务研究所和麦克阿瑟基金会支持下，纽约科学厅、俄勒冈科学与工业博物馆、宾夕法尼亚艾伦镇的达·芬奇科学中心、休斯敦的美术博物馆等建立了学习实验室。主要为初、高中学生提供由导师带领、以兴趣为基础、以青年为中心、使用电子和传统媒体的合作性学习场所。

（2）街区学校的终结。这类学校因离家近而受家长欢迎。但随着经济危机、州和地方捐助疲劳，纽约、费城、底特律、芝加哥、华盛顿等很多地方出现了一波学校关闭或合并浪潮。一些不满于学校教育质量的家长纷纷让孩子转到独立的特许学校、私立学校、家庭学校或不上学。

（3）全职工作（Full Time Employment）的衰落。传统学校旨在为越来越稀少的传统工作培养学生。随着全职、长期工作的衰落，自主择业的Gig型经济兴起，越来越多的人成为自由职业者，网上服务兴起，如为自由职业者和外包服务买家之间提供中介平台的ODesk网、跑腿网和线下付费任务众包平台Gigwalk等。与传统的短期中介相比，这些网络平台能更快，更有效地为求职者和雇主牵线搭桥。在未来，如果更多孩子成长为“跑腿者”可能会影响他们在零工劳动大军中获得成功所需的教育、培训和真实世界体验的种类。

（4）阅读思想技术的发展：介入人类脑部技术的发展让我们能够了解关注对象的有意识和下意识反应。老师已经掌握了此类工具，如可汗学院的学习分析软件给老师实时反馈学生在哪里有障碍、他们需要怎样的帮助。加州伯克利的神经聚焦（Neuro Focus）公司已经对手提无线脑电图扫描仪进行市场研究。相信在不久的将来，体型更小、功能更强的硬件设备就能测量学习者的专注度、集中力和情绪。

（三）事件

如果趋势如河流，缓慢雕刻着穿过时间之沙的渠道，而裂变性事件就像暴风雪，在山川之间留下一笔印迹。过去几年的诸多事件将会在未来数十年留下重要一抹。

1. 数字媒介和学习赛终身学习徽章

2011年，由制定管理开发政策的（Mozilla）基金会、比尔和梅琳达·盖茨基金会支持的Hastac/MacArthur基金会正式发布。这种“电子徽章”是一种网上储存和管理的评估和认证机制，使学习者能从多种资源（网络、面对面）中整合自己的课程，并因其所知和所取得的成绩而获得资格。教育部长阿恩·邓肯（Arne Duncan）在2011年的演讲中称赞电子徽章是一种重要的新兴教育技术，在教育改革方面，具有推动量变跨越的潜能。

2. 大型开放式网络课程（MOOC，即“慕课”）

主要面向大学水平和成人学习者，让数千或数万学生以小或低费用就能进入最好的课堂，学习最前沿的知识。目前该网络也正考虑向K–12学习开放。2013年，纽约市教育局前局长Joelklein担任新闻集团旗下教育子公司Amplify（数字教育网络，专门面向从幼儿园到2年级之间的学生群体，提供学习材料、工具与系统，被誉为颠覆性教育产品）的CEO后，为3000所学校承认的计算机科学提供AP学分，目的在于增加计算机学科中女性和少数裔学习者的数量。

电子徽章和慕课等学习方式，极大地冲击了传统教育理念和模式。据2012年全美国州长协会发布的一项报告显示，已有36个州从奖励教育学分中分离出“教室座位时间”，允许个人申请免除座位时间，以表现为基础评估学分，对在传统学术环境下表现不好的学生而言多了一些选择。目前有些州已经正式承认校外学习，这为包括博物馆在内的很多以场地体验为基础的机构，以及以网络资源为主的教育模式铺平了道路。

（四）选择

未来的社会将面临来自气候、经济模式等方面的更多挑战，目前的教育应培养未来建设者的批判性思维和理解能力、创新能力、持久性、想象力、好奇心、演讲能力、纠错能力、即兴发挥能力、工作激情、冒险和协作等多种探索科学、技术、工程和数学等领域的基础素养。2009年美国总统奥巴马在美国国家科学院讲话中说：“我希望大家考虑一下给从事科学和工程工作的年轻人一种新的创意方式，不管是科学节、机器人大赛还是展览都要鼓励年轻人创造、建设和发明——让他们来主宰科学，而不是做科学的消费者。”博物馆界应密切关注教育领域的新思维和新方法，重构博物馆的教育理念，充分利用新思维和新技术，鼓励并支持参与式学习，努力成为教育变化的重要动力。例如，建立能够直接支持教育目标和学习对象的全国博物馆资源数据库；盘活现有的整合与发布博物馆教育内容的数字平台；用“集体影响模型”为手段将博物馆与整个教育界连接起来，使之成为评估学生学习的一项指标；在全国范围发起“重新激活博物馆作为教育资源”的运动；拓宽博物馆与当地学校交流的渠道（如创建内网或学校“插件”，让博物馆将教育活动、藏品选择等内容推送给老师）；培育从小学到大学各级学生活动家，鼓励他们将博物馆列入个人校外学习计划中；鼓励博物馆教育工作者利用网络教学资源（例如，可汗学院的TED演说区）开展教育活动。

二、我国博物馆的观众教育①

党的十八大以来，习近平总书记就教育问题发表了系列重要讲话，不断强调教育在提高软实力、促进经济转型、未来可持续发展、人类命运共同体等方面的关键作用。因此，当今博物馆教育不仅要在博物馆工作、博物馆学中去寻找位置与价值，更要在当代社会教育理念变化的大环境下进行结构性梳理与重建。

---

① 原题目为《博物馆教育需要大视野和持续创新》，刊于《中国文物报》2017年8月29日第6版。

（一）博物馆教育应该在社会教育新形势下拓宽视野

教育在当今社会的作用越来越重要。首先，教育是人类社会的重要活动，它担负着传承老一辈的生产经验和社会实践经验、为当代社会和未来社会培养人才的任务。因此，教育不仅决定着人类的今天，也决定着人类的未来，我们应该站在“人类命运共同体”的高度对教育予以重视。其次，教育对于经济的持续发展和社会的长治久安至关重要，还承载着实现中华民族伟大复兴的中国梦、促进人类和平与发展的巨大责任和使命，我们要高度重视教育在社会主义现代化建设中的地位和作用。最后，教育应以人文主义为基础，培养下一代对世界的正确认识，对生命和人类，对权利平等、社会正义、文化多样性、国际团结的尊重与承诺，我们应承担起建设与维持可持续的未来的共同责任。作为社会教育的有机组成部分，博物馆教育涉及很多人、很多方面，同样也涉及国家民族的未来以及全球共同利益。

（二）博物馆教育应该增加新使命与新职责

在“以人为本”的经济转型期，人的发展教育是核心内容。而人的发展重在通过教育鼓励并促进能力和思维的创新，培养有远大志向、能造福人类的人才。博物馆教育则要通过藏品传播知识，启迪智慧，提高品德修养，提高生活质量，提升生命价值，促进社会发展。

博物馆教育应该在社会教育体系中进行重新定位。自2007年以来，“将博物馆纳入国民教育体系”已经从专家呼吁变成顶层设计与长期行动。2005年《国务院关于加强文化遗产保护的通知》就已经指出：“教育部门要将优秀文化遗产内容和文化遗产保护知识纳入教学计划，编入教材，组织参观学习活动，激发青少年热爱祖国优秀传统文化的热情。”

此后，中央关于加强未成年人、大学生思想道德建设的战略部署，以及《全民科学素质行动计划纲要》《基础教育课程改革纲要》和爱国主义教育基地“一号工程”等一系列政策的实施，都强调要进一步重视博物馆的资源和阵地作用，充分发挥博物馆的社会教育和服务功能，把利用博物馆开展教学活动纳入中小学生教育体系，实现博物馆教育与学校教育的有效衔接，建立博物馆参与国民教育体系的长效机制，引导可持续发展的馆校联合教育制度，把博物馆真正作为青少年课堂教育的必要补充和校外教育的重要内容，并为建设“学习型社会”提供更好的服务。

2015年6月25日，习近平总书记在西安博物院视察时提出“一个博物院就是一所大学校”，这是对博物馆教育功能和职责的新诠释。2017年，中共中央办公厅、国务院办公厅印发的《关于实施中华优秀传统文化传承发展工程的实施意见》（以下简称《意见》），更加具体地提出，博物馆要“围绕立德树人根本任务，遵循学生认知规律和教育教学规律，按照一体化、分学段、有序推进的原则，把中华优秀传统文化全方位融入思想道德教育、文化知识教育、艺术体育教育、社会实践教育各环节，贯穿于启蒙教育、基础教育、职业教育、高等教育、继续教育各领域。以幼儿、小学、中学教材为重点，构建中华文化课程和教材体系”。该《意见》从理论和政策方面为文物系统在构建中华优秀传统文化传承体系中，如何进一步发挥重要作用提供了支撑和指引，很多博物馆自觉担当，重新认识博物馆在社会教育中的地位与作用，主动与学校联合开发教育项目、编制教材，比如国家博物馆近年来与中小学合作，取得了较大的突破，构建起新的博物馆教育体系。

（三）教育是博物馆整体承担的社会责任

博物馆人要充分意识到教育是博物馆立身之本，是博物馆整体要承担的责任，是所有职能部门的职责所在，既要着重体现在中长期发展规划中，也要均衡地分布在年度目标任务中。馆领导要根据各个部门职能进行统筹安排，划分主次，区别轻重，强调并有意识地向教育功能倾斜。各部门也要按照规划，明确部门工作承担的教育内容，有意识地在工作中予以体现。这样不仅会改善教育工作局部化、片面化和讲解化的现状，也能逐渐建立起多层级、多手段的博物馆教育体系。以陕西历史博物馆为例，已经形成大宣传理念中的全媒化教育、大安全理念下的环境化教育，大科研理念下的学术化教育和文博讲坛的课堂化教育，多元讲解体系下的情景化教育，多维陈列展示诠释中的体验化教育，藏品本体信息中的内涵化教育，“互联网+平台”的信息化教育，还有基础与支撑型知识的普及化教育等。

当然，实现博物馆教育的新目标，需要建设一支师德高尚、业务精湛、结构合理、充满活力的高素质专业化教师队伍。而目前很多博物馆教育人员的知识结构和能力水平需要进一步提升，不仅要掌握将博物馆信息转化为教具的多学科综合能力，还需要教育学、心理学、传播学等专业知识，更需要责任心和良好的沟通能力。

（四）博物馆应该把教育放在优先发展的重要位置

联合国教科文组织通过的《关于保护和加强博物馆与收藏及其多样性和社会作用的建议书》和我国的《博物馆条例》都把博物馆教育提升到前所未有的重要位置。很多博物馆发展规划中，也逐渐改变传统的重藏品研究和展示的工作思路，不仅把教育作为优先发展的重点，而且分解到整体工作目标与评估指标中。针对传统的“博物馆教育等同于讲解导览”“教育等于教育活动”等片面认识，逐渐厘清博物馆教育的特性与方法，逐渐改变服务对象无差别化对待工作重点和特点不突出的同质化现象，在不断优化教育人员结构、提高自身教育能力的基础上，逐渐推出特色鲜明、影响力不断提高的教育活动品牌。

（五）博物馆教育应遵循公平性原则和树德为先原则

为了提高博物馆的教育水平和能力，需要全国性的组织或机构来规划布局和资源配置，初步建立起区域均衡、门类平衡、分类分层化的博物馆公民教育体系。

（六）博物馆教育的目标群体应体现均等化原则

博物馆资源开放的平等性，尽量为更多人提供教育信息，在建设全民学习型社会过程中发挥作用。此外，博物馆教育要尽可能照顾到各个群体、各个方面，并针对不同群体设置不同教育内容和手段，特别是弱势群体，实现儿童教育、青少年教育和成人教育相结合，义务教育和终身学习相结合，职业教育和家庭教育相结合，力争建立起多元化结构的全民教育、终身教育网络，努力使全体人民都能享受更好更公平的教育，获得自身发展和造福社会的能力，过上有尊严的幸福生活。

（七）博物馆教育应注重树德为先的原则

博物馆藏品蕴含着传统文化，很多与“德”有关，反映着中华民族在几千年历史中创造和延续的中华优秀传统文化。博物馆教育就是要发掘藏品背后的历史故事、人文精神和家国情怀，通过各类体验式或互动式启智活动，加强对儿童进行优秀传统文化熏陶，让他们从小就能记住国家和民族的要求，心中要有古圣先贤和仁人志士的榜样，从小就追求自尊自信自立自强，逐渐形成正确的理想信念、价值取向和对世界的科学认识，培养符合建设有中国特色社会主义的道德情操、掌握祖国建设需要的扎实学识、胸怀“修身齐家平下”的仁爱之心，即“立人之德，兴国之德”。

随着社会教育的新变化和新发展，博物馆教育要创新改革教育理念，创新教育方法，要坚持“以文化人、以文育人”，帮助青少年锤炼品格，学习知识，创新思维，奉献祖国，建设未来。

第四节　观众的培养①

从资金来源上看，美国博物馆主要依靠政府资助、社会各种公益性基金会捐助、门票收入、会费（个人、公司及博物馆之友等各种协会）、捐赠（社会机构和个人）、基金投资收益，以及商店、特展和其他经营活动的收益来维持运转。其中筹资是博物馆一项重要而艰巨的任务，因为这是一个建立包括个人、企业、基金会、各级政府在内的多层次网络的长期系统工程。博物馆一般设有专门筹资部门，称“发展部”，该部门针对不同的赞助者制定出不同的筹资策略。

一、博物馆面临的筹资危机

近年来，由于社会经济环境的变化，博物馆面临着筹资方面的极大挑战。主要表现在以下几个方面。

一是人口变化对筹资基础带来的影响。在过去40年中，美国的慈善捐助一直保持稳定态势，其中很大原因在于婴儿潮一代（1946 年初至 1964年底出生的人，数量大约有 7800 万）的支持与贡献。根据美国博物馆联盟的调查数据，婴儿潮一代如今控制着全国 70%的可支配收入。多年来他们一直是个人捐助和董事会领导力的主心骨。但我们尚不清楚婴儿潮一代的子女们是否准备复制父辈们的慈善足迹，因为随着财富越来越集中和税法的改变，更年轻的一代发展出新的慈善优先领域，他们似乎更愿意将资金投进社会事业，而非艺术领域。博物馆，像其他非营利组织一样，如果不采取措施的话，就会面临生存危机。

二是慈善捐献观念的变化。新老交替所产生的代与代之间的变化对博物馆产生着持续影响。在当今美国社会，关于不同类型慈善给予价值的争论甚嚣尘上，

① 原题目为《争取新一代博物馆的捐助人——美国博物馆筹资新模式》，刊于《中国文化报》2014 年8月5日第7版。

很多人认为捐助社会事业和医疗事业比捐助艺术机构更有价值。有人认为捐献一笔钱防治沙眼的价值至少是捐献给博物馆的10倍多。20～30岁的年轻人对教育、环境和国际援助的兴趣要大于艺术。由于人口变化，现在能写支票的富裕的年轻捐献者数量越来越少。收入分配出现了一些重要变化，中产阶级规模在缩减，财富和慈善能力越来越多地集中于少数人手中。

三是社会资源配置的不平衡导致捐助者的不稳定。近年来，工作、职业和财富越来越多地集中于城市地区，使得小地区的机构步履蹒跚。例如，沃克尔艺术中心曾有一位特别好的年轻捐助人，工作于明尼苏达矿业公司，他越来越多地参与博物馆工作。但几年后，他接受乐百氏的工作机会，搬到纽约去了。这种现象在混合社区尤为明显，人们很难再在一个地方待上20年了。

二、争取新一代捐献者是一种有效措施

为了应对代际变化，博物馆竞相追寻更年轻的捐献者和委托人。包括古根海姆在内的很多博物馆，把这类活动看作其公共项目计划的中心部分。

古根海姆博物馆的年度“年轻收藏家晚会”和年轻捐献者晚宴，吸引年轻的、神采奕奕的、多金的纽约人，这些人将来可能成为博物馆董事。有的博物馆通过让年轻一代参与博物馆活动，如定期发送馆务新闻、有事征求他们的意见、让他们对博物馆事务产生参与感，有了难处，博物馆便请他们帮忙，最终邀请他们加入董事会。美国博物馆的董事会成员不仅需由特别提名委员会推荐，还必须为博物馆提供相当数额的捐助。随着代际变化，董事会的构成与功能也发生了明显变化。

一是年轻化趋势。在过去7年中，明尼阿波利斯的沃克尔艺术中心75%的董事会席位出现变化。50～60岁的董事已经升至高级领导地位，40岁左右的年轻一代也已经加入董事会。

二是文化权力层的构建。为了吸引年轻捐献者和董事，很多大都市的艺术博物馆利用优势资源的影响力积攒人气。纽约现代艺术馆在培养年轻捐赠者并将其中的佼佼者变成本馆或分馆董事方面有着得天独厚的优势。该馆 1990 年成立了向40岁以下人士开放的会员团体“少年协会”。

最近的活动是为50多名年轻赞助人举办的小规模专场参观。在这群人中间，28岁的大卫·斯奈德（David Snider）加入董事会后将10位朋友也带入了该组织，他认为学习型体验能引起共鸣。

三是董事会领导力建设。为了维持博物馆正常运转，一些博物馆特别注重董事会的领导作用。旧金山现代艺术博物馆资深董事会成员、Gap服饰最新的联合创始人多纳德·费舍尔（Donald Fisher）很早就建议，不再提名50岁以上的人进董事会。后来该馆定期为潜在的年轻董事会成员举办晚宴，将他们介绍给资深董事。该馆董事会的新面孔有雅虎首席执行官玛丽莎·梅耶尔（Marissa Mayer）和著名企业家大卫·莫林（Dave Morin）。波士顿当代艺术研究所新董事会半数为50岁以下的人，其中就有阿卡米科技公司（Akami Technologies）的联合创始人乔纳森·赛里格（Jonathan Seelig）、安卓系统联合创始人里奇·米耐尔（Rich Miner）、美国之塔手机公司执行官哈尔·海斯（Hal Hess）。

四是鼓励董事会新老成员交流切磋。为了避免任何疏离感，很多博物馆鼓励新董事加入委员会，作为一种与其他董事会成员工作的方式，学习一些技巧。富国银行（Wells Fargo）前首席执行官理查德·柯瓦希维奇（Richard Kovacevich）是旧金山现代艺术博物馆财政委员会主席，他让年轻的董事从前任那里获得精神辅导，学习如何思考、行动、与员工互动。

三、发挥新一代捐助者承上启下的作用

目前，新一代捐献者已经开始崭露头角。为了展示费舍尔家族藏品，旧金山博物馆关闭现有建筑，开始一项巨大的扩建工程。当提议递交到董事会征询过渡期如何安排时，董事会决定参与系列将藏品带到社区的公共项目，而不是租一个地方作为临时的家。年轻的设计师伊夫斯·贝哈尔（Yves Béhar）当时也在董事会，他开始参与这个过程，帮助博物馆在硅谷的洛斯-阿尔托思发展出一个项目，在那里博物馆现在有 10 个展览在展出，盘活了博物馆资源。

当博物馆看到其资助结构逐渐改变时，所有这些变化都到了危急关头。一些博物馆不再依靠一小撮主要捐献者的年度捐献，很多正尝试培育一种“奥巴马筹资模式”（即小额捐赠人捐款）——来自数量巨大的更广大人群。

也许，最终博物馆还得接受，正进入权力位置的下一代人在资助博物馆方面可能不如婴儿潮一代慷慨。但是，35岁左右的人不会捐助，当他们50岁以后可能会这样做。争取新一代博物馆捐助人，需要耐心和乐观精神。

第五节　观众的参与[①]

触摸是一种特殊的感官和心灵体验，具有一定的抚慰和理疗作用。在博物馆中，除了工作人员外，触摸被设定为观众与展品或辅助展具之间的一种互动形式。

然而，参观过博物馆的人都能注意到，博物馆里有很多“请勿触摸”的警示性标识或隔离线。为什么要禁止观众触摸？答案不外乎两个：一是博物馆出于保护展品和展具的考虑，害怕触摸导致损坏、弄脏或者被偷盗等；二是博物馆界长期形成了极其自我的办馆理念，主观地认为观众触摸展品和展具会带来负面影响。其实，无论是哪种原因都会让观众感到不舒服，影响参观质量，降低观众对博物馆的信任度。

一、先入为主存偏见

尽管博物馆到处可见“禁止触摸”的警示牌或标语，但观众仍想方设法去触摸自己喜欢的物品，这就产生了长久以来备受诟病的博物馆展品、展具或休闲设施被毁损的现象。就陕西历史博物馆来说，序言大厅的大型狮子雕塑（玻璃钢复制品）在有警戒线围栏的情况下，其后部仍然被很多观众悄悄地摸得锃光发亮。在第一展厅里开放式陈列的大盂鼎复制品也被摸得露出了黄铜的亮色，还有一些辅助展具的边沿部分被反复触摸过，表面已模糊不清，有的甚至已经失去了功能。

也许有人会说现在观众的素质有待提升，还有人说不当触摸造成的展品非正常损坏给博物馆和其他观众带来了很大的不便。于是，博物馆更有理由将文物放在玻璃展柜里，或展在护栏后面，或展在昏暗的灯光下，甚至一些获得过“十大精品陈列”的展览也存在这类问题。这种非理性观念与实践似乎还在被不断强化，展览越办越豪华，得奖越来越多，观众却感受不到应有的方便和舒适。

二、触摸对参观很重要

从生理和心理角度来说，触摸具有很多益处。

一是抚慰心灵。特别是一些与信仰有关的器物，如宗教圣物、念珠、“忧

① 原题目为《“触摸”真实的博物馆》，刊于《中国文化报》2013年3月21日第8版。

愁”珠、幸运符、盛有特殊物品的盒子（如放有心爱之人的一缕头发或相片），甚至古代的玉石礼器和宗教器物等。触摸能赋予这些物体以力量并通过这些物体传递某种力量。博物馆专业人员应该意识到，在展陈中若能面向观众提供一种传递力量的“触摸”活动将会意义非凡。

二是唤起记忆。对于老年观众和索居人群而言，触摸似曾相识的博物馆器物，可以重温那些已逝的岁月，熟悉的器物、声音、气味和环境，能鼓励他们与物交流，说出自己的感受，愉悦身心，还能够起到一定治疗的心理作用。国外一些医疗机构尝试用博物馆器物与患阿尔茨海默病者进行沟通，让他们重新获得一些自我认同，变得更积极乐观、健康向上。博物馆还可以把“回忆过去”作为年长者向年轻人传授知识的一种有益途径，前者在这个过程中也会重获一种自我价值感。

三是打开一个新世界。盲人和视力障碍者主要依靠触摸和其他非可视性感觉来获取对事物的认知。因此，触摸是他们认知周围世界的唯一有效方式。随着各国残疾人保护法的实施，要求博物馆藏品向公众开放的社会压力迫使博物馆开始增添或改进为残障人提供的服务设施。很多盲人组织，如英国的皇家盲人研究所（Royal National Institute for the Blind，RNIB）、美国盲人基金会（American Foundation for the Blind，AFB）、纽约艺术教育与盲人协会（Art Education for the Blind，AEB）和“触摸之艺术”“盲人艺术教育”等专业组织积极为会员提供关于博物馆展览的信息。

一些博物馆尝试为视力障碍者举办特殊展览。例如，1976 年英国泰特现代艺术馆首创的触摸式雕塑展及此后举办的很多这类展览，为该国 170 万视力残障者提供了服务。一些博物馆通过提前预约方式，为盲人和视觉障碍者提供接触文物的机会。

四是丰富知识。触摸式参观可以丰富公共博物馆的社会教育功能。对于儿童博物馆和博物馆少儿或青少年活动中心来说，让孩子能够树立自己做出判断的观念至关重要。通过与展品互动，孩子们的所有感官被调动起来，对使用“真实的”博物馆器物也会产生浓厚兴趣。

如今，博物馆组织的很多教育活动都鼓励孩子们通过与博物馆物品直接接触来进行学习。博物馆也与学校合作，将藏品租借给学校，让学生通过“眼观+手拿”的方式学习和获得与器物有关的知识。值得一提的是，英国诺丁汉博物馆重新启动了藏品租借活动，该馆与当地的热心教师一起设计租借箱，可在全国教学计划中巡回使用。该馆还与社区合作，设计出适合成人的打包计划。

三、探索“真实”的触摸

博物馆应该去了解普通观众和盲人观众想要触摸什么，触摸什么样的器物能给他们带来所需的信息和愉悦，特别是对视力障碍者而言。

首先是合适的环境。为触摸而设计的触摸不会令人满意。器物是被动的，需要一些背景信息或触摸活动来辅助。因此，精心设计的互动问题、触觉体验及其他辅助设施至关重要。

其次是场所的选择。座位安排、灯光布置、其他感官体验（声音或气味）也都应包括在内。

再次是虚拟性触摸的设计。例如，网上博物馆、三维图像、数字化展览等，并探索通过网络远程触摸和操作特定器物的可能性。

最后是鼓励并尝试触摸式参观。近年来，博物馆界对观众或参观者的称谓发生了微妙变化，出现了“去博物馆参观的人（museum goer）”或“博物馆使用者（museum user）”等新称谓。因此，博物馆应为观众提供令人愉悦的体验。对于感官、行动和语言方面有缺陷（包括视力障碍、诵读困难）的人而言，触摸有利于保障他们的权利、提升他们的理解和认知能力及审美情趣、拓宽他们与物质世界接触的范围。

博物馆应该在不断强调“为未来而保护”的前提下，反思我们对触摸博物馆的偏见，逐渐改变对触摸的禁忌，积极探索拓展让观众更多介入的方法。

第六节　美国的观众[①]

LaPlaca Cohen的“文化轨迹（Cultural Track）”是美国一项国家级研究项目，始于2001年，主要研究公众参与文化活动的态度、动机和障碍，探讨寻求真实性、自我策划、合作消费等“元”趋势。该项目已经发布六次报告（2001年、2003年、2005年、2008年、2011年、2014年），2014年度报告主要讨论当科技发展从根本上改变我们与世界互动方式的时候，公众参与文化活动的总体情况已经发生了很大变化，这对包括博物馆在内的文化机构产生了重要影响、博物馆观众

① 本节部分内容来自www.lapacacohen.com，原题目为《影响美国博物馆观众的文化因素》，刊于《中国博物馆通讯》2015年总第331期。

的多层结构。从目前美国人口构成来看，按照年龄可划分为四个部分：二战前出生的人（以下称为战前一代），X一代（Generation X，1965～1980年出生）；婴儿潮一代（Baby Boomer，1946～1964年出生），千禧一代（Millennials，1981～1996年出生）。由于生活时代不同及个体差异，人口不同构成之间产生了代际沟通障碍，他们的世界观、人生观、财富观、审美观等各不相同。由此带来博物馆观众的行为与期待快速变化且复杂凌乱：在面临休闲方式多元化的选择时，观众往往表现出过度刺激的、超链接的、愤世嫉俗的、承诺过多的、自我关注的、好奇的多种现象。

调查结果。项目共调查了美国50个州4026人，结果显示：从文化参与层面看，公众参与博物馆的总体比率不断上升，但也有一些特例。

一、观众参加活动数量在增加，频率却在下降

剧院、古典舞等传统文化机构面临观众减少的现象，而博物馆参观率却在提高，其中科学博物馆参观人数增长最快（表一）。

表一　一年至少有1次参观经历者比例

名称	2011年（%）	2014年（%）
活态博物馆	79	82
科学博物馆	62	73
历史博物馆	69	72
艺术博物馆	58	60
音乐剧院	45	52
大剧院	56	48
古典音乐	35	43
现代舞	23	22
古典舞	25	18
戏剧	19	15

表二　每月参观次数与比例

年份	次数		
	无	1～2次	3次以上
2014年	30%	54%	15%
2011年	27%	51%	22%
2007年	27%	42%	31%

从表二可见，总体参观频率有所上升，不参观的人数增加，三次以上人数减少，也说明分散参观的因素在增加。其中最主要的原因是持续经济衰退的影响。为了节约开支，人们尽量减少休闲活动，并且谨慎选择。据统计，每月参与文化活动次数大致为：千禧一代每月1.75次，X一代每月1.41次，婴儿潮一代每月1.36次，战前一代每月1.67次。此外，人们对文化活动进行了更广义的界定，且对新体验持开放态度。79%的人认为，参观国家、州或市立公园就是一种文化活动，87%的人每年至少参观一次。66%的人认为体验电影院的现场表演也是一种文化活动，34%的人每年至少参加一次；64%的人认为街头艺术同样也是一种文化活动，60%的人每年至少参与一次；64%的人认为餐饮体验也算是一种文化活动，73%的人每年指导参加一次。此外，41%的人将现场或在线录播的讲座看作一种文化活动，38%的人每年至少参加一次；56%的人将影院中的一部独立影片定义为一种文化活动，52%的人每年至少参与一次，51%的人将非商业性电视定义为一种文化活动，84%的人每年至少参加一次。另外，调查显示参观率差异在人口年龄两端表现得比较明显，即年老者和年幼者参与最频繁。上述因素对博物馆参与产生了明显影响。

二、公众参与博物馆的动机也出现了多样化特征

公众参与博物馆这类文化活动的目的是寻求娱乐与启智，是与亲朋好友一起共享体验的美好时光，有些人将参观博物馆作为一种生活习惯、人生的一部分经历。据调查，观众寻找娱乐和欢乐的比例从2011年的89%增长到2014年的93%，与家人朋友在一起的时间从2011年的84%下降到2014年的83%，通过博物馆参观扩展视野者从2011年的0%增长到2014年的79%，对博物馆或展览主题感兴趣者从2011年的69%增长到2014年的76%，介绍新事物者从2011年的68%增长到2014年的73%，支持本社区者从2011年的64%增长到2014年的67%，逃避压力者从2011年的67%下降到2014年的66%。以上数据表明，激励博物馆参观的因素并非如此无忧无虑，越年轻的人越多地利用参与文化来逃避压力，例如，千禧一代73%、X一代69%、婴儿潮一代64%、战前一代47%，参与文化活动的原因是减缓压力。此外，参观内容、价值和社交意义也占一定比例（表三）。

表三　参观博物馆的动力

名称	2011年（%）	2014年（%）
主题	0	90
费用	83	86
受家人或朋友之邀	81	83
朋友圈	75	81
配偶或伙伴感兴趣	73	73
方便获取门票	66	71
特殊事件	61	62
便捷进入	63	60
宣传或电话	51	49
评论家圈	33	29

三、公众参观博物馆的主要障碍也有了新变化

主要表现在花费、内容和方便度（表四）。

表四　影响博物馆参观的因素

内容	2011年（%）	2014年（%）
费用高	68	70
无吸引力	50	56
行程麻烦	39	44
无人陪同	23	28
时间不方便	20	28
我发现它不受欢迎	9	13

表四显示，阻碍人们参观博物馆的因素主要有：一是参观的方式。单独或集体参观？如果找不到同伴的话，43%的千禧一代、26%的X一代、25%的婴儿潮一代、27%的战前一代不会去参观博物馆。二是博物馆的适合度。如果感觉参观计划不合适、主题没有吸引力的话，47%的千禧一代、49%的X一代、61%的婴儿潮一代、77%的战前一代也不会参观博物馆。

四、观众获取信息的途径呈现出多元化特征

尽管多媒体时代人们获得信息的来源越来越广泛，但广播和出版物仍有一席之地（表五）。

表五　印刷品与广播作为博物馆参观信息来源的使用概率

名称	2011年（%）	2014年（%）
电视	39	36
周日报纸	40	29
日报	37	28
广播	28	27
宣传册	22	18
地区杂志	12	11
专业杂志	14	11
国家杂志	12	10

（1）多元化的信息渠道为人们参观博物馆提供方便的同时，在线信息作为鼓励博物馆参观行为的积极作用日渐明显（表六）。

表六　在线信息作为博物馆参观因素的使用概率

名称	2011年（%）	2014年（%）
社交媒体	20	20
电子通信	19	14
文化组织网站	13	13
通信网站	13	9
在线杂志	8	7
个人微博	8	6
文化组织（机构）微博	8	4

（2）在多元化的信息来源方面，千禧一代更看重社交媒体（表七、表八）。

表七　在线和主流信息来源的代际差别

代	社交媒体（%）	周日报纸（%）	日报（%）	有线/卫星/电视等（%）	广播电视（%）
千禧一代	38	16	15	27	26
X一代	25	24	23	26	28
婴儿潮一代	11	35	32	28	29
战前一代	4	46	43	31	29

表八　不同年龄观众使用社交媒体平台的情况

名称	千禧一代（%）	X一代（%）	婴儿潮一代（%）	战前一代（%）
Facebook	92	83	69	60
Youtube	91	79	63	46
Twitter	55	38	20	9
Pinterest（照片分享网站）	48	35	23	10
Instagram	44	24	9	1
Tumblr	34	13	6	1
Snapchat（“阅后即焚”式照片分享应用）	29	8	3	0

五、博物馆参观更有计划性

很多博物馆不断调整与公众沟通的方式，有关展览、教育活动等信息提前发布，给观众更多的选择机会。另外，随着智能化生活方式的流行，观众的文化生活更有计划性（表九）。

表九　观众参观博物馆的计划情况

年份	提前很多（%）	只提前几天（%）	和事件同一天（%）
2007年	50	42	9
2011年	62	35	3
2014年	72	24	3

六、尽管人们拥有技术设备的比率很高，在线体验博物馆比例却较低

如表一〇所示。

表一〇　技术设备占有率与在线使用率

技术设备	占有率（%）		在线使用率（%）
	2011年	2014年	
智能手机	31	66	20
平板电脑/电子阅读器	18	64	10
iPod/MP3播放器	42	63	7

可见，2011年后，移动设备拥有率飞速提高，但观众在线参与博物馆的比例相对较低。目前，这一现象正在发生新变化“自拍时刻”让技术娴熟的观众用智能手机拍照后，通过各种媒介在线分享照片。据2014年移动设备数据调查显示，手机拍照者比例高达66%，分享照片者47%，浏览博物馆网站者达35%，使用搜索引擎者34%，阅读/评论社交媒体事件的人24%，使用博物馆移动应用程序者15%。

七、观众的忠诚度也出现新变化

如今，观众对视觉艺术和表演艺术的忠诚度持续下降，会员比例和购票率均有所下降，在这种情况下，对博物馆而言，会员制度（表一一）、亲和力和价值观念至关重要。

表一一　购买博物馆会员身份的动机

年份	支持我喜欢的机构（%）	门票不太贵（%）	停车、商品、食物打折（%）	仅限会员参加的活动（%）	特别展览（%）	固定展览（%）
2007年	60	49	27	42	41	39
2011年	45	43	35	40	42	38
2014年	47	42	37	35	35	23

可见，博物馆的价值和内容、DIY和参与度对博物馆的参观率有较大影响。可喜的是，尽管美国经济衰退，慈善给予仍充满活力。计划给包括博物馆在内的文化慈善机构做慈善贡献的人从2011年的33%增加到2014年的35%，捐献动机也出现了新内容（表一二）。

表一二　给博物馆慈善捐助的动机

内容	2011年（%）	2014年（%）
支持益于社区的组织机构	57	62
支持喜欢的机构	53	59
支持艺术	51	48
帮助应对筹资挑战的机构	45	46
减税	32	35
帮助机构实现其潜能	37	34
获取收益	21	22

除了捐助外，市场营销激励下的文化赞助观念也影响人们参与博物馆，有些因为喜欢或不喜欢赞助公司而选择或不选择其支持或赞助的博物馆，当然也有人不受影响。

综上所述，如今的博物馆观众非常积极，他们心胸开阔，积极寻求新体验，虽永不停歇，但却越来越不“忠诚”。博物馆应该不断了解他们的感受：好奇、热切寻找、随波逐流、与生俱来的品牌意识、积极面对任何事情、洞察力……博物馆应随时倾听他们的心声，征询他们的意见和需要，让他们通过声音、触摸或味觉体验娱乐、挑战自己并增益心智、提升观察力。

第五章 全球化与博物馆

全球化时代的博物馆除了致力于国家认同和文化变革之外，还应具有全球性的责任，通过建立对话平台来促进全球文化和谐。从博物馆自身而言，也要用全球性思维来进行运营和藏品研究，挖掘博物馆及其藏品的当代性及其在一带一路建设中的价值与意义。在不断变化的全球文化中，博物馆究竟应该成为何种机构，具备哪些内涵和外延也需要我们去思考、去建设，以促进人类多元文明的交流与互鉴。

第一节　博物馆与全球文化和谐[①]

近年来，世界已进入另一种政治环境，即多元民族主义、保护主义和多重边界建设。在国际主义超级链接和全球化极其盛行的世界，“边界”目前已成为一个热点话题。当今的欧洲就有很多类似边界，瑞典就是一个典型例子。五年前从斯德哥尔摩机场可以直接乘火车到丹麦及其他国家，但去年这里建起了边界，设置了障碍，在机场必须通过移民检查才可以到别的国家去，这种现象已经成为一种国家民族主义的象征。

边界是富有欧洲特色的问题。欧洲的领土于19世纪或20世纪被划分为很多、很小的民族国家，因此产生出诸多非整体性和非融合性的文化多样性特征，形成了欧洲的多文化主义。在全球活动中，欧洲国家也想像美国和中国一样在全球事务中能发挥重要作用。从经济上看，欧洲是全球第二大经济体，但因诸多小民族国家而无法形成整体性，所以欧盟花费很多资金和时间来研究如何通过文化建立一种社会融合度，一种欧洲身份认同。比如跨国电视网络、音乐文化活动、体育活动、博物馆和移民主题的项目，还有笔者曾参与的欧洲国家博物馆调研项目“认同政治、使用过去和欧洲公民：2010～2013”，项目经费有几百万欧元，专门研究欧洲身份认同问题。

20世纪时，描述整个欧洲历史并不容易，欧洲人希望描述自己的进程，欧洲的国家级博物馆通过历史藏品描述欧洲人民和欧洲历史。项目组选择欧洲7个国家作为合作伙伴，重点研究博物馆与政治、历史的紧密联系，比如跨越边境的调查。项目成果《跨越边界：博物馆线上线下连接欧洲认同》已结集出版，其中包括国家博物馆的很多小故事。本节将从自然科学视角探析国家级艺术馆或博物

---

① 本节根据西蒙·奈尔（Simon Knell）教授2018年9月在陕西师范大学主办的“开放与共享：博物馆学理论与实践国际学术研讨会”上的报告录音整理编译而成，并经西蒙·奈尔审校和授权。西蒙·奈尔，英国莱斯特大学博物馆学教授，历史学博士，地理学、污染和环境控制、博物馆学学士。在担任博物馆学学院院长和艺术系主任期间，他带领学院成为英国顶级科研机构。他曾在英格兰的许多博物馆担任地质学策展人和顾问。作为一名资深学者，他的研究视野覆盖全球范围，在欧洲国家博物馆的重大调查项目、人口迁移和认同研究项目中，发挥了重要引领作用，并与全世界多家机构保持研究合作关系。他的主要论著有《当代博物馆：现在，为全球塑造博物馆》《国家美术馆：创造民族的艺术》《跨越边界：在博物馆和线上连接欧洲的认同》《国家博物馆：全球新论》《博物馆革命：博物馆如何改变和被改变》《博物馆与未来的收藏》。

馆如何展示国家身份，分为“博物馆、全球多样化与及边界建设”“博物馆与国家身份认同”“博物馆架起沟通边界的桥梁”“博物馆致力于可持续的社和谐”“场域化与互联互通”五部分。

一、博物馆、全球多样化与边界建设

圣彼得堡动物学博物馆有很多海洋生物标本，展示着自然进化历史。这种自然模式适用于各种事物的等级分类。博物馆一项重要使命就是区分不同的事物，或者对事物（世界）进行分类，并以一定的架构对事物进行重组，比如海豹的分类，既与鸟纲或雀目喜鹊属有关，也与牙科类脊柱动物有关。每一种动物或事物可以按照这种方式分类，比如莫奈的稻草系列→莫奈系列→印象派→法国油画及油画类。我们通过价值判断体系和分类标准对所有事物进行包含型或排他型等级分类，通过分类理解它们的不同价值，比如不属于莫奈派的其他画家就不能包括在内。当我们谈及文化时，可以通过价值的分类来观察背后隐含的人的身份及文化价值。

从正面角度看，博物馆可能是一条通向真理的道路，它通过客观与非客观的方式在馆舍中对所有事物进行重新分类，以一种非常有趣的方式和可对比的角度，创造出一个能使观众了解的、有序的、可比较的文化体系。它让语言、结构和学科以不同方式共存，并以不同语言来展现这样的规则，让公众获取一种安全的或者巩固型的知识。从负面角度看，博物馆会形成世界的边界，实现文化的等级性以及西方真理的奇异性。它也会迫使世界各地人们接受西方的东西，创造一种夺权现象、文化帝国现象和单一文化现象，它会把强势文化强势地推及所有人。博物馆可能被迫去构建这样一些文化承载物，还会产生一种党派世界观和文化压迫，所有事情、所有博物馆、所有艺术出产者，可能都会以某种方式受这些事物所影响。总之，博物馆传播一种观点，它有时候以其他方式与关系进行组合，用理性或理性主义的观点来展示知识，并且会被政治所用。因此，有时候我们理解博物馆的方式并不理性，因为无论是分享知识，还是保持中立态度，都会让知识带有政治色彩。

我们反对西方后现代主义，从不同角度认识博物馆的身份，比如美术馆分析不同类别的艺术，很多人也会表达自己的观点。博物馆的整体功能旨在制造历史，并将其置于系统观察之下以便明鉴当下，它可以建立一个精细的因果关系和有影响的系统，精细的因果关系是重点，让我们以不同方式鉴赏艺术。

艺术的关系张力越强，国际化程度越高，就会越“剥离”，因为展示中的艺术品就是这种状态。艺术具有开放性，但能不能写出一部世界艺术史呢？绝大多数老师和学生都不赞成包容性的多文化主义和公平的文化、艺术与种族表现，我们似乎只能写出各自的艺术史，而这是一种悲观论。美国艺术史学家托马斯·科夫曼（Thomas DaCosta Kaufmann）认为可以把西方的艺术史传播到世界各地，否则为什么要对艺术史和自然史进行比较？艺术史应将全世界作为一个整体来看待，让发展中国家也有声音并展现各自的艺术史①。反对观点来自一些亚洲评论人员，现居伦敦的一位印度籍艺术史学者认为，帝国主义结构又被重新引入艺术圈，今天的世界和艺术史已带有帝国主义或者威权主义色彩。上述不同观点表明，博物馆不仅仅传播知识，也传播世界观、西方现代化政治观和国际化的道德价值观。西方的现代主义政治由此变成一个单向旅程，所有国家似乎都要走这一条路。另外一个关系与普世知识相关，即所谓的现代世界主义。我们都是非常纯正的、非常平等的世界公民，大家共住地球村，但正如评论人员最近所说，世界主义实际上具有等级性、歧视性和排他性，有一些人更有权利、更有控制力量来决定世界观，而另外其他人权利要少得多。几年前，伦敦举办的一个澳大利亚艺术展招致很多批评意见，因为伦敦的艺术家对于澳大利亚艺术几乎一无所知。英国的评论家经常批评澳大利亚的艺术家创造不出太多独创性的艺术，这很不公平，也无平等可言。

这种普世性理念让全球化变成一个艰难的过程。全球性不公平让“互联”变成一个非常虚伪的词汇，或者是一个委婉语，有权有钱者讨论互联，穷人根本不在乎这些虚无的观念②。泰特现代艺术馆关心非洲话题，表现出很强的道德观念以及反对欧洲中心主义的全球化愿望。该馆曾与尼日利亚国家博物馆和国家银行业合作，让很多尼日利亚艺术家获得全球声誉，尽管有人抱怨说，非洲艺术家把展品都放到英国展览，而尼日利亚国家博物馆成了没有权利的一方。

文化运动带来的另一个启示是国家身份认同。中国希望得到国际认可，而非国外著作权。韩国在20世纪80年代也有同样的思路，曾在巴黎、伦敦、纽约等地举办了很多韩国展览，希望获得和日本、中国同样的文化地位。比如韩国国家博物馆一些人员曾到世界各地大博物馆考察韩国文化的展示方式，他们发现伦敦一些博物馆按照日本历史年表展示韩国文物，便向馆方提出应该按照韩国历史来展

① Thomas DaCosta Kaufmann. Michael North. *Circulations in the Global History of Art*, Ashgate, 2015.

② Ulrich Beck. The cosmopolitan society and its enemies, *Theory, Culture & Society*, 2002(19): 17-44, 23-25.

示。这些博物馆便及时进行修改，说明了韩国人对自己身份的关注，因为这个国家曾有一段被日本占领的历史，也有内战，他们想获得国际认可，但是不想让别人书写自己的历史。

二、博物馆与国家身份认同

博物馆可能被用来表达某种政治观点和声音。大英博物馆是第一个国家博物馆，也是最有影响力的博物馆之一。卢浮宫也是对世界和欧洲进程最有影响的博物馆，拿破仑除了军功之外还带着很多博物馆人员，把卢浮宫建设成为全世界最知名的博物馆。很多欧洲人纷纷来到巴黎，争相观看卢浮宫，称赞它是全世界最好的博物馆，但会说，这些文物曾经都是自己国家的，却被带到卢浮宫如此展示。在拿破仑统治期间，法国的文化和博物馆建设取得了辉煌成就，他的军队带回的大量珍宝都放在卢浮宫。拿破仑战败后，作为战胜国之一的英国说卢浮宫是一座伟大的艺术殿堂，在这里可以看到所有珍宝，不应该把这些珍宝送回各国。后来英国人又改变态度，说应该把所有珍宝送回到英国、德国、荷兰等国，让这些国家建造像卢浮宫一样的博物馆。欧洲各国的国家博物馆一开始就带有政治性，它们曾是皇家博物馆，代表皇权。就像卢浮宫一样，这些博物馆展示的物质藏品告诉人们：掌握这些珍宝就意味着掌握了权力，它们甚至可以用来塑造一个国家形象。

此后，世界各地的民族国家纷纷模仿卢浮宫建设各自的国家博物馆来代表自己的国家和文化，其中有模仿，也有互相竞争。有些国家博物馆甚至形成了一个类似俱乐部的集合体，如欧洲很多博物馆都收藏伦勃朗的画作，加拿大人也想通过建造国家博物馆收藏伦勃朗的画而加入精英行列。国际化的博物馆也试图建立起某种国际性文化，因为建造博物馆是为了构建物质文化和具有抵抗力的国家身份。19世纪的德国就是最好例子，1870年前的德国并非统一国家，柏林在1820年左右才建造了恢宏的国家博物馆，之后又建立很多博物馆，展现了德国统一进程和建设像法国一样国际大国的理想，但后来德国的民族主义导致了世界大战，使德国成为一个越来越保守的国家。

国家博物馆建立起具有象征意义的国家身份和国际影响力，我们在城市景观上也能看到类似理念。世界各国都有很多中央广场，比如北京的天安门广场以及在不同地方的中央广场，柏林也有一些与整个国家故事紧密相关的重要国家标识或象征。很多博物馆的创建者善用故事来阐释博物馆的独特身份，用一些很传统或者远古时代的死者图像表达某种象征意义。比如挪威于19世纪曾被瑞典长期占领，希望通过语言或者绘画展示身份认同，挪威国家博物馆展出的埃里克·韦伦斯基尔德（Erick Werenskiold）1885年创作的《农民的葬礼》，传递了一种象征意义或身份象征。澳大利亚戈隆博物馆展出的一幅法国印象派油画《丛林葬礼》[弗雷德里克·麦卡宾（Frederick McCubbin）绘于1890年]，表现了一个在前线冲锋陷阵的先驱者的葬礼，展现国家神秘感与身份认同。墨西哥国家展览馆展出的《印第安人的葬礼》[何塞·玛丽亚·贾拉（Jose Maria Jara）绘于1889年]表现非常痛苦的哀悼者。尽管墨西哥深受西班牙文化影响，但仍要保持自身应有的文化或身份，很多国家需要通过这种方式来寻求自己所保留的身份象征，希望能够展示国家尚存的东西。

很多国家都有相同的博物馆实践，即希望展示本国特点和身份。罗马尼亚国家博物馆在共产主义时期所有展品都要表现罗马尼亚人的身份和象征，用自己的语言来进行教育活动，将教育融入博物馆参观。欧洲所有国家都用类似方式展示自己的身份，如果曾经有过被侵占或者殖民的历史，就会更加刻意地寻找、保留和强调自己的文化与身份，比如雕像和画像、语言和传统文化元素等，比如保加利亚和很多欧洲国家。但在英国这样未被殖民过的国家，不存在被动的身份，也不会用这种方式。

当你在挪威奥斯陆市中心的古船博物馆看到一艘17世纪末的微型船时，也许会心动不已。博物馆的核心是什么？是诗意的民族性。博物馆建筑很像一个教堂，有圆形的顶，中间有塔。当挪威的建筑风格和展品一起展示时，不仅表现一个空间，而且诠释一只船。当观众进入这样一个空间后，看到这样的事物和展品，深深被一种美感所打动，不由自主地与它们互动。这是世界上最好的博物馆之一，不仅表达了一种国家身份，更多的是展现了一种诗意和美感。

在土耳其国家军事博物馆，每一天都可以看到士兵换岗，这也是一种国家象征，表现了这个国家与众不同的辉煌历史。很多政治家利用博物馆进行政治宣传，很多政治演讲者通过博物馆发展出一种文化或者身份。政府建立国家艺术馆就是要讲述关于藏品的故事（当代政治功用）。2012年匈牙利总理维克托·欧尔班（Victor Orban）在匈牙利国家博物馆为“英雄、国王和圣贤：匈牙利历史上的图像与文献”展览开幕，伊斯兰和基督教徒的站位展示了环境和身份及机构的优越感。通过展示一些象征国家性的物品，说明我们所生活的世界并不很安全，小国家周围会有很多强势的国家，包括俄罗斯等，他们长期处于一种无法言说的弱势状态。

马其顿国家博物馆展出很多油画，旨在表现马其顿的历史及独立过程，有大屠杀等惨烈场面，有国家渊源和身份认同以及政治立场等。爱沙尼亚国家博物馆通过展品揭示民族起源，比如传统农业工具、农民的生活史，包括被其他国家的占领时期以及独立时期。具体的物品在表现国家兴衰和民族存亡的循环过程中起着重要作用，因为藏品与国家身份有关。韩国国家博物馆通过建筑挖掘身份认同，表达国家理念、地理地貌，以及国土或领土的一种疆域感。

关于第二次世界大战或内战的博物馆旨在纪念民族先烈，讲述具有竞争性的残酷历史，或者伤心记忆。比如阿尔巴尼亚国家历史博物馆通过图片形式讲述了1990年的边界杀戮，借此确认当今国家身份认同。中国国家博物馆也有一些抗日战争时期非常残忍的照片。

博物馆用多种方式来创建身份，通过展览定义自身和家国情怀，显示其独特性，即边界，包括现在疆域与历史疆域、本土性与殖民性、英雄/烈士与叛徒/独裁者、爱国者与敌人、共产主义与法西斯主义、共享文化与异化文化、真相和谎言等对立的概念。人们会画出很多边界，有自己本国人与移民、基督徒与穆斯林、正常人与不正常人、定居者与原住民等。这些定义用隐性或者显性方式建立起边界。博物馆又该如何填补这些边界？博物馆从业人员都是人文主义者，而非狭隘的民族主义者，关心人与人之间的联系，而非隔离。博物馆这类历史性的机构想要建立联系，最简单的办法就是让别的国家的人来参观自己国家的博物馆，去接触本地人，这样就会改变态度与成见。博物馆在身份构筑过程中也起着重要作用，比如欧洲身份认同。博物馆还有互相竞争的因素，如大英博物馆有些藏品来源备受争议。除了大英博物馆外，柏林帕加马博物馆、圣彼得堡艾尔米塔什博物馆、哥本哈根博物馆的藏品也极具震撼力，到这些博物馆你可能不需要知道经典主义或者雕塑、考古、艺术史的任何知识，因为这些古典主义建筑和雕塑用一种普世性符号语言让人立刻就会产生一种身份认同感。

三、博物馆架起沟通边界的桥梁

博物馆通过竞争性方式展示物质文化，国家博物馆在这方面起着重要作用。从专业上来讲，专业化让博物馆规范化，因为博物馆从业人员在互相学习和互相模仿过程中造出了一种规范。比如泰特现代艺术馆、巴黎蓬皮杜艺术中心、斯德哥尔摩的现代艺术博物馆、北京的现代艺术博物馆有类似的规范。专业人员通过互相交流创造了非常类似的空间，比如现代艺术博物馆墙上挂画的展示方式尽管很奇怪，但是已成为一种业界规范。所有博物馆都有一种规范化操作系统，专业人员很难跳出其外，因为它可能是有效的，大家都模仿这样的做法。

笔者[①]2001年曾去过斯德哥尔摩的一个小博物馆，当时正展出一个绘画特展，与千里之外马德里的现代艺术博物馆非常像，不同博物馆互相学习，用同样的方式来展示同样的艺术家，这种套路在很多博物馆反复出现。其实，完全可以有更创新的方法，如可以用音乐来搭配等。所以博物馆界的做法让观众有一种同质化的期待，而展览从本质上来讲，应该作为架起沟通不同国家的桥梁和文化对话手段。1943年，为了防止第三次世界大战，英国首相丘吉尔提议建立欧洲理事会，让欧洲国家用对话代替战争。欧洲理事会成立后，第一件事情就是组织一直持续至今的国际巡展，比如2012～2014年在德国、爱沙尼亚、意大利和波兰巡展的“渴望自由”展。展览作为一种文化外交手段，让不同民族、国家互相分享、欣赏彼此的文化，互相了解，互相尊重，而不是相互隔离或“我与他”的敌视或冲突。

博物馆长期参与、鼓励文化外交。中国的文化外交是一项国策，随着对外开放和国际化，中国在过去10～15年举办了很多国际化的展览，很多重要的中国文物曾到欧美一些重要博物馆展出过。笔者的一名博士研究生曾专门研究过去15～20年中国在伦敦举办的展览，探讨中国国际化进程中的美国及其他国家的政治话语。这些展览如何能够到英国的博物馆展出，有无政治领袖在背后推动呢？有无政治上的关联？研究结果证实，展览旨在架起英国和中国的文博机构之间的桥梁[②]。比如兵马俑展览在利物浦博物馆展出，在英国西南部是个现象级的展览，从来不去博物馆的人都要去看看来自中国的兵马俑，这就是文化外交。

像兵马俑这样的展览难能可贵，但展览并非亮宝，而是强调美学、情感与态度的意义，因为美是人类共同的情感。例如，在欧洲举办的伊斯兰艺术展旨在连接欧洲和中东，展现人类共同的审美理念，突显人类大家庭的观念。有些博物馆则关注真实发生的事物。2012年波斯尼亚和黑塞哥维那国家历史博物馆的“和平的伦理”展，再现南斯拉夫时期不同民族和谐相处的情景，以及分裂时期的军事轰炸场景，当时炮弹穿击博物馆屋顶的那个大洞还在，让人触目惊心。

笔者讨论了民族主义、象征主义、大型博物馆、界限以及如何弥合界限。国家博物馆通过不同的做法建立起融合，其中情境元素非常必要。要在时空中为自

---

① 本节的笔者指西蒙·奈尔（Simon Knell）。

② 孔达：《外交：博物馆与国际展览》，《当代博物馆》，劳特利奇出版社，2018年，第88—101页。

己定位，与某个时空建立联系，讨论博物馆如何与社会连接，如何通过传播人类和博物馆之间的连接发挥其功能角色，塑造博物馆的共性以及工作方式。30多年来，身份问题备受关注，我们需要自己的身份，博物馆也需要有自己的身份，并通过公平地为公众学习和获取知识提供机会的方式来表达自己身份。

四、博物馆致力于可持续的社会和谐

如何让所有人都获得公平感？机构、身份认同都与之相关。要了解公众的需要和博物馆的职责，思考如何与公众进行沟通。首先，要考虑时空确定性，比如爱国主义属于某一个时空下经历具体的事物或状态。其次，要考虑当下性，即我们当下生活的状态。博物馆的意义在于帮助人们过上理想的美好生活，与世界更有效地沟通，创造关联性，而非分离性。最后，要让博物馆发挥连接世界各国的桥梁作用，这是政治家无法做到的。现在每天播报的国际新闻让人倍感压力，好像世界偏离了正常方向。博物馆要切实在这些新闻头条背后有所作为，在国家之间建立联系并积极推动。尽管政治与和谐之间的张力一直并存，民族国家竭力保持独立主权。世界各地的国家博物馆或美术馆应坚持国际化和民族化并重，既举办国际艺术家展览，也组织本国艺术家展览，增强文化自信心，消除狭隘的民族主义，审慎地对待本国的历史和其他国家的文化与历史。

当今世界最大的问题是缺乏彼此尊重，各个民族或者人都变成一种客体，缺少人与人之间的同理心，博物馆应在这方面发挥积极作用，推动人和人之间的共理心和友好和谐的关系。20年前，新西兰惠灵顿的蒂帕帕博物馆（Te Papa Museum，成立于1880年）开始用多种声音讲述新西兰城市的故事。惠灵顿原来是一个孤岛，后来欧洲人来了，成为一些非常显赫的移民代表定居之地。博物馆没有进行描述性展示，而是通过图片讲述每个人的故事。观众通过触摸LED屏，聆听当地人的鲜活故事，了解当地人的生活方式[①]。通过与活生生的人打交道，人与人之间的距离瞬间被拉近。

笔者2014年到中国国家博物馆参观时，看到不同绘画的组合，每一个人都和展品有一些不同的关系。从博物馆角度看，这些画创作于不同时期，使用的材质和方式都可以通过不同的收藏进行解读。博物馆也会以这种方式来设计展览，参

① 澳大利亚研究委员会项目：“自1970年代后的征集机构，文化多元性和市民制造”，主要调查者：Andrea Witcomb, Kylie Message, Ian McShane，合作调查者：Simon Knell 和 Arne Bugge Amundsen，2014年。

观者有北京当地人，也有外地人。他们从这些图片前走过的时候，都想起自己曾经的一些痛苦的或美好的记忆和复杂的感受。虽然展品是固定的，但它们在人们脑海中像电影一样不断闪现，这并不是简单的物品展览，而是展示生活、突变和心态。在一个多元中心的世界里，每个国家都把自己及其利益放在想象的中心，普世性的知识不是单独的，而是多种世界观的矩阵。

五、场域化与互联互通

我们关于世界的知识也具有场域化，比如公民或机构、情境性或认同、真实生活或政治象征主义、与世界协商的工具或知识的课堂、互联性与世界主义。蒙古国家博物馆2016年举办的马匹展览非常精彩。蒙古马与英国或者其他国家的马匹不同，它们代表民族、蒙古国家和文化遗产，观众可以通过马匹了解蒙古人的内心世界。

关于东西方的讨论中，社会学家埃森斯塔德（S. N. Eisenstadt）认为，现代性与西方化并不相同，西方现代化模式并非唯一“真正”的现代性，不能一直作为其他国家的基本指南[①]。露丝·菲利普（Ruth Philips）指出，20世纪艺术界的代表作旨在揭示远远超出我们能够实现的更丰富、更像变色龙般的现代主义愿景。当与当地传统和生产条件相遇时，能够无尽地排列，反复地再发明、再更新[②]。我们处在一个本地性、持续性、当代性、瞬变性的文化之中。博物馆如何让人们通过参观来获得这样一种知识？斯德哥尔摩历史博物馆史前展厅的展品不再表达专家的神秘知识，而是展示人类生存状态，授权观众书写自己的理解，而北京首都博物馆通过城市生活展表现差异的力量。

斯德哥尔摩博物馆就是一个变革性的例子。该馆经常举办一些非常具有革命性的展览，比如鞋子展览让观众透过鞋子展品去关注鞋子背后的故事，英国人绝对不可能用这种古怪的方式来展览这些物品。当你在博物馆里面看到这样的展览，就会有一种新感受，就会去思考服饰的意义与变迁。

同理心具有构建人际关系的力量。墨尔本的移民博物馆展示了不同地方的移民，特别是叙利亚难民坐船到欧洲途中船沉人亡的悲惨故事。观展时观众希望自己不要坐上难民船去地中海。除了讨论移民这样的宏大话题外，该馆还表现一个

---

① Eisenstadt S N. *Multiple Modernities*. Daedalus 129, 2000(1): 1-29

② Phillips R B. *Aesthetic Primitivism Revisited: the Global Diaspora of 'Primitive Art' and the Rise of Indigenous Modernisms*. Journal of Art Historiography, 2015(12): 1-25, 26.

个具体的移民个人，让观众会产生一种和这些人建立起联系的同理心，像理解自己身边人一样理解他们。

除了博物馆展品外，还需要考虑观众的边界包袱。一是自己树立边界。史密森美国艺术博物馆的巡展“我们美国人：美国艺术中的拉丁人形象”旨在解除看不见的边界。二是观众自己消除边界。悉尼费尔菲尔德博物馆的展览旨在消除社区的边界。年轻的女性策展人在展览中展示多样性、无边界社区的理念，通过展览和展示把当地社区里的不同族群连接在一起①。三是我们将观众排除在我们创造的边界之外。笔者的博士研究生安吉拉·斯蒂恩妮（Angela Stienne）在莱斯特博物馆策划的展览“博物馆接管2018”对社区生活产生了很大影响②。她把当地移民请到博物馆来，给博物馆里所有的展品重新命名，重新做标签，在重做标签的过程中反思展品或者表达感受（可能不准确，但很棒）或祖国的故事，从而获得一种城市包容感。他们的故事在推特上受到了非常广泛的关注，转发量非常大。

总之，博物馆应研究公众及其生活，让公众参与博物馆。如果博物馆从关注人及其生活开始，就可以让自己变得更积极。桑多克（Samdok）是一个记录当代瑞典社会的网络，工作人员采访普通瑞典人的生活状态，包括办公室人员以及其他工种的工人，拍照片收集材料。如果拍了一个办公室的灯具，就会买一个同样的灯放到后续的展览中。展览记录了瑞典数代人的生活历史，引起全国轰动。当前保护文化遗产成为中国一项国策，鼓励乡村博物馆的政策将会极大地促进当地或社区文化遗产的保护利用，借此连接历史，传承未来。

第二节　全球化与博物馆新诠释③

博物馆与全球化很早就有联系。苏东海先生认为，博物馆很早就有全球意识，全球化是博物馆的天然品格④。不仅仅表现以卢浮宫、大英博物馆、大都会博物馆等为代表的欧美早期收藏与研究的世界性，而且也反映在国际博物馆协会

---

① 澳大利亚研究委员会项目：“澳大利亚1970年后的收藏机构，文化多元性与公民制造”，2013～2014年。

② 安盖拉·斯蒂恩娜为博物馆学和埃及学博士，创办了“木乃伊故事”网站。

③ 原题目为《全球化、全球史观与博物馆的新诠释》，载于《开放与共享：博物馆学理念与实践新探索》，人民出版社，2019年。

④ 苏东海：《当代博物馆发展中的几个问题》，《全球化下的中国博物馆》，文物出版社，2002年，第14页。

（ICOM）作为博物馆全球化的推动者和组织者所开展的各项活动[①]。对中国博物馆而言，因为马克思唯物主义史观和世界史理论之故，而与全球化有着密切关系[②]，一些文博机构甚至推出了博物馆与世界文明系列出版物[③]。然而，与其他学科相比，博物馆界对全球化的关注却相对滞后。苏东海先生曾指出，虽然国际博物馆学专业委员会1977年建立后就一直致力于“搭建一个涵盖全球的理论博物馆学的理论体系”，但总体上看，“博物馆全球化的理论研究却是滞后的”，“（20世纪）90年代国际博物馆理论界的学术目光才从基础理论建设转向现实课题。虽然为全球博物馆奠定学科的理论基础也是一种全球化任务，但对博物馆与全球化课题的直接研究毕竟晚了些。比起60年代经济学界、70年代历史学界、80年代社会学界对全球化的研究晚多了。直到1995年国际博协斯塔万格大会和1998年墨尔本大会上，全球化才开始引入大会主题。同年，国际博物馆学专业委员会1998年主题也定为‘博物馆与全球化’，理论界的学术目光才聚焦于全球化上”[④]。至2002年，国际博协将当年的国际博物馆日主题确定为“博物馆与全球化”，呼吁世界各地的博物馆关注、参与并积极贡献于全球化。

中国博物馆界积极响应，举办各种宣传活动，组织学者集中讨论，极大地提高了对全球化及其影响的认识水平，并在博物馆诠释中进行探索实践。笔者将这

---

① 目前ICOM已有141个国家37000名会员，119个国家委员会，30个国际专委会，6个地区联盟。网站新口号是“博物馆无边界，博物馆有网络”。

② 有学者甚至认为全球化概念最早由马克思提出并发展为马克思主义理论体系中的重要部分。但马克思的世界历史理论与全球化有联系，也有区别。联系在于两者都以普遍交往为动力，区别在于前者追求全人类的自由和解放，而后者主要强调资本、技术、人才和管理经验流动的经济全球化。

③ 北京大学出版社推出的博物馆与两河流域文明，与古埃及文明，与古印度文明，与中南美洲文明，与东亚艺术，与中亚艺术等系列，并出版《博物馆与古希腊文明》（上海博物馆编，2016年）。

④ 马自树：《经济全球化与博物馆》，《中国文物学会通讯》2001年、2002年合订本；陈水华：《中国博物馆与全球化》，《加入WTO和中国科技与可持续发展——挑战与机遇、责任与对策》（上），中国科学技术出版社，2002年；李高遂：《经济全球化背景下博物馆的新定位》，《中州大学学报》2006年第4期；沈平：《博物馆与全球化的思考》，《北京博物馆学会第四届学术研讨会论文集》，北京燕山出版社，2004年；王伟华：《全球化进程中的博物馆发展问题探讨》，《北京博物馆学会第四届学术研讨会论文集》，北京燕山出版社，2004年；常宇：《在历史的长河中前进——全球化下博物馆的发展与建设》，《回顾与展望：中国博物馆发展百年——2005年中国博物馆学会学术研讨会文集》，紫禁城出版社，2005年；康军富：《文化多样性的保护与共存——全球化趋势下博物馆工作新趋向》，《中国博物馆》2005年第1期；徐贲：《全球化、博物馆和民族国家》，《文艺研究》2005年第5期；崔乐泉：《全球化与当代中国体育博物馆的发展》，《北京博物馆学会第四届学术研讨会论文集》，北京燕山出版社，2004年。

一过程总结为三个阶段：一是20世纪90年代。全球化思潮初到中国，引发讨论。二是2002～2012年。2002年，中国博物馆界结合当年国际博物馆日主题“博物馆与全球化”进行深入探讨，主要成果是论文集《全球化下的中国博物馆》和系列学术活动。此后，随着中国在全球化过程中由最初的受益者、跟进者角色向领导者角色转变，博物馆对自身在全球化进程中的角色和定位也有更为深刻的认识，比如综合类博物馆、高校博物馆[①]和生态博物馆等宏观性研究[②]，以及信息化[③]、非物质文化遗产[④]、陈列展览[⑤]、藏品[⑥]、传播[⑦]、国外博物馆等专题性研究[⑧]。三是2013年至今[⑨]。随着一带一路倡议出台，全球化再度成为关注热点，博物馆界

① 黄维娟：《高校博物馆的文化传播使命——基于全球化多元化背景》，《苏州教育学院学报》2013年第5期；林毅宏：《全球化背景下高校博物馆如何破茧重生》，《中国博物馆》2012年第2期；朱玉杰：《高校博物馆的现代化与全球化》，《经济视角（中旬）》2011年第5期。

② 花琦、刘庆艳、王蕊：《试论全球化背景下梭戛生态博物馆的民族文化保护》，《六盘水师范高等专科学校学报》2011年第5期。

③ 眘戊铭：《全球化与博物馆网站建设》，《中国文物报》2002年5月17日；刘洪：《全球化背景下博物馆网络文化建设新探》，《博物馆研究》2010年第1期。

④ 张文彬：《全球化、无形文化遗产与中国博物馆》，《中国博物馆》2002年第4期；方李莉：《全球化背景中的非物质文化遗产保护——贵州梭嘎生态博物馆考察所引发的思考》，《民族艺术》2006年第3期；陈军科：《博物馆文化形态的新理念——全球化形势下博物馆与非物质文化遗产的哲学思考》，《中国博物馆》2004年第2期。

⑤ 王娟萍：《全球化语境下中国博物馆翻译策略研究——以中国丝绸博物馆为例》，《湖北函授大学学报》2012年第4期。

⑥ 李迎化：《全球化背景下自然博物馆收藏功能的未来走向》，《中国博物馆》2004年第2期；张正霞：《论全球化视野下纪念性历史博物馆藏品资源建设——以重庆红岩革命历史博物馆为例》，《中国纪念馆研究》2014年第1期。

⑦ 吕睿：《地方文化复兴与传播——全球化大众传播时代博物馆功能新探》，《大众文艺（理论）》2009年第16期；高晓芳：《信息全球化下的博物馆传播研究》，《东南文化》2012年第2期。

⑧ 马思中：《全球化下的逆流：瑞典世界文化博物馆危机及其原因》，《中国文物报》2007年9月14日；道格拉斯·伊芙林、张维青编译：《全球化社区中的美国博物馆》，《中国文物报》2006年5月12日第7版；尹彤云：《全球化中的博物馆跨国合作》，《中国文物报》2005年1月28日。

⑨ 张戈亮：《全球化视野下博物馆文物展览解说词的英译研究》，《语文学刊》外语教育教学2015年第8期；阿尔贝·托格兰迪尼、范雪纯：《国际合作与关系，多样性与文化间性：全球化背景下的博物馆新挑战》，《中国博物馆通讯》2016年总第351期；文爱群：《全球化趋势下博物馆与文化企业资源整合的探索》，《北京民俗论丛》2017年第00期；刘卫华：《全球化趋势下博物馆发展的文化视野》，《中国博物馆》2016年第4期；刘亚君：《全球化语境下的建筑地域化设计——以苏州博物馆为例》，《建筑与装饰》2016年第2期；张卫星、张岩：《博物馆的全球化思考——从世界三大博物馆几个临时展览说起》，《博物院》2017年第6期。

除了理论研究之外，还举办大量主题展览，成立了一些国际性组织，比如丝绸之路国际博物馆友好联盟、丝绸之路国际博物馆联盟等。最值得一提的是，2017年3月1日至5月31日中国国家博物馆举办的“大英博物馆 100 件文物中的世界史”和6月28日至10月8日上海博物馆举办的“大英博物馆百物展：浓缩的世界史”（大英博物馆同名展览的国际巡回展），以馆藏文物讲述全球共同发展的历史，反映了中国博物馆的全球化视野和诠释新理念与新方法。

但笔者也发现，由于学科背景、研究方法所限，目前的研究尚处于起步阶段，涉及的主题不仅一些重要概念尚未理清，很多讨论也仅仅停留在浅层区，对全球化背后更深层次的推动力和史学传统涉及不多，比如马克思世界史观、世界体系理论（world systems theory）、全球史观等重要的史学潮流与研究范式，甚至出现一些偏差。笔者以“大英博物馆100件文物中的世界史”为基础，梳理有关全球化的基本概念，结合我国博物馆的发展现状，尝试探讨全球化与全球化理论、全球史观在博物馆新诠释体系中的价值与意义。

一、全球史观、全球化理论与全球化

国内外关于全球化、全球史的研究成果丰硕（参考相关综述类文章），笔者仅选取几个关乎本文旨趣的重要概念。

（一）世界史与全球史

两者在研究方法和研究对象上并无本质差别。前者属“古代—中古—近（现）代”三段式纵向写作的传统历史学，研究国家之间相互联系的整体性历史。后者又称新世界史①，以横向视角观察人类社会从闭塞到开放，从内向到外联，从单向到多元等全景式的动态变化过程，研究各国在交往过程中逐渐形成的相互依赖、相互联系、相互影响，表现人类发展的统一性和多样性，强调由关系、互动、对比、传播而产生的关系网，比如当前流行的麦格雷戈（《全球史：从史前到21世纪的人类网络》）、彼得·弗兰科潘（《丝绸之路：一部全新的世界史》）、乔吉·奥列略（《棉的全球史》）等学者的研究方法。二者皆努力突破以国家为单元的传统世界史体系，以多种阐释方法和审视角度，揭示人类历史从普遍史向世界史、向全球史演变过程中的跨文化互动与关联，包括人口增长和

① 20世纪下半叶兴起于美国历史教育改革，后演变为一种编撰世界通史的方法，近年来发展为一种世界范围内流行的新史学流派。

技术不断进步与传播，任何地区和国家的地位和作用都不能被忽视①。

（二）全球史观与全球化理论

前者产生于20世纪50年代美国，以巴勒克拉夫（Geoffrey Barraclough）、本特利（Jerry Bentley）等为代表，他们摒弃以民族国家为单元的思维模式，以全球视野研究历史上不同国家、地区和人类群体之间相互影响的新兴史学流派。特点是去中心主义，强调互动、多维度地考察不同社会人们之间的互动交流，集中探讨移民、社会发展、商业、帝国主义、生物交换、文化融合等主题，分析超越个体社会的大范围历史发展和进程。后者兴于20世纪80年代冷战结束之后，90年代达到高潮。主要有依附理论、后殖民理论、世界体系理论、文明冲突论等。90年代引入中国，广泛应用于社会科学和自然科学研究，促进中国实现从被动地应对到主动参与，并以自身积累起来的实力改变甚至重新塑造世界历史和全球化（比如“一带一路”倡议）新进程，构建具有中国特色的全球史观，即“中华民族心灵中的全球史”。这种以多元性主题及其价值观的复合性世界历史叙事，将选择乃至重构的权利交予大众，而非某些文化精英②。

（三）全球化

由于全球史的学术取向为“把全球化历史化，把历史学全球化”，因此，经济全球化、政治全球化、文化全球化均成为全球历史化的主要内容，展现不同民族和国家的文化越来越趋同化的整体性动态发展过程，强调不同社会空间碰撞与交流所产生的关联性。既有数字化、网络化带来的快捷和方便，也产生了全球文化与民族文化的背离、冲突与矛盾，以及人的生存平面化、交往的异化、存在主义的生存焦虑、缺乏意义和幸福感等消极后果。

在“全球化背景下的社会转型”双重时空坐标中，博物馆要思考如何突破“欧洲（西方）中心论”或民族主义理论，以公平、公正的态度看待其他文明和整体的人类文明，比如珍妮弗·尼尔斯在《在大英博物馆读古希腊》一书中强调，她讨论的范围包括青铜时代到罗马征服的整个希腊化时代，内容涉及传统意义上希腊本土以外的地域。“以一种平衡的视角，承认古希腊在一定程度上受到了邻近文明如古近东、中东和埃及的影响。阐述希腊文明的独特成就，而非重述

① 张春海、赵璐：《用科学的全球史观认知世界史》，《中国社会科学报》2017年9月1日第2版。

② 陈新：《全球化时代世界历史的重构》，《学术研究》2005年第1期。

历史。”[①]而中国博物馆则要在马克思主义哲学观、唯物史观以及世界历史理论蕴含的全球化思想和以之为指导思想的中国博物馆藏品价值论和阐释体系之间找到根本关联，探索出具有中国特色博物馆阐释体系，从概念、内涵、成因、实质、特征等方面探寻藏品蕴含的文化观、文明观、真理观和价值观，开放资源，社会共享，开创全面开放新格局，建设全球化的开放共享型博物馆。

二、博物馆的新诠释，全球化还是全球史观？

全球化、全球史观和全球理论与博物馆诠释皆有关联，特别是全球史观，最典型的例子是大英博物馆。自2002年尼尔·麦格雷戈（Neil MacGregor）任馆长以后，他颠覆其传统历史观点，从全球史视角重新定义文物藏品的诠释方式和维度，他叙述的历史不是以欧洲为中心，而是把大英博物馆作为多元文化相交的地方，通过博物馆藏品向公众介绍新的人类多元文化历史，创造出一个多元化的博物馆。最重要的是，麦格雷戈一直致力于博物馆的公共性，让博物馆文化走向大众，比如制作系列电视和广播节目，包括1995年《描绘世界》、1997年《制作经典》、2000年《眼见救赎》（西方艺术中的耶稣形象）、2010年《100件文物中的世界历史》[②]、2012年《世界一家》和《莎士比亚的动荡世界》[③]，2014年《德国：一个民族的记忆》[④]，2017年《与上帝共存》等。2008年曾拒绝大都会博物馆馆长一职的邀请，就是因为该馆收费而不是一个公共机构。此外，麦格雷戈在任期间大力促进博物馆的全球性，他把博物馆作为一个国际合作项目进行规划，举办过很多视角独特——较少欧洲中心论的展览，比如引进“兵马俑展”等，推出“大英博物馆100件文物中的世界史”全球巡回展览，让大英博物馆从

① 珍妮弗·尼尔斯著，朱敏琦译：《在大英博物馆读古希腊》，上海交通大学出版社，2013年。

② 共100期，每期15分钟，创下了1100万人同时收听的纪录。BBC儿童频道在一个学校项目的支持下，与大英博物馆合作，将此系列中13个物品的故事制作成了别开生面的儿童电视节目。后编辑出版《大英博物馆世界简史》，被翻译成30多种文字，中文版名为《大英博物馆世界简史》，热销一时。

③ 〔英〕尼尔·麦格雷戈著，范浩译：《莎士比亚的动荡世界》，河南大学出版社，2016年。结合莎士比亚的经历和时代，讲述了20件文物背后引人入胜的故事，再现了莎翁的世界以及当时观众的所思所想。每件物品分别涵盖一项莎士比亚时代的重要主题：全球化、宗教改革、海盗、伊斯兰教、法术及其他。麦格雷戈将莎剧原文融入讲述，通过小物件的历史探究了莎翁关于宗教、国家认同、英国和世界历史、人性等思想的成因。

④ 麦格雷戈再次采用选择特殊物件作为国家记忆象征的手法，围绕30个事物讲述德国历史的片段，以及这个片段对德国、德国人的意义。

已关闭三分之一展厅、负债700万的博物馆到年接待观众600万[①]热门参观点。麦格雷戈卸任大英博物馆馆长后，以宽阔的视野和世界文化范畴的经历走上"洪堡论坛"负责人岗位，随即建议德国政府关注博物馆藏品，使之成为"探讨与争鸣世界文化不同叙事从场所"。

笔者认为"大英博物馆100件文物中的世界史"系列就是从馆藏的800万件藏品中100件最具代表性的文物，改变以往历史叙事中的"欧洲中心论"，以全球史观为叙事框架，以全球化为基本线索，选用平等而多元的视角，以资源、技术、思想、文化传播与共享的动态过程为主线，叙述人类文明相互交融、彼此影响，突出从各地区文明从隔绝到整体的发展过程，表现的不仅是普通历史观所展现的不同文明之间的差异，或者文明自身的独特性，而是反映不同区域的人们在面临同样的问题时所采取的共性应对措施及其影响，还有文明进化的历史及人类社会未来走向，表现"人类一家"的世界历史理念。参与者包括百余名馆员、四百余名专家，花费四年时间撰写而成。该系列包括BBC四频道广播节目、出版物、儿童电视节目、国际巡回展览（内容各有侧重，见表一）。

表一

<table>
<tr><th>名称</th><th>时间</th><th>内容</th></tr>
<tr><td>大英博物馆100件文物中的世界史</td><td>2010年BBC第4频道，共100集，每集15分钟</td><td>18部分："人之所以为人"
"冰河时代后的食与性"
"最早的城市与国家""文学与科学的开端"
"旧世界，新势力""孔夫子时代的世界"
"帝国缔造者""古代享乐，现代香料"
"信仰的兴起""丝绸之路及其延伸"
"宫墙之内：宫廷的秘密"
"朝圣者、入侵者和商人"
"地位的象征""与神相见""现代世界的入口"
"第一次全球经济化""宽容与褊狭"
"探索、剥削与启蒙运动"
"批量生产，大众宣传""我们制造的世界"</td></tr>
</table>

① 曾分别在牛津大学、法国高等师范学院、伦敦大学攻读现代语言学哲学艺术史。1975～1981年在瑞丁大学教授艺术史和建筑史。自1987年后，先后担任伦敦国家展览馆馆长、大英博物馆馆长（2002～2015年）、德国洪堡论坛负责人，麦格雷戈在博物馆领域取得了引人注目的成就。

续表

名称	时间	内容
大英博物馆100件文物中的世界史（中文版《大英博物馆世界简史》）	2010年11月，Allen Lane出版社	18部分："人之所以为人""冰河时代后的食与性""最早的城市与国家""文学与科学的开端""旧世界，新势力""孔夫子时代的世界""帝国缔造者""古代享乐，现代香料""信仰的兴起""丝绸之路及其延伸""宫墙之内：宫廷的秘密""朝圣者、入侵者和商人""地位的象征""与神相见""现代世界的入口""第一次全球经济化""宽容与褊狭""探索、剥削与启蒙运动""批量生产，大众宣传""我们制造的世界"
大英博物馆100件文物中的世界史①	2016～2017年巡展：阿联酋阿布扎比，中国国家博物馆、上海博物馆②和台北故宫博物院，日本东京国立博物馆、太宰府九州国立博物馆、神户市博物馆，澳大利亚珀斯的西澳大利亚博物馆和堪培拉的澳大利亚国家博物馆等	9单元：序言、开端（200万年前至前2500年）、最初的城市（前3000～700年）、权力和哲学（前700～公元100年）、信仰与仪式（1～800年）、贸易与侵略（300～1100年）、变革与适应（900～1550年）、邂逅与联结（1500～1800年）和我们创造的世界（1800年至今）

① 原系列中部分不便外展的藏品在展览时有所调整，比如罗塞塔石碑、女史箴图、拉美西斯二世雕像，大维德花瓶等，巡展过程中也有调整

② 上海博物馆展览名称为"大英博物馆百物展：浓缩的世界史"

麦格雷戈以全球史视角对博物馆藏品的新诠释引发热议。连续广播节目创下1100万人同时收听的记录，同名书籍好评如潮，登上了全球畅销榜。《华尔街日报》称赞该书"以完美的冷静笔触穿越各个大陆，各种文化与各个时期，以收藏全球文物为宗旨的博物馆在当今世界上何以仍能保有重要地位的明证。让人欲罢不能，充满了深厚的人文关怀，文明社会中的每个成员都应该阅读"。同名国际巡回展览（内容编排由18部分变为9单元或8单元）曾在阿联酋阿布扎比，日本东京、九州、神户，澳大利亚佩斯、堪培拉，中国北京、上海和台北等地展出后，继续在欧洲巡展。它通过展品而非文字只是回顾历史，而是诠释历史，探讨我们应该如何认识历史，肩负着透过解读过去而创造未来的使命。通过这种更加民主、客观公正的方式，让不同地区和不同文化的人们，尤其是那些没有文字记录的民族，有机会在人类整体历史中从自身角度来讲述本民族或国家的故事。

中国的媒体和博物馆界对两场展览格外关注。媒体将其宣传为“一部浓缩的世界史”“一部世界简史”“一场全球化的展览”，博物馆界解读其为“全球史视野下的世界史、文明互动”①。笔者认为以上评述尚未充分表达展览的多元诠释方法、地区互动所带来的全球化过程、历史价值与现实意义，还应该从以下八个方面更深刻地理解该展览表达的历史语境和全球史观。

第一，全球史研究的理论范式和全视角的宏大叙事。全面讲述人类共同的历史，探析不同文化的人们的共性和差异，关注物种传播、疾病蔓延、气候变化等曾对全球历史发展产生重要影响的超越国界现象。从200万年前奥杜威砍砸器开始，到当今的太阳能和充电器，文物所代表的人类历史从古发展至今，在整体上仍处于持续不断的动态前进过程。讲述方法是多元的，从普世史、文明史、总体史到全球史，犹如漫漫长卷，展开的是长时段演变历程，推动历史发展的是不同地区的相互竞争、交融、碰撞及力量对比关系，为我们理解世界历史宏大叙事提供了新维度、新方法和新方向。

第二，卡尔·雅斯贝尔斯（Karl Jaspers）“轴心时代”和彼得·弗兰科潘的新世界史等去欧洲中心论的史学理论范式。突破了社会特殊性、文化排他性、经验地方性的史学传统，强调各社会之间的相关性和互动性，重视每个文明的价值与贡献，提出“各种文明几乎同时建立”的观点，阐述“小地方与大世界双向反射”的观点②。全球化出现在多个历史时段，比如公元前800～前200年的人类在古希腊、中国和印度等地同时实现突破，原本各自独立的发展突然改变了方向，产生出一个具有世界史向度的早期启蒙纪元。展览表现的古代文明基本上都是平等的，除了叙事语言外，文物数量也能说明问题，比如中国文物有8件、印度文物有6件、美国以外的美洲文物有8件，各个洲的文物数量分配适中，充分反映了全球史观的“去中心化”特征。

第三，现代化理论学家埃森斯塔德的“多元现代性”，即每一种文化都有自己通往现代化的道路，其自身的文化条件和目标决定了发展的速度。欧洲、非洲、亚洲、美洲、大洋洲等多元世界由古至今的多元现代性构建了人们活动和创造有效历史事件的框架，并通过这种方式让观察者更容易理解。用本特利的话

① 博涵：《大英博物馆的“全球化”故事》，《中国文化报》2017年3月12日；闫志：《全球化视角诠释下的世界史——“100件文物中的世界史”的一个面向》，《博物院》2017年第2期；王辉：《全球史视野下的文明互动》，《北大荒日报》2017年7月4日第5版。

② 〔美〕杰里·本特利、赫伯特·齐格勒著，魏凤莲译：《新全球史》，北京大学出版社，2014年，第Ⅶ页。

说，就是强调局部地区的发展乃是与之关联的外部世界变迁的结果及其影响。

第四，布罗代尔（Fernand Braudel）长时段理论和结构主义。关注跨越国家和种族的长期经济互动、技术转移和帝国扩张，揭示影响各个文明之间互动的自然环境变化、移民潮流、疾病传播、观念与信仰的演变等。对“大结构、大过程、大比较”理论范式的丰富和完善，认为人类总体史观是由两百万年前的“地球历史”、“长期历史”和“事件历史”构成的。此外，通过多空间历史比较方法阐释不同区域的文明趋同性。

第五，奥斯特·哈默尔的全球史主题。其著作《世界的改变：19世纪的历史》包括“相近的方面”（记忆和自我观察、时间、空间）、“概观”（每个现实区域，固定不变与变动不居、生活水准、城市、边境、帝国和民族国家、权力系统、战争和国际主义、革命、国家）和补充（能源和工业、工作、网络、等级制度、知识、“文明化”和排斥、宗教）、范畴（时间或者空间）、问题领域（边境）、对转变的情况的调查（生活水平）、进程（革命）、结构（城市或国家）或者生产和再生产的定义范围（工作或知识）。

第六，全球史强调的公平与对称原则，即客观性。摆脱各种“××中心论”偏见和“我者”与“他者”心理，特别强调“共同的历史”，展示各个文化独立发展过程中的相似进程，以及这些文化发展到一定程度后互相之间产生的联系和冲突，参考和借鉴在时间和空间上没有参与全球化，或者认为全球化有问题的思想和思想家的反对意见，即不同地方通过不同的因素和途径，发生了一些共同的历史变化，比如从陶器—瓷器—金属器—纺织品到图像和文字，不同形式的文物及其所代表的文化似乎都有相同轨迹，让观众更好理解不同地区文明的趋同性现象，即全球化现象。

第七，有序性和完整性的叙事结构。英方策展团队对这一点有着苛刻的要求。展览每巡展至一地，要添加一件当地展品，组成101组展品，如中国国家博物馆的“宣布中国重返世贸组织的木槌与签字笔”，上海博物馆选择的展品是二维码。因为一个展览所能讲述的不仅仅是过往的故事，也预示着世界的未来。讲述世界历史从早期文明时代就已经普遍出现的世界范围内的交流合作到当下乃至未来的全球史的形成过程及其背后的动力，从早期全球化到1450～1650年第一次经济全球化，再到现当代乃至未来的全球化与逆全球化，堪称“一场全球化的展览”。

第八，具有很强启迪性的叙事效果。采用全球化视角和世界历史的多元阐释方法，对藏品中蕴含的“全球性”予以深度挖掘，提喻式地通过个体反映整体，转喻式通过整体剖析个体，以生活文物、宗教文物、军事文物、商业文物展现世界历史发展的理性、有序和体系。除了关系和网络之外，展品中包含着很多启发反思的内容，比如战争、革命、同性恋等问题。总之，每一件文物包含的交流互动元素中也包含了反思的精神。

此外，展览诠释方式还有很多创新性，真正实现了考古学、历史学和艺术史等学科的融通，“以物叙史”，并非展现不同文明之间的差异，或者文明自身的独特性，而是通过纵向和横向两条线索突出不同文明之间的共性及其相互交融、彼此影响的历史事实，说明人类文明并非一个孤独的存在，而是一直在互相交流，可以说，人类的全球化进程始于文明之初并持续至今，并一直延续到未来。正如阿马蒂亚·森（Amartya Sen）所说：“当我们审视世界历史之时，一定要清楚，我们所见的并非不同文明的截面抑或它们被一一分离状态下的历史。这一认识十分重要。因为文明间存在很多接触，它们彼此具有内在的联系。我以为世界历史并非一部文明史，它应当是有同有异、始终互动的世界多种文明的演变史。”①

三、全球化、全球史观对博物馆诠释的启示

麦格雷戈的“大英博物馆100件文物中的世界史”系列诠释活动和他的多元性全球史观及对于当今和未来的中国博物馆带来很多启示，即如何借鉴全球史的视野与诠释方法。

2013年“一带一路”倡议被提出之后，我国博物馆界十分关注丝绸之路的研究与展示，甚至兴起了一股举办丝绸之路主题展览的热潮，主要表现出以下三个特点。一是形式多样，馆内馆外相结合，线上虚拟展览和线下实体展相呼应。既有实物展、实物展、数字展或兼而有之，也有馆内固定（常设）展览、临时展览及国内外巡回展等。二是主题丰富，囊括物质的和非物质的几乎所有藏品类别。涉及面非常宽泛，既有陆上丝绸之路、海上丝绸之路、茶马古道、草原丝绸之路等按照地域或属性分类的宏大叙事，也有以具体器物类别为主的专题展览，包括丝绸、绘画、金属器、玉石器、钱币、陶瓷器、竹木器、玻璃器等具体种类；有单一主题者，还有综合主题者。三是举办单位类别众多，几乎涉及博物馆所有门类。包括国有博物馆（省、地市、县、区）、非国有博物馆、行业博物馆、科技馆和高校博物馆等。博物馆举办这类展览热高不下，很多展览都冠以丝绸之路之

① 〔英〕尼尔·麦格雷戈著，余燕译：《大英博物馆世界简史》，新星出版社，2014年。

名，大有泛丝绸之路之势。然而，细究起来，这些展览无论是大题小做，还是小题大做，都有试图“蹭”丝绸之路的热度之嫌，因为有些展览对丝绸之路主题的解读与阐释或诠释深入不下去，存在就事论事、名实不符、简单的文物陈列等现象，缺乏采用全球史视野和方法的深度挖掘和多元诠释，有时误把现象当本质，误把文物当历史，误把边缘当中心（反之亦然），有些过度夸大，过分渲染，比如葛承雍先生在批评丝绸之路研究乱象时提到的北京故宫“紫禁城与丝绸之路”、深圳“丝绸之路历史档案展”等展览[①]，有些展览仅仅是不太相关文物的简单组合，甚至将“全球化”“世界史”“全球史”等概念混为一谈。

究其原因，主要有以下几个方面。

（1）传统的马克思主义历史学理论和研究方法在博物馆仍有很大影响。尽管受到相对主义、后现代主义等西方史学思潮的强烈冲击，目前我国博物馆仍以实证主义史学研究为基本方法，以中国马克思主义唯物史观为指导，普遍存在历史碎片化现象，缺乏长时段、多维度的研究，缺乏对历史发展动态的把握和规律总结[②]，对长时段历史过程、对国家、对世界的整体研究也不够，策展视野不够宏大。世界史研究也多以国别史为主，往往把中国排除在外（不单单是中国，其他国家的人们也同样有一种错觉，认为本国的历史与文化不同于其他国家，二者之间存在隔阂）。在博物馆诠释中，传统的史学范式仍然明显地存在着，历史学者大多采取专业的史学方法讲述历史，即某个历史事件可以用不同方式或通过不同故事来讲述，那也一定是采用最“保险”和“安全”的方式，有时甚至干脆以“少即是多”“让文物来说法”等方式，避免引发争议而带来不必要的麻烦。这一点，有学者在多年前就曾指出过，他认为“全国各地的博物馆都是学习中国历史博物馆，搞通史陈列，同质化现象非常严重”[③]。明显缺乏的是强调整体性和联系性的全球史视野和诠释系统，较少从世界整体化进程角度评估重大历史事件的全局影响，也无法使具有国别史意义的重大事件拥有更大范围的影响力。

可喜的是，我国博物馆界一直在探索特色化、多元化的藏品诠释范式，突破对历史单一化的认识，多角度、多方向认识历史，突破个体化的研究，探索历史整体性的发展，在世界历史大框架中探索藏品的价值和意义。比如上海博物馆、湖南省博物馆、湖北省博物馆等进行的个性化尝试。有些博物馆则试图通过名称

---

① 葛承雍：《丝路研究永远在路上》，《丝绸之路研究集刊》第二辑，商务印书馆，2018年。

② 卜宪群：《用马克思主义唯物史观指导中国古代史研究——写给〈中国史研究动态〉纪念改革开放40年中国古代史研究专刊》，《中国史研究动态》2018年第1期。

③ 陈浩：《全球化背景下博物馆追求个性化》，《美术报》2017年1月21日第13版。

的变化表现理念、视角的延伸，如中国历史博物馆的“中国古代历史”到中国国家博物馆“古代中国”；陕西历史博物馆的基本陈列由“陕西古代历史展”更名为“陕西古代文明”，由原来的按照传统的竖线条历史分期法下的“历史”展，变为“（古代）文化”“（古代）文明”展；湖南省博物馆基本陈列由原来的“马王堆汉墓陈列”变为“湖南人——三湘历史文化陈列”。虽然依然是按照历史时期编排，但增加了一些不同的元素，尝试体现历史发展的多样性，而非单一的线性。一些巡展也通过改名称的方式表示差异，如湖南省博物馆的“在最遥远的地方寻找故乡——13至16世纪中国与意大利的跨文化交流”到国家博物馆变成“无问西东——从丝绸之路到文艺复兴”展。这样的例子不胜枚举。

（2）传统的考古学理论和研究方法在博物馆也同样有很大影响。中国的博物馆学有其独特的考古学渊源和考古史特征，以至于其他与博物馆密切相关的学科，比如人类学、社会学、民族学等是被忽视的。于是就有了博物馆离不开考古发掘品（一直争论的考古所给博物馆交文物问题）的说法，有人甚至将考古学等同于博物馆学，博物馆学教育也是如此。现在已有不少学者发现，以考古类型学、地层学、测年以及鉴定技术为主的苏联系物质文化史研究开始向以社会环境、经济技术、社会与组织、思想与文化等学科学技术方法为主要内容的西方系古代社会研究转型[①]，这种转型参照国际前沿理论，对拓宽博物馆诠释系统很有帮助。

（3）传统的物馆学理论研究范式有待进一步突破与完善。早在2002年甄朔南先生就提出要“在博物馆内普及博物馆学”，但从博物馆科研成果来看，这一倡议仍未受到应有的重视。在我国博物馆现行组织结构和管理体制，特别是藏品管理体系、展陈体系和教育体系下，依然存在着明显的偏重器物研究的学术传统，如金石学、文物学等，研究范式依然受民族主义、马克思主义（苏联模式）、欧美实践等多种影响，以至于博物馆诠释的历史知识大多来自专业历史学家撰写的晦涩文字，观众读起来很费力。对这部分历史学家而言，真实和公正为第一要务，这种认知最终奠定了博物馆自我诠释的基础，也造成了博物馆诠释的历史带有明显的编年史或者关于所有地区和民族的资料汇编特征，缺乏对一些特殊的、关乎人类发展的整体性、统一性和多样性等问题进行深入思考[②]。在这种情况下，出现了博物馆学不受重视，甚至被边缘化的趋势，也出现了很多博物馆学方面的科研成果学术性不强的现象。

---

① 陈胜前：《中国考古学研究的转型》，《明清史研究辑刊》2018年第8期。

② 腊碧士（Alfons Labisch）：《从普遍史、世界史到全球史——北京外国语大学“全球史研究院”成立仪式上的主旨演讲》，《中华读书报》2014年12月17日第18版。

博物馆如何拓宽视野，从全球史角度重新建立诠释系统呢？笔者认为有以下几个方面。

（1）树立全球史观念，探索跨学科的多元融合诠释方法。重新梳理、挖掘、创新马克思主义世界历史观的现代价值及其在博物馆全球思维中的科学应用。针对目前博物馆存在的诠释方法滞后问题，各学科之间尚未彻底打破边界，尚未实现真正的跨学科整体综合性研究等问题，我们要认真梳理当今博物馆所涉及的各种理论范式（自然科学、人文科学；考古学、历史学、艺术史与公共考古学、公共历史学、公共艺术史学），重新思考“整体世界史观”对博物馆诠释的理论指导价值。因为中国古代历史始终处于世界历史乃至全球历史进程之中，同样见证、参与了人类历史从隔绝到整体的演变发展过程，由地区到全球，由个体到整体的过程，并贡献其中①。对博物馆而言，历史发展的全球性特征有助于藏品价值的挖掘，有助于用国际通用语汇进行诠释，最大限度地发挥文物传播人类文明的功能与使命，尤其是向全球传播中华文明，讲好中国故事。

（2）突出个性化特色，彰显不同地区的历史文化魅力。近日，关于如何避免千馆一面现象的讨论再次引发关注。现在博物馆个性不足，看起来都差不多，从布展内容、形式，到解说词、文创产品等都太相似。虽然国有博物馆在古代文物收藏方面有很强的优势，但在深度挖掘和创新诠释方面仍做得很不够，很难突出差异性、互补性和整体性。曾有专家指出：中国通史里的东西，在中国国家博物馆能看到，在各省市的大博物馆里能看到，在地方的小博物馆里也能看到。因此，博物馆眼下文物的展览和文化的传播形式都不足以支撑现实的需要，其中最重要原因还是缺乏整体史观指导，缺乏多元诠释的能力。

（3）创新开放与共享机制，不断完善区域化发展模式。我国在建设门类齐全、结构合理的博物馆体系过程中，始终以强劲、可持续、平衡、包容为目标。国家文物局在《国家文物事业发展“十三五”规划》中通过顶层设计方式，促进国内博物馆区域化发展，要求“建立国家一级博物馆与市县级博物馆借展、联展、巡展合作机制”，通过边疆地区博物馆建设工程和非国有博物馆发展质量提升工程，达到区域性均衡发展。很多博物馆也寻找集约型发展的契机，纷纷成立各类联盟，比如，西南博物馆联盟、京津冀博物馆协同创新发展联盟、长三角博物馆联盟，以及总馆制和最近的机构改革（辽宁省沈阳、大连

---

① 吴于廑：《时代和世界历史——试论不同时代关于世界历史中心的不同观点》，《江汉学报》1964年第7期，第48页。他提出，世界史包括外国的历史、跨文化交流的历史和全球史。

等），打破各类、各地区、各层级博物馆之间的壁垒，实现区域化均衡发展，从整体上提升行业发展水平，增强应对、参与和贡献全球化的能力。

除了实现国内博物馆之间的区域化联动式发展格局外，各地博物馆在配合国家的全球化发展战略，实施“走出去”诠释理念时，要用全球化的思维模式、诠释语汇和表达体系，不仅要自己听得懂，也要让世界各地的人们听得懂我们的故事。不仅要与欧美等发达地区合作，也要关注欠发达地区。不妨参照ICOM的做法。自1977～1989年采取走向全球策略后，2004年以后ICOM逐渐向亚洲倾斜，比如2004年韩国首尔大会，2010年上海大会，2013年在北京故宫博物院成立ICOM-ITC，以“国际引领+中国带动+亚太参与”促进全球区域性博物馆的均衡发展，已为亚太地区培训近200名博物馆专业人员。在这方面，我国的博物馆已经有所作为，比如通过一带一路博物馆联盟、丝绸之路沿线国家博物馆教育（友好）联盟等国际性组织，促进博物馆发展的区域平衡。

四、结　　语

“大英博物馆100件文物中的世界历史”系列诠释活动充分说明：全球化时代的博物馆应以全球史观不断提升博物馆诠释方法，让更多观众在全球视野中认识全球化与本地化的交互价值与意义。在我国当前倡导的生态（社区）博物馆和乡村博物馆等新一轮博物馆建设运动中，这种全球史视角下对城乡文化记忆和身份认同的重构，对于塑造我国历史文化的地位、寻求民族秩序感，有着积极的指导意义。

随着一带一路以及“数字丝绸之路”等全球性重大规划的实施，博物馆进入全球化的3.0时代，我们还要按照习总书记提出的“要按照立足中国、借鉴国外，深挖历史、把握当代，关怀人类、面向未来的思路”，在研究藏品时，要突破文化上的隔膜，学术背景的不同，语言的多样性，在文物诠释、学者交流等方面的国际合作中，构建适应全球化未来发展潮流的新诠释体系，将个案研究融入世界史大背景下，结合新世界史学潮流，比如女权主义（feminism）、福柯主义（Foucauldian）、后建构主义（poststructuralism）等，策划比较性国际文物展览，建立全球博物馆诠释的共同体系。

英国历史学家彼得·弗兰科潘在畅销书《丝绸之路：一部新的世界史》的结语中说：“世界的重心将再一次回到它千年之前的位置。”“习近平2013年提出‘一带一路’倡议及中国为此所做出的巨大投入，都充分表明中国在为未来着想。而在世界的其他地方，挫折和艰难、挑战和问题，似乎都是一个新世界在诞生过程中的分娩阵痛。当我们在思考下一个威胁将来自何方，思考如何应对宗教极端主义，如何与那些无视国际法的国家谈判，如何与那些经常被我们忽视的民族、文化及宗教建立各种联系的同时，亚洲屋脊上的交流网络正被悄然地编织在一起，或者更准确地说，是被重新建立起来。‘丝绸之路’正在复兴。”①以全球史观为指导，以一带一路为推手，中国的博物馆推进全球化或逆全球化浪潮中找到自己的位置并发挥应有的作用，因为当前的世界远没有我们乐观想象的那样全球化。同样博物馆的全球化也不仅仅是一种现象，而是一种全球史观的新诠释。

第三节　新全球史观与博物馆藏品研究②

博物馆研究指博物馆科研人员为深化和丰富对博物馆现象、博物馆收藏及相关活动的知识，运用人类已有知识和手段进行的系统性创造工作③。特点是以藏品为基础，以陈列和教育等方面为主要内容的多层次、多学科综合研究，即苏东海先生所论的普及性研究、服务性研究和学术性研究④。而学术性研究又分为传播性学术研究、整合性学术研究、运用性学术研究和创新性学术研究。创新性学术研究是各种学术研究的最高代表，可以带动其他三类学术研究⑤。因此，创新性学术研究能力是区分博物馆水平高低的重要标准。能进行创新性学术研究的博物馆就是“一流”“领先”的博物馆，能跟进和模仿的即是次之，无创新能力的更次之，这种标准也代表了全球化时代的博物馆的新方向。

一、新全球史：博物馆藏品研究的新转向

就我国博物馆而言，“一流”和“领先”多指“国内领先，国际（世界）一流”，特别是一些大中型博物馆。这一基于国内实践的国际化目标或定位已被很

① 〔英〕彼得·弗兰科潘著，邵旭东、孙芳译：《丝绸之路：一部全新的世界史》，浙江大学出版社，2016年，第447页。

② 本文系2019年3月19日中国科协-清华大学科技传播与普及研究中心、中国科技馆、《自然科学博物馆研究》杂志社联合举办第十一次科技博物馆理论研讨会发言论文。

③ 宋向光：《创新机制，切实做好博物馆研究》，《中国文物报》2016年4月1日。

④ 苏东海：《博物馆科学研究工作的再思考》，《中国博物馆》1995年第1期。

⑤ 徐显明：《大学理念论纲》，《中国社会科学》2010年第6期。

多博物馆写入治馆目标中，并提出“学术立馆”“科研立馆”等技术路径和工作原则[①]，如中国国家博物馆（研究立馆）、北京故宫博物院（学术故宫）、河南博物院（提倡学术研究）、浙江省博物馆（以学术研究立馆）、陕西历史博物馆（科研立馆）等，可见学术研究对于博物馆发展具有坚实的基础支撑作用，而创新性学术研究更是博物馆可持续发展的关键[②]。然而，从博物馆总体发展情况来看，学术水平已经成为制约博物馆发展的瓶颈，也是老生常谈的困难与挑战，自2008年以来的国家一级博物馆运行评估报告反复强调这一问题，如《年度国家一级博物馆运行评估报告（2008—2009年度）》称：“科研工作是短板。83家一级博物馆两年的定性一级指标得分率中，科学研究最低，得分率仅43%。代表性研究成果平均得分率则更低，只有27%，是所有评估项目中最低的得分率。即便就国家级博物馆来说，科研也仍然是具有瓶颈性质的制约性弱项……科研工作的淡化，势必造成藏品诠释和社会服务、能力建设的脱节，空有服务等热情，却缺乏服务的能力和针对性。”[③]《国家一级博物馆运行评估报告（2011年度）》称：“科研创新能力不足……历史文化方面的研究亮点不多，特别是文物研究更多地停留在本体研究阶段，缺少对文物深层次的历史文化内涵的研究。”[④]《2014—2016年度国家一级博物馆运行评估报告》称“我国博物馆在科研投入和产出上严重缺位”，特别是针对藏品的研究不足，特别是一些专题类博物馆，如很多科技类博物馆馆网看不到关于藏品研究的信息，有学者甚至指出，“在国内的科技类博物馆中，强调了知识、技术的介绍与普及，而忽略了研究作为展览展示支撑的

---

① 科研和学术在定义上虽有一定不同，但在博物馆具体实践中两者混用居多，比如有的设立研究部（院）、有的设立科研处（办），还有的设立科研管理部（处），也有的博物馆没有设立专门的学术部门。本文采用合二为一的广义概念。

② 中国国家博物馆坚持“人才立馆、藏品立馆、学术立馆、服务立馆”的工作思路，建设“世界一流博物馆”。在“四个立馆”中，人才是关键，藏品是基础，学术是支撑，服务是目的。在全馆范围内倡导以学术为上、以学术为先、以学术为荣的良好风气，形成良好的学术氛围和学术互动局面，出现了“无处不历史、无处不艺术、无处不学术”的浓厚氛围和全新景象，带动了中国国家博物馆在国际上的地位与日俱增，2015 年被英美有关机构评价为世界最具影响力的博物馆居第二位，排在法国卢浮宫博物馆之后。见吕章申：《坚持“学术立馆”为全面建设世界一流大博物馆而奋斗——在“中国国家博物馆学术工作大会”上的讲话》，《中国国家博物馆馆刊》2016年第6期。

③ 中国博物馆协会：《国家一级博物馆运行评估报告（2008—2009年度）》，《中国文物报》2011年6月22日第3版。

④ 《国家一级博物馆运行评估报告（2011年度）》撰写组：《国家一级博物馆运行评估简报（2011年度）》，《中国文物报》2013年5月22日第4版。

关键性作用，这使展览展示缺乏深度吸引力和持续的生命力，使这些博物馆更像一个游乐的场所”[①]。因此，《2014—2016年度国家一级博物馆运行评估报告》对一级博物馆提出了“提升科研产出水平，建设研究型博物馆”的建议，“强化藏品研究的基础性地位，促进藏品研究成果及时转化为展览、教育等公共文化服务资源，使国家一级博物馆真正成为研究型博物馆”[②]。

那么，藏品研究对博物馆至关重要，但又无法获得较大突破的根本原因在哪里？笔者认为，除了人云亦云的客观原因外，主观原因恐怕起着关键性作用。一是普遍存在藏品研究不够重视、高水平研究人才不足等问题。二是普遍存在研究的视角和方法不够丰富、科研成果转化不够多元等问题。在目前情况下，除了提高重视外，还需要理论范式的突破，需要创新性的学术研究，比如，新全球史研究方法。原因有二：首先，从博物馆自身而言，因为藏品往往涉及多学科的复杂信息，需要突破传统的单一学科研究范式局限，借助国内外跨学科的综合性研究视角和方法，特别是基于陈列展览的藏品研究。上海博物馆和湖南省博物馆等开始在藏品研究方面进行创新尝试，分别推出了“青花瓷展览”“在最遥远的地方寻找故乡——13至16世纪中国与意大利的跨文化交流”等学术型展览[③]。其次，从博物馆藏品研究趋势来看，新全球史、新历史主义等思潮已产生影响，极大地挖掘了藏品背后的历史意义和文化价值，中国国家博物馆和上海博物馆引进的“大英博物馆一百件文物中的世界历史”全球巡展，是大英博物馆藏品研究中采用了新全球史的“传承”和“交流”视角和理论，对世界各地文明进行宏大叙事，由此推出了颇有影响力的“大英博物馆世界简史”的多元研究成果[④]。笔者认为，我国的博物馆藏品研究中也应该越来越多地借鉴新全球史分析模型，挖掘藏品的丰富内涵，凸显其在世界历史发展和人类文明交往过程中的作用与影响。

---

① 王春法、张黎、许向阳，等：《关于建设中国科学家博物馆的几点思考》，《中国国家博物馆馆刊》2018年第4期。

② 中国博物馆协会：《2014—2016年度国家一级博物馆运行评估报告》，2018年。

③ 湖南省博物馆1月26日至4月30日。宣传词：“全球博物馆最精美的藏品，世界历史最深刻的变革，一部你从未看过的《马可·波罗游记》，一场跨越欧亚大陆的时空旅行。”中国国家博物馆2018年6月9日至9月19日展出“无问西东——从丝绸之路到文艺复兴”，展览汇聚全球38家博物馆200余件文物和艺术品，构成全球学术界思潮中的一支最新浪潮。

④ 2016～2017年巡展：阿联酋阿布扎比，中国国家博物馆（2017年3月2日至5月31日）、上海博物馆（2017年6月28日至10月8日，展览名称为“大英博物馆百物展：浓缩的世界史”）、台北故宫博物院，日本东京国立博物馆、太宰府的九州国立博物馆、神户市博物馆，澳大利亚珀斯的西澳大利亚博物馆和堪培拉的澳大利亚国家博物馆等。

二、新全球史：理解博物馆藏品的新语境

以2000年美国全球史学家杰里·本特利和赫伯特·齐格勒《新全球史》正式出版为标志，世界历史研究迎来了新全球史（新世界史）的研究新范式①。与以国家为单元，以超越跨国贸易、商业网络、比较政治等"跨国境"的全球史研究框架不同的是，新全球史关注"互联"与"互动"，以"传承"与"交流"两大主旋律为基调，呈现出世界历史由隔绝到整体演变过程中复杂的历史复调，开辟了世界历史研究的新阶段②。

新全球史观为创新博物馆藏品的研究方法提供了新视角，即在"传承"与"交流"的宏大历史背景下，探寻博物馆藏品的历史生成机制及其动力（贸易、旅行、征服战争、宗教和文化传统的传播、技术的扩散、传染病的流行等），展示藏品蕴含的不同的政治、社会、经济和文化传统，以及世界各民族之间的互动及其多元化方式，在人类长期的跨文化互动历史中，呈现各个社会不断突破观念和地理边界而谋求发展的心路历程，以便我们更好地理解当今越来越剧烈的全球化的世界以及未来影响，培养与不同民族打交道的建设性的能力。

中华文明五千年的演进过程也是不断突破隔绝，与外界交流互鉴的漫长过程，博物馆海量藏品也是与文献互证的历史载体，或多或少地包含着"中外文化交融"信息。据第一次全国可移动文物普查结果显示，截至2016年10月31日，普查全国可移动文物共计108154907件/套。其中，按照普查统一标准登记文物完整信息的为26610907件/套（实际数量64073178件/套），全国各级综合档案馆馆藏纸质历史档案81544000卷/件。从类别上，主要有钱币、古籍图书、书法绘画、陶器、瓷器，占比70.78%。时代主要有周代、汉代、唐代、宋代、明代等。可移动文物数量最多的5个省（直辖市）分别是：北京市、陕西省、山东省、河南省、山西省，占可移动文物总量51.42%③。

无论从类别上，还是主要分布区域来看，博物馆藏品均为中国历史的重要发

---

① 〔美〕杰里·本特利、赫伯特·齐格勒著，魏凤莲译：《新全球史》，北京大学出版社，2014年，第Ⅱ页。

② 〔英〕彼得·弗兰科潘著，邵旭东、孙芳译：《丝绸之路：一部全新的世界史》，浙江大学出版社，2016年，第447页。

③ 国务院第一次全国可移动文物普查领导小组办公室、国家文物局：《第一次全国可移动文物普查数据公报》，http://www.sach.gov.cn/art，2017年4月7日。

展阶段的珍贵物证。关于中国历史上与域外交往的学术讨论硕果累累，学术界达成的普遍共识是：作为世界历史的一部分，中国历史自周秦汉唐至宋元明清的文物不仅物证了二十五史，而且也佐证了世界历史由相互隔绝逐渐走向整体的过程中长时段与跨区域的“传承”与“交流”，即司马迁“华夷之辨”天下观到明末清初的“西学东渐”，不同时代与世界历史在东西方之间反复冲突交融过程中的宏大叙事。吴于廑先生曾说：“当代考古学的成果已经让我们知道世界上最早发生农耕的中心，也知道农耕怎样由中心向周围扩展，又在广阔的地带形成许多孤立的、相互闭塞的点。金属器的使用，促进了有些点的发展，出现了国家。历史上在农耕较早和较快发展地区出现的国家，不是若干孤立的农耕点的联合，而且其自身的存在，也往往不是单独的，而是许多与之相似的小国的并立。这种国家形成和小国并立的现象，实际就是在一定地区范围内突破自足农业闭塞状态在政治上产生的后果。随着联系的加密，统治力量强弱的变化，并立的诸小国又往往以联合、兼并、征服的方式，形成统一王国以及疆域更为辽阔的帝国。”[①]“传承”与“交流”主题下技术的传播尤为重要，如马和马车、青铜等技术由欧亚草原地区向世界各地传播，古希腊罗马玻璃、雕塑技术的世界性传播带来了世界历史在“冲突”与“反应”模式下不断交融。

各地博物馆各个历史阶段的藏品无疑是产生于跨区域互动的世界历史环境中，材质、造型、纹饰、制作和使用等蕴含着诸多有关“传承”与“交流”的历史信息，如一些省级综合类大馆的藏品，特别是丝绸之路沿线地区的博物馆的藏品，如西北地区“陆上丝路文物”、东南地区“海上丝路文物”、东北地区“草原丝路文物”、西南地区“蜀布之路”等或以“茶马古道”“陶瓷之路”“玉石之路”“黄金之路”“书籍之路”“青铜之路”“彩陶之路”“科技之路”等主题的文物。一些地县博物馆也不例外，如青州市博物馆藏青瓷胡人抱瓶俑、天水市博物馆藏隋代祆教石椁、长治市博物馆藏隋唐胡人俑、巩义市博物馆藏胡人俑、乾陵博物馆和昭陵博物馆藏唐代胡人俑、新会博物馆藏明代木门板上的美人图像与16世纪枫丹白露画派笔下的欧洲女性非常相似等。更多的新型博物馆的藏品也包含值得进一步挖掘的丰富内涵，如中国科技馆中“四大发明”、瓷器、丝绸等对世界文明产生重要影响的藏品。

可喜的是，随着一带一路建设的不断推进，大量丝绸之路主题展览的举办，博物馆藏品中不被人关注的器物的丝路文化和科技交流价值被挖掘出来，如陶瓷

---

① 吴于廑：《世界史学科前景杂说》，《吴于廑文选》，武汉大学出版社，2007年，第36页。

器、青铜器、玉器、金属器、玻璃器、货币、简牍、玺印等。比如陕西历史博物馆收藏的何家村金银器一直备受关注，特别是兽首玛瑙杯、金银杯、碗及壶等外来器物的渊源，最近利用新科技手段挖掘藏品的科技价值，推出了一批新研究成果，而一件其貌不扬的铜矛竟然与公元前2000年阿尔泰地区塞伊玛—图尔宾诺文化有关[①]。中国科技馆与造纸、印刷、火药、指南针等藏品蕴含丰富的与世界文明交流的价值，如汉代大花楼木织机经过丝绸之路传入西方，对法国人贾卡1801年发明提花机影响很大，让棉的传播具有了全球史意义。这样的例子不胜枚举。

三、新全球史：博物馆藏品研究的新范式

早在1995年ICOM第18次委员会（挪威）提出了“博物馆的全球意识”，2002年ICOM把“博物馆与全球化”作为国际博物馆日主题，而2000年国际博协科技博物馆与藏品专委会（ICOM-CIMUSET）巴黎年会也提出了21世纪世界科技博物馆普遍接受的行动纲领是“思维全球化，行动本地化”，全球视角为博物馆藏品研究提供了新范式[②]。较早采用全球视角的博物馆，如卢浮宫、大英博物馆、大都会艺术博物馆、艾尔米塔什博物馆等，不断挖掘藏品的跨文化交融价值和它们在世界历史不同阶段的作用与意义。这种研究方法已逐渐被我国博物馆借鉴，现在越来越多的博物馆都引进国际巡回展览，特别是上述的中国国家博物馆、上海博物馆、湖南省博物馆、河南博物院等除了引进国际展览外，还进行基于本馆藏品的宏大视角的原创国际策展。笔者认为，这种综合性研究趋势将不断促进我国博物馆的国际化进程，有鉴于此，还应不断从以下三个方面进行总结与提升。

（一）全球视角

藏品研究中采用全球视角的研究方法最典型的例子是2002年大英博物馆推出的“一百件文物中的世界历史”研究、传播、展览及教育项目（该系列包括BBC第4频道广播节目、出版物、儿童电视节目、国际巡回展览）。在时任馆长麦格雷戈的组织领导下，百余名馆员、400余名专家，花费4年时间从馆藏的800万件

① 林梅村：《唐武德二年宾国贡品考——兼论西安何家村唐代窖藏原为大明宫琼林库皇家宝藏》，《考古与文物》2017年第6期；卢轩、刘子信、贺达炘等：《何家村唐代窖藏宝石及玻璃碗检测报告》，《考古与文物》2017年第6期；贺达炘：《陕西历史博物馆收藏的一件塞伊玛—图尔宾诺铜矛》，《考古与文物》2016年第2期。

② 可参考ICOM网站http://icom.org。

藏品中选出100件最具代表性的文物，通过全球史视角重新定义文物藏品的诠释方式和维度，解构欧洲中心论史观，把大英博物馆作为多元文化相交的地方，通过博物馆藏品向公众介绍新的人类多元文化历史相互交融、彼此影响的动态发展过程，创造出一个多元化的博物馆。北京的故宫博物院除了设立香港分馆、外国馆、举办大量国外展览外，还将于2019年7月举办“天下龙泉——龙泉青瓷与全球化”，展品来自故宫博物院和大英博物馆等世界顶级博物馆、中国境内各地窖藏和沉船等遗址和日本、韩国、印度、伊朗、英国、阿联酋等世界上重要中外贸易点所发现的龙泉及仿龙泉青瓷，立体化地展现宋元以来陆上及海上陶瓷之路的兴盛发达及其对“一带一路”倡议的意义。

（二）对话式研究

新全球史强调的“对话”“互动”“传承”“交流”等核心理念在“大英博物馆一百件文物中的世界历史”得到了充分展示，在中国国家博物馆展出时，一组唐代三彩俑激发了英国学者和中国学者的“对话式”研究。在大英博物馆藏亚洲文物基本陈列与“大英博物馆一百件文物中的世界历史”全球巡回展宣传及相关出版物有力的学术支持下，霍宏伟先生将其中一组三彩俑“置于一个宏观的历史背景之下进行考察，为理解和阐释这些釉陶俑的学术价值增加了更为翔实的基础资料”“将更加准确的历史信息及较为丰富的背景资料传递给广大观众，从而使之获得接近历史本来面目的真实信息”①。再如收藏丝绸或织造类藏品的博物馆应与丝绸之路沿线地区展开合作研究，从技术传播、本土化等角度揭示全球意义。

（三）全球学术流转圈

荷兰石迪池·维拉德博物馆（Stiching Wereld Museum）的方若薇（Willemijn van Noord）和文景诗（Thijs Weststeijn）在荷兰科学研究组织资助下研究中国汉代“清白”铭铜镜全球学生流传过程，他们采取了“全球学术流转圈”模型，通过荷兰阿姆斯特丹大学图书馆和市立档案馆的档案来研究18世纪荷兰著名文物收藏家尼古拉斯·威特森（1641～1717年）收藏的一枚出自西伯利亚古墓葬的“清白”铭文铜镜（1705年因意外摔碎，无法修复）。“这枚小小的铜镜调动了1700年前后将阿姆斯特丹和世界其他地区连接在一起的文化网络，即从汉代中国→西伯利亚→阿姆斯特丹→欧洲（巴黎、柏林、罗马）→本地治里（印度）→巴达维

① 霍宏伟：《大英博物馆藏一组唐代三彩俑来源追溯》，《中国国家博物馆馆刊》2017年第4期。

亚（印尼）→18世纪中国（广东、北京）”，通过一枚铜镜全球性研究轨迹而构建的中国与世界文化交流自汉代至今的全球知识与文化流动网络，对我们研究博物馆藏品的全球性颇有启发①。

概言之，新全球史视角的藏品研究不仅仅要研究人类的过去及其漫长岁月经历的各种变化、发展和改造，更要关注宗教、社会组织模式、思想和理念、农业、科学、技术跨越地理空间的传播对人类社会的影响力。

四、新全球史：博物馆藏品研究的国际对话平台

全球化带来了很多新的学术研究思潮与范式，如新历史主义、新全球史、新社会史等。博物馆应该在新全球史理论范式下，重新审视藏品所蕴含的价值，并构建以全球为导向的研究体系。

（一）构建藏品的全球相关性

以大英博物馆为例，250多年以来一直致力于收集全球文物，并用物品来讲述世界历史。因为其使命宣言中指出，大英博物馆不仅仅是文物的收藏地，也是在全球范围内对文物的含义与认知展开辩论的场所。这些时而会剑拔弩张的辩论，与文物应在何地被收藏或展示的争论一起，构成了探讨文物当今含义的关键。而这些观点都应由那些与文物关系最紧密的人来说明②。

对我们的启示是，博物馆藏品研究应采用全球化视角和世界历史的多元阐释方法，借用语言学家雅各布森（Roman Jakobson）的“纵轴（隐喻）和横轴（提喻）界定的选择与合成模型”，对藏品中蕴含的“全球性”予以深度挖掘，通过个体“提喻式地”反映整体，通过整体“转喻式地”剖析个体，以生活文物、宗教文物、军事文物、商业文物展现世界历史发展的理性、有序和体系，博物馆藏品研究也由此从视觉意义转化为书写语汇意义。因为“从展现事实的角度看，博物馆的展品一方面能够提喻式地通过个体反映整体，譬如一只蝴蝶或一个瓷罐就可以代表某一类型的蝴蝶或罐子；另一方面，它们也可以通过类似转喻的方法成为更综合的智识体系中的一部分，譬如自然历史或人类学”③。再如，很多博物

① Willemijn van Noord, Thijs Weststeijn. The global trajectory of nicolaas witsen's Chinese mirror. *The Rijksmuseum Bulletin*, 2015, 63(4): 324-361.

② ［英］尼尔·麦格雷戈著，余燕译：《大英博物馆世界简史》，南京大学出版社，2016年，第281页。

③ ［美］史蒂芬·康恩著，王宇田译：《博物馆与美国的智识生活，1876～1926》，上海三联书店，2012年，第4页。

馆藏品中的纺织品研究绕不过乔吉·奥列略在《棉的全球史》这种新型全球研究方法，该书的叙述始于亚洲，包括明代中国和殖民化之前印度的棉纺织业国际贸易的故事。在当今全球化时代，中国又成为全世界最大的制造经济体，棉的全球流传反映了几个世纪以来经济的发展、资本主义的崛起、农业活动的变化、新时尚的出现、技术的创新及其这些方面全球化的进程①。

也有人会说，我们博物馆并没有直接与之有关的藏品。笔者认为，尽管不能发现直接关联，但或多或少会有关系和网络的关联，或包含着很多启发反思的内容，比如技术、战争、革命、信仰等爱恨情仇问题，或者包含交流互动元素中及其反思精神。正如《大英博物馆世界简史》所说："你越是深入研究一件事情的源头，就越能在本地的物品中找到世界性元素。这是个值得深思的大课题，但它同时也表现在故事、语言和物品这些日常事务之中。"②

（二）搭建全球性学术研究论坛

博物馆应该通过藏品让世界各地的学者建立联系，并通过对某一馆藏或某一主题发起国际讨论，引发全球公众的关注。例如，中国国家博物馆与阿尔伯特博物馆联合推出的网上主题藏品对比系列；国际妇女博物馆（IMOW：The International Museum of Women）通过全球网络平台鼓励全球女性利用社交媒体参与"年轻女性说经济"的项目研究，并就该主题展开对话协作式研究，共同策展③；澳大利亚博物馆采用的全球电子博物馆系（GEMS）建设一种合作型社区历史研究的全球平台，在藏品征集、研究和传播方面鼓励学生、研究者和公众，特别是年轻人和老年人相结合的"代际"合作模型④；而比利时自然历史博物馆、法兰克福科学探索中心、德意志科技博物馆、佛罗伦萨伽利略博物馆和罗马动物博物馆等为代表的科技类博物馆在普遍重视研究工作基础上，"实施学术研究，开展学术交流，为专业人才提供研究资源和平台，接受多种渠道的研究基金，甚至设立面向国际学术界的研究项目，对藏品进行学术性研究"⑤。

---

① 〔意〕乔吉奥·列略著，刘薇译：《棉的全球史》，上海人民出版社，2018年，第2页。

② 〔英〕尼尔·麦格雷戈著，余燕译：《大英博物馆世界简史》，南京大学出版社，2016年，第281页。

③ Katherine Whitney. Going Virtual to Engage a Global Museum Community. *The Journal of Museum Education*, Vol. 36, No. 3.

④ Elspeth McKay. *Global eMuseum System (GEMS): Building an International Sense of Collaborative Community History*. Leonardo, 2013, 46(5): 486-487.

⑤ 王春法、张黎、许向阳，等：《关于建设中国科学家博物馆的几点思考》，《中国国家博物馆馆刊》2018年第4期。

五、结　语

随着一带一路以及“数字丝绸之路”等全球性重大规划的实施，博物馆进入全球化的3.0时代，新全球史视角为博物馆的可持续发展提供了更广阔的历史机遇。在藏品研究时，一是要突破文化上的隔膜，学术背景的不同和语言的多样性，加强国际交流与合作，构建适应全球化未来发展潮流的新诠释体系；二是要将个案研究融入世界史大背景下，结合新世界史学潮流，加入相关学科的国际研究平台，力争建立中国博物馆藏品研究的话语体系；三是将博物馆藏品研究置于一带一路建设伟大事业中。

总之，全球化时代博物馆应该秉承“愚者求异，智者求同，仁者求通”的理念，拓宽藏品研究的全球视野，探索中国博物馆藏品保护、传承、利用的新途径，提高藏品“内涵式”研究水平，提高博物馆的国际合作和展览交流能力，增强中华文化的国际传播力和影响力，服务于全球公众了解中华文明的需求，促进人类文明交流互鉴，推动国家一级博物馆不断向世界性博物馆迈进。

第四节　当代博物馆学发展现状①

本节所用的“当代博物馆学”一词并非简单地指“当下的博物馆学”。笔者在最近一本书中将“当代博物馆”界定为适应于一种新Zeitgeist——全球当代性——一种生活于一个非等级性的、全球性相互连接的，且塞满了由当代生活所代表的时间薄片一般的世界中的感觉②。这种博物馆学观念以公民的需要为中心，与将博物馆用作一种嵌入并表达惩戒性的、文化的和政治权力的工具和结构的观点相对立。艾琳·霍普·格林赫尔（Eilean Hooper-Greenhill）将这种机构称为“现代主义博物馆”，因为它们采用了“现代”（实证主义和理性的进步，而非社会的进步）学科和世界观的假设，提倡一种基于信息传播（沟通）的转播模型③。笔者在后面还会谈及格林赫尔的后博物馆概念，但重要的是理解这一点，即所谓现代主义博物馆从未完全理性并因此在那种意义上从未

---

① 原载《开放与共享：博物馆学理论与实践新探索国际研讨会文集》，人民出版社，2019年。

② 西蒙·尼尔：《导言：全球当代性中的博物馆》，《当代博物馆：为全球的当下形塑博物馆》，劳特利奇出版社，2019年，第1—10页。

③ 艾琳·霍普·格林赫尔：《博物馆与视觉文化的诠释》，劳特利奇出版社，2000年，第151、152页。

完全现代①。它一直是一种人类协商的空间，正如皮埃尔·布迪厄（Pierre Bourdieu）所主张的那样，尽管它曾经也是一种文化授权和控制的地方②。然而，当代博物馆学不是学科性的否定：艺术、考古、地质和历史既是文化概念，也是知识概念。但是，在专家—公众关系中，这种观念需要重新思考权力和目标。下文将提供这样的例子。

当代博物馆学也与基于成为一个博物馆的制度主义、合作主义和“商业”之上的博物馆“创意工业”方法相对立。这些方法基于一贯地来自外界施加的经济运行模式之上，而非社会模型之上，不断地将观众和公民变成顾客和消费者，将展览和项目变成产品，将藏品和员工变成可调集的资源。这样一种方法侵蚀了博物馆的知识、文化和哲学特性。在这里，当代博物馆学的定位逆转了暗含的关系，因为每件事都始于情境公民，他们“拥有”公共博物馆，因此值得获得博物馆的服务。笔者上文描述的那类商业定位试图打破这种联系，有效地将博物馆私有化，使用它需要进一步付款。公共博物馆不售卖产品，它履行其义务，它分享并使之成为可能。笔者在此并非宣扬一种盲目的理想主义，而是提出这样一种观点，即为了有效管理博物馆，就必须采用基于其目标的哲学立场。笔者也承认，运行的经济模式通常是由外界施加的，超出了博物馆馆长的掌控之外③。

至于Zeitgeist——全球当代性④，这不是一个施加的概念，而是发现于世界上大部分地区的可操作性特征之中。当代博物馆学只是一个词汇，当代博物馆学承认这一时刻，提出博物馆如何需要变化，以便在这个扁平的世界中履职尽责。当然，博物馆不断地回应变化着的世界之需求，因此已经部分地适应于全球当代

---

① 西蒙·尼尔：《博物馆、现实与物质世界》，《物质时代的博物馆》，劳特利奇出版社，2007年，第1—28页。

② 皮埃尔·布迪厄：《区隔：品味判断的社会批判》，子夜出版社，1979年；哈佛大学出版社，2010年，第28—44页。

③ 关于官僚制度对博物馆的影响，参看KIM，Yon Jai：《国立现代和当代艺术博物馆的制造（MMCA），韩国，1969～2016年》，莱斯特大学博士学位论文，2018年。

④ 在使用Zeitgeist这类词时，笔者应该承认它最初以完全不同的方式来描述全球当代艺术。参看Hans Belting，Andrea Buddensieg，Peter Weibel等编：《全球当代性与新艺术世界的兴起》（麻省理工大学出版社，2013年）中关于2011～2012年卡尔斯鲁厄（Karlsruhe）的ZKM当代艺术博物馆举办的“全球当代性：1989年以后的艺术世界”展览的介绍。该书使用了“全球当代性”来表达21世纪早期艺术的不寻常特征。这些特征中很多被用于广义的生活和文化，因此形塑博物馆的角色。2016年春，笔者在筹备莱斯特大学博物馆学系50周年会议时首次使用了一个更广义的Zeitgeist一词，会议名称为“全球当代性中的博物馆”。

性的需要。它们没有这样做，是因为它们已经洞察到一种新现实的出现，而非因为理论的、社会的、文化的和经济的挑战需要它。这些挑战应该在展现它们自身的时代语言和语境下进行理解。例如，格林赫尔对“后博物馆”的平等主义视角既出现于后现代主义的知识动乱中，也产生于20世纪90年代非常真实的机构性环境中。它有助于当代博物馆学观念的发展，尽管我们现在处于这样一种环境下，但仍可能理解这一点，即一个在过去20年中由全球化带来了根本性转变，现在又因中国加入这场争论而形塑的领域。

如今，我们的生活前所未有地致力于当代性。随着政治地理、媒体发展和教育课程设置的变化，公民有关世界的知识可谓时涨时落，我们今天对世界的介入的的确确与以前经历的任何事情都有所不同。随着此前所有知识生产出来的体系和社会组织越来越向着文化分割和等级发展，它们不断接受挑战。当代博物馆不是由其学习和当代性的表现来界定——尽管它肯定那样做了。将它们分离开来的是，按照当今特殊条件而设立日程和愿景的决定。这一决定可能关注任何主题——历史、艺术、科学、技术、社会等。笔者将在本文中对三个互相关联的发展——技术变革、全球化和批评性话语所带来的关于博物馆的新思维方式进行反思。据目前观察，我们认为，技术变革似乎是三者之中最重要的，尤其是在面向当代性而对时间进行定位方面。

一、当代性的兴起

在西方经验内部，随着个人电脑、互联网和万维网的诞生，定位时间、空间和全球公民的方式带来了全球当代性。尽管对此还由争议，但它使我们变成了一个全球性的网络，引入了社交产生的知识观念，这些技术的小型化及其移入始终连接的移动媒体平台也将我们牢牢地置于当代性之中。与博物馆中一般性地回应资金流动和辩论的变化不同，技术性的未来遵循着一个由技术官僚和未来学家预定与形塑前行方向的路线图。自20世纪90年代始，在美国和欧洲的未来愿景中心已经植入了“信息高速公路”[①]。万维网的可视性界面随之问世，并持有这样的承诺——政客们主张要将这些技术从大学和国防单位迁移到公共领域。在构想一

① 西蒙·尼尔：《将要到来事物的形状：技术景观下的博物馆》，《博物馆与社会》2003年第3期；美国信息基础设施工作组（USIIFT）：《国家信息基础设施：行动纲要（计划）》，国家图书馆和信息科学委员会，1993年；欧洲委员会：《为明天文化经济的技术景观：解锁文化遗产的价值》，欧盟官方出版物，2002年。

个“信息社会”的诞生时，博物馆意外地发现自己对这个未来至关重要，因为博物馆拥有非商业性敏感的公共文化藏品与相关信息，而且为了实现这个梦想所需技术的建设都可以免责性使用。

但是，那个梦想无法勾画我们现在所生活的世界。它设想出一个知识、信息和权威的世界。像卢浮宫和NASA这类在早期已确然成为新世界主角的公共机构，把网络用作虚拟展览空间，用作博物馆的替代或代理。的确，网络自身已展现出了与生俱来的博物馆学性。网络借此拥有见诸博物馆的权威、传播与控制等机构性传统。在20世纪90年代，博物馆想象着网络可以产生新的收入流，并通过自身的数字化项目，就能像用实体藏品那样简单地策展，控制图像和信息。博物馆也许无法想到自己有可能失去对资源的控制权，当“技术巨鳄”是机器和系统的制造商：微软、英特尔、苹果和IBM时，当时没人能想到或做到。于是，网络拥有了蒂姆·伯纳斯-李（Tim Berners-Lee）最初版本的免费使用的平等主义。

20世纪80年代后期，个人电脑大规模地进入博物馆，用来继续推进此前十年就已开始的数字化著录和登录过程，参与了博物馆与大型中控计算机之间的数据卡片和纸质印刷品运动[①]。对这一时期的博物馆而言，MS-DOS个人电脑与信息科学共有的神秘特质似乎提醒人们，技术革命终将被那些不会履行对友好型人机界面最初承诺的技术官僚们控制。博物馆也许会主张，最终目标是公共信息的民主化——给予公众获取即将拥有之物的权利，但由此产生的信息在很大程度上是要用来控制器物并使器物安全。这并不是诠释性的。在其他领域的民主化方面，博物馆也已经活跃起来，引进了虚拟或开放式库房系统和发现中心。就像很多博物馆视为鼓舞人心的科学中心运动一样，这种互动的新时代实际上提供了非常有限的公民授权。所有这些最终都旨在传递知识，而非让某一公众参与到科学研究中。博物馆那时仍然承诺激励，实现有效变化，而非去教授，但可想而知的启发不是源于这些物理技术，而是来自员工自身，情况一直如此。

职业者已经在特定学科内培养起自己对主题的热爱，他们的热情必然是对器物和专业工作方式兼而有之。这一点在英国几乎不存在问题，但在世界其他地方，旧的和新的专业观点正遭受挑战，在博物馆尤为如此[②]。博物馆也发现自己

① 关于这些发展的叙述，见罗斯·帕里：《记录博物馆：数字遗产和变化的技术》，劳特利奇出版社，2007年。

② Macintyre S、Clark A：《历史战争》，墨尔本大学出版社，2003年；Andrew Gulliford：《争执之骨：美国土著人骸的返还》，《公众历史学家》1996年第18卷4期，第119—143页；Alan Trachtenberg：《竞争西方》，《美国的艺术》79（9），第118—123页。

身处学术精英及其有时极力控制或排除的广大社区之间的争论之中[①]。对于西方最精英的文化机构至关重要的艺术史就是在特殊压力下产生的，且在学术圈造成了动荡，但对精英型艺术博物馆基本毫发无损，也未引起任何改变。这类博物馆继续维护累积式获取的、中立的和客观知识的伦理及其可能性。重要的是这类博物馆维持免于变化的这种能力——源于藏品、恢宏建筑和文化地位惯性。的确，世界变化与失去确定感越多，博物馆获得的永恒性越多。本节结束时笔者再回到这一点。

至2001年，欧洲研究者设想着信息从博物馆这样的机构性知识库流向可穿戴技术。他们想象着一个“环境智能”的世界：人们被智能嵌入所有类别的器物和能够以一种无缝的、不显眼的、通常看不见的方式对个体的出现进行识别和反应的环境的直观界面包围着[②]。这个想象最终变成了智能手机。在那一年，维基百科（Wikipedia）问世，授权公民阐述和组织（策划）他们自身对世界的理解。这种新式百科全书通过集体合作型工作改变了公众与知识的关系。知识在此前是通过严谨的研究产生并通过出版物进行传播的。职业伦理在每个阶段确保展现给公众信息的准确性，但现在它已经被抛在一边，无人理睬或置之不顾，因为一条信息的价值越来越多地取决于它可以被定位的速度，其准确性或可信度更多的是通过论坛中的社会争论来决定。2004年，随着网络相册（Flickr）的诞生，博物馆昂贵的、神秘晦涩的、分区订制的图像数据库越来越不适应公众的需求。一些博物馆几乎立即开始使用网络相册，至少是在网络空间对其亮相进行宣传。2006年推特和脸书的发布和一年后苹果手机的引进，最终将社会推进时间薄片的生活中，即我们所知的当代性中。

现在，信息社已经以一种意想不到的授权社交媒体的形式真正实现了。2017年，西方很多评论家已观察到，数字革命遵循着所有革命的路线：新的自由随着夺权翩然而至。在这种情况下，针对所有人的非资本主义技术的理想主义催生了一个由全球资本主义问题丛生的伦理所主宰的线上世界，它授权一小撮技术公司，而后者被发现试图控制我们的生活。2018年《连线》杂志一月刊封面印着“互联网已经崩溃”的大字标题。这并非新闻记者的夸张。接下来几个月，“保守”的美国与脸书和英国剑桥分析公司及俄罗斯政府之间的瓜葛变成一桩引发国

① 例子可见控制地质遗产的战争，西蒙·尼尔：《征集、保护与保护主义：二十世纪晚期英国地质文化的发展》，《地球内外》，地质社团特刊，2002年，第192、229—251页。

② Ducatel K、Bogdanowicz M、Scapolo F，等编：《ISTAG：2010年环境智能的设想》，欧洲委员会，2001年。

际轰动的事件。互联网产生了大数据，拥有了此前看不见的能创造公民心理概况、能在数据上预测个人从未在网上透露的特征的潜力。这种数据在世界很多地方被用来操纵选民的行为，特别是在美国。互联网作为“知识共享”而建，它不知不觉地带来了一个持续监控的奥威尔式或极权世界。奥威尔的话语现在似乎是预言式，尽管互联网所创造的世界远比奥威尔想象的还要凶险，“当你身处任何公共空间或信号覆盖范围之内，让你的思想到处游逛是极其危险的事情，最小的事情都能出卖你自己”①。

随着像苹果的西丽（Siri）和亚马逊的阿里克谢（Alexa）这类智能语音助手的到来，信息与真实、证据与权威性知识之间的心理分离被进一步弱化了。现在，知识存在于苍穹或太空，与源处没有清晰的关系。有趣的是，正是在这种环境下，博物馆首次创造性地朝向数世纪之前说话②。在原始的和前系统化文化中，由于缺乏牢靠的知识、可依靠的权力、便宜而具有权威的媒体以及真实事情的证据，神话和迷信占据主宰。数字革命让我们返回到一个“后真理”“替代事实”“假新闻”“社交媒体泡沫”和支持政治修辞的、拒绝专业技能的世界中③。

有些博物馆未能识别危险，加入到虚假信息革命中。2018年，泰特决定放弃自己艺术家传记的编撰工作，让公众直接到被公认为缺乏权威性的资源库中——维基百科查找。鉴于很多严谨的艺术史百科全书在线可获取性或转而根本就不提供传记，其信誉度已严重受损：“互联网和社交媒体作为扁平话语如今已经到达了多年来前所未有的程度，给恶作剧者、稀奇古怪之人和恶棍们提供了同样的平台和地位，人们为查验事实和提出合理观点而苦恼不已……以一个小规模的方式，（泰特现代艺术馆）助长了对数字时代真理和批判性思维的侵蚀。”④博物馆创造和捍卫的支撑其存立于世的专业知识世界——以正式的方式塑造我们对绘画、翼龙和陶片消费的艺术史学家、古生物学家和考学家的形象——在挑战知识通过社会旧的流动的技术压力下似乎慢慢地消解，博物馆就是其中之一。

从权威性走向可介入性已成为使用一条信息的主要决定因素，这两者的转换

---

① 乔治·奥威尔：《一九八四》第5章，塞克尔、沃尔伯格出版社，1949年。

② 培根·佛朗西斯（Francis Bacon）在《新工具论》（1620年）中试图采用理性科学方法对抗“偶像”。他极力逃避的世界跟现在包围我们的世界很像。两个世纪以后，他的归纳法支撑着现代博物馆的诞生。

③ 大卫·巴克尔：《重新开始》，《连线》2018年第1期，第120—129页。

④ 提姆·施耐德：《灰色市场：为何维基百科提供的艺术家传记只是更多地让人尴尬（及其他洞察）》，《艺术网新闻》2018年9月17日。

也突破了知识和历史之间的壁垒，因为智力权威是由批评性积累和过去知识的调集来支撑的。知识已被“知道”的当代普及性使用所替代。在教育改革和以人性为代价的STEM主题推广的帮助下，社会越发变得具有“后历史性”。艺术史学家抱怨说，学生对历史的兴趣越来越小，反而对当代艺术越来越着迷[①]。科学史系也发现人们逐渐疏远历史研究，而将兴趣重新转向当代科学伦理。2018年，芬兰没学过历史的孩子都有可能通过学校考试。

如果这些技术变革能将我们推到“当代性”时代，也似乎能将博物馆定位为一个越来越被公众需要的机构特别在为观众提供严谨的、符合伦理的知识机构。在一个快速变化的世界中，博物馆提供能支撑方向、保证、创意焦点，甚至是注意力分散的物质稳定性。它们不再是增进社会停滞和施加霸权观的遗址。在当代博物馆学中，博物馆的权威基于它与公众之间的伦理契约，而非简单地基于能够积累神秘知识的能力。当代镜头和关于公众如今对艺术、科学、民族学和历史需求的问题塑造着博物馆的角色。这种思维方式让机构与社会保持同步——让它有所关联——因此，可能让它获得资助。

二、重新反映博物馆

技术变革预示着一个文化全球化新阶段的到来。全球联系曾经长久地以专家、机构和播报员为中介，而如今已经不再需要这些媒介了。20世纪90年代的后殖民话语提示我们要对这些中介持怀疑态度。现在，技术为那些被社区边缘化的群体提供了主张自我权力的可能性，此前这些边缘群体得依靠来自发达国家的专业性和经济干预。

还有其他变化也呼吁要对西方博物馆表现的文化等级性进行全球性重新评估，而并非因技术之故。最重要的是中国的开放政策，特别是过去的5～7年之间，给西方带来了游客潮和学生潮，以及展览和器物。中国的改革开放迫使英国的观众重新思考世界地理——一个由不断上升的美国民族主义和孤立主义进一步鼓励的过程。正如孔达描绘的那样，博物馆在其中扮演积极角色，在西方树立了中国的形象[②]。中国的国际展览项目似乎仅仅涉及历史文物在城市之间流动。到达此地之物不是作为来自中国的包装商品，而是作为与英国现有的观念纠结在

① 帕特丽夏·买纳尔迪：《艺术史的危机》，《视觉资源》2011年第27卷4期，第303—307页。

② 孔达：《外交：博物馆与国际展览》，载西蒙·尼尔编：《当代博物馆》，劳特利奇出版社，2011年，第88—101页。

一起的复杂关系，这种观念不仅是英国已经积累数世纪，而且也出现在像电影这类大众媒体中。在这种意义上，中国是一个鲜活的实体，而非展览叙事或图录中包含的那个刻板印象。从西方来看——这是某种很快就会被遗忘的印象——中国在一个长的间歇之后重新出现。中国的现代化几乎已经超出人们的视野。中国现代化在最近英国思想中很少出现，但现在似乎出现在每一次谈话中，在英国每个城镇都可以看得见。这也并非反映了地图册中的地理，全球关系和理解的心理以此种形式在复杂的，不对称的，短暂的表现中塑造出来。

但是中国重新出现的重要性不仅表现在其自身的可视性，而且因为它将一个可替代的世界带入了西方知识系统中。并不是西方不知道，不了解中国历史，或现代中国文化与西方文化迥异（并非如此），而是它挑战了西方关于世界秩序的概念，进而是观看和思考方式，相对价值的观念和知识组织系统。西方（对亚洲国家也的确如此）长期以来通过一个将他者目标化和弱化的过程积累起了遥远的、外来的文化[①]。文化相对主义者多年来秉持的被广泛批评的主题，即将西方霸权观看作不可辩驳真理的代表，这种观念在艺术史等一些学科中仍鲜活存在。在这一学科中，西方的方法和准则作为中立者和超越者被传播到世界各地的学科实践中，而非文化民族主义的表达[②]。此种知识瞬间之作容易构建减弱和否定其他文化艺术实践的批评性话语权。今天，世界各地的艺术史学家正在书写修正性艺术史，而与此同时，也有人继续倡导一种普适化的和帝国概念的世界艺术史[③]。碎片化为多元本土生产的艺术史有效利用当地方法和视角，丰富了世界文化。班内特等人提出的观点是，那是“他性”的益处之一，即处在不同的状态[④]。这种开放的文化相对主义对博物馆的改变至为重要，博物馆需要重新勾画世界、民族、城市和学科舆图：包括授权并使之成为可能[⑤]。这起着抵制全球化危险的作用：同质化、西方化和文化破坏或灭除。具有凝聚力的社会需要“人

---

① Nigel Rapport、Joanna Overring：《相异性、社会与文化人类学：关键概念》，劳特利奇出版社，2000年，第9—16页。

② 例子见ELKINS《艺术的故事》“黑色结语”，劳特利奇出版社，2002年，第147—152页；Thomas Kaufmann、Catherine DaCosta Dossin、Béatrice Joyeux-Prunel：《艺术全球历史的流通》，劳特利奇出版社，2015年。

③ 西蒙·尼尔：《现代主义：在全球当下策展艺术的过去》，载西蒙·尼尔编：《当代博物馆》，劳特利奇出版社，2011年，第13—36页。

④ Tony Bennett、Lawrence Groaaberg、Meaghan Morris：《新关键词：文化与社会词汇修订版》，布莱克威尔，2005年。

⑤ 例子见西蒙·尼尔的“现代主义”。

类尺度”的丰富性、多元性和创造性机会。博物馆具有在这一层面发挥作用的能力。

这类博物馆工作的核心是维护职业伦理。这些职业伦理在前数字时代是知识流动的重心，特别是在社会、种族、民族或文化有差异的地区，这些地区存在着数字技术泡沫被用来代表反对立场的倾向。如果网络出现是博物馆学的表现形式，它们因为缺少内在的伦理修正器而有别于真实的博物馆。这种情况见于希腊、阿尔巴尼亚和马其顿之间边境的普雷斯帕湖周围所做的工作中，该地区政局紧张，只有专业人士活动于此，跨越种族界线而积极研发项目。这里的机构性专业人士修建了桥梁，非调停性的线上空间几乎不做这样的事情[①]。

作为一项策展实践，调停的观念似乎回到了中立和客观的职业理想的原题上来了，但这并非如此。毫无疑问，调停涉及控制，但调停的动力来自一种伦理参与，而非一种强加世界观的欲望。近年来，澳大利亚小型博物馆已有很多这种调停的绝佳例子。例如，在澳大利亚种族最多元化的社区，当一名职业策展人到达悉尼的费尔菲尔德博物馆（Fairfield Museum）后，为这个保守的“先驱博物馆”引入了鼓励文化多元性和建设社区凝聚力的项目。同样，在新南威尔士，为了对付小镇的种族主义，奥尔伯里（Albury）的图书馆博物馆（Library Museum）两名策展人员采用活动为社区之间架起桥梁，倡导理解差异又要尊重人类共性的态度（人道理念或求同存异）。上述两个例子都是一些在非国际性社区工作的年轻女性策展人的创新[②]。笔者后面还会再回到这一问题上来，因为我相信职业中的性别转型在博物馆社会功能现代化过程中起着重要作用。

澳大利亚是理解这些文化折中主义特别重要的地方。澳大利亚拥有一段种族主义盛行的黑暗历史，种族主义给土著人口造成了毁灭性影响，带来了一系列有争议的移民和避难政策，澳大利亚的差异性折中主义既充满挑战又鼓舞人心。安德里亚·威特考姆（Andrea Witcomb）的研究表明，使用移情心理，就能让偏见客观化，在博物馆中得到化解矛盾[③]。在墨尔本的移民博物馆

---

① 艾兰尼·迈尔利维尼：《跨民族的，像博物馆的，线上的》，见西蒙·尼尔：《越过边界：在博物馆和线上连接欧洲认同》，欧盟国家博物馆（EuNaMus）报告2，林雪平大学出版社，2012年。

② 澳大利亚研究委员会项目：《自1970年代后的征集机构，文化多元性和市民制造》，主要调查者：Andrea Witcomb, Kylie Message, Ian McShane，合作调查者：Simon Knell 和 Arne Bugge Amundsen，2014年。

③ 安德里亚·威特考姆：《朝向教育情感学：理解博物馆如何创造一个跨文化相遇的空间》，《博物馆理论》，威力—布莱克威尔，2015年，第321—344页；安德里亚·威特考姆：《仇外心里：避难所和他者的恐惧》，《当代博物馆》，劳特利奇出版社，2011年，第74—87页。

（Migration Museum），多媒体触摸台让观众可以联络到最近移民到澳大利亚的个人。新西兰和新加坡也使用了同样的技术。该技术将一类人——一个索马里人（Somali），一个移民，一个他者——变成一个观众可以与之展开对话的人。这是一种调停性交换（交流）——尽管调停性不明显——避免了在真实世界会面时可能发生的困难。观众感到一种不可抗拒的移情感和共同的人性，不仅将个体展览人性化，而且使整个类别的人们变得可以理解。博物馆在这里扮演着分享不同生活伦理的作用。

20世纪80年代和90年代，当新西兰国家博物馆（National Museum of New Zealand）被“去殖民化”，重生为蒂帕帕（Te Papa）时，也需要类似的东西。需要毛利人的自信，号召双文化主义，也号召欧洲人口拥抱一种新的伦理关系。Te Papa变成一个代表，也是一个持续协商的场所。这场争论和发展变成所谓的“本土博物馆学”，从根本上改变了居住国和欧洲博物馆对藏品中土著物质文化的方法[①]。

在这些例子中，博物馆遭遇到了难题，采用了它所具有的搭建桥梁的权力等专业技能。但桥梁也可以通过规避行为来搭建，或更多的时仅仅在于产生联系和分享的行动中。例如，来自伊斯兰世界的器物国际展览作为对抗伊斯兰极端主义之举已在全世界巡展。但它们并未提到这种关系——仅仅暗示性地被理解[②]。西方观众通过这些展览增强了与伊斯兰社会的联系，在对美的相互了解中实现了他们共同的人性。来自真实世界的文化材料与西方观众之间的这种距离，暗含着一种对开启争论的抵制，也似乎与我们讨论的当代需要相对立。然而，它是博物馆表现中相当普遍的，但在很大程度上未被发现的方面。的确，博物馆在两百年之前的公共骚乱的环境下就变成英国省级固定机构。关于史前世界知识的流行意味着博物馆中的化石履行着使社会各界精英汇聚一堂的功用[③]。这些淳朴的器物有助于将社会团结在一起。有时候，当我们理解博物馆的成就时，显得太文绉绉

---

① 科纳尔·迈克西：《殖民文化陈列史》，贝尔格，2007年；科纳尔·迈克西：《博物馆与毛利人：遗产职业、土著藏品、当今实践》，劳特利奇出版社，2011年；科纳尔·迈克西：《蒂帕帕：重塑新西兰国家博物馆1998—2018年》，蒂帕帕出版社，2018年；科纳尔·迈克西：《土著化：博物馆学重新概念化》，《当代博物馆》，劳特利奇出版社，2011年，第37—54页。

② 伯诺伊德等：《伊斯兰艺术与博物馆》，萨奇出版社，2012年；约翰·瑞福：《伊斯兰教：伊斯兰艺术，伊斯兰世界与博物馆》，《当代博物馆》，劳特利奇出版社，2011年，第55—73页。

③ 西蒙·尼尔：《英国地质文化，1815～1851年：一门通过其征集而揭示的科学》，阿什盖特出版社，2000年，第37—54页。

了，很多已发生的事情皆含蓄地作为一种交流的暗示。博物馆的历史可以是“近视”的，观众只看到存世的物质的东西。然而，博物馆最初是收藏与展示人的历史，但其主题（主体）很少是关于历史中的那些人。

三、重新校准时间

从哲学上讲，博物馆被定位为“当代性”构建过去的场所的观点一点都不新鲜。博物馆不需要放弃历史或历史编纂学，或者是一个简单地或天真地与过去相遇。对于当代博物馆学而言，这种视角的重要性是承认过去存在于不同时间之中的先验论方法。过去只存在于当代，只存在于思想、体验和关系。博物馆通过承认历史是政治的、是被撰写的、是可供当今操作的，来赋予我们穿越历史的权利。这种赋权过程削弱了观念基础、学科遗产和权力叙事的把控力，因为我们承认每一点都被书写，在某种程度上还具有政治性。

对所有历史学家而言，这一点显而易见，但博物馆更愿意将自己隐藏在公众背后。斯德哥尔摩的博物馆似乎不太慎重，它们更愿意相信观众有智能（识）的特质。在历史博物馆，史前展厅更像是布满了“神圣”与“级别”的器物的传统考古学展览。但走出这个展厅时，观众进入一个“离别休息室”，在这里，考古学作为一个学科被解构，被理解为瞬间和学科标准之上的机遇。观众在这里会直面关于来自当下的性别、家庭和生活特性的问题，但博物馆让观众将这些问题置于过去，置于陈列的器物，这时再授权观众去做出他或她自己的决定，来考虑我们对过去和考古学家用来填充那种空白的颇为神秘的方法的了解是如此之少。斯德哥尔摩的博物馆采取的特殊方式——也见于北欧博物馆，一座民族学博物馆——这里使用了一种共同的人性来架起时间的桥梁①。

这种让学科框架离开的做法似乎适宜于当代性——适合我们寻求协商的世界。马耳他的当代戏剧团体就采用了这种方法，他们在博物馆和其他历史遗址进行表演，并从中探索过去和现在的阈限空间，采用各种当代体验，充当映照过去的镜片，并产生新的意义②，制造了一种感情的、移情的、无形的、好奇的和质

① 西蒙·尼尔：《国家博物馆与国家想象》，《国家博物馆：世界各地的新研究》，劳特利奇出版社，2011年。

② 维克多·特纳：《框架、流动与反射：作为公共阈限的礼仪与戏剧》，《后现代主义文化中的表演》，威斯康星大学出版社，1977年，第33—55页；彼得·波尔克：《国王路易十六的传说》，耶鲁大学出版社，1992年；安东尼·杰克逊（Anthony Jackson）、詹妮·基德（Jenny Kidd）：《表演遗产：博物馆戏剧与活态诠释的研究、实践与创新》，曼彻斯特大学出版社，2011年；罗米那·达利亚：《表演：历史空间中的当代相遇》，《当代博物馆》，劳特利奇出版社，2011年，第128—141页。

疑的，且与博物馆典型的说教历史文体主义迥异的历史（过去）感。

当代性被用于这些博物馆，来挑战单片式的和权威性的历史观念。它表明，历史是一个与过去的持续协商，谱写出了一系列瞬息万变且通常是非常个人的时刻。这种方法挑战这样一个观念，即博物馆只基于保护行为之上。的确，博物馆在参与当代艺术过程中已经开始应对短暂的瞬间[①]。史黛西·波德里克（Stacy Boldrick）指出："这些艺术性参与暴露出博物馆拒绝遵从及其试图寻找一定程度的一致性，从而成为一套期待、关系和话语体系。这种暂时性观念对任何希望为党派政治目的而将博物馆工具化的人来说都是困难的，就像最近在匈牙利发生的事情一样[②]。在墨西哥，这种做法已经司空见惯，'在一个以政治和社会动乱为特征的国家，历史博物馆和展览继续作为争夺合法性斗争的一种重要资产'。"[③]在这里，过去作为一个建构性叙事仅作为一种短暂的经历而存在。每个新的社会和政治实体都需要一种新的对过去的解读。这似乎在挑战我们关于博物馆是稳定的和教会历史的遗址的观点，过去的易变性、反复发展和操控它的能力——一直是临时展览激增的重要理由。这些展览最初被用来建造一种教会观念论那些已去世的民族艺术家能够继续保持他们的神化形象[④]。但是，尤其是市场推广目的——临时展览越来越多地被用于重新思考、重新叙事和重新诠释。换句话说，就是为了当下的我们而重新想象过去[⑤]。

四、为我们定位

人们常说，当妇女的工作接受其性别限制时，它就是最好的，也是最女性的。但是作为女性，在艺术方面从未达到成就的上限的规模，可能从来也不会[⑥]。

---

① 史黛西·波德里克：《瞬变：策展短暂的艺术》，《当代博物馆》，劳特利奇出版社，2011年，第105—127页。

② 西蒙·尼尔：《国家展览馆：制造民族的艺术》，劳特利奇出版社，2016年。

③ 辛提亚·维尔扎克·马罗尼：《过往：在当代城市中书写民族历史》，《当代博物馆》，劳特利奇出版社，2011年，第152—166页。

④ 佛兰克·哈斯凯尔：《瞬间的博物馆：老绘画大师的画作与艺术展览的兴起》，耶鲁大学出版社，2000年。

⑤ 菲利浦·费舍尔：《制造与抹掉艺术：博物馆文化中的现代美国艺术》，哈佛大学出版社，1991年。

⑥ 芭芭拉·赫普沃斯：《1950年代之后的未出版的手卷》，《芭芭拉·赫普沃斯：写作与保护》，泰特出版社，2017年，第131页。

20世纪晚期对传统学科性的攻击中心内容是关于现代主义假设的争论，即人类知识可以被普世化，甚至曾经真正被“无私化”。这种普世主义立场将腐败影响这类事情看作经济、性别、种族和民族九种元素的过程，它通过简单地无视他们来试图避免这种腐败。但正如上文引用英国雕塑家芭芭拉·赫普沃思（Barbara Hepworth）的话，艺术史学家因此发现，正是忽视这种行为导致了这些腐败影响的顽固。如果你背过身来抵制某些事情，你便无法抵御它。

赫普沃思很长寿，她看到了这些观念被挑战——至少从艺术界的妇女作用角度看——但最近的事件表明问题仍未解决，在美国，社会似乎在开倒车。未来的博物馆从业人员将主要由女性构成——很多国家已经是这种情况。因为过去20年来，女性比男性更多地选择博物馆培训。20年前，格林赫尔关于博物馆重生的愿景中已经预言了这一未来，“后博物馆的发展将代表一种博物馆的女性主义。后博物馆将协商反应性、鼓励双向互动地孕育伙伴关系，并庆祝多元性，而不仅仅是坚持客观性、理性、秩序和距离”[①]。没有职业的这种变化，我们近年来看到的发展中的很多内容便都不可能发生。

如果英国宣称其具有能起引领作用的博物馆实践领域，那便是其关于社会公正和包容性方面的探索。例如，残障领域的工作已从20年前残障人士的可介入性问题已经变成如今对残障人士权力的支持。已经从将残障人士仅仅看作潜在的观众成员转变到将其作为“一个有历史、文化和经验的选区选民，在博物馆叙事中值得关注和包容”[②]。这种工作分享了一种当代博物馆很多实践和理论化领域中可以发现的情感、价值和梦想的共同特征。如今，有些人把博物馆看作权力行动主义的场所。其他则反驳说，博物馆是一个哲学重新定位（转向）的地方。两种观点都反对将博物馆用作向人民灌输赫普沃思所经历过的那种镇压性世界观的工具。

博物馆越来越多地遭遇困难和争议性主题，包括卖淫、贫困、性别、性和性病等。这些都涉及参与进此前被认为是非法的或受到审查的文化世界。例如，在阿姆斯特丹博物馆，很多展览已经考虑了城市著名的红灯区。这些展览发出了性工作者的声音，向公众揭示了与卖淫有关的环境和后果的复杂性。策展人把

① 霍普·格林赫尔：《博物馆与视觉文化的诠释》，《当代博物馆》，劳特利奇出版社，2011年，第153页。

② 理查德·桑德尔：《残障：博物馆与我们对差异的理解》，《当代博物馆》，劳特利奇出版社，2011年，第169—184页；理查德·桑德尔：《埋于脚注：博物馆和展览馆藏品中的残障人士表现》，莱斯特大学RCMG出版社，2004年。

博物馆作为一个接触和协商地点，而不仅仅是复制旅游性的凝视[①]。2013年，温哥华博物馆（Museum of Vancouver）以类似的方法组织了一个名为“城中性语（Sex Talk in the City）”。如果没有女性领导的话，出于多种原因，这种展览能否做成还是值得怀疑的。温哥华博物馆在很多方面都是当代博物馆观念的化身。它没有简单地代表当代价值，而是将其活化，并使之渗透进博物馆机构的角角落落[②]。

五、结　　语

上述例子旨在解释当代博物馆学的属性及导致它出现的那些因素（及其催生因素）。博物馆是否真正理解世界上这种认识论的转变尚存疑问。全球当代性是一个博物馆学时代的总体特征，因为我们已经能自由地对周围的文化资源进行展示，以便寻求历史真实性和合法性的需要。通过一连串风格和时尚理解的文化如今仅存于当代时间中。没有发展，没有进步感，只有一种安排的渴望，一种产生于后现代主义引用需要的趋势。每个人都变成策展人，每件事情都需要策展[③]。当代博物馆学是一种试图诠释全球当代性伦理主题的办法。本节将引用当代艺术史学家泰利·史密斯（Terry Smith）的话作为结束语。我们可以忽略它是关于艺术的一段评论，用它来指代博物馆，指代当代博物馆学之需要，“很多新兴的艺术家感觉到，现代主义……是传递其艺术思想的有效方法。他们将‘后现代主义’看作是一个过时的词汇……他们的年轻气盛意味着他们已经继承了1960年代和1970年代政治斗争的成败得失——从反殖民主义到女性主义——如今试图将这些教训关联至生活在当代性环境下遭遇的前所未有挑战中。新兴艺术家集中于由此挑战带来的问题：当今世界诸如时间的形式、地点、媒介和氛围等问题”[④]。

全球当代性，这正是我们今天所经历的一切：一个新时代精神，Zeitgeist，即全球当代性的兴起，可以被理解为在全球连接的世界中的一种生活感，这个世界被时间薄片，即当代性所预置。在《当代博物馆》中，笔者使用“全球当代

① 安娜玛丽亚·德·维尔德：《接触：在一个城市博物馆中框架卖淫》，《当代博物馆》，劳特利奇出版社，2011年，第185—200页。

② 薇薇安·高瑟林：《小赢：当代博物馆的策略》，《当代博物馆》，劳特利奇出版社，2011年，第201—214页。

③ 大卫·巴尔泽尔：《策展主义》，普鲁托出版社，2014年。

④ 泰利·史密斯：《当代艺术：世界潮流》，劳伦斯国王出版社，2011年。

性”来指代当代时间，指代2006年以后开始出现的且此后强度不断加强的一种全球化感觉和当代生活。泰利·史密斯在分析全球当代艺术实践时，捕捉到这种新现实感：当代艺术不单纯是那一时刻生产的艺术，像它一如既往那样，而是由直接参与当代性的当代生活所告知的艺术。当代艺术本身就是生活在全球当代性中的一种宣示。

第五节　全球化与博物馆再定义①

博物馆与全球化联系密切。苏东海先生认为，全球化是博物馆的天然品格，博物馆很早就有全球意识，像卢浮宫、大英博物馆、大都会博物馆等致力于世界收藏以及ICOM的理念和实践即是证明②。全球化形塑了博物馆的全球性，即全球公众对当地/区域/国家的身份/文化认同，但影响并未超越专业领域而延展至更大范围，全球博物馆社会合作的网络尚未全覆盖，也未完全系统化、常规化。与其他学科相比，博物馆全球化的理论研究相对滞后。尽管自1977年以来，国际博物馆学专业委员会（ICOFOM）建立后就一直致力于“搭建一个涵盖全球的理论博物馆学的理论体系”，但国际博物馆理论界的学术目光在20世纪90年代才从基础理论建设转向现实课题。“虽然为全球博物馆奠定学科的理论基础也是一种全球化任务，但对博物馆与全球化课题的直接研究毕竟晚了些。比起60年代经济学界、70年代历史学界、80年代社会学界对全球化的研究晚多了。”③

① 本节为2019年3月29日中国博物馆协会、《中国文物报》社主办的“新时代博物馆定义研究”学术研讨会的发言论文，原题目为《关于全球化与博物馆再定义的几点认识》。

② 苏东海：《当代博物馆发展中的几个问题》，《全球化下的中国博物馆》，文物出版社，2002年，第14页。

③ 马自树：《经济全球化与博物馆》，《中国文物学会通讯》2001年、2002年合订本；陈水华：《中国博物馆与全球化》，《加入WTO和中国科技与可持续发展——挑战与机遇、责任与对策》（上），中国科学技术出版社，2002年；李高遂：《经济全球化背景下博物馆的新定位》，《中州大学学报》2006年第4期；沈平：《博物馆与全球化的思考》，《北京博物馆学会第四届学术研讨会论文集》，北京燕山出版社，2004年；王伟华：《全球化进程中的博物馆发展问题探讨》，《北京博物馆学会第四届学术研讨会论文集》，北京燕山出版社，2004年；常宇：《在历史的长河中前进——全球化下博物馆的发展与建设》，《回顾与展望：中国博物馆发展百年——2005年中国博物馆学会学术研讨会文集》，紫禁城出版社，2005年；康军富：《文化多样性的保护与共存——全球化趋势下博物馆工作新趋向》，《中国博物馆》2005年第1期；崔乐泉：《全球化与当代中国体育博物馆的发展》，《北京博物馆学会第四届学术研讨会论文集》，北京燕山出版社，2004年。

中国博物馆界对全球化的关注、参与和研究也相对较晚。2002年国际博物馆日主题为“博物馆与全球化”，中国博物馆界积极响应，举办各种宣传活动，组织学者集中讨论，极大地提高了对全球化及其影响的认识水平，主要成果是论文集《全球化下的中国博物馆》[①]和系列学术活动，以及针对博物馆的专题性研究，比如综合类博物馆、高校博物馆和生态博物馆等宏观性研究，以及信息化、非物质文化遗产、陈列展览、藏品、传播、国外博物馆等[②]，特别是近年来《中国博物馆》《中国文物报》《博物院》等刊物[③]及高校和科研院所等组织的关于博物馆定义的讨论[④]。

然而，全球化发展过程中与本土化反复冲突、碰撞与融合，演化成包括“反全球化”、“另类全球化（alter-globalization）”或“全球正义”运动在内的极其复杂的混溶状态，博物馆应不断进行理论与实践探索，特别是对博物馆发展至关重要的定义问题。

一、全球化：博物馆语境的变化

自20世纪90年代，全球性的贸易、商业、投资、旅游、移民、快捷的通信、文化的交流、飞速传播的疾病以及环境变迁，前所未有地将全世界各族人民联系

① 李文儒：《全球化下的中国博物馆》，文物出版社，2002年。

② 林毅宏：《全球化背景下高校博物馆如何破茧重生》，《中国博物馆》2012年第2期；刘洪：《全球化背景下博物馆网络文化建设新探》，《博物馆研究》2010年第1期；陈军科：《博物馆文化形态的新理念——全球化形势下博物馆与非物质文化遗产的哲学思考》，《中国博物馆》2004年第2期；李迎化：《全球化背景下自然博物馆收藏功能的未来走向》，《中国博物馆》2004年第2期；高晓芳：《信息全球化下的博物馆传播研究》，《东南文化》2012年第2期。

③ 《中国博物馆》自2001年后发表多篇专论，如严建强《博物馆的定义及其理解》（2001年第1期）、宋向光《博物馆定义与博物馆发展》（2003年第4期），2018年第4期包括魏峻《关于博物馆的定义和未来发展再思考》、陈国宁《由现代性与未来性再思考博物馆的定义》、许潇笑《从“知识权威”到“公共知识生产体”——关于“博物馆定义”的思考》、刘迪《国际博协博物馆定义文本探析：基于逻辑、实体与语境三重维度》、胡凯云《浅析博物馆定义中的“非营利性”》。《博物院》2017年第6期包括陈国宁《从21世纪博物馆社会作用反思博物馆定义》，弗朗索瓦·迈赫斯、马丁谢乐、扬多拉卡等文章。2018年第4期有宋向光《知识生产者，抑或遗产守护者?——博物馆藏品的内涵及定义》。《中国文物报》有崔波等专论。

④ 2017年10月9—10日由北京大学考古文博学院和中国考古学研究中心主办，国际博物馆协会博物馆学专业委员会（ICOFOM）亚太分会协办“博物馆与博物馆学——新时代博物馆定义的再思考”国际研讨会在北京大学考古文博学院召开，从博物馆定义的理论层面、博物馆与非物质文化遗产和博物馆未来发展的角度，对博物馆定义展开讨论。

在一个持续变化的全面互动网络中，使得人们能够以前所未有的方式获取知识和信息，特别是发展中国家，由此产生出一种全球性文化理念，即要理解别人、尊重近邻，通过交流和协商方式促进不同政治、社会和文化传统下人们之间和谐共荣①。

在新的全球化社会语境下，博物馆面临以下挑战：首先是区域发展不均衡问题。发达国家和发展中国家之间的差距，使得托马斯·克伦斯（Thomas Krens）的全球古根海姆（Global Guggenheim）产生出引人注目的全球效应，即一个国家内差别非常明显，比如我国的大型博物馆与中小博物馆之间、东西部之间、国有与非国有之间等。其次是目前从业人员文化背景单一或经验缺乏，无法满足博物馆全球化运作的需要，特别是在信息化、社会化、科技化、法律化等方面。最后是思想观念更新速度跟不上全球化节奏，视野向全球拓宽不足，整体运作理念创新力不足，内在发展动力不足，社会服务能力不足，不能满足公众日益增长的参与博物馆的需求，如服务外包、风险防控、工资偏低、竞争力不强、自身造血能力不够等问题，在全球生产价值链中的参与度不高。

上述挑战中有的是单个博物馆和行业自身所无法解决的，需要调动更大范围资源，解构博物馆面临的制约瓶颈，在越来越复杂的全球化进程中寻求发展渠道和机遇。

二、全球化：博物馆视角的变化

为了帮助博物馆适应全球化的新语境，一些国际的、区域的、国家的组织积极行动起来，关注、研究新的社会环境对博物馆的影响，从新的视角来审视博物馆的核心功能和社会作用，以“变得通，通则久”的理念来不断调整机构定位和运行机制。

（一）国际博物馆协会（ICOM）致力于博物馆的全球化

以“博物馆无边界，博物馆有网络”为徽标（Logo），ICOM自成立之初就积极推动和组织全球性活动，建立全球性网络，如1948～1965年“博物馆的教育作用、展览、文物的国际流通、文物保护与修复”国际项目、1977年针对发展中国家博物馆的科研项目和一系列学术活动、1990至今的博物馆紧急援助项目。为

① 〔美〕杰里·本特利、赫伯特·齐格勒著，魏凤莲译：《新全球史》，北京大学出版社，2014年，第1页。

了提高全世界博物馆的全球化意识，1995年国际博协斯塔万格大会和1998年墨尔本大会都把全球化引入大会主题。1998年国际博物馆学专业委员会年会主题也定为“博物馆与全球化”。2002年国际博物馆日主题确定为“博物馆与全球化”，更强烈地呼吁世界各地的博物馆关注、参与并积极贡献于全球化。此后的濒危文物红色目录、100件丢失文物、针对亚洲地区博物馆专业人员设计的培训项目ICOM-ITC，还有关注全球语境下博物馆的国际博物馆协会（ICOM）新闻——博物馆专业人士杂志（ICOM News: The Magazine for Museum Professionals），2011年5月所刊公共史（Public History）就包括一个关于国际博物馆和历史遗址国际化方面的专门综述。

（二）一些区域性组织的积极参与

美国博物馆联盟（AAM）。1980～2007年，AAM曾成功推出一系列国际博物馆合作项目。在美国国务院教育与文化事务局支持下，AAM博物馆国际合作专委会（International Partnership Among Museums，IPAM）促成美国博物馆与85个全球合作伙伴的345个项目或活动。2007年5月7日，AAM与美国国务院公布了后续合作项目，“海外博物馆与社区合作”项目（MCCA）被更名为“博物馆连线（Museum Connect）”，这些活动旨在促进全球博物馆、管理项目的博物馆员工之间的对话。

博物馆与图书馆服务研究所（Institute of Museum and Library Service，IMLS）。该研究所强调博物馆和图书馆在推动全球理解和分享经验方面的重要作用，并多举措地培育国际合作关系。一是鼓励博物馆和图书馆与海外文化机构和部门广泛建立合作关系。二是孵化国际伙伴创议项目。三是参与并组织国际政策会议，探索建立全球伙伴关系的多元方法，鼓励博物馆和图书馆在不断全球化世界中以持续对话的方式保存交流合作①。

《博物馆教育杂志》（The Journal of Museum Education）。由泰勒·弗朗西斯出版集团（Taylor & Francis，Ltd.）出版的博物馆教育圆桌出版物，2001年春夏季（卷26第2期）专题讨论“文化反映：全球性社会的博物馆（Cultural Reflections: Museums in a Global Society）”中有“凡·高走向全球”、卢浮宫和蓬皮杜走向全球，2011年秋季（36卷第3期）再次组织“博物馆教育者和技术：

① Jennifer W. Dickey, Samir EL Azhar, Catherine M. Lewis ed., Museums in A Global Context: National Identity, *International Understanding*, The AAM Press, 2013: 15.

拓展我们的可及性和实践”专题讨论，多名学者强调通过技术手段，如线上、数字、远程网络等吸引全球公众参与。

为了反映全球化带来的社会变革，ICOM多年来也一直努力更新博物馆概念。博物馆定义在1947～2007年就有5次修改，2007年以后也一直讨论，2015年年度工作报告中更是明确地指出，“2015年见证了对博物馆概念的新一轮讨论”。博物馆是一个永远都在变化的概念。

三、全球化：博物馆词义的转向

随着跨越国家的知识分享和信息传播的全球网络不断扩容，全球时代博物馆的再定义已成为一个迫切的话题，全球的博物馆及相关组织也一直在新语境下努力地不断探索，以便更好地反映大众文化、政治文化和公众知识结构的新发展。

（一）博物馆定义的转向

借用图像学的“图像转向”一词，新的博物馆定义也应包含词义的转向，即在新的再生技术或新的社会、政治或美学运动语境下，博物馆应从对物的关注转向对观念和概念的关注、拓展、调整和重构。

1. 目标

（1）公共性。服务于全球化时代的广大公众，与广义上的社区之间建立“同舟共济”型义务与责任的合作共享关系。

（2）可持续性。植根于多元化的世界观和知识体系，保持收藏的永久性与机构的应变能力。

（3）伦理性。恪守《博物馆职业道德准则》，建立并保持博物馆在核心业务方面的正义性或符合公众利益，以及专家作用的统一性，不应该为商业利益而损害博物馆的公共性，避免2017年大英博物馆展厅拍照收费、卢浮宫2018年因法国道达尔石油公司赞助展览等事件的发生，避免博物馆传播中采用抖音、文创设计、教育活动中出现的媚俗化、低俗化、庸俗化和同质化现象。

2. 价值

（1）独立性。根据ICOM2018年3月发布的《关于博物馆独立性的声明》，保持博物馆在征集、保护、记录、研究、展示和以其他方式传播藏品或其他文化遗产证据等功能之独特、关键、基本的单元，处理好全球化与本土化的关系。

（2）文化性。保持机构的公共文化教育和服务属性①，处理好高雅文化和流行文化、民族文化与世界文化的关系。

（3）社会性。加强博物馆在社会经济中的地位和作用，鼓励社会参与，特别是政府和社区参与，处理好非营利、公益性与社会性之间的关系，满足公众参与博物馆的需求。

（4）政治性。正确处理博物馆作为客观真理之地（普适性、全球性、世界性）与政治认同（民族制造等）象征之间的关系，关注当地居民/民族政治境况，在全球当代性语境中，理解并建立国家或民族身份认同。

（二）博物馆的立场与定位

博物馆承认、关注并应对全球化进程中出现的国家、地区和本地不同阶层之间不断加深的社会不平等和权力与财富不平等现象，服务于社区和社会，并致力于社会变革。

（三）博物馆的责任与义务

（1）责任。受公众所托管理文物藏品过程中的可问责性和透明性。①有责任向全社会宣传文物藏品反映或预示的自然危机（气候变化和物种的破坏或灭绝）的紧迫性，呼吁全社会发展和实施可持续性解决方案。②有责任对社会不平等、移民问题、性别歧视等社会问题进行关注、研讨。③获取与使用物质、财政、知识等社会资源方面公开透明，接受政府和公众问责。

（2）义务。向所有人开放，使博物馆成为开放的、多元的学习和交流平台以及有意义的会面场所，使得联合国教科文组织（UNSCEO）1960年发布的《博物馆人人可及最有效做法建议书》（Recommendation concerning the Most Effective Means of Rendering Museums Accessible to Everyone）惠及尽可能多的人，让平凡世界中的人们从历史中体验生命的价值，让他们的日常生活变得有意义、有动力、有方向。

① 最近刘玉珠在讲话中提到："博物馆又是公共文化教育和服务的机构，它不是一般的庙会、集市，也不是娱乐场所，它应该是高尚社会风气展示和引导的场所。我们说博物馆高雅而不深奥，亲和而不媚俗，这就是博物馆的一个基本属性所决定的，所以我们要坚持底线。"参见www.ccdi.gov.cn/yaowen/2。

四、博物馆新定义的全球生成

博物馆定义对全球博物馆和博物馆专业人员至关重要，是国际博物馆界理论与实践的指南。全球化给博物馆带来了全新的社会环境，2007年的ICOM定义似乎不能反映当下博物馆面临的诸多挑战、多种愿景和多重责任，需要集全球博物馆内外之力，实现博物馆的再定义，并通过转变、调整，重新创造原则、政策与实践。

（一）ICOM长期关注并致力于博物馆再定义

上文提到ICOM曾6次修改博物馆定义，以适应全球化的新语境。2015年11月20日，UNSCEO发布的《关于保护与促进博物馆和收藏及其多样性、社会作用的建议书》（Recommendation Concerning the Protection and Promotion of Museums and Collections， Their Diversity and Their Role in Society）再次指出，博物馆面临的第一个社会问题就是全球化，“全球化带来了收藏、专家、观众和理念更大的流动，对博物馆产生了积极和消极的双面影响，可反映在博物馆可及性提高及同质化现象。成员国应注意保护博物馆与收藏的多样性和独特身份，避免在全球化世界中削弱博物馆的地位”。

2016年ICOM米兰大会成立了一个新的常务委员会，“博物馆定义、前景和潜能委员会（Museum Definition， Prospects and Potentials， MDPP，2017～2019年）”①，在研究当前博物馆定义基础上，探讨博物馆在多元而快速变化的社会中共同的但也是大不相同的环境、价值和实践。结合会员之间广泛讨论和专家论坛，该委员会提出社会中出现的不明确的、通常矛盾的趋势，以及随之而来的博物馆新条件、义务和可能性。

该委员会2018年在ICOM社交媒体上向公众发起了“参与创建一个新的博物馆定义——ICOM支柱”的活动，邀请成员单位和其他相关方面参与创建一个新的、更现在的定义，广泛收集意见，并于2019年东京大会发布结果。

（二）全球化语境下博物馆定义的新思考

伴随全球化而来的藏品、专业人员、观众和观念的更大流动，给博物馆带

---

① 宋向光先生译为“博物馆定义、期望和提案常设委员会”。

来的正面影响是可介入性不断增加，负面影响是同质化现象，如何保持博物馆及其藏品独有的多样性和文化身份认同，增强博物馆在全球化世界中的作用，促进经济和社会的可持续发展，并推动跨文化对话，是博物馆定义需要思考的广义语境。而从狭义语境考虑，2007年博物馆定义中“征集”“保护”“研究”“传播”“展出”核心功能中皆应该有全球意识和整体上全球化的博物馆（globalising museum）的建设过程，借此关注全球性问题与挑战，以全球视角，利用全球性网络渠道，更好地发挥博物馆服务社会及其发展的功能和目标，培养具有全球意识的未来公民，比如亚洲地区科学中心采用的全球模型与地方特色相结合的运行方式①。

（1）征集（acquiration）：在范围上，以大英博物馆、卢浮宫、大都会艺术博物馆那样世界性视角来征集人类有史以来各个时期、各个地区、各个领域和各种媒介的“物质与非物质”“自然的和社会的”证据及信息体。在实践中，新的文化财产法对博物馆藏品征集提出了更高的道德伦理标准，而关于流失文物返还和普世主义博物馆的争论还将继续，但改变的力量已经显示未来长久的趋势。

（2）保护（conservation）：内涵上指物质及附加物的“有形”与非物质的“无形”（人类社会的声音、味道、技艺，自然界的昼夜景象、日月星辰、江河湖泊、山水草木、动物和生物），形式上指“物”与“非物”（电子、数字及其网络），手段上指全球视阈的技术开发与应用等。

（3）研究（research）：藏品研究中采用全球视角的研究方法，比如大英博物馆采用全球史观诠释100件藏品中的世界历史，学者方若薇和文景诗研究中国汉代“清白”铭铜镜采取的“全球学术流圈”模型②。西汉时期的“清白”铭文镜在很多博物馆都有收藏，尤其是陕西、河南、河北、山东等地博物馆。文章以西伯利亚汉墓出土的一枚“清白”镜流传至阿姆斯特丹，成为荷兰著名文物收藏家威特森的藏品——“这枚小小的铜镜调动了1700年前后将阿姆斯特丹和世界其他地区连接在一起的文化网络，即从汉代中国→西伯利亚→阿姆斯特丹→欧洲（巴黎、柏林、罗马）→本地治里（印度）→巴达维亚（印尼）→18世纪中国（广东、北京）”，通过这枚铜镜构建的中国与世界文化交流自汉代至今的全球

① Cynthia Yao. Science Centers in Asia: Global Models, Local Variations, The Journal of Museum Education, Vol. 26, No. 2, Cultural Reflections: Museums ina Global Society (Spring - Summer, 2001), pp. 17–18.

② Willemijn van Noord, Thijs Weststeijn. The Global Trajectory of Nicolaas Witsen’s Chinese Mirror. The Rijksmuseum Bulletin, 2015, 63(4): 324–361.

知识与文化流动网络，对我们研究博物馆藏品的全球性颇有启发。

（4）传播（communication）：利用当代多元化信息手段，建立线上线下全球传播体系，比如，包括通过虚拟博物馆活动鼓励全球博物馆界参与，如国际女性博物馆（IMOW）就是一座面向全球女性的网络博物馆[①]，如非洲博物馆推出的“非洲博物馆在线：从本地到全球公众”“全球电子博物馆系统（GEMS）”构建合作型社区历史的国际感。另外，是前古根海姆博物馆馆长托马斯·克伦斯“全球古根海姆”大规模的藏品共享与分派的行销模式引发争议。

（5）展出（exhibition）：新全球史、新丝绸之路史、新历史主义、元叙事主义等策展方法，虚拟现实、人工智能等新技术带来全新的跨时空交互体验，装置艺术、行为艺术和街头艺术等形式推动着展陈艺术本质发生变化。萨洛尼·马瑟尔（Saloni Mathur）指出：“当前博物馆展览中，各种全球主义共存，以展示为主的当代全球综合体包括很多双年展、三年展、超大博物馆、大展、文化节、世博会、科技馆、自然历史馆和人类学博物馆鳞次栉比，交相辉映。我们需要辨别那些能带来社会进步的、世界性的、启蒙性、能够解构西方文化机构主宰性的、能够区别于西方的地方精英们虚假的全球主义。”[②]大英博物馆通过“100件文物中的世界历史”在当代全球范围讲述全球化的故事。

此外，还有全球化带来的包括服务、资本和人员等在内的全球流动，比如专业人员和劳动力的全球流动在带来新业务增长点的同时也带来了就业竞争和不断的技能更新压力。技术变革减少了博物馆对人工的依赖，低技术人员被淘汰，员工工资也会降低。而社会化也带来一些压力，如安保、保洁、展览等业务外包，甚至整个博物馆运营外包（如郭守敬博物馆、岭南金融博物馆）等。文旅结合，也为博物馆定义带来不同的语境。

五、结　　语

全球化是当今社会的一种普遍存在，是一种实践框架，一种思维模式，是世界由隔绝到整体持续演进的过程。博物馆不是简单记录人类的过去及其漫长岁月

---

① Katherine Whitney. Going Virtual to Engage a Global Museum Community, *The Journal of Museum Education*, Vol. 36, No. 3, Museum Educators and Technology: Expanding Our Reach and Practice (FALL 2011), pp. 289-296.

② Saloni Mathur. Social Thought & Commentary: Museums Globalization, *Anthropological Quarterly*, 2005, 78(3): 697-708.

经历的各种变化、发展和改造，而是关注宗教、社会组织模式、思想和理念、农业、科学、技术跨越地理空间的传播对人类社会的影响力。

借用本特利的新全球史观，全球史提供了一个理解博物馆的宏大历史背景，首先了解差异性的历史生成机制。不同民族、社会都是历史发展的结果，也是它们彼此不同的原因，让观众通过了解不同政治、社会、经济和文化传统，培养与不同民族打交道的、建设性的能力。其次了解世界各民族之间的互动及其多元化方式，贸易、旅行、征服战争、宗教和文化传统的传播、技术的扩散、传染病的流行等。最后，全球化不是全新的现象，在人类长期的跨文化互动历史中，了解各个社会追求自身利益的过程，更好地理解当今越来越剧烈的全球化的世界以及未来影响[①]。

全球化时代的博物馆定义应该以博物馆核心价值与基本元素为基础，在全球意识中建构一种能够反映全球当代性的语义生成机制，保持博物馆作为客观真理之地（普适的、全球的、世界的）和作为参与认同政治（民族制造等）象征的和谐关系，在全球连通性和现代主义语境下协调当地/民族身份认同与全球性之间的关系。

对中国博物馆而言，更应如此，因为马克思唯物主义史观和世界史理论皆与全球化有着密切关系[②]。而且还有一带一路倡议的建设，为此，中国博物馆应进一步加强全球意识，在以前的国际交流基础上继续以更广阔视野推进全球化合作，并以此推进对博物馆的再定义。一是充分利用亚太博物馆联盟、ICOM-ITC等区域组织的作用，通过建立联盟形式，全面谋划与一带一路沿线国家博物馆的长效协同发展，以人类命运共同体理念在全球博物馆领域发出中国声音，比如，参与并贡献于欠发达国家或地区博物馆事业的发展，为建设开放、包容、普惠、平衡、共赢的全球博物馆格局做出应有的贡献。二是通过丝绸之路国际博物馆友好联盟、丝绸之路国际博物馆联盟等国际性组织发挥作用[③]，通过“走出去，引进来”的国际交流展继续提升国际交流展览的全球化内涵和形式，参与全球交流与对话。2017年3月1日至5月31日中国国家博物馆举办的“大英博物馆100件文物

① 〔美〕杰里·本特利、赫伯特·齐格勒著，魏凤莲译：《新全球史》，北京大学出版社，2014年，第2页。

② 有学者甚至认为全球化概念最早由马克思提出并发展为马克思主义理论体系中的重要部分，但马克思的世界历史理论与全球化有联系，也有区别。联系在于两者都以普遍交往为动力，区别在于前者追求全人类的自由和解放，而后者主要强调资本、技术、人才和管理经验流动的经济全球化。

③ 刘卫华：《全球化趋势下博物馆发展的文化视野》，《中国博物馆》2016年第4期；张卫星、张岩：《博物馆的全球化思考——从世界三大博物馆几个临时展览说起》，《博物院》2017年第6期。

中的世界史”和6月28日至10月8日上海博物馆举办的“大英博物馆百物展：浓缩的世界史”（大英博物馆同名展览的国际巡回展，各地命名略有不同）就是很好的实践。大英博物馆以馆藏文物讲述全球历史的举措让我们看到了该馆采用全球化视野和诠释方法所取得的新成就。

可喜的是，北京故宫博物院2019年7月将举办“天下龙泉——龙泉青瓷与全球化”，展品来自故宫博物院和大英博物馆等世界顶级博物馆、中国境内各地窖藏和沉船等遗址和日本、韩国、印度、伊朗、英国、阿联酋等世界上重要中外贸易点所发现的龙泉及仿龙泉青瓷，立体化地展现宋元以来陆上及海上陶瓷之路的兴盛发达及其对一带一路倡议的意义。

全球化还将如何继续影响博物馆，对此，我们应该有充分的认识，并不断通过研究素养的培养，全面把握全球化的当代性和历史性，用科学知识和专业技能来提高博物馆人认识和感知新世界的能力，以专业责任感和职业幸福感来履行博物馆的社会使命。

第六章　博物馆与未来

博物馆不仅要面对当下的发展环境，更要关注未来的发展形态，以便未雨绸缪，长远规划。塑造未来博物馆形态的首先是技术。信息技术时代的新理念、新技术为博物馆打开了一扇面向未来之窗，博物馆应认真分析研判，基于当下形态，夯实基础，创新求变。在拥抱新技术的同时，也要谨慎新型科学技术对社会产生的潜在威胁和挑战，并以人类命运共同体之视角，引导社会发展的潮流，为人们迎接未来做好多种准备。

第一节　2014年美国博物馆发展趋势①

为了观察、预测影响未来博物馆发展的社会现象，2011年美国博物馆联盟专门成立了一个“未来博物馆中心”，组织专家通过理论研究（多学科）、实地考察等手段，高屋建瓴地发出年度报告，敏锐地感知并捕捉美国社会博物馆界对博物馆发展的潜在影响，科学预测博物馆未来发展趋势。目前，该中心已经连续三年（2012～2014年）向世界各地广泛发布（以多种形式在各大网站发布，如推特、脸书、优酷可以免费下载）美国博物馆年度发展趋势。

据博物馆未来中心预测，2014年美国的博物馆发展主要有六大趋势。

一、为了公益而营利：社会企业家的兴起

> 我认为人们在区分“为营利”与“为金钱”时会出错。非营利之概念是在一个不再真实的世界做好事的正确的或甚至是更好的载体。情况有时可能就是这样的，但如今，用产品使世界变得更美好的有操守的、经营良好的企业在提高大众生活方面特别引人注目。
>
> ——ThinkImpact②创始人兼CEO索尔·加里克（Saul Garlick）

多年来，善意的批评一直告诉人们，非营利组织的行为更像商业（企业）运作：它们在营销方面做得越来越好，锐意创新、发展出一种强烈的品牌认同。甚至还有这样的说法，即非营利组织有时利用他们的免税地位作为低效率运作的借口。现在我们却看到事情的另一面，即营利性企业已着手传统意义上的非营利目标。“社会企业家精神”是受使命驱使企事业不断增长的领域，即将金钱成功作为创造更多、更好公益的途径。如果营利性组织在解决世界问题时能够比“独立成分（非营利性组织）”做得更好呢？

“社会企业家精神”是能以多种方法使用的一个宽泛的、凌乱的词汇，但这里让我们关注那些清晰地将任务交付到其基线的营利性企业。他们不仅仅给一个

① 原刊于《陕西历史博物馆馆刊》第21辑，三秦出版社，2014年。原文来自美国博物馆联盟网站，见www.aam-us.org。原文由未来博物馆中心撰写，笔者与杨效俊合译。

② ThinkImpact是一个向非洲输送人才的全球化机构。通过其项目，世界拔尖学生共同协作，帮助当地居民建设家园。

相关问题（如TOMS鞋子[①]，BEN&JERRY'S[②]）捐献盈余资金或物质，还通过循环利用、节约能源或为慈善事业捐献钱财来实践“合并的社会责任”。他们的企业模式是围绕提供一种提出社会或环境需要的产品或服务而构架的。这些企业家赞同Zipcar[③]创始人的观点，认为“关注商业中那些能实现你使命的东西，因为它让你注意到人们想要什么”。使命驱动型公司在如何构造其运作时会有很多选择。正如我们在2013年趋势观察中讨论的那样，正在涌现的混合型法律实体（利益公司，L3Cs[④]）提供将营利性与非营利性领域的优势结合在一起的一种选择。但有些企业家认为，营利模式（如进入资本渠道）的优势与非营利结构的劣势（如累赘的治理）使得营利性企业成了做很多好事的最佳途径。

例如，非营利的ThinkImpact创始人索尔·加里克（Saul Garlick）在第三世界国家培育微企业，满足当地需求。他艰难维持着支付员工工资，扩展服务，在认真评估其选择（非营利、混合、营利）后，他决定将ThinkImpact转变成营利性质，将公司从“对捐助者依附的跑步机”上解放出来，增加资本积累，扩大规模。另一个例子是D'Eri家族采用的挑战性就业方式，帮助成年自闭症患者，因为这批人中有80%～90%没有工作。为了满足这种社会需求，D'Eri可以创立能提供工作或培训的非营利组织。但他们创立了“涨潮洗车”公司，目的是挖掘成年自闭症患者的潜力，而不是缓解他们的残疾。不满足仅仅帮助他们自己家庭与社区，他们也将公司拓展到其他地区。

影响投资行为的诸多因素促进了营利性社会企业的兴起：人们不仅通过慈善方式用他们的资金做好事，而是通过投资公司，获得资金和使命驱动型回报。创建者，尤其是更年轻的、特别富裕的捐献者，往往选择影响大的领域，而不仅仅是一种支持艺术或帮助社区的模糊愿望。

---

① 美国设计师布雷克·麦考斯（Blake Mycoskie）在阿根廷创立的牌子，号称每卖一双，他们就为非洲孩子送一双（One for One）。他们的公益理念是“取之于社会，用之于社会”。

② 美国冰淇淋品牌。以“社会公益向导”为企业使命。运用企业的力量来改善地方、全国与国际社会生活品质的部分。

③ Zipcar是1999年由美国两名热心环保的女士创办，以“汽车共享”为理念的网上租车公司。口号是“你身边的轮子”。Zipcar的汽车停放在居民集中地区，会员可以直接上Zipcar网站或者通过电话搜寻需要的车，网站根据车与会员所在地的距离，通过电子地图排列出车辆的基本情况和价格，会员选择汽车，进行预约取车。使用完之后于预约的时间内将车开回原本的地方，用会员卡上锁。Zipcar拥有强大的后援技术服务系统，互联网、RFID技术是核心的技术。会员卡就是一个RFID（俗称为电子标签）。

④ 即 Low-profit Limited Liability Companies的缩写，译为低利润的有限责任公司。

如果他们通过投资一种混合型非营利或营利企业（并也能获得适当的财政回报）让其资金产生更多影响，这是很显而易见的，对吗？

受当代经济现实、精神追求和价值观所驱使，千禧一代获得社会企业家名号的人数不断增加。这批人中间仅60%有工作，其中一半是兼职。部分原因是就业市场不景气，54%的人要么是想要创业或者是已经创业了。这不仅仅是钱的问题，千禧一代将小企业看做一种社会形式，一种表达他们艺术或一种道德精神的方式。调查显示，85%的千禧一代要让他们的工作给世界带来不同，71%要为那些能鼓励全球或社区社会责任的公司工作。

随着营利性社会企业的流行度越来越高，非营利领域的声誉却在下滑。即使是声誉良好的非营利组织也被批评没有对他们试图解决的问题有足够大的影响，而且也做得不够好。筹资专家兼活动家丹·帕洛塔（Dan Pallotta）认为，美国的社会态度和法规结构注定非营利领域规模小而效率低。2013年他在TED演讲中（260万听众与点击率），帕洛塔希望非营利组织支付低额（非竞争性）薪水、跳过所有市场营销预算、没有进入投资资本渠道，妨碍了他们解决问题的能力[①]。

（一）这对社会意味着什么？

社会企业不断增长的重要性标识着在“三个领域”——政府、营利与非营利之间传统划分责任方面的一个根本性转变。如果有社会使命的营利性公司在解决急需领域问题，如卫生保健、教育、民事司法和环境等方面获得巨大胜利，会改变公众对满足社会需要和社会福利最佳方式的认识吗？那又如何反过来影响公众对于非营利、慈善贡献和免税（地位）的态度？

在关于非营利组织履行社会服务功能，如给饥饿者以食物、给无家可归者容身之处、帮助穷人等，以及他们对于文化非营利组织的态度方面，政策制定者与捐献者之间的分歧越来越大。

目前关于预算和资助的争论中，前者通常不只是做公益，而是替政府承担起社会安全责任。后者越来越多地被看做富者和那些不值得公共救助者的嗜好。如果社会企业非常成功地承担起传统上由“社会服务”、非营利组织履行的角色，会加深这道鸿沟吗？这有可能反过来分解非营利领域，侵蚀其作为有利于这一领域政策倡导者的愿望或能力吗？

---

① 丹·帕洛塔呼吁建立一个双重标准，来修复我们与慈善之间破碎的关系。他认为许多非营利机构因为其节约的支出受到社会褒扬，而非他们实际所做的贡献。在他看来，节俭已然不等同于道德，他认为慈善机构的巨大目标和成就（即使也许会带来巨大的花费）才是社会奖励他们的标准。在这场大胆的演讲中，他说过，要改变我们现在对改变世界的理解！

如果社会企业明白（赶上），主流的营利性公司开始审视自己如何使用其核心业务实现社会公益。这种潜能的一个早期信号是：2013年6月，3D打印机制造商MakerBot创立者Bre Pettis以6亿美元的高价将公司卖给Stratasys。11月，作为MakerBot的CEO，Pettis宣布成立MakerBot学院，使命是将3D打印技术融入教育领域，Pettis构想在美国每一个学校能有一个MakerBot桌面3D打印机。他因切切实实让“盖茨大小的贡献”真正运作起来而获得高度赞誉[①]。他们与DonorsChoose.org这类非营利机构合作，但并未将学院本身变成一个独立的非营利机构。

（二）这对博物馆意味着什么？

如果营利性企业在完成传统的博物馆使命方面变成一个强有力的竞争者，那传统博物馆该如何？这里不仅指营利性博物馆，而且也指其他为实现同样目标的实体。

有人已经注意到，当画商杰弗里·戴奇（Jeffrey Deitch）受聘管理洛杉矶当代艺术馆时，据说备受尊重的业务馆长保罗·施密默（Paul Schimmel）被迫离职，而后他旋即成为一个商业画廊的合作伙伴。施密默说他将组织“更加全面研究的、充分阐释的，包括很多其他博物馆类型的活动，包括教育项目策划、学术出版物和辅助项目规划”。正如这篇文章所评论，“将可持续的商业实践与博物馆精品展览结合起来”，这是一个能赶上的潮流吗？

在公益市场中，有一个竞争者可能挑战非营利组织——博物馆。博物馆宣称具有传统意义上“独一无二的”产品和服务，只为一小部分人提供伟大的体验也是值得骄傲的事情。社会企业家一般认为，任何好事都能也应该扩大规模，这可能导致建造者与捐献者期待从非营利组织中获得同样的东西。当“独一无二”用于博物馆运作时，会变成一个贬义词吗？

社会企业不仅关乎食物、住房、医药，也是关乎文化。例如，Artsy是一个营利公司，致力于艺术教育及售卖艺术品（有些来自博物馆藏品）和展示数字化艺术的在线平台。Artsy的业务馆长克里斯汀娜·宽（Christine Kuan）解释：“营利，通过我们网站卖出艺术品并得到销售佣金，是一个可持续性计划，在在线领域中是行得通的，这使我们能够对公众提供免费服务。”

---

① 作为一种学习工具，帮助学生“从不同角色思考和看待世界”，还计划用于教师和学者，甚至视力障碍者。目的在于“教育孩子，使他们能够创造性地面对我们可能永远也看不到的未来”。

博物馆正努力记录其如何有助于满足核心社会目标的需要，建立它们是“必需的，而非是好的”形象。如果社会企业表明它们比非营利组织更擅长真正推进确实“需要的”社会目标，会毫无疑问地将博物馆仅局限于“好的”领域？将会改变博物馆衡量成功和我们为了获得支持而进行的辩论吗？

大多数博物馆区别于其他非营利机构的地方是其受公众之托所拥有的藏品。但很多人不知道他们在展览中所看到的展品仅仅是冰山一角，他们没有被教导去珍惜、去资助博物馆后区的藏品。尽管有提议说，底特律艺术研究所通过将目前不展出的藏品外借来筹措资金，博物馆展厅一般不会从库房藏品中创造足够收入，来支付其保存与保护费用。博物馆已经在市场中参与竞争，从一些辅助活动中获得收入（商店、租赁场地、特殊活动）。如果营利性企业在生产使命驱动型产品和服务（展品、教育）上击败博物馆，帮助支持我们的藏品，留给我们的是什么？

（三）博物馆应该如何做？

博物馆要重新审视其规模与影响方面的雄心壮志，考虑要做多少公益才能找到成功的感觉。例如，博物馆引以为荣的是它作为教育机构的工作。正如史密森协会网络与新媒体战略部主任米歇尔·埃德森（Michael Edson）所说：“梦想以不同形式出现，但博物馆梦寐以求的学习者规模必须达到亿万个，如果我们要认真考虑提高美国教育的话。”想一想企业发布、增加成功项目和服务的方法。将慈善用作建立可持续收入源的资本来源，而不是作为资助枯竭后项目将会消失的短暂的支持。在采用担保提供免费服务之前，考虑它们是否担保其自身收费的能力，以便以可持续方式提供这些服务。

寻找营利性、混合的及政府型合作伙伴，它们能帮助博物馆创建公益性合作项目，创造可持续的收入源。整合那些能利用博物馆资源，并能共享其自身企业平台的企业家，使博物馆收获社会企业的利润，而无须彻底重塑其自身组织结构。

（四）博物馆案例

1. 曼哈顿下区的新博物馆

2014年建成开放了一个商业创意中心。博物馆将邀请70位新锐设计师、建筑师、技术发展商、艺术家和其他人进入该中心。目的是为其创建者——博物馆创意中心的出资人——研究出能挣钱的创意，帮助城市应对环境、交通、贫困和其他挑战。

2. “火花实验室（SPARK! LAB）”国家网络

是史密森学会勒梅森发明与创新研究中心（Lemelson Center for the Study of Invention and Innovation）的一项企业尝试，将创意带入市场，并产生经济效益。他们组织触摸式互动活动，让儿童和家长参与创造发明的历史与过程。通过将设计和教育内容出售给其他博物馆，该中心通过自身运营获得较好的经济效益，也创造了永久性的分支机构网络，形成了一种相互强化的教育实践社区，也为公司带来了一种新商业模式。

3. 理查孟德儿童博物馆（Richmond Children’s Museum）

开辟了两个分馆，两个都扩展至其服务的人群，增加了财政稳定性。博物馆三年中筹措到了一百万美元投资于这种扩张，员工也有好数据支持这种市场飞跃。很多家长报告，对参观者而言，一个很大障碍是穿梭在各分馆之间颇费周折。在开始这项事业的时候，员工很惊讶地发现他们似乎是第一个采取“分枝策略”的儿童博物馆，发现他们被对此感兴趣的同事们的电话所包围。

4. 马萨诸塞州瓦尔塞姆的格埃故居（Gore Place）

该馆营运着一个鸡鸭牛羊满地的小农庄。2013年他们完成了三年计划中的第一年，即在没有博物馆帮助的情况下，农庄是否能营利。通过卖票让游客参与农庄活动（体验经济），比收获庄家收入多。他们还将6000磅蔬菜送给社区厨房，博物馆以此善行而自豪。

（五）进一步阅读

（1）大卫·伯尔尼斯坦因（David Bornstein），《如何改变世界：社会企业家与新观念的力量》（牛津大学出版社，2007年）。伯尔尼斯坦因是Ashoka基金会创办人，分享发现、教导和衡量全世界社会企业家的业绩。

（2）约翰·埃尔金顿等（John Elkington，Pamela Hartigan，Klaus Schwab），《不理性人们的力量：社会企业家如何创建改变世界的市场》（哈佛商业评论出版社，2008年）。该书探讨了以市场为基础解决社会最复杂问题的方法，基金会员工资助社会企业家的技巧，包括Schwab社会企业性基金会、Skoll 社会企业性基金会和世界经济论坛。

（3）简·C. 威–斯克尔尼等（Jane C. Wei-Skillern，James E. Austin，Herman B. Leo），《社会领域的企业性》（SAGE出版社，2007年）。支持经营企业的

研究生和本科生课程，包括很多哈佛商业学校采用的商业模型、资助、增长和合作内容等方面的案例。

二、共感：多感知世界的多感知体验

你还记得观看一幅绘画、听音乐、吃食物、闻香水和触摸一件（真实的、物质的）物品时的感受吗？人类五种感官所获得的混合型复杂感受常常难以用可触摸的媒体来记录，但是，得益于新技术的出现，可以用新方法获取、合成并表现感官感受，用于丰富和更新传统的文化体验。新技术让记录和保存气味变得像拍照一样容易，而且使人能够（虚拟的）触摸数字资料。当获取和合成感官体验的技术日趋普遍和有效时，人们就会对现在以一种感官体验为主的传统体验不再感兴趣。

对多感知体验的需求源于不断增长的需要记录功用的新发现和艺术上的挑战，或是单纯的各种感官体验的乐趣。最近的研究表明，将事件放在音乐中是记住它们的最好方法；我们的先祖发明了如何利用原始空间感来作为记忆的工具。之所以耗费如此多的时间和精力来开发嗅觉技术的原因在于，人们越来越多地意识到气味在增进记忆、激发情感、影响情绪和健康等方面的力量。为了满足某些特殊的观众，一些多感知体验已经在应用。如阿尔茨海默（Alzheimer）的“人们在博物馆里的记忆”项目让辛辛那提艺术博物馆不仅运用视觉的，还使用综合了声音和其他感官的“全面途径”来更好地为观众服务。

但是对多感知体验的需求大多数纯粹源于追求乐趣。我们可以穿着多感知的时装，如设计师艾里斯·范·荷本（Iris van Herpen）设计的时装能够发出自身“模印上去的声音”。我们可以一边欣赏多感知的公共艺术，一边在城市漫步，如DiMainstone的项目——给布鲁克林大桥装上像一座巨大的竖琴那样的电线。多感知就餐正风行一时，上海的紫外线餐厅将食物与餐厅墙壁上移动的影像结合起来，加上音乐和香味（不光是食物的香味，还有如给龙虾菜品加上海洋的气息）。

在巴塞罗那，分子厨艺泰斗、西班牙名厨斐朗·阿德里亚（Ferran Adria）的41等级项目“让客人投入一个艺术装置……试图研究复合感知手段如何使顾客与餐馆之间产生有力的、有感情的、记忆深刻的联系”。宾馆也在拓宽它们的感知体验，如Nordic Light宾馆装有为客人量身定制的照明系统，客人可以依据自身需要选择符合镇静、放松、浪漫等情绪的灯光。21世纪的博物馆和宾馆邀请客人享受“在艺术中入眠”项目，包括使用录像、声音、光、数字和文本等装置。

数字革命始于声觉和视觉。但是我们很快发展出沟通其他感觉的数字技术。数字嗅觉技术前景喜人。可嗅到的屏幕是通过在LCD屏幕上安装特定的物体而按照提前设定的间隔发出气味。正在研发的波项目Ophone采用移动味觉技术使得用户能够用短信订购320种不同的气味，用户使用智能手机的蓝牙可以获得同步汽缸所发出的个人香氛。发明家甚至揭开了气味的弥散性质：一个模拟相机转录玛德琳蛋糕的香味，接着对其进行分析，这样的研究会催生“记忆中胶囊预定”。味觉不是唯一和数字领域接轨的感觉，新加坡国立大学的研究人员正在致力于“数字棒棒糖”的项目来刺激味觉。

全面技术策略开发数字触觉领域。AIREAL项目[①]对应屏幕前用户的身体姿势，通过空气流动来产生半空中的可触摸感觉（例如，在玩射门游戏中，如果你正控制着数字足球，你的确可以感到足球碰撞你的手）。另一个发明是利用电子震动技术使得能通过触摸屏操作电子资料来触摸材质表面——让你感受到你正在屏幕上看到的东西。麻省理工学院实验室的数字集成技术项目inFORM试图使用户电脑屏幕来操控远处的物品。加州大学圣地亚哥分校的研究人员利用设备像记录声音一样记录触觉。这项研究源于该校医学院新生儿学科的需求，他们需要记录母亲抱婴孩的感受并将其应用于那些保温箱中的早产儿。

我们并不需要全面感知或“嗅觉文本”来产生多感知体验——有些时候只需要发明拟真体验来配合发生地的感知地图。例如，“旧车站录像漫步（The Alter Bahnhof Video Walk，2012）”项目所设计的德国卡赛尔的老火车站设置的拟真“物理影院”环境，参与者先检查一个iPod和耳机，然后开启另一个现实的应用程序，通过小屏幕将情节投射在背景所放映的位置。或者应用不那么高端的技术，如洛杉矶联邦车站所上演的看不见的城市歌剧，表演者在庭院、候车室内和售票大厅移动表演。这种融合了光、声、行为艺术和观众参与的表演旨在提升其情感冲击力，这种演出对那些通常不在音乐厅观赏歌剧的年轻观众具有吸引力。

（一）这对社会意味着什么？

气味对心理的影响对建筑和城市规划富有深意。“医学城市学”主张都市设计应该将气味对情绪和良好市民行为的促进作用考虑在内（挪威的一项研究表明，柑橘香味的洗涤液会促使人们下意识地保持他们环境的清洁）。

---

① 采用一种新的低成本、高度可扩展的触觉技术，给你的感受就像击打那些塑料空气炮，或称为“空气炮装置”。

多感知体验对那些一个或多个感官残障的人士更具吸引力。全面的感知策略可以增进人们以综合的角度来体验（运用全面感知设置甚至能够促使大脑中心对处理触摸输入反应）。声音能够补充或代替视觉提示。

商业企业总是不露声色地致力于开发那些能够产生令人兴奋刺激和上瘾体验的技术，如果发现一幅图画相当于一百万字，那么五种感觉将值一百万美元。品牌厂家委托人为它们的产品树立全方位的感官形象，不仅是那些有形的产品如食物，饮料和美容产品，还包括旅行和保险。当市场变得更加多方位，将促使消费者在两条道路中做出选择：或者抵御这些感官进攻，就像我们忽视浏览器两侧的广告；或者关注所期待的多感知暗示。

（二）这对博物馆意味着什么？

人们也逐渐以多感知的方式定义遗产。例如，墨西哥的国家声音档案馆（Fontoteca de México）宣布墨西哥城的声音是国家文化遗产的一部分。许多国家在定义和控制那些和传统食物相关的名称，如法国名称“原产地名控制（d’origine contrôlée）”，或意大利的“控制原产地命名生产的葡萄酒（denominazione di origine controllata，DOC）”[①]。人们开始意识到“嗅觉地图”是城市重要而鲜明的特质，因此值得标注和保留。作为文化遗产的传承者，博物馆需要扩展他们所选择的遗产保护范围。

日趋增长的多感知体验也迫使博物馆在日常展览和项目中采用更多的方式。MoMA甚至邀请盖瑞森·凯勒（Garrison Keillor）广播小说《牧场之家好作伴》（Prairie Home Companion）中的小夜曲，将艺术爱好者带入现在的展览。实际上，《纽约时报》文化评论人Robin Pogrebin最近宣称“博物馆中的下一个大事，……你所看到的展览是一个多种艺术形式的聚合体——音乐、绘画、有时还会加上活动的因素如录像。现在展览是一个巨大的混合体”。

当然博物馆长期以来已经运用相对低端的技术来制作多感知展览，如在展览中加上气味（拿起来以下标签；在穿行的实景模型的空气中喷发气味），触觉（通过示车），有时还加上味觉，如上所述，声音和文中所提到的其他技术手段都会促进富有创造性的、无破绽的个人化的多感知博物馆。这些技术手段的提供和消费者对多感知体验的偏好都会重新界定博物馆预期的底线，从主要提供视觉体验到偶然加上气味、声音和味觉的点缀，最后到多感体验。

---

① 指使用指定的葡萄品种，在指定的地区，按指定的方法酿造及陈年的餐酒。

（三）博物馆应该怎么做？

博物馆通常会运用多感知手段为残障人士提供可进入的体验，如美国大都会博物馆的“多感知处”邀请观众通过气味、触觉、音乐和语言想象来感受展览。或者像布鲁克林博物馆的感知之旅，包括为视觉残障人士提供3D打印复制品来使他们获得触觉体验——一种使任何可以进行数字扫描的物品都能做成可触摸模型的低成本方法。

利用博物馆建筑作为拟真体验的场所本质具有多感知的特点。例如，内布拉斯加大学的谢尔顿艺术博物馆（Sheldon Museum of Art）为庆祝美国建筑师和评论家菲利普·约翰逊（Philip Johnson）所设计的博物馆建筑五十周年而举办的“裸体博物馆展览”，这个项目将展厅和大厅的所有艺术品都搬出来，而在这些空间里充满诗歌、音乐、戏剧、历史、舞蹈和表演艺术。

其他机构采用其他各种感知手段。例如，伦敦的科学博物馆采用多感知的方式创造出“声音的宇宙”，他们与爱乐（Philharmonia）交响乐团合作开发出一种高端定义，互动和拟真的体验。分布在博物馆的大屏上演虚拟乐团演奏的古斯塔夫·霍尔斯特作曲的“星球”，观众可以走进交响乐团，担任演奏家、指挥家或作曲家。爱乐交响乐团的音乐家们每天都在展厅工作，配合录音实地演奏或者回答观众的问题。

博物馆将思考他们在保护超越了传统界限的藏品时所扮演的角色。历史学家和科学家将认真思考气味作为历史文物的观点，即如果我们不能够沉浸于历史文物的气息之中，我们就不能真正理解历史。博物馆是否应当义不容辞地担当起保存特定时间、地点的气味和声音的使命？这将如何改变我们收藏的方位，我们对“完整”记录的概念或是保存所需要的技术？

博物馆应该整合它们的智力资源和数字专长并运用新的感知技术成果来使远程全方位接触藏品成为可能。通过对感知手段的全面运用，博物馆应该超越增加的现实，不仅仅是通过3D数字扫描来共享文物。博物馆能够提供历史气味的数字博物馆吗？一个虚拟的拟真博物馆能够使观众看见、触摸、闻见、品尝并听到一个重构的世界吗？博物馆该如何鼓励艺术家（及其他人）利用博物馆资源开展他们自己作为制作/混合文化一部分的共感试验？

（四）进一步阅读资料

（1）戴安·阿克尔曼（Diane Ackerman），《感官的自然历史》（Vintage，2011年）。带您领略感官王国的奥秘。

（2）瑞秋·赫兹（Rachel Herz），《欲望的味道：发现我们神秘的嗅感》（哈珀尔·帕里尼尔出版社，2008年）。对嗅觉在我们生活中的重要性进行心理学研究。

（3）利兹·奈利、末里安·朗格尔（Liz Neely、Miriam Langer），《请感受博物馆：3D打印与扫描》（2013年博物馆与网络会议论文）。该论文记录和探讨了如何将3D打印和扫描用于帮助观众感受博物馆，打印的模型可变成“社交物件”，为更广泛和更多元化观众提供进入藏品的途径。

（4）马克·斯密思（Mark M. Smith），《感知过去：历史上的眼看、耳听、味觉、品尝和触摸》（加利福尼亚大学出版社，2008年）。斯密思咨询了几个对重造感官体验感兴趣的博物馆。

（五）博物馆案例

博物馆和其他文化组织正探索将味道添加到他们的感官库中。

1. 纽约现代艺术博物馆（MoMA）

该馆最近举办了一个烹饪班，重新将比利时超现实主义艺术家雷尼·马格利特（Rene Magritte）的艺术诠释为五道美味的菜单。哈特福德交响乐团（Hartford）的“与食物玩耍”系列挑战当地餐馆的厨师们创造出能与某个音乐篇章匹配的菜肴，乐团指挥家选择一段音乐，选取一段由餐馆菜单上一道常规菜肴而激发出的音乐（从该系列中精选的饮料和甜品也向听音乐会的人出售）。

该馆推出的兰德姆国际“雨室”在今夏掀起了一阵浪花。观众一大早就来排队，等上5个多小时，一次10人，花上10分钟，走过浸入式的装置，水幕在周围飞速落下，但传感器检测人的地方则无水，让观众感觉似乎穿行于雨中。

2. 中国的史家胡同博物馆

该馆致力于保护北京的胡同和四合院的传统建筑，以及这种正在消失文化中的传统声音。志愿者创造了一个集合以前在老胡同听到的各种声音的数据库，在博物馆中播放：街头货郎小贩的叫卖声、鸽哨声、民间医生宣告自己到来时的吆喝声。

3. 威尼斯的莫切尼戈府博物馆（Palazzo Mocenigo）

将香料加入传统的主打产品——制衣和纺织品。10世纪时威尼斯尚未出现任何现代意义上的香水工业，新展馆允许观众闻闻传统的配料，推出了威尼斯公元前2000年一直到公元1555年的香水瓶。其出版物被认为是西方第一本科学图录化妆品配方的手册。

4. 纽约艺术与设计博物馆

“香味的艺术”展览用这种“看不见的艺术形式”填充了几乎空空如也的展馆。

5. 大都会美术馆修道院分馆

推出了加拿大女艺术家珍妮特·卡蒂芙的声音装置——当代艺术作品《四十圣咏》，40部扬声器环绕播放索尔兹伯里大教堂唱诗班（Salisbury Cathedral Choir）演奏的11分钟无伴奏合唱，利用空间中交织的声场，让听众游移在40条音轨之间，让人明明知道只是录音，却远超出我们对音乐“真实感”的成见，观众将体验描绘为“超越”“摆动”“狂喜”“泪奔”。对浸入式体验的向往也给博物馆“将艺术带到街上”提供了另一种途径。

6. 北卡罗来纳夏洛特上镇铸币博物馆（Mint Museum Uptown）

将现场音乐融进他们为美国黑人画家罗马勒·毕尔顿“南部回忆”展所做的市场推广。现场表演产生的毕尔顿的临摹品也成了活广告牌。音乐家身着画中人物服饰在广告牌前表演事先未告知的情节。

7. 荷兰国家博物馆

在阿姆斯特丹展出《夜巡》，穿着演出服的演员骑着马冲进一个公共购物大厦，从露台上悬吊而下。

三、信息喷泉：开启大数据“井喷”的繁荣

数据是新能源。当人类快速消耗或减少（降低）自然资源——石油、水、矿物和生物多样性的同时，一种资源——数据却以越来越快的步伐飞速增长。人们每隔两年创造出的数据就等于从文明伊始一直到2003年之总和。换句话说，世界上90%的数据产生于过去两年，包括传统的平面媒体，以及所有我们与社交媒体

互动的产物：微博、上传图片与音像、邮件、微信、即时消息等。

当数据规模变大到传统统计软件无法掌握、管理、操纵时，我们目前产生的信息量令人紧张：2012年底，人们年生产（创造）的数据为2.8泽塔字节Zettabyte，到2015年这个数字还将翻倍[①]。但真正让人印象深刻的是，我们正在研发的能解读所有这些字节的工具。

美国科幻作家、发明家和未来学家亚瑟·克拉克（Arthur C. Clarke）爵士杜撰出了三种预测法则，第三种是“任何足够先进的技术与魔法无法区分开来”。大数据分析毫无疑问将我们带到那个魔幻的王国[②]。

一些数据目前在运用中只增加了传统企业的效率（例如，减少燃料使用），但它们打开了一整块崭新的领域。预测性市场营销让商店能够加工处理它们所收集到的巨量的顾客个人信息，从而极其精确地分析出他们可能购买什么、何时购买（当得知商店一直给他十几岁的女儿发放婴儿产品优惠券时，爸爸因发现“在我家里一直有一些我完全不知道的活动”而尴尬、恼怒）。分析家在读我们留在社交媒体的电子痕迹、剖析我们在社交网络上的帖子或挖掘我们的微博时，会越来越精明地预测出我们基本的个人特性、价值与需要。

大数据分析也不局限于市场营销。以地震预测演算法为模型的预测性监控正在被用于侦破犯罪的“断层线”，预告何时、何地会有犯罪行为，如偷盗、枪击犯罪将会发生，谁将成为反复犯罪者。电子自旋共振成像（electron spin resonance imaging，ESRI）自称为“地图脸书”，融地理标记数据和地图、社交网络、数据分析于一体，帮助多元化功能的实施，如寻找失踪的徒步旅行者、自然灾害后调集救灾援助。大数据正被非营利人道主义组织用作更好、更多做善事的载体。

“服务于发展的大数据”给全球援助项目带来实时监控与预测：“联合国全球脉搏”计划能用推特信息来预测失业、疾病和食物供应的峰值，他们称之为“电子烟遇险信号”。

在一些地方，这种预测性软件开始更像“预知”或“预告”：最近有一个27岁的电脑奇才创造了一种计算程序，可通过挖掘新闻档案来预测可能发生的灾难、

① 泽塔字节是测量存储张力的一种方法，代表第2到第70位字节。

② 克拉克基本定律共3条。定律一：如果一个年高德劭的杰出科学家说，某件事情是可能的，那他可能是正确的；但如果他说，某件事情是不可能的，那他也许是非常错误的。定律二：要发现某件事情是否可能的界限，唯一的途径是跨越这个界限，从不可能跑到可能中去。定律三：任何非常先进的技术，初看都与魔法无异。

地理事件和疾病暴发，准确率为70.90%。

营利性公司在利用大数据潜能方面处于前沿，非营利性组织已经创建来自博物馆数据，特别是艺术品的数据集。范例包括Fractured Atlas' Archipelago数据图像化软件、美国艺术的艺术与经济繁荣计算器、宾夕法尼亚大学艺术项目社会影响。这些可能仅仅算作“中大型”，而非真正的大数据，但他们指向这样的工具如何可以演化为文化组织，实现汇集的数据库的力量。

有些评论家已经说，大数据言过其实，但没有迹象表明它会放慢脚步。其增长部分由结合了收集的信息力量通过“事物网络”（无所不在的互联网连同感知和监控设施）加上更多“传统收据收集形式”（美国人口普查、手机、固定电话、人际拦截调查等）所推动。它还受将所有这些资源链接到快速进步的可以认知模式和从自身错误中学习的计算智能所驱使，这反过来支持一个增长的程序员、分析师和数据解读经理的劳动大军。

（一）这对社会意味着什么？

多年来，科幻小说对机器人替代人类（人形或变形）进行了预测，现在看来，这种断裂将更微妙，也更影响深远。2011年，IBM的沃森（Watson）在《危险边缘》中击败了肯·詹宁斯和布拉德·鲁特尔[①]。

这只是这件人工智能系统发挥真正本领的小小序曲，沃森使理解以人类语言提出的问题的理解、挖掘巨大数据集、在与数据互动过程中学习现在正在被加以利用，创造出一个卫生保健的沃森提高诊断和治疗决定、一个华尔街沃森为投资选择、贸易伙伴和奉献管理进行咨询。问题不是大数据是否如此多地通过像沃森将代替人工工作这样的项目（计划）输出，而是它如何改变人类在决策过程中的作用。

研究者指出，医生、投资分析师、工程师、决策者和管理者面临的最大挑战是学会相信分析运算法则，而不是他们自己的判断。

美正面临着肥胖症及其伴生疾病的流行，随着婴儿潮一代步入退休时期，他们将要过着比任何一代前辈更长却更多疾病的生活，民众面临个人健康管理的危机。

---

① 智力竞猜电视节目《危险边缘》，IBM公司的超级计算机沃森，完胜了两位前冠军：肯·詹宁斯（Ken Jennings）和布拉德·鲁特尔（Brad Rutter，2005年终极冠军）。

大数据在这个平台上也有所贡献："量化自我"[①]运动是由那些相信强迫性收集有关他们自己身体的详细信息可以提升健康与行为的人们组成。这个运动受不断增长的、可负担的、可穿戴的生物监控器的驱使（带动），包括腕带或植入鞋子的传感器或缝在衣服中的能计算个人走了多少步路的计步器、睡觉时间多少与睡的质量、心率和消耗能量。在不久的将来，这些可能与体内植入的跟踪你身体的生物监控器连接起来。这些工具已表明了对身体健康产生的影响，与互动型软件和像沃森一样的诊断、认知系统相匹配，这类监控器也能够在很大程度上取代传统的心理治疗。

就像我们开始讨论我们在处理大规模数据挖掘方面能做多少，社会已经努力去决定我们应该使用多少数据的问题。和所有技术一起，分析工具本身是中立的，邪恶的方面出现在应用过程中。预测性监控什么时候会变成网络分析，盘查的数字版？"数据分析"产生于一个隔离的网络？你在网络上看到的东西是根据你的年龄、民族、性别或收入？个体控制个人数据的权利何时能通过集中使用该数据胜于公众在公益方面的利益？

（二）这对博物馆意味着什么？

数据分析为博物馆提供了能使他们磨炼其业务实践的工具，使之在餐饮服务、销售、定价、市场营销活动、零售、发展和展览设计等方面的操作变得更加有效率。

博物馆分析观众数据——受教育率、家庭收入、孩子的平均数量，以及其他社区服务，最终对博物馆所服务的对象有一个详细的了解。数据挖掘帮助博物馆理解天气模式如何影响参观率或产生基于人口统计和过往行为的个人化提升、体验和不信任等。它能逾越传统市场调查信息（年龄、家庭收入等），创造、靶向人口和心理情况，向理解人类行为的更深处钻研，找到更理想的观众。

尽管很多有影响的数据集（如美国人口普查数据）已经在公共领域自由使

① 《连线》杂志主编凯文·凯利等人提出的QS（Quantified Self，即量化自我，又称自我跟踪）则通过相关设备，收集获取有关人们所消耗的食物、睡眠质量、心理表现等生理或心理方面的行为数据，进行分析、处理，监测人们的身体状态，从而帮助人们改善不健康的行为习惯，实现积极健康的生活方式。自五六年前，凯文·凯利等人发起"量化自我"运动之后，该运动开始在全世界迅速蔓延，极大地推进了带有"自我追踪"功能产品的发展，而如Nike+ FuelBand、Jawbone Up、Withings Pulse和Misfit Shine等主流产品风靡世界，又将"量化自我"的概念，通过时尚、流行产品的形式，传递给更为广泛的大众消费者。

用，驾驭大数据力量却依然相对昂贵。数据分析给予的竞争优势将会加深那些能负担起这类服务的博物馆与那些负担不起这类服务的博物馆之间的差距吗？

非营利性财政监管《指南星》[①]的CEO Jacob Harold鼓励非营利机构掌握“媒体数据”，包括一些诸如“它们是谁”“它们将要做什么”的信息，在处理“大事情”之前，可作为可管理的第一步。从数据中学习的比较便宜的方式一直在涌现。为了将这种不平等的潜能最小化，该领域仍需编撰、共享资源，使这些分析数据让一些小博物馆也能负担得起。

将博物馆观众和参与数据与关于健康、教育成就、工作、满意度和生活条件进行交叉索引，意味着博物馆最终能够记录他们真实的、长期的影响。在这之前，跟踪文化参与博物馆的终生影响需要某种大量的在医药界罕见、在人类学科尚不知晓的纵向研究。

Museum Geek Suse Cairns去年在博客中说：“当我们开始评价成功作为关乎终生参与，而非仅仅是观众数量时会发生什么？衡量标准的规模与可能的粒度是惊人的。”

慈善基金会已经将数据分析向内转至他们自己给予的效果上，例如，Hewlett基金会提供分析捐赠资金数据的免费、知识共享注册工具。这只能增加对他们所资助的机构的压力，提供有关结果的数据，反馈给上述分析。

可悲的是，无数实体收集由设计很差的调查得来的“坏数据”。不恰当地应用，或应用到坏数据，分析结果只能带来更大的、更坏的决定。涉足数据分析的世界，非营利组织会变成智慧数据的消费者，即使他们没有一个统计员。

（三）博物馆应该如何做？

可能要评估数据集的分析潜能，我们可以自由地进入网络。博物馆对电子数据能做些什么，我们能不能处理数据所代表的器物？使用大型分析，能产生什么价值？我们如何鼓励研究者去问那些能用数据集回答的有趣的、合适的问题？

我们才开始探索大数据在人文学科中的价值。如果博物馆不开始数据挖掘，提取它们自身资源的价值，其他更精通技术的机构将会这样做。

加入数量不断增长的组织，合作开采大数据集，允许跨界开采—— 一种分享形式，有时称作“数据慈善”。例如，美国环境系统研究所（Environmental

① GuideStar专门搜集和宣传关于每一个注册的非营利组织的信息，GuideStar尽可能多地提供关于每一个非营利性组织的使命、合法性、影响、声誉、财政状况、项目、资金透明度、管理等。

Systems Research Institute）已经发起了可伸缩的、全面的地理信息系统（Geographic Information System，GIS）平台ArcGIS，一个拥有人口统计数据——人口快照的社会网络枢纽，来自卡片的实时数据，鼓励会员在参观期间“进入”展厅。这使得博物馆能以更加互动式和个性化的方式与成员互动，编撰一个详细的、扣人心弦的故事，讲给建造者关于直接储存访问（Direct Memory Access，DMA）服务于哪些人，他们如何参与博物馆，他们都学到了什么。

大数据也有审美的一面。新墨西哥州的阿尔伯科基艺术与历史博物馆以亚历山法罗红杉［Alessandro Saccoia's （x）］树而闻名——一种社交互动虚拟森林，在推特和手机短信中发现的搜索词产生的，使之成为数据虚拟化、视频映射和参与艺术的一种实验，以便获取能使任何用户在云储存环境下分享地图。很多人在呼唤“数据共享”，甚至商业公司也会贡献出它们收集到的个人信息。博物馆也能很好地甄别出谁掌握着我们需要介入并进行分析的数据，在分享他们自己数据方面也做得很好。

审视他们收集和使用数据的方法，集中于做些以数据为中心的工作，变成我们有时所称呼的“学习机构”。博物馆可以从捐献者那里寻找资金用于能力建设，提高收集和管理数据的本领，提升追溯影响的能力和基线工作水平。

（四）博物馆案例

1. 西雅图艺术馆

多媒体陈列艺术家道格·阿提肯（Doug Aitken）《镜子》使用反应式编辑软件，跟踪天气、交通和大气状况，并将它们表现为图像，映射到博物馆正面的12层楼上。

2. 内华达州艺术博物馆

网页上馆标（LOGO）像素颜色随着季节和年份而变化，色调由先前时段里诺市温度信息所决定。这种动态图像，由环境监控所驱使，给数据以形式，关于博物馆以“艺术+环境”为导向的身份认同。一些博物馆已经使用数据分析提高博物馆运作效率。

3. 历史科罗拉多和塔克马海洋动物园（Point Defiance Zoo & Aquarium）

均应用IBM伙伴组织明亮星辰伙伴（Bright Star Partners）捕捉与观众相关的数据，从point-of-sale systems（门票、商店和食品服务）实时进行分析。这种数据使组织能够做出关于员工和空间使用等方面的有效决策，量身定制会员项目、定价、观众等行为。在不远的未来，动物园准备列入智能手机的“近地交流”功能，鼓励观众在场地穿行时进行“注册”，这种做法将会帮助观众部门的经理们评估活动的受欢迎度和观众在特殊展品前停留的时间。

4. 达拉斯艺术博物馆

用可视化服务平台Chartio为会员签到和观众使用博物馆的实时分析模型。数据变得更加珍贵，事实上已经成为一种货币。2014年，达拉斯艺术博物馆引进了一种会员模型，邀请观众用个人数据与免费的基础会员资格进行交换。直接储存访问系统设计的会员结构旨在获取更多数据，他们收集的数据包括“Zip加四”，他们可以交差参考刚刚开始探索的大数据在人文领域的价值。

（五）进一步阅读材料

（1）瑞克·斯摩兰、詹妮弗·埃尔威特（Rick Smolan，Jennifer Erwitt），《大数据的人类面孔》（2012年，第224页）。这个咖啡桌大小的书籍展示出基于大数据项目的人脸结论之上的图像、论文和文章，使用一款免费应用程序创建为期一周的“人性快照”，信息来自世界各地三万余人的贡献。将影像与数字媒介相结合，该书使用Aurasma手机APP来激发影像和其他内容，如使用一款智能手机或平板照相机在选定的页面上阅读 icons（制作图标工具， 支持各种文字特效， 可以为iTunes APP，Mac APP，安卓APP生成特定的图标格式与尺寸）。

（2）安托尼·里莱、保罗·摩尔（Anthony Lilley and Paul Moore），《数什么算什么：大数据能为文化领域做什么》（Nesta， 2013年）。

（3）托尼·赫、斯图尔特·坦斯利、克里斯腾·托勒（Tony Hey，Stewart Tansley，Kristen Tolle），《第四种范式：数据密集型科学发现》（微软研究，2009年）。可从微软研究上免费下载，该论文集探讨数据分析如何形塑21世纪的研究。为大数据共享铺路（世界经济论坛与重要潮流咨询，2013年）该简报探讨了个人数据、隐私和数据拥有如何通过开放使用这类数据来实现公益平衡。

（4）费尔·西蒙（Phil Simon），《太大而无法被忽视：大数据的商业案例》（Wiley and SAS商业系列，2013年）。展现出商业和市政府如何使用数据分析来取得“机敏的、并非不可能的观察、行动和预测”。人口概况的调查数据和来自卡片（鼓励会员在参观过程中在展厅打卡）的实时数据，使得博物馆可以以更加互动的、个人化的方式鼓励观众参与，编撰一个详细的和吸引人的故事，告诉赞助者关于该馆服务宗旨与群体，他们如何参与博物馆，以及他们学到了什么。

四、一个戒备世界中的隐私：你有什么要隐藏的？

> 博物馆一直是被密切监控的地方——安全警卫、金属探测器、包裹检查和很多摄像头。现在监控正被延伸到观众的智能手机、社交媒体帖子，甚至是他们的面部表情，不是为了保护藏品，而是更好地理解观众行为。
>
> ——埃里克·亨特兹（Eric Hintz），历史学家，史密森协会美国历史国家博物馆勒梅森发明与创造研究中心

在一个公司和政府能不断检测有关习惯、嗜好、行为、交流，甚至我们的思想等个人信息的世界里，我们该在哪里划出界线？人们显然很享受社交媒体和大数据的便利。亚马逊网站建议，你可能喜欢你的电话标示了经你朋友预审核的一个潜在日期的临近，也喜欢当您年老的父亲或母亲没有按时服药能发送警报的监控系统，但去年有些时候我们似乎跨越了谷歌CEO那著名警告的“雷池”。如今，政府正努力规范个人信息的使用，公司正在经受顾客在店与在线监控的反弹，个人也正探索一套能掩盖他们电子痕迹的办法。

正如该报告上一篇文章指出的那样，电子数据是几个正在增长而不是正在耗尽的人类活动资源之一，很多公司正准备利用这种资源。这种数据有些是由在线活动产生的：邮件、社交媒体、购物和网络搜索，它们都是公平的游戏。“推特开采”是一些获取、分析和出售旧的推特给那些想评估顾客对其产品和服务反应的公司。脸书上的图表搜索引擎使得营销人员或黑客比任何时候都容易整合到用户的详细信息。我们甚至研发出通过屏幕采集到关于及身体状况的技术，使用监控器的摄像头记录下你正在屏幕上看什么，你对广告做出怎样的反应。

仅仅使用手机就能使你成为一个目标。零售商用智能手机信号捕捉到序列号，追索到用户的位置。奥林匹克运动会之前，一个公司受雇在伦敦安装嵌入追索技术的防爆垃圾桶，该装置使用手机信号跟随街上的人群。离线（关机）即使是sans手机，也无法得到保护。在真实世界中监视你的传感器在我们这个世界里已经饱和了。人们一天中经过的摄像头有多少呢？

影像作为数据，收集的信息量是巨大的。商店使用连接到摄像机上的脸部识

别软件分析购物者的人口学材料——年龄、性别和民族，调整他们展示商品的一切信息，到他们播放什么样的音乐能在一天的特定时段内吸引到典型（代表性）客户。一些高端商店使用脸部识别软件现场侦查VIP客户，这样员工就可以通过iPad或智能手机得到提示，提供精英人士的嗜好或购买历史等数据。

这些系统的能力介于心灵感应、分析脸部表情，来推断感情和情绪。我们的零售系统专门从商店的视频流或电脑屏幕上推断购物者对产品的“情感参与”。美国国土安全部正在试验“未来属性筛分技术”，一种基于传感器的“前犯罪”侦探项目，秘密收集视频、音频、心血管信号、信息素、皮电活动和呼吸，采用运算法则辨别可疑人员（区分一个心率升高、情绪紧张的旅客与标识一个真正“未知的恐怖分子”线索之间能有所区分）。

博物馆采用监控技术达到自己的目的，其使用带安全摄像头的feed在展厅的展品周围开辟出安全的区域。一些监控（并反馈）实时“推特”和地点数据（例如，泰特现代艺术馆如何利用推特对展品“智囊团TANKS：艺术在行动”进行“情感分析”）。室内GPS系统让博物馆根据正在使用的系统能够在3～10英尺之内知道一个观众在馆内何处，博物馆正在运用这种能力，与应用程序（APP）结合起来，根据他们所在地方的展品给观众推出地点合适的内容。研究者甚至已经开始准备测量观众走过一件展品时的心理反应。

对隐私的关注由来已久，史无前例的成熟监控技术加快了这一进程。整理人们的遗产不再像烧一沓信那么简单。人们对他们分享的数据是什么、和谁分享等问题越来越关注并谨而慎之。

最近皮尤研究中心[①]指出，由于涉及个人信息问题，一半多的APP用户未装或不装APP，19%的用户关闭了手机上的定位功能。这项研究还表明，68%的公众认为现行法律不足以保护人们的网络隐私，还有一半的互联网用户关心自己在线的个人信息总量。

人们尤其不满收集他们不愿意提供的数据。现在很多大零售商使用室内跟踪软件，将监控摄像头、传感器捕捉到的数据与WI-FI连接起来。当购物者发现时，他们已经意识到这种情况正在发生或已经发生了。当美国高档连锁百货店诺德斯特龙（Nordstrom）在运营中努力透明时，却被爆监视顾客，引发了铺天盖地的批评，他们不得不停止。谷歌决定在其可穿戴的头盔显示器上不安装脸部识

① 皮尤研究中心（Pew Research Center），美国华盛顿的一间独立性民调机构。该中心对那些影响美国乃至世界的问题、态度与潮流提供信息资料。

别软件——谷歌眼镜，由于公众和国会委员会表达的关注，即该功能可被用来调出眼镜遇到的任何人的个人数据[①]。为了保护顾客的隐私，避免他们在不知情的情况下，图片被上传至社交网络，西雅图的5点咖啡（5Point Café）拒绝那些戴谷歌眼镜的顾客进店。

2013年，关于隐私问题的讨论达到白热化，美国国家安全局（National Aeronautics and Space Administration）前承包商爱德华·斯诺登（Edward Snowden）泄露加密的安全资料，表明美国政府监控的范围极广，他称，谷歌、脸书、苹果和微软都是同谋，这一消息极大地动摇了用户对这些公司的信任。波斯顿、曼哈顿爆炸案表明，监控加上社交媒体在辨认凶手方面的巨大力量，也展示了那些污蔑无辜者势力的强大。侦察机已经变成一种本能可怕的基因，当受信任的供应商亚马逊宣布，它可能开始通过无人机运送包裹时，引发了一系列问题。不满足于等待法律保护，有些人发明了极富创造力的办法，来避免自己过多地受到监控。

艺术家亚当·哈维（Adam Harvey）引进了"隐形衣服"，通过对抗热成像的方式瞒过无人机，还使用了一种"反狗仔队离合器"和能够屏蔽手机信号的时髦隐私盒子。哈维还想研制出能打败面部识别软件的化妆模式和发型。其他一些艺术家们不断增强意识，创造了从网络获取公共数据和图像的"监控艺术"，或使用隐蔽策略从不知情者那里收集数据，引发了关于隐私问题的争论。

（一）这对社会意味着什么？

社会正努力寻找合适的界限和规范来驾驭电子监控。例如，伦敦市[②]让Renew公司撤回那些能通过WI-FI收集个人信息的垃圾桶，尽管不清楚他们违反

① 可佩戴式电脑，能够录制视频并浏览互联网，巨大的舆论反响，左镜片嵌入了一个邮票大小的电子屏幕，能够录制视频、查邮件、提供导航、通过无线连入用户手机以接收信息。在今年的谷歌开发者大会上，谷歌大力宣传智能手表等穿戴设备，设计的新应用也提供许多与谷歌眼镜类似的功能。与两年前的高调不同，此次大会并未提及谷歌眼镜。

② 伦敦奥运会在街头安装的智能垃圾桶，配置有LCD显示屏，能滚动播出热点新闻、天气预报、股市行情以及与奥运会相关的各种资讯。在垃圾填满之后，垃圾桶会向卫生清理部门发送信息，通知清洁人员及时处理。同时它还是一个无线网络基站，可以为附近的手机用户提供无线网络信号。它所需要的电能则由顶部的太阳能电池板提供。Renew 公司生产的新型垃圾桶，连接WI-FI，2013年，因能获取来往行人智能手机的信息而受到质疑。就在6月的一个星期之内，这些垃圾桶就收集了超过50万份手机数据，以一种"前所未有的方式"搜集智能手机用户出入某场所的时间、在某处逗留的时间等信息，这些数据将便于公司今后有针对性的投放广告。

了哪条法规。博物馆一直是被严格监控的地区，安全警卫、金属探测器、包裹检查和很多摄像头。

现在，博物馆监控已经延伸到观众的智能手机、社交媒体广告，甚至他们的面部表情，不是保护藏品，而是更好地理解观众的行为。在更广泛层面上，欧洲委员会正竭力保护欧盟居民的数据，包括试图控制那些能加工欧盟居民电子数据的外国公司。在美国，奥巴马政府已经提出了一项消费者隐私权法案，让使用者对如何处理他们信息有更多掌控。但即使是政府或公司承诺不收集个人身份信息或从他们收集的信息中删除个人信息，数据分析能够推断出个人数据，产生出不受现行标准保护的数据。

处于危险之中的问题不仅仅关乎隐私，也关乎控制个人数据，人们对隐私保护的意识不断增长，人们有权知道自己的哪些数据被收集、其他人如何使用、如何获取这些数据供自己使用等这些问题，则需建立一个界限。在共享层面上，个别企业开始主动让用户进入公司服务系统，获得需要的数据。

具有争论性的问题是，数据是一种个人财产，有些人呼吁出台“电子消费者权益法案”承认和保护该财产的价值，例如，如果一个公司丢失或滥用借来的个人数据，就应当对当事人予以赔偿。从传统意义上讲，儿童很少享有隐私权力，尤其是当父母、老师及其他监护人和保护人控制了他们的活动时。

由于不断增加的对安全的关注和“直升机父母”[①]的增加，过去的几十年更大大缩短了控制的进程。如今，父母也开始充分利用监控技术，使用监控和其他迷你传感设施来跟踪孩子的活动。有些人会质疑，这是否会导致在孩子身上植入芯片成为最终安全防范。

正如互联网兴起导致了对数字文化（素养）的需求，关于监控和数据挖掘的问题凸显了隐私文化的需要。这可能从发布简单的规则，最后发展为常识（但现在对很多人来说还远不明显），创造出针对儿童的隐私教育项目。

（二）这对博物馆意味着什么？

新兴的监控技术对评估和微调博物馆工作，以及满足越来越高的个人化体验要求带来了巨大希望。有些博物馆已经安装了免费WI-FI系统，支持室内GPS的使用和对观众的内容传送。这些系统也被用来追踪观众，就像零售店所做的那

① 是21世纪初期刚刚出现的一个口语表达，用来指那些过分关注孩子生活中的经历和问题的父母，他们对孩子的学校生活尤其关注。

样。这将提供观众反馈的终端，提供满足观众个性化真实行为的内容。但以诺德斯特龙为例，博物馆必须平衡使用这些技术的便利与潜在反弹。

博物馆以高信任度而著名，但那可能意味着人们也希望博物馆保持比其他商业公司或政府部门有更好的。博物馆需要决定如何将决定其机构运作的透明性和可问责性标准用于藏品和个人数据的使用，同时努力在隐私政策方面，比一般社交媒体更清晰地交流。

艺术家在内容上挖掘电子数据和社交媒体的潜能，或有效利用他们自己的监控设施，博物馆在使用有关他们的告示、图像和信息时必须关注到隐私问题。围绕使用社交媒体上的在线数据和图像等法律问题仍在应对过程中，但即使是法律含混之处，这类问题也应具有道德立场，表现出了博物馆发展过程中比较敏感的新领域。

（三）博物馆应该如何做?

可能要回顾互联网关于数据藏品的政策和程序，确保它们所拥有的任何个人数据都是安全的。另外，博物馆也已经适当披露了一些关于征集内容和使用方法等方面的数据。博物馆正以一种有利于自身的方式与用户分享自己收集到的数据。需要承认的是，人们给博物馆提供的数据是有价值的，也希望博物馆给他们反馈一些有价值的东西。考虑到雇员和员工的隐私问题，人力资源部的员工越来越多地使用互联网搜索来审查有希望的雇员。

在制定“什么是公平游戏，什么不是公平游戏”的政策方面，博物馆应考虑，这样的新时代背景检查是否是那些并不是很有条理整理自己电子痕迹的候选人的优势，这可能会进一步限制博物馆已经同质的申请人群。“内贼”是博物馆风险的一个重要来源，合理监控员工是谨慎的。但“合理性”都有哪些构成？博物馆关于背景检查、雇佣和监控员工的身体和在线活动的政策，需要适应这些新现实，同时也要与员工的期待和关注保持同步。在组织规划中，博物馆应花些时间展望未来5年或10年的监控技术和隐私问题，并将这一因素加入决策过程中。这将有助于产生一个能适应这些领域快速变化的技术的、物理的和政策的基本框架。

（四）进一步阅读材料

（1）2013年11月，美国国家历史博物馆举办了为期一天的学术研讨会，主题为“发明监控社会”。活动内容通过存档网播（the archived webcast）、推特、播客（podcast）和Storify（一款聚合、筛选社交媒体信息并“新闻化”的工具）等媒介进行传播。

（2）戴夫·伊格尔斯（Dave Eggers），《圆圈》（Knopf，2013年）。在这部反应乌托邦未来主义小说中，伊格尔斯探讨了一个巨大科技公司对其员工和整个社会所实施的完全控制。在一个基于开采个人数据的经济中，《圆圈》的座右铭是“隐私是贼，秘密是谎言”。

（五）博物馆案例

1. 曼哈顿新博物馆

2013年8月推出了隐私礼物商店，特色商品是艺术家亚当·哈维（Adam Harvey）和时装设计师乔安娜·布鲁姆费尔德（Johanna Bloomfield）合作的“隐身衣”。该项目旨在促进关于国内和国际监控以及对个人隐私威胁的对话。

2. 犹太人博物馆

在接到展出的照片中男子投诉后，该馆决定从展览“构成：身份认同、政治、性”撤下照片——艺术家马可·阿戴尔曼（Marc Adelman）从一个同性恋互联网约会地点获得的图片。博物馆决定回应“关于照片隐私、隐私期待的复杂问题，在数字时代的社交媒体、个人安全和图像获取的后果，变得可行”。但阿戴尔曼带着决议处理争端，说他感到作品本身是探索那些非常关注的合适方法。最近很多博物馆展览都在探讨监控的历史及其被艺术家获取的方式。

3. 北伊利诺伊大学艺术博物馆

2013年秋天，该馆推出了“在观看与被看见”展览。展览与伴随的系列电影探讨了社交媒体和监控技术对窥探癖和展览主义的影响。作品包括休斯敦艺术家威廉·拜特斯（William Betts）源于公共监控照相机镜头的点画，芝加哥凯西·哈尔珀（Kathy Halper）的刺绣画，包含了年轻人亲密脸书帖子的内容。

4. 泰特现代艺术馆

2010年推出了“暴露：窥阴癖、监控和照相机”展览，探讨了隐蔽摄影的历史，有关个人权利问题与恐怖时代的安全。该展览后来巡展至旧金山艺术博物馆和明尼阿波利斯的沃克尔艺术中心。

（六）进一步阅读材料

（1）塞塔 · P. 加格纳哈兰（Seeta Pen. Gagnadharan），《加入监控社会？跟踪时代的新互联网用户》（新美国基金会，2013年），深入探讨了那些到数字信息组织进行培训与进入互联网的个人面临的监控与隐私问题。

（2）沃夫冈 · 索夫斯克（Wolfgang Sofsky），《隐私：一个宣言》（普林斯顿大学出版社，2008年），深度探析社会中隐私性的历史，解构当今社会、政治和技术力量对隐私的侵蚀。

（3）丹尼尔 · 索洛夫（Daniel J. Solove），华盛顿特区乔治华 · 盛顿大学法律学院法律学教授，出版了诸多基于法律视角的监控与隐私方面的成果，可供参考。

五、我的什么是你的：合作消费经济

社交媒体是关于在线分享。我们已经将那种行为延伸到下线世界。

“上一个世纪是围绕所有权作为身份（地位）来进行预测的。这个世纪有机会被进入作为身份（地位）而定义的。”

——爱彼迎（Airbnb）的联合创始人乔伊 · 戈比亚（Joe Gebbia）

环境主义者和资本主义者憎恨浪费。屋子里有空房间，为什么不租出去？只在周末开车，为什么要让它在一周其他时间闲置？有一些自由时间，为什么不再干点什么？

欢迎到合作消费时代，也称“个人到个人”或“共享经济（P2P）”时代。这个运动不仅关乎利他主义，还关于从未充分利用的资源中创造利润。“分享”活动年均产值为3.5亿美元，在未来几年内还会增长到110亿美元。它具有极大改变我们如何创造资源、消费资源和将资源货币化的能力。

在美国，成功曾经意味着拥有由银行资助的一座房子、一辆或两辆车、跳上出租车到餐馆享受一顿美妙晚餐、乘飞机去一个度假地，再开着租来的车到入住的宾馆。但次贷危机推翻了关于通往中产阶级稳定生活基于房屋拥有权的假设，经济衰退、高失业率和收入低迷给消费者在充分利用他们所拥有财富方面带来越来越大的压力。

“减少、重复使用、循环”对环境主义者而言不再是一个空泛的咒语，它是任何人都想依靠的一套原则。当然，分享一直都存在，通过场地（院子）销售、经典的广告、张贴在咖啡店布告牌上的告示等。现在的区别是规模：互联网提供一个不可思议的高效和有效的方式，与买者和卖者闲置的东西和时间相匹配，我们越来越稠密的城市环境也很容易进行一个好的匹配。这就为企业家创造了一个新的竞争商机，也为消费者提供了低价位、快速和更个性化服务的愿景。

在如此多的流行趋势中，合作消费现象的出现部分原因也是出自千禧一代：他们的经济地位（低就业率、助学贷款的长期负担）和对所有权的态度。

当你没有很多时间或金钱时，租一件漂亮衣服参加盛大活动要比购买划算得多。或者物色那些除了借书外，还借工具和厨房器皿的图书馆。这一代人宁愿将钱花在经验上，而非耐用的物品上。他们从Pandora或Spotify（音乐播放器）浏览而不是下载（比买CD便宜多了）。但合作消费也被那些认可分享经济并将这种时间融入他们工作地方的公司所欢迎。在一个越来越由大型、不面对面公司主宰的世界里，P2P也将生意带回到一个人和个人规模上。

总之，合作消费基于信任的价值之上：你如何决定让谁租你的房间或你的车？P2P公司的典型做法是通过他们的平台在屏幕上搜索提供服务的人，与匹配客户和消费者以及快捷支付一起，是他们提供的一项核心服务。但P2P（个人面向个人）也建立信任和社区，因为它是由互动组成，与那些由非面对面合作实体提供的服务相比，P2P至少看起来更个人一些。一些合作消费的倡导者指出，这些个人联系作为P2P交易的一项福利，对抗社会不断增长的孤立（隔离）和匿名化。例如，社区物品（Neighborgoods）①将建立社区作为其销售方式最明确的部分。

分享是如何做到的？拿房屋来说，爱彼迎②使任何有一座房屋、一套公寓、一间房，甚至一个多余的睡椅的人在给旅行者租借空间方面都可以与主流酒店相竞争。随着地产费用飙升，用贷款或租赁方式支付简直是上帝赐予人类的礼物。美国汽车租赁服务平台Zipcar开办了一个汽车舰队，人们可以按小时租赁，在其广泛分布的社区网点就地提取车辆［不用再徒步出机场找安飞出租车平台（Avis③）］，并且P2P可以完全去掉中间人。私人汽车在线共享平台

① Neighborgoods是一个社区租赁服务网站，用社区P2P交易市场，用租借、分享的方式代替购买行为，将关注的焦点放在社区生活和互动交流上。2010年由克里梅尔（Micki Krimmel）创立。“C字诀”：廉价（Cheap）、社区（Community）。

② 成立于2008年8月，总部设在美国加州旧金山市。Airbnb是一个旅行房屋租赁社区，用户可通过网络或手机应用程序发布、搜索度假房屋租赁信息并完成在线预定程序。

③ Avis是国际著名跨国汽车租赁公司，拥有60多年历史。它代表着租车行业的顶尖水准；在美国，它已成为规模最大、连锁网点最多、各类服务功能最全的全国著名专业汽车租赁服务品牌之一。

（RelayRides[①]）帮助人们出租自己不用的车。

分享经济不仅仅是关于像住房和交通这类大事情。社区物品通过创建邻里间可利用资源库，促进“朋友”之间的借用、租借和出售事宜。男士礼品网购平台（Trendly[②]）帮助你把你在婚礼上穿的花哨礼服转给其他人。这不仅仅是关于物品，而是关于劳动。

跑腿网站TaskRabbit，又称网络“兔子”，意为跑得快的人，主要帮助人们购买小东西（洗衣、假期规划、校对、收集宜家家具）。优步（Uber，打车网站）、Lyft[③]（提供私家车搭乘服务的应用）和拼车平台Sidecar为需要搭车和愿意载人一程的开车人牵线搭桥。共餐平台Feastly[④]承诺通过家庭厨师邀请食客到家里用餐而“使晚餐民主化”。爱狗的社会企业注册动物短期寄养平台DogVacay，通过关爱狗而非拥有狗的形式修复了对狗的爱（还能赚一些钱）。分享也是关于知识，越来越多的平台帮助人们交换他们头脑中和手上的东西：共享手艺Skillshare为老师们提供技艺共享平台、亚马逊iMazing为年长的手艺人提供交流平台、Vayable为愿意提供导游他们城市的当地知识分子提供服务平台[⑤]。

“分享”甚至是关乎金钱本身。Lending Club[⑥]让顾客直接开展相互借钱联系，绕过银行。有时候，共享是真正利他的。波特兰随处可见非营利或非正式的“分享服务”，如Yardshare，一个为园艺爱好者开辟闲置土地的平台，该平台

① RelayRides创办于2008年11月，全球首家“对等”汽车共享服务网站。其P2P汽车共享服务，概念类似Airbnb假日租房服务。RelayRides通过私家车主在自己的车闲置的时候发布其车辆的详细信息，确定每小时的出租价格，租用给别人，网站收取一定的费用。

② Trendy商城，全名Trendyfavor男士礼品商城，自成立之初，就依靠其对品牌与时尚的理解来占领市场，致力于为用户提供丰富的商品、便捷的购物方式和完善的售后服务，打造世界一流网上购物体验。

③ Lyft拼车应用公司旨在让任何人都可以将他们的汽车变成临时出租车。如今，Lyft拥有数千名司机，已获3.33亿美元风投融资。它被认为是当下的分享经济（企业提供平台供个人租赁他们的东西或者劳动力）代表之一。

④ Feastly采用了非常传统的点对点模式：喜欢烹饪的厨师们（可能是职业、半职业或者是业余的厨师）都可以列出他们准备制作的大餐，并邀请食客付费享用他们精心烹饪的菜肴。这项服务的目标是降低厨师为他人提供烹饪服务的障碍，同时让就餐过程更加社会化。

⑤ Skillshare让每个人都成为老师；Vayable“旅行经历的集市”。

⑥ Lending Club是在线的财务社区，提供个人对个人的借款，投资人和借款人都可以通过该网站获得财务上的收益。相比于目前的银行系统，投资人和借贷人通过该平台可以大大减少双方的交易成本和复杂性。对于投资人来说可以获得更好的回报，而对于借贷者来说，则可以获得相对较低的贷款利率。

也在全国范围内进行运作。社区水果应用程序（Neighborhood Fruit APP）鼓励人们发现与分享后院或公共土地上丰富的水果。Piqniq帮助同事们在他们的工作场所组织分享食物小组活动。这些例子是非商业性的，有组织的“分享”是让人们珍视“社区（集体）在自私之上，稳定在新奇之上”等价值的方式。将来，当分享经济开始与物联网对接时，可以大大加快其发展速度。互联网连接的感知设施在没有人工干预的情况下，可以快速进行其使用的有效性，导致甚至更加有效的资源分配。布拉德的面包机（Brad the Toaster）开发了这个概念，一种电器，当他发现自己被闲置和不被欣赏时，使自己驶向一个更合适的“主人”。

近年来，市场上出现了许多可以帮助人们共享自己的财产资源或者时间的服务：房主可以通过Airbnb向希望借宿的客人共享自己的住处；车主可以通过RelayRides向其他人出租自己的车辆；还有Lyft可以帮助城市中司机和乘客互相联系，方便他们搭乘便车。

我们会乘坐陌生人的汽车（Lyft、Sidecar、Uber），会欢迎陌生人居住在我们的闲置房子当中（Airbnb），会将我们的小狗寄养在陌生人家中（DogVacay、Rover），会在陌生人的家中共餐（Feastly）。我们允许陌生人租用我们的汽车（RelayRides、Getaround）、船艇（Boatbound）、屋子（HomeAway）和电动工具（Zilok）。我们信任素未谋面的人，愿意与之分享我们最重要的资产、我们的个人体验以及我们的生活。我们进入了由互联网驱动的亲近关系新时代。

（一）这对社会意味着什么？

有些人害怕合作消费对经济的灾难性的影响，它扰乱传统行业，如出租服务和宾馆、降低房价、剥夺政府的税收和费用。

但这不是一个简单的等式。爱彼迎这类服务在两方面刺激了旅行：他们为旅行者提供了能负担得起的住宿，为想上路的房主人提供了能抵消旅行费用的收入。这可能有助于培养多年受衰退影响“居家度假”旅游业的反弹。当索尼与英国的“未来论坛”组队来观察2025年的生活时，他们展望的一个未来镜像是一个基于分享所有权和P2P交易模式的全球经济。

在一个惨淡的就业市场中，合作消费为个人提供了在传统就业之外谋生的方式，为企业提供了建立新生意的渠道。绕开了传统意义上控制进入资源通道的大大的中间人，这种模式有助于更平均分配财富。但对劳动力的意义却不容乐观。P2P初创公司，在界限之外，或飞到现行规范雷达之下，被谴责为另外一种剥削劳动力和规避工人保护的投机取巧。

分享经济中的工人实际上是没有利润的独立承包商，没有固定的薪水，总在四处寻找他们下一份工作。

社会刚开始提出，如何平衡公共利益、新企业和根深蒂固的生意等问题。这导致很多法律诉讼，我们竭力澄清规范的公共商业和不太规范的私人所有权之间的灰色地带。

立法者和选民争论在分享经济中，如何以公平的方式去获得许可证、规范和税务活动。密歇根Grand Rapids城市长官们起初考虑，但后来拒绝通过对互联网的短期家庭租借的禁令。爱彼迎在这些战线上已经打了好几场战役，包括与纽约大法官的斗争。一个非营利组织，“同行（Peers）”最近成立，通过社区组织和倡导活动来支持新兴的分享经济。当必须遵从他们传统的同人面临的那些限制时，“分享”生意模型该如何支撑，解决这个问题依然需要拭目以待。

（二）这对博物馆意味着什么？

千禧一代更倾向将钱花在体验上，而非将钱花在获得物品（东西）上，为博物馆开辟了将自身放在一桩好买卖位置的机会。作为体验经济的前著名参与者，博物馆可以吹捧他们作为你想什么时候用，都可能更多地使用的高质量内容主要来源的地位，但策展带来的质量也限制了博物馆所能提供的。Spotify、Pandora and Netflix的服务所训练出来的人更愿意体验关于质量和内容的不可知性，而不是提供更多选择？

在给人们提供体态所有权的快乐方面，博物馆似乎在一个更有利的位置，它为人们提供了有机会进入他们不想买的所有东西的机会。另外，分享经济可能教人们，希望能够使用、借或租几乎所有东西，博物馆不准备在这些条款上分享他们的藏品。

如果我们进入一个人们不想要所有权负担的时代，甚至有更多的人将博物馆看作他们珍视但不想保管的东西的库房。如果千禧一代珍爱，但不想搬运和保管他们父辈和祖父辈收藏的东西，他们会将这些东西放到市场或捐献给一个博物馆吗？

这将给征集工作和博物馆其他工作带来挑战与机遇，特别是博物馆在确保整整一代人的继承权方面，使之成为一个适合遗产存放的新家园的途径，而不是一个垃圾填埋场。

我们也体验到由短期工程、咨询、合同和兼职工作组成的“旋转经济”，所有这些组合在一起来生存。博物馆经历了“内包”与“外购”循环，但似乎一直以来像越来越多的工作，如展览设计、制作、评估，甚至是登录等，正被外包到外面的公司或由临时工完成。分享经济，在满足必须完成需求方面顽固的效率，将每一片资源使用到极致，将博物馆推到一个更加“旋转”的世界中。那可能意味着使用劳动分享服务，找到人来做些小活，这些小活反过来可能聚集成一份全职或兼职工作，或者博物馆员工也有可能挣些钱，花些时间写作、编辑、研究或设计等。

（三）博物馆应该如何做?

（1）分析在分享经济中他们可以货币化的资产都有哪些。博物馆拥有一些不使用的资源，在他们“不使用”的时候可以租借给公众、企业或其他博物馆。

（2）博物馆可以给一些设备投资，然后将一些较少使用的设备租借出去，如租赁专业化保管空间的使用权、保存组织标本的超低温冰箱或电影胶片的冰坑。大城市通常有租借服务，能提供大型叉车、钢架和其他索具，但一些小社区就没有这类设备，地方博物馆社区联合购买并分享这类设备是比较有利的。

（3）创造迎合进入而非拥有、体验而非真实物质的服务。常办培训，不断提升艺术史和鉴赏力创建一个专为租借设计的艺术收藏品平台？可驾驶的古董车或马车藏品，这些车辆会不会构成博物馆的永久性藏品？

（4）确保有一个宽敞的进入通道，不仅该观众可以观看，而且可以暂时拥有和使用那些仅限于富裕人士的东西，博物馆可以清除等级观念，让更多人介入。

（5）考虑一下博物馆通过分享，而非拥有所提供的物品与服务。对一个小博物馆而言，跑腿网可能是一个补充员工和志愿者完成像编辑、制图、网站设计、木工活或地面维护等任务所花费时间和能力有效途径。各类博物馆都努力寻找资源，送员工参加会议和职业培训。使用P2P交通和住宿将极大扩展资金紧张下的旅行潜能。

（6）在分享活动中发挥一个中心或召集者的作用。合作消费在本质上减少了浪费现象，提高了绿色实践，这是一个与很多博物馆使命非常相似的目标。如上所述，P2P经济是基于共享的信任。在建设和庆祝社区团结方面，再没有比博物馆更好的场所了。

（四）博物馆案例

1. 麻省理工学院里斯特视觉艺术中心（MIT List Visual Arts Center）

该中心的学生租借艺术项目每年9月为学生和学生群体提供500多幅顶级艺术家创作的艺术品（装裱），主要是版画和摄影作品。学生可以在一个为期两周的展览上看到这些作品，从该项目借出的艺术品可以在学生宿舍或公共空间进行展览。

2. 俄勒冈州的波特兰艺术博物馆

在一个更商业化的模式中，探索出一个“出租售卖展馆”，博物馆会员可以租借或购买本地区艺术家创作的2000件原创作品。

3. 纽约现代艺术博物馆

2012年11月举办了艺术家玛撒·罗斯勒（Martha Rosler）最新的大型作品巡回展“后设不朽车库大甩卖”，展览完全依照日常生活中的“车库甩卖”形式，在报章上刊登广告，所有展品都像甩卖会一样供出售。该展品在博物馆中庭堆满了艺术家、博物馆员工和公众捐献的作品，公众被邀请来购物，与观众讨价还价的过程也变成表演的一部分。《纽约时报》评论说，该展览使用观念性价值工具质疑马克思的商品拜物教理论。

4. 温哥华博物馆

该馆主办了Swap-o-Rama-Rama展览，一个大型衣物互换活动，鼓励社区通过循环使用衣服来探讨重复使用和创造性话题。他们惯于从日常生活中创造艺术，并且用艺术来反观社会生活。这样的展览既让观众看到日常生活现象中被忽视的文化含义，又在观看的同时体验和参与艺术家创造艺术展示的过程，在艺术的体验和观看中领悟社会和文化的含义。

（五）进一步阅读

（1）NPR，《考虑到的所有技术》，2013年11月11日系列专版“分享经济”。

（2）Beth Buczynski，《分享是公益：如何通过合作性消费来节约金钱、时间和资源》（新社会出版社，2013年）。该书包括分享历史和现在的分享网络的资源指南。

（3）Rachel Botsman，《我的什么是你的：合作消费的兴起》（柯林斯出版社，2011年）。

六、机器人的时代

数十年来，未来主义者、作家和发明家曾经预言的机器人已经出现。1988年，专家预言，方便型机器人在2000年将成为我们日常生活的一部分。机器人从商品化的产物到作为战士、仆从、司机等功能已经实现。

但好景不长。截至目前，更多时间用于纠结机器人是否将接替世界，胜过（而不是）实际使用它们。但近五年来的进步可能预示着机器人时代最终到来，我们可能生活在机器人演化过程中寒武纪爆炸（Cambrian Explosion）的边缘。真的，这次我们是认真的。

我们在一段时间内已经有了有效的工业机器人——强壮、快速、准确、专注，将那些可能致残的工作与一起工作的工人分开。21世纪正经历更小型、灵活机动的机器人，其能力范围相当广泛。现在的机器人温和有加，帮助护理家庭中的病患上下床，装备着电皮肤，对最轻微的触摸都会有反应。

在更有力量的级别顶端，美国国防部先进研究项目局（Defense Advanced Research Projects Agency，DARPA）的机器人挑战赛刺激了机器人在决策的力量、灵敏度、机动性和“监督下的自主权”，能在崎岖地带驮400磅负重的无头机器折驴（更正式一点名称是“步兵支持系统”）。该机构也展示了第一个配着枪的机器人，由一个远程操作器控制或编程自主发射。在水下，两栖蛇形机器人可以探索海洋的深度，而自动机器水母可实施军事监控。研究者们正创造机器蟑螂和微型飞翔机器人在坍塌的建筑中搜寻生还者。

医药技术家也将机器人用作外科手术助手，使得医生在为病患实施手术前能探入到虚拟的脑部。第一代机器人变得真正无处不在的表现可能是自主驾驶的车辆，在美国三个州和哥伦比亚区实现合法化，预计这一趋势将转变自动工业、城镇设计和我们的交通格局。

机器人变得越来人性化，表现在行走（即使在像沙子这样不平坦的表面上）、舞蹈（当然也包括江南style）、坐和使用面部表情。总之，在一个为人类导航创造的世界里，机器人做成人形是功能性需要。在他们变得更像我们之前，人们在与机器人互动时可能不太舒服。Zoe，一个机器人，具有按照要求表达人类情感的能力，这有助于创造出能与人类实际对话的计算机。很惊奇的是，机器人正涌现的一个角色是做为陪伴者，为人类提供一个辅助品或替代品。

Projo[①]被编程为服务学生的“理想的同事学习者”，帮助他们自我改正作业。机器人特别擅长和那些“了解物质世界好于社交界”的自闭症孩子一起工作，2013年我们见证了第一次将机器人发射到太空的奇迹——Kiribo被送去给国际空间站的宇航员做伴，但它远在东京大学的创造者则感兴趣于机器人能给平凡的独居者，特别是老年人提供陪伴的潜能。

一个重要的控制论亚种是临场感的机器人：一个能由人远程控制的身体替身，使用机器人机动性及其双向性的录像和录音支持远程医疗机器人，使医生能够“播送”到在某一特殊领域缺乏专家的遥远地方的诊所或医院。电子老师可以通过让“让合适的人同时出现在很多地方”来提高教育水平。这些机器人也能为那些以前迷失的人们提供进入主流社会的途径，缺乏抵抗力的、低免疫系统的孩子们能够通过代理机器人去上学，四肢瘫痪者能通过眼部运动来控制远程呈现机器人。

最后，我们正经历着真正机器人的发展，人类将前所未有成熟的机器人部件融入、融进他们自身。新生代的假肢可以通过大脑发出的神经信号来控制，这个技术已经被研发出来，实验让瘫痪的病患能够自己走路。

（一）这对社会意味着什么？

1942年，现代美国最著名的科普作家、科幻小说家、文学评论家、生物学家、化学家、美国科幻小说黄金时代的代表人物之一艾萨克·阿西莫夫（Isaac Asimov）引进了机器人技术三条准则，处理了我们在机器人编程过程中引入伦理道德的问题。机器人的道德意义在过去几年中已经变得越来越急迫，比如军事部署无人机既可以做决定，也可以执行决定。阿西莫夫的准则不再是未来的问题，它们是现在的问题。机器人也提出了我们对这些越来越生动如人类的创造物反向道德责任问题——机器人能被虐待吗？他们应该有权利吗？

无论我们提供何种指导机器人行为的编程，我们也必须自己努力应对。我们怎样选择有效利用机器人，即使是当我们保持对他们行动的控制权？一场阻止机器人杀手的民众运动正在讨论机器人和人类之间的安全界域，比如在什么范围内我们授权机器人代表我们自己做什么，机器人专家与道德家则探讨机器人工作的

① 机器人已经被当作教学助手。为了激发孩子们的学习兴趣，纽约的实验室邀请一个名叫 Projo 的机器参与教学，Projo指出并计算出孩子们能够改正的错误，以增强孩子们对于自己所犯错误的意识。

建设性和破坏性潜能。联合国常规武器公约已将“机器人杀手”添加到其2016年议程中，有没有约束机器人的办法？如果没有的话，21世纪我们将能看到第一个大型机器人战争？

当我们展望新机器人帮手的未来发展时，却常常对机器人是否替代制造业、而且会替代向教书这类白领工作等问题产生焦虑。人们会认为有些职业——药剂师、律师助理、出租车司机，会被机器人霸王取代（应注明机器人有助于最终导致同工同酬的性别平等，它们不大会取代那些基于社交技巧的工作，这类工作多为女性垄断）。

在IBM沃森，在成熟的人工智能和机器人不断增加的体能和感性能力之间，至少会有从一些需要手工灵敏度或数据分析的工作向需要技能去发明、建设、去设定程序与维护这些机器的工作转变。但我们发现，如前所述的大数据分析，真正的问题并非机器人是否会代替人，而是机器人如何辅助人类工作。

人类与机器的结合放大了关于运动员的能力或非能力的争论或丑闻。双腿截肢的奥斯卡·皮斯托瑞斯在2012年伦敦奥运上的成绩引发了关于他是技术高超还是纯粹的机械能力等争议性问题①。

（二）这对博物馆意味着什么？

作为一个主题，机器人已经深深植入人类历史、音乐、文学和电影中。现在它们也已经变成中介了。德国康斯坦茨大学一个团队创造的机器人艺术家e-David不仅用数字来作画，还能以当下正在表现的事情来作画，自己观察颜料，用运算法决定下一笔要加到哪里。David持续地评估自己的进展，发出新命令修改以前步骤中的错误②。一家西班牙机器人实验室已经发明了一种“机器人想象系统”，能使机器人能够在他们过去看见的实物基础上想象和创造新东西。机器人能够生产出具有艺术价值的作品吗？在未来，“出自某工作室”可能标识出由一位21世纪艺术家创作的绘画作品是由机器人助手绘制的，而不是人类。机器人指导者能表现出大师的技术吗？

业务主管、展览设计师或教育者似乎也不像很快就要将工作输给一个机器

---

① 皮斯托瑞斯2007年因申请参加奥运会引起争议，国际田联禁止运动员使用任何刺激爆发力、带轮或其他因素的技术设备，因而2008年国际体育仲裁法庭推翻国际田联的裁决，允许他参加奥运会。

② 研究人员开发的软件使其能实时计算下一笔的着笔方式，它会拍摄一次当前的画面，而后据此来调整画布上的明暗。这是否意味着机器能代替人类完成艺术创作这件事？机器作画和人类的创作并不是站在对立面的，和所有的机器人一样，它应该只是辅助人类的一种手段。

人，博物馆在经济衰退时期已经进行了很多的裁员工作，随着经济反弹，博物馆可以在技术方面投资一些资金，而不是在员工方面，以便尽快获得复苏。比如一个自动的、带轮椅的机器人巡夜员——配有摄像机、热成像传感器、激光测距仪、空气质量传感器和麦克风，能以每小时6.25美元代价的巡逻地面和展厅。更大机构的博物馆安全由一个训练有素的技师监管“一群安保机器人”。

（三）博物馆应该如何做？

考虑机器人在博物馆能起到怎样的作用：为偏远地区学校师生提供虚拟的现场参观、带人们去幕后参观导览（实际上）、文物保护助手、安保员、在库房巡视寻找害虫。你还能想象到什么？想想机器人能带到博物馆任务中的技艺：灵敏度、感觉敏锐、对重复工作的耐心。想想机器人比博物馆员工做得更好、更快或更全的那些工作吧！想想“可进入性”的含义吧！

如果远程呈现机器人变成残障人士重新获得机动性的一个主要方式，博物馆会满足这些特殊的需要吗？他们可能使其室内机器人也能适用于学校师生或残障人士，或建立SYOD政策（无人机）。一个轮椅机器人在展厅中滚动或翱翔，足以让任何文保专家心惊肉跳了。但这些媒介可能使得那些无法参观博物馆的人们能够体验博物馆，与在网络上使用数字资源相比，这种方式更加真实。它让博物馆适合探索这个话题，但机构努力在安全（藏品）与可介入性（公众）之间努力保持一种合适的平衡的另一领域。

（四）博物馆案例

1. 匹兹堡动物园和PPG水族馆（Pittsburgh Zoo & PPG Aquarium）

匹兹堡动物园和PPG水族馆推出了一个名叫VGo的在地显示机器人。这种移动的带录像和自动语音功能的交流机器人能使学生远程参观动物园，使用VGo巡航展览，观看演示和讲座，与博物馆指导者互动。博物馆员工指出，VGo“不仅节约时间和金钱，而且支持匹兹堡动物园和PPG水族馆的保护信息，通过减少二氧化碳散发到旅行较少的氛围中”。

2. 澳大利亚联邦科学与工业研究组织博物馆（Commonwealth Scientific and Industrial Research Organization）

该馆的机器人帮助澳大利亚国家博物馆“重新组装”连续三届获得墨尔本杯冠军的澳大利亚最著名的赛法尔·莱普（Phar Lap）的身体。可悲的是法尔·莱普在事业巅峰期被毒死了，她的遗体分放在三个博物馆（墨尔本博物馆、赛马博物馆和澳大利亚国家博物馆）。2013年为了纪念墨尔本杯日，三个学校的学生手持该馆机器人的数字缰绳，控制其360°摄像机，探索展品，并与三个博物馆的专家会话。

3. 西班牙马德里的雷纳索菲亚博物馆

该馆罗列出机器人在文保部门所能提供帮助项目的清单。机器人Pablito采用红外线和紫外线摄影技术来检查绘画、拍摄了数百张显微镜照片，非常详细地记录作品的情况。Pablito已经检查了12幅绘画，包括毕加索和胡安·米罗（Joan Miro）的作品。机器人可以在无人监控的情况下工作，能用远处的计算机进行控制。它可以奔赴那些不能被移动作品的现场工作，但一般情况下，作品还是要被带到实验室的。

4. 日本科学未来馆（Miraikan）

该馆2013年7月采用本田摩托公司的仿人行走机器人阿西莫（Asimo）作为教育者[①]。实验有些搞笑，阿西莫要艰难地区别那些举手提问者与那些用智能手机拍照的人。阿西莫能够对从触摸板上选择的一百多个问题进行回应。骨骼康复机器人为虚弱的肌肉提供帮助，或能使那些瘫痪的人自己行走。

（五）进一步阅读材料

Neil Fine编《机器人的时间升起》（《时间杂志》2013年1月）。这个特殊版本献给所有时代的所有机器人。史前未来博客有很多记录过去机器人发展镜像的内容。2013年也是机器人电影的好年份。探讨了为老年人设计的机器人陪伴者的创意在杰克·施莱尔（Jake Schreier）导演的《机器人与佛兰克》电影中事与愿违。

---

① 机器人阿西莫，身高1.3米，体重48千克。这款高级步行创新移动机器人模仿人类的动作更精准，以达到帮助人类，特别是行动不便者的设计目的。据报道，现在的阿西莫不但能跑能走、上下阶梯，还会踢足球和开瓶倒茶、倒水，动作十分灵巧。作为智能导游向游客讲解相关内容。它将来将在飞机场、车站等地担任道路引导员。

第二节　2015年美国博物馆发展趋势[①]

据美国博物馆联盟博物馆未来研究中心预测，2015年美国博物馆总体发展趋势主要有以下六个方面。

一、开放经济[②]：填充数据的管道

> “开放”已经有充分理由开始替代“参与”，并成为本年度流行词。文化创意领域中支持和鼓励开放的群体的出现令人印象深刻。维基百科、知识共享、开放知识基金、免费软件倡导者、开放资源软件倡导者等，这类名单很长。
>
> ——皮博迪埃塞克斯博物馆融合媒体部副主任
>
> 艾德·罗德莱（Ed Rodley）

“开放文化运动”，诸如开放资源、开放软件、开放政府等，要求在文化上实现从“信息应当严密控制论”到“信息不应该被束之高阁，而应向每个人开放”的根本性转变。全球开放许可协议运动和知识共享版权鼓励人们重新利用、再混合和重新分配材料。开放源代码软件让程序员与底层代码彻底结合在一起[③]。

---

① 〔美〕伊丽莎白·E·梅里特（Elizabeth E. Merritt），美国博物馆联盟博物馆未来中心筹建主任，杜克大学细胞与分子生物学硕士。曾就职于辛辛那提博物馆中心，参与美国博物馆联盟博物馆评估工作，是AAM卓越项目（包括MAP、认证、博物馆评估项目、同行评议和信息中心）负责人。专业领域包括战略远见、博物馆标准与最佳做法、道德伦理、藏品管理与规划、非营利组织绩效评估等。著有《美国博物馆国家标准与最佳做法》《AAM藏品规划指南》等。

本预测编译自美国博物馆联盟未来博物馆中心网站，该网站对所有人开放，鼓励博物馆人士积极学习并运用文中的观点和建议去提升自己所在博物馆的运行，参见http://www.aam-us.org/resources/center-for-thefuture-of-museums/projects-and-reports/trendswatch/trendswatch2015。因原文篇幅过长，其范例和参考部分省略。原刊发于《中国博物馆》2015年第4期，笔者与梁敏合译。

② 开放经济（open economy）在经济学意义指国与国之间的经济往来，与封闭经济相对应。

③ 开放源代码软件（open source software，OSS，又称开源软件），是一种源代码公开的软件。这种“公开”正是促使人们使用它的原因，因为这意味着用户可以自由地使用、复制、散发以及修改源码（补充漏洞，按具体需求定制功能）。与其对的是私有/专属软件，如来自微软和苹果的软件，这类软件的源代码是保密的，只有公司的开发人员才可以改动代码。

“开放数据运动”快速将世界中的信息挖掘出来①。政府正采纳开放数据政策，投入资金创建开放数据基础设施。利用这些新资源的公司如雨后春笋般涌现出来；个人正探索如何介入数据集，畅享他们作为个人、市民和企业的权利。博物馆数据——文化的、科学的，特别是操作性的——一如既往地被严密控制。在一个朝着开放趋势波浪式前行的世界中，博物馆甘愿落后吗？

开放数据是《信息自由法案》（Freedom for Information Act，承认公众对政府机构持有信息访问权的美国联邦法律）的硕果之一。早在20世纪90年代，当软盘代替质量差的影印作为获取政府记录的一种格式时，美国朝着“开放”迈出了实质性的一步。在美国联邦政府创建“数据政府”四年后，美国国家开放数据库已有来自175个机构的40万个数据集。去年秋天，明尼阿波利斯成为美国第16个通过开放数据政策的城市，一名市议会议员解释说：“这是人民的数据，应该放在那里。”

一旦数据在“那里”，人们会找到各种有趣的方法去连接、去分析、去混合，服务于各种不同的目标。当纽约州公民参与表决将投票历史数据与公共住房数据结合起来，给社区组织者获取数据的权力时，开放数据滋养着公民行动和公民权利。当地图故事软件（MapStory）使任何人能够进入、利用（操纵）和注释公共领域地图数据，提高我们对历史进程中世界范围内的全球动力的理解时，它支持了学术研究和探索。当丹佛地区资源舆图将有关教育、收入、健康和其他公正措施方面的数据叠加于新交通网络规划时，它改变了城市规划。

当然，“开放”需要大量资金支持，因为建造支持公共介入数据库的基础设施并不便宜。去年，欧盟宣布投资1800万美元建设三项开放数据项目：一个开放数据孵化器、一个网络数据研究网和一所培训数据科学家的学院。开放数据的主要动力是政府的透明度和可问责性，开放数据系统也能节约资金。例如，市政府可使用开放数据以低成本方式监控各项工作是否符合规定，或是否及时回应公民关注的问题。正如开放知识基金所言：“开放数据发展的趋势是让开放知识有价值、可使用，且正在被使用。”当然，在数据转变成知识的过程中有很多障碍，首当其冲的是兼容性。如果配置的数据集不能相互对话，互通性将成为空想。为

① 开放数据运动（open data program）是奥巴马内阁2009年提出的一项计划，当年旧金山就开始启动“开放数据”。旨在让每个市民都能充分接触到与他们生活息息相关的非机密数据，并从中得到好处。为此，旧金山政府还任命了CDO（首席数据官），负责政府数据的开放与透明。在政府为此搭建的门户平台上，市民与开发者能接触到所有被开放出来的数据，并可在此基础上开发利于公共服务的服务与应用——政府正在变成平台，开发者负责具体的解决方案。

此目的，“美国代码”颁布推荐格式让数据更容易获取和使用①。另一个棘手的问题是“灰色数据”：半开放的、节录的或部分发布的。在如此多的数据积压成堆、而更多的数据正以惊人的速度产生的情况下，会产生一个问题：哪些应该优先被处理?

（一）这对社会意味着什么?

（1）开放政府数据有助于透明性、可问责性和参与式民主。但从数据到知识的进步还远远不够——我们应巧妙运用知识，让世界变得更美好。随着个人和市民社会组织越来越多地利用公共数据来完善社区职能，开放数据能成为一种有益的力量，也可以成为政府官员和承包商自我审查、混淆或伪造信息的一种动力或便捷。

（2）像数字化制造一样，开放数据也是一种具有催化经济增长、孵化出能替代那些即将消失的行业潜能的技术。私人公司越来越多地围绕公共数据，在商业数据、卫生保健、能源、教育、交通运输、房地产等领域中拓展业务。自从公众拥有这些信息后，开放数据运动目前关注的是政府数据。如今，基金会也逐渐开放，最近盖茨基金会宣布其资助的所有研究必须符合公开出版物的标准，发表的研究成果都要方便获取和快速公开。但很多私人公司（如脸书、谷歌）已经积累了从用户在线行为捕捉到的巨量数据库，并从中营利。我们希望这些在某种意义上属于我们的数据也变成开放的。

当“开放”趋势不断发展，社会不得不设法解决那些数据能或应该保持隐匿的问题。斯诺登从美国国家安全局盗取数据事件大大激化了这一问题：一方面，他泄露的信息激发了对政府秘密监控美国公民合适度问题的非常必要的讨论；另一方面，很多人认为他的行为严重危害了美国安全，加剧了世界恐怖主义。关于何时开放或封闭数据的争论也在美国各地的小环境中上演。在火奴鲁鲁，一项法案要求官员在线提交资产情况，两名政府官员坚持隐私权高于公众知情权，因不愿暴露隐私而辞职。最近，嘻哈露营（Hipcamp）抗议美国林务局在“政府娱乐网站”管理方面的一项提案企划书（Request for Proposal），认为提案中的条款让服务提供者保留太多有商用价值的数据秘密。问题是，太多的开放数据何时会威胁到个人隐私权？或公司如何保护数据免遭竞争者获取?

① 一个非营利组织，同时也是一个孵化器，倡导开发者为社会服务，鼓励人们利用技术手段帮助政府优化公共服务、提高运行效率、降低运营成本，并利用政府数据开发全新的服务。

（二）这对博物馆意味着什么？

艾德 · 罗德莱（Ed Rodley）在代码词汇项目论文《混杂的美德》中发现，目前运作成功的博物馆在使命宣言中，增加了部分重要内容，即将数据放在人们能找得见的地方，并使数据变得越来越丰富。博物馆原本就应该这样做。从伦理和法律角度看，博物馆已经拥有受公众所托的藏品，同样原则也适用于相关数据吗？果真如此的话，建造数字化基础设施支持数据分享就像建设展厅和藏品保管设施一样关键。博物馆在传统上将有些类别文物的数据视为讳如莫深的秘密，而不是分享的知识。例如，自然历史博物馆长久以来对敏感的、珍稀的或濒危标本保存地点的数据进行编辑，这种做法被认为是合适的。最近出现在藏品论坛上的一篇论文对这种传统提出挑战，作者认为"所有"藏品数据都应该让公众免费获取，除非这类发布违反适用的法律或条例，被收藏者、捐献者或土地拥有者协议所禁止，或被"非常特殊环境"的限制所证实（他们的重点）有道理。那么，博物馆在什么情况下可以免于向公众承诺"开放"？

对博物馆来说，开放文化运动的一项重要内容是开放权威，即罗博德 · 菲利普斯（Lori Byrd Phillips）所定义的"机构性技能与广大观众的讨论、体验和洞察力的混合物"。博物馆正在逐块解构假设能够控制人们所见、所学、如何学的权威模型。开放数据大大加速了这种趋势，让用户绕过博物馆的控制与过滤径直获取博物馆数据资源将成为可能。另外，当博物馆拿出数据供用户使用时，就可能了解到公众对博物馆工作的看法、公众如何与博物馆互动等方面的巨量信息。

（三）博物馆应该如何做？

可能要做到以下五点。① 对自己的数据进行审核，决定"开放"的内容与范围，列出时间表和预算来开展此项工作。这种审核应包括对这个过程中固有的挑战的评估：藏品数据的特质是什么？对于能发布的数据有法律限制吗？哪些数据应该优先，为什么？博物馆还应制定政策，规定哪些数据可以对外开放，如何开放？考虑哪些数据（如果有）应该保密？那些本身就能公开获取的例外数据是否具有合理性？② 将数据当作一种可以被管理、被跟踪、被货币化（当合适时）的资产。编辑数据并不便宜，无论是通过数字扫描产生的图像库或通过博物馆之友这类项目积累的观众行为的信息。创建一种数据的平衡经济，博物馆需要投资于基础设施和后期运行，这部分可由出售或授权数据获取的资金支持，认购部分以免费和开放方式支持。③ 邀请用户与博物馆数据互动。2013年2月，白宫举办了首次“开放数据日编程马拉松”，邀请程序员、技术专家与白宫工作人员一起工作，建造使用新发布的“我们人民”应用程序界面（一套建设软件应用的协议和工具）。头脑风暴工作坊、黑客编程马拉松和数据开放运动正变得越来越常见，博物馆自己策划，鼓励科学家、艺术家、学生、技术专家和一般公众花时间获取博物馆数据，或利用与博物馆工作有关的数据，并分享结果。④ 宣传有关博物馆藏品、研究和运作的公开数据的可利用性，鼓励个人、公司和政府实体将其用于自身工作中。博物馆以这种方式贡献于公民计划、社区活动、创业和自主学习。⑤ 甄别哪些公共开放数据能够被驾驭——例如，城市人口统计学、使用公共和私人交通服务和学校表现等，且被使用于博物馆自身发展目标。

二、一切符合伦理：管理道德的市场

为了提供真正的服务，你必须增加一些不能买卖或用金钱衡量的东西：真诚与正直。

——英国著名科幻小说家道格拉斯·亚当斯（Douglas Adams）

媒体和业界同仁不断提醒，我们的每次购买和每吃一口都会对世界产生涟漪效应。事实是，在这个网络时代，我们可以研究和审查一个产品或服务的整个生命周期，创造一种我们应有的期待。这反过来会导致对行为、采购和生产透明度和可问责性越来越高的要求。在网络和社交媒体的团结和授权下，今天的消费者行使着前所未有的权利，他们可以谴责任何跨越明显道德底线的公司。非营利单位在传统意义上被认为是“道德完善，站在我方”，但在这个拷问灵魂的时代也不能拿到免检牌。

2013年4月24日，孟加拉首都达卡郊区萨瓦尔八层楼高服装工厂大楼坍塌，导致1129人遇难，千余人受伤。令人回想起1911年纽约三角内衣厂大火及其后果，引发了全国工人的抗议，激发了对消费者角色和时装行业在第三世界产生剥削的、危险的、低薪工作的全球性灵魂拷问。时装行业以不同形式进行回应，有的在创业时强调道德采购和循环材料及耐用品，而时装界的“朋克之母”维维安·韦斯特伍德则宣称“我们能通过时装拯救世界”。

社会公正问题正变成零售品牌的主流部分，32%的千禧一代不再购买他们认为有违伦理道德和社会风俗的公司的产品。食品已成为无法想象的危险的道德雷区。吃牛肉与全球变暖、吃藜麦与玻利维亚传统农业崩溃、冬天吃西红柿与佛罗里达奴隶制都成为争议的焦点。为了不剥削母牛，科学家甚至发明了一种能合成牛奶的酵母。一直被看作精英奢华食品承办商的全食公司（Whole Foods）也重新标准其价值，以负责任的态度对其销售的产品和价格进行重新定位。

工作脸书（Workface）宣称“对我们而言，价格是价值观念不可分割的一部分”。这些顾虑不仅出现在购买决定中，而且出现在对企业公民性更广泛的期待中。德勤公司（Deloitte）最近对千禧一代的调查显示，大多数人认为企业在应对资源短缺、气候变化和收入不平等方面能做得更多。同工同酬已经膨胀为一个巨大问题，舆论关注的焦点是提供生活工资和控制高管薪水。当公众感到企业在处理他们个人数据方面违反道德标准时，道德就变成关乎个人的敏感话题，例如，脸书允许研究者通过用户的新闻推送来分析他们是否能够控制情绪时，风暴骤起。这类事故的发生让熟人私密性社交应用Sgrouples和社交网站Ello在创业时就承诺提供“符合道德的社会网络体系”——广告免费、不扩大数据储存和监控，这些承诺已成为该领域大鳄的普遍做法。

2014年8月13日，在海洋世界宣布参观率下降5%、收入下降8%之后，公司股票价值在一天之内暴跌33%，而其他参观点参观率增加5%。善待动物组织（People for the Ethical Treatment of Animals）和其他活动家多年来一直对海洋世界紧盯不放，纪录片《黑鱼》引起全国对囚禁鲨鱼是否道德问题的极大关注。相继而来的社交媒体风暴为加利福尼亚州出台一项禁止囚禁鲨鱼的法案铺垫了基础。该法案虽没被通过，但海洋世界的声誉一落千丈。这表明先前仅限于边缘群体的道德问题如何像野火一样通过社会主流和社交媒体自发地或有组织地扩散开来。

（一）这对社会意味着什么？

随着新技术不断涌现，我们也越来越关注道德伦理问题。当我们开始在实验室研究基因问题，而不是以老旧方式忧虑时，就无须担心食品基因组被操纵的问题。目前社会对网络中立性问题的争议，在性质上与公平进入某种像水或电等最基础的资源的道德伦理或经济学差不多。我们不质疑由人工智能指挥的机器人能否被允许代表我们去发动战争，直到我们创造出能如此做的功能性原型。当我们成功获得胚胎的基因组后，残障人士权利活动家对放弃患有唐氏综合征或侏儒症或其他患先天性“异常”孩子的所谓“新优生学”是否道德展开了激烈讨论。大大小小的公司都在重新思考如何管理其声誉，它们意识到不能仅通过广告战来控制公众形象。当 DeleteUber 这类单个推特话题能够放大到百万关注时，个人就具有在琐碎行为上与公司对话的力量①。社交媒体专家处在声誉管理的前沿阵地——掌握着何时删除、反应或简单地忍受批评性评论。很多公司通过自我规范和遵守道德准则的方式主动承担社会责任。

（二）这对博物馆意味着什么？

非营利单位不能免除社会道德镜头的扫描，对于人们眼中所谓的老好人形象，博物馆不能想当然。例如，博物馆工作的诸多方面都能引发关于动物权利的问题。去年，艺术家蔡国强在阿斯彭美术博物馆开幕式上将展示当地鬼城录像的iPad安装在三只乌龟龟壳上，被当地居民视为虐龟行为而被强烈抗议。博物馆发言人回应说，审查艺术家不是博物馆的做法，这种说辞不足以平息那些认为艺术家作品本身就有道德问题之人的疑虑。同样的，抗议导致堪萨斯大学斯宾塞美术博物馆取消了其联合资助的一项以屠杀鸡群作为结束的艺术项目，该项目引发了民众对食品和农业道德伦理的争论。

关于尊重动物生命的道德挑剔被无限拔高，如《纽约时报》一篇文章倡导所有肉食动物都应灭绝，而哈佛比较动物学博物馆的一位在博客中称其收藏了一种单体巨型扑鸟蜘蛛的研究者成了网络仇恨风暴的发泄对象。甚至，在更主流的论坛上，这种情况也频繁出现，例如，最近一些科学家谴责其他科学家杀戮动物作为收藏标本的情形也颇为壮观。波士顿水族馆和佐治亚水族馆都因提议囚禁鲨鱼一事而惹火烧身——在一般公众眼中，划分像海洋世界这类商业性水族馆／主题公园与非营利的相近单位之间的界限已经很明显。对于有生命和无生命的藏品的获取与对生命的拥有提出明确而有说服力的道德合理性，势在必行。劳工维权群体不断抗议在阿布扎比建造古根海姆分馆的移民劳工恶劣的工作条件，给博物馆受托人和捐献人施加压力，要求博物馆约束自身实践、国内外分承包商和合作伙伴的行为。

对营利公司使用无薪实习生的行为，法律已相当明确，但非营利单位还处在“有待美国劳工部工资与工时部澄清”的灰色地带，这种行为是否道德争议不休。在过去两年中，大英博物馆和蛇形画廊因使用（或准备使用）不付费的劳工而遭到抗议。在一个严重依靠志愿者的领域（不付费与付费员工的典型比例为6：1），区分诸种类型的不付费员工问题因而变得非常棘手。在付费的另一端，

① 由大量用户在社交媒体上发起的卸载Uber的运动，表达对其缺乏道德标准，重金钱、轻道德和不尊重用户隐私的厌恶之情。

关于营利和非营利领域中高管薪水与最低报酬工人之间比例是否符合道德伦理的争论甚嚣尘上。在过去几年中，史密森学会的保洁人员和餐饮服务员工不断罢工，要求一份能让他们在首都生活下去的工资。去年秋天，英国工会对英国国家信托提出了同样要求，一名发言人说：“他们是我们国家遗产的守卫者，但他们还得用过去时代的工资苦苦挣扎。”人们越来越多地怀疑，博物馆主要捐助人或公司与博物馆研究和诠释之间的防火墙能否起作用。去年，在纽约市“人民的气候三月”配合下，由多名艺术家联合在皇后博物馆首次推出了一个名为“不可替代（非替代品）”的项目，其中就包括一个名为“自然历史博物馆”的自动弹出装置，质疑包括美国自然历史博物馆和国立自然历史博物馆在内的自然类博物馆否认百万富翁大卫·科赫（David Koch，董事）捐献的巨大礼物造成环境变化的观点。在英国，激进派艺术家组织“自由‘泰特’（Liberate Tate）”不断抗议文化机构和石油工业沆瀣一气。

（三）博物馆应该如何做?

可能要做到以下五点。① 重新审视和修改道德宣言，解决新出现的问题。将利益冲突和源地研究等传统领域的问题扩展到包括实习、数字化数据的隐私、博物馆展出艺术品的道德源处等在内的新领域，及时更新和加强支持个人和企业的政策。致力于全球业务的博物馆在工作伦理问题上要有更加积极主动的姿态。② 承诺博物馆商店和食品服务部售卖的食品应提供符合道德伦理的采购清单（将博物馆零售业务与机构使命联系起来，在增加收益的同时，有意识地将零售活动置于全馆诠释性框架中）。③ 审视关于基金会投资和企业赞助的政策。目前在全国范围内出现了大学和其他非营利单位参与化石燃料撤资的现象。协和神学院（Union Seminary）将这种从化石燃料中撤资的行为总结为“弥补造成气候变化‘罪孽’的一次投标”。现在可能是讨论什么投资符合或不符合博物馆使命和价值的好时候。④ 讨论将那些公开地、专业地提前造成与博物馆使命相对立的人放进董事会的利弊，无论是关于科学、可持续性，还是儿童健康。Chris Norris在历史特权博客中指出，博物馆需要保护其在公共场所获得信任的独立性，让持不同意见者坐到同一张桌子上，而不是排除他们。⑤ 回顾博物馆关于赔偿的政策，就义务实习、最高与最低报酬员工之间的比例和支付生活工资等问题展开公开而真诚的讨论。

三、量体裁衣：一个型号不适合所有人

> 这些革命性潜能的前沿是个性化医疗，即一种根据他或她自身独特的基因构成，量体裁衣，设计最精确的个人医疗保健的观念。事实上，如果所有这些像我们描绘的那样运行良好，今天大多数“放之四海而皆准”的医疗保健方法对未来各代人来说似乎已经过时，就像我们看待水蛭放血和专利药水一样。
>
> ——国际人类基因组计划首席科学家兼美国国家卫生研究院院长
> 佛朗西斯·柯林斯（Francis Collins）

工业时代诞生了由廉价商品大规模生产而产生的现代零售业。手工制作和定制物件迅速成为奢侈品的代名词：只有富裕者才能负担得起根据个人标准制作的物品。整整兜了一圈后，我们发现技术将个性化产品和给每个个人用户的服务变得相对便宜和容易，或使用“群体个人化”创造个人关注的错觉。这种趋势正在三块阵地上演：个性化物品的创造、个性化内容的过滤、个性化体验的创造。由更广阔云端群体塑造的未来观众有可能期待博物馆按照其兴趣和需要提供产品、交流和体验。

个性化趋势产生于变化的技术和文化驱动力的相互作用。我们对个性化的渴望部分源于对越来越多地与数字化世界非个人的、匿名的交往的反应。“个人化的”也指“个人的”，比如，与一个鲜活个体的关系，这可能是博学的美国电影导演兼艺术家米兰达·朱莉（Miranda July）在创造“某人（Somebody）”通信应用程序时心中所想：找一个陌生人做信息发送者的化身，用声音和表情赋予你的短信以生命①。技术在激发了异化感的同时，也为反击把人当作数字机器上可以互换的齿轮提供了工具。当你可以购买一副适合你耳朵的定制耳塞时，为什么要与每几分钟就掉出来的均码耳塞搏斗呢？或当你能穿上按照你数字扫描尺寸裁制的衣服时，还会为很不合身的夹克衫发愁吗？人类基因工程花费12年时间和27亿美元（1991年美元价值）排列出第一份人类基因序列后，任何人现在花费不到100美元，在一个月内就可以从像“23和我（23 and Me）”这类提供个人基因组服务的网络公司拿到自己的基因分析。

---

① Somebody既是一种公共艺术项目，也是社会实验和行为艺术。一半是计算机程序，另一半是真实的人本身。给朋友发送信息不会以电子方式传送到对方手机上，而是由你选择的传送人以口头方式告知你的朋友。

海量数据的收集和成熟的数据分析使得推荐引擎成为可能，让我们能够将网络上数量巨大的选择过滤成一些相关联的、可管理的东西。由于基层算法可以了解一个用户的行为，它就能演算出更好的结果，让人更多地与之互动。人们不再局限于广播电台播放的内容，在Pandora或Spotify软件下载自己喜欢的歌曲[①]。同时，可负担的、不断成熟的软件和硬件的扩展也支持一次性实物产品的设计和创造，个人、初创公司和大公司正尝试用3D扫描设备设计项目和3D印刷制作定制的、个性化、合适的产品。

作为公司策略，个性化部分源于这样的事实，即原来群发的服务如今由用户使用数字工具来直接完成。任何人都可以在谷歌上阅读一般的营养建议，但要获取针对自己基因集的饮食建议，就可能要付费。研究型图书馆意识到其作为“寻求学术内容的第一场所”的角色正在被侵蚀，也开始提供个性化的搜索服务，提供附加价值。

数据驱动的个性化面临两大挑战。一是很难找出一个有效的推荐算法。当视频网站Netflix提供100万美元给任何能将其推荐引擎绩效提高10%的人，三年后才有人获得该奖项（解决方法因很难落实而很快被放弃）。二是一个推荐引擎在产生有用的结果之前必须在海量数据上工作。像亚马逊和 Netflix 这类大公司在与用户互动方面的数据太多，他们可以快速开始这个过程，但对小公司，包括非营利的文化机构来说，达到关键数量则非常困难。

（一）这对社会意味着什么？

在商业中，个性化开启了新经济空间，包括“自己动手做（DIY）”经济的兴起——不仅是3D打印机的销售，而且是3D打印技术的运用产生了定制化的产品。企业提供个性化服务的机会也很多。一些公司，像顾客忠诚度项目“五星（Fivestars）”鼓励小企业收集顾客的行为数据，汇集起来就有足够信息进行量身定制的交流和报价，让小商贩也意识到以前仅限于大零售商的规模优势。

个性化开始转变包括基线健康项目和干预在内的卫生保健项目。基础健康生殖配合工程（Base Health’s Genophen）根据病患基因、个人健康史和大量自我监

---

① Pandora是美国最流行的提供在线音乐服务的软件。用户只要输入自己喜欢的一首歌或者一位歌手，Pandora就会为用户建立一个电台，不断播放风格相近的音乐。Spotify中文名为“声破天”，是全球最大的主流媒体音乐服务之一，是一款革命性的、具有用户向心力的、改变下载试听习惯的音乐试听软件。

控数据等创建信息平台，并有针对性地推荐医生①。移动电子医疗公司Fitbit和一些可以跟踪用户日常活动、睡眠情况和饮食习惯等数据集成催生了自我监控数据的可穿戴设备。在过去，医疗是为“一般”人平均设计的（实际上是一般白人成年男性），而现在的研究者开始挖掘基因数据来辨别个人风险因素和个人如何对药物反应的模型。他们以癌症治疗做实验，靶向个人独特的癌细胞。

教育新兴时代的一个关键特征是个性化学习。我们从期望学生符合“放之四海而皆准”的教导模型逐渐向希望系统适应每个学生的学习类型和兴趣转变。2014年，佛蒙特州率先强制所有中高级学校学生制订个人学习计划。可汗学院和Class Dojo行为管理软件等教育服务机构或设备可以跟踪学生的学习情况，供老师及时提供个性化的关注和反馈②。一些研究团体尝试将个性化医疗和教育结合起来，从一个孩子的基因预测儿童时期对社会化和学习进行干预的效果。尽管这类方法具有很大潜能，但家长担心学校采用同样数据进行个性化教学有可能贬低孩子或侵犯隐私。

个性化不可避免地也有阴暗一面。社交网络的“个性化”、量身定做的新闻推送和搜索引擎能创造出无人能遭受对抗观点挑战的同质化社区。个性化也会被误用：2010年11月，与脸书关系很糟的政治科学家证实他们可以通过操纵投票行为来改变用户的表格模块。这会导致一个虚幻的“数字徇私”现象，脸书创始人马克·扎克伯格（Mark Zuckerberg）将发送给用户的内容个人化，造成用户以似乎不愿意去投票站的方式不给自己钟爱的候选人投票。数据滥用的负面影响迫使政府出台一些道德指南和条例，防止不良公司收集和滥用个人数据信息，干扰意识形态的进程。

（二）这对博物馆意味着什么？

人们越来越习惯于来自公共机构和商业公司的个性化服务，从而催生了一些有创意的互动项目。西雅图图书馆的图书索引馆员通过“你的下五本书”服务为

① Base Health是美国一家“数字疗法”领域的创业公司，Genophen是该公司推出的一款在线服务工具包。结合DNA数据、生活习惯、家庭疾病史、重大病症迹象、不良生活习惯等信息资料，Base Health软件将计算出被测试用户有可能会患上哪种疾病，供医生为患者制定个性化生活习惯，降低身患慢性疾病的风险。

② Class Dojo软件能准确记录课堂上学生的表现，并进行打分和评比，激励学生不断上进，让混乱的课堂变得有条不紊。老师可以利用手机和电脑来跟踪学生表现并进行管理，学生也可以在课上了解自己的行为表现，并且家长也可以在自己的移动终端及时了解孩子在课堂上的表现。

用户提供特制的个性化建议（推荐）。荷兰阿尔梅勒市的Nieuwe Bibliotheek公共图书馆为“兴趣类型”的顾客群体建立了“个人社区”[①]。这种做法颠覆了图书馆按类排书的做法，将实体、虚拟，以及采用市场技术培训员工等因素结合在一起。图书馆也提供一种缘分机器Serendipity Machine，鼓励用户建立个人简历，将志同道合的人们连接在一起。

个性化信息服务突破了电子交流的矩阵。与基因内容相比，开放一份非常契合用户行为或喜好的电子邮件或信息更容易一些，也能确保博物馆的信息及时传送，方便会员和捐献者阅读。

大规模的个性化服务需要海量数据，对单个博物馆和整体行业来说无疑是一个挑战。博物馆要增强技术能力，提供个性化建议（推荐），说服公众贡献出足够的个人喜好信息，以便快速启动这个过程。很多博物馆刚开始收集个人用户如何与机构互动的最基础数据，而美国博物馆与图书馆服务研究所（Institute of Museum and Library Service）的资助项目已率先在美国三个博物馆试行达拉斯艺术博物馆之友项目的一个版本，这有助于该领域研发出编辑、分享和分析观众参与行为的信息系统。

（三）博物馆应该如何做?

可能要做到以下五点。① 重构会员项目，创建回应个人喜好的平台。如荷兰的Nieuwe Bibliotheek一样）或学习如何按照行为和喜好对用户进行分组，并为每组用户提供一套有意义的奖品。② 考虑如何将用户提供的信息商品化。凯特·提沃斯（Kate Tinworth）最近在一篇关于“暴露你的博物馆”帖子中问道：谁是你的最大粉丝，你如何激发他们的创造性? 在你的空间中商品化是什么样的? 在何为个人的和什么东西可以分享之间如何找到平衡? ③ 准备应对推荐运算法则“艰难开始”的挑战。解决方法主要有两种：一是产生足够大的数据来检测模式；二是采集数据集，分析不同类别的博物馆用户可能喜欢的体验种类。与众多博物馆客户合作的那些公司能否将这类功能融入它们提供的服务中? 博物馆也能让该规则变简单：从单个游客过去与博物馆的互动情况来了解他们可能喜欢的同类事件或产品，而不是尝试推断他们的内心活动。

① 现代零售店的概念被设计师引入公共图书馆室内设计，读者可以很方便地找到自己所要的书。

四、潮汐升起：变化中的风险景象

我们怎样规划一个以变化和水为新常态的未来?

——波士顿城市土地研究所

当政治家和学者还在为气候变化争论时，几乎其他所有行业，包括石油公司、保险业和美国军队，都正在全力以赴地应对现实问题。尽管阿尔·戈尔的新发现——如何避免气候变化带来的最糟糕后果颇为乐观，但我们还有很多事情要解决。一个多世纪积累起来的数据帮助我们描绘了气候变化（二氧化碳含量、温度、海平面）的轨迹并塑造了未来的生态学，但是数据只能预测我们的选择，而不会给我们直接的答案。是否建造家园，如何建造，是否搬家或遗弃家园甚至整个社区？思考这些问题，寻找最佳方案去应对暴风和潮水的侵蚀，并以此为据进行设计规划，解决当务之急，构想我们城市和国家未来的发展面貌。博物馆作为文化遗产的管理者，也长期关注并参与其中。它受公众委托来保护艺术资源、历史资源、科学资源，需要适应一个以变化和水为新常态的世界。

20世纪后半叶，保险承保人可以测量并应对一些风险，这些风险来自一个世纪或更长时间的数据分析，包括洪水、火灾、干旱、暴风雨和其他自然灾害。现在，不断加剧的气候变化让人们不再相信那些基于数据的陈旧预测模型。显而易见的状况是：海平面在上升，而且我们知道大片沿海陆地在未来将会被淹没。据联合国政府间气候变化专门委员会保守估计，全球海平面在21世纪末将会上升3英尺。如果海平面每上升10英尺，美国就会失去2.8万平方英里的陆地，相当于现在1230万人的家园，研究表明这一预测将在下个世纪上演。同时，各个国家、城市和州都在努力克服海平面上升问题，哪怕是缓慢地上升，与之紧密相连的是我们正在经历的、频频发生的强风暴雨。在历史发展的长河中，人类一直都逐水而居，并不仅仅是因为实用，也因为“蓝色空间”对我们身体健康有着深远而积极的作用，这一事实加剧了海平面上升以及更加频发的暴风骤雨和洪灾造成的影响。逐水而居的定居模式产生于社会和经济的发展：在不远的过去，引导城市开垦滨水的废弃工业区；开发水路以促进人居和零售业的发展。这些措施创造了短期的经济繁荣，并培育出了一些高密度的、资源丰富的城市。但从长远来看，更多的人和房地产会被置于危险之中。纽约、加利福尼亚和马里兰等州政府在城市规划设计中已经考虑到海平面上升及随之而来的影响，并制定出相应的应对政策。而另一项更长期的预测是：21世纪末到来之前，海平面会上升39英寸（对财产价值产生的暗示），这引发了私房屋主和开发商的骚动，所以北卡罗来纳州近来缩短了对于海平面预测的时间周期。目前，政策制定者、计划者、设计者、建筑师和科学家正在齐心协力地构建下一世纪的雏形。

（一）这对社会意味着什么？

有些城市已经投资几十亿美元用于防风险的基础设施建设（如电力、排水系统、通信和公共交通），以此来抵御暴风雨和洪涝灾害。但是我们在提升城市来应对潮水上涨时，如果没有把城市变成堡垒的话，这的确是一个挑战。一些硬壁垒，如堤防、墙、防洪闸门都容易受到灾难的侵袭（新奥尔良防洪大堤在卡特里娜飓风到来时戏剧性地垮塌了）。规划者越来越多地转向了软壁垒和一些能够减轻和承受洪灾的弹性设计，而不去进行全盘防御。比如纽约市混合多种策略所预想的“大U 计划”——将8英里的海岸防御连接成一串构想新颖的沿岸公园①。即使我们设计了可操作的、也适于居住的方法来减轻风险，但仍然面临着巨大的挑战，那就是如何改变分区制和规则，从而为创造适合的建筑物和城市设计提供帮助和便利。

除了改造已经建立起来的环境外，我们还需要培育合适的地方应急反应网络，帮助本地居民减轻灾害带来的损失并积极开展自救。政府、非政府和公司合作伙伴越来越多地参与，共同编织这个网络。爱彼迎、新型社交租车应用Lyft和优步Uber等“个人对个人”社交网络公司因能有组织地、灵活地应对快速变化的需求而被一些城市关注，这些分享经济类公司将被招募到政府抗灾体系中，在灾害时期通过提供住房和交通需要而帮助政府。在超级风暴“桑迪”之后进行的研究证实了文献中所记载的理论，即联络性、社会凝聚性、信任度和社区联系等社会因素有利于提高社区从灾害中恢复的能力。正是如此，适应未来发展的城市或许要给一些能够培养社会联系的社区机构（包括博物馆）进行投资。

唯有更多的结构设计和社会规划才能未雨绸缪，防范洪水泛滥。在下一个世纪，我们将要考虑哪些区域会被遗弃（比如撤销联邦的水灾保险，以此来阻拦私房屋主的再建）。飓风“卡特里娜”来袭后，一位地质学家提出过一项极好的建议，即把新奥尔良的法语区卖给迪士尼，并把城市向上游推进150英里。但该项绝不涉及外交因素的建议却无法实施。随着时间推移，新月城会因为对抗频繁暴

① BigU项目是在曼哈顿易发生洪涝灾害的地区修建防洪墙和堤坝，更好地抵御风暴潮。它既是基础设施，又是当地居民户外活动的公共空间，人们在此欣赏花园的美景，打打太极，或者游泳。

风雨成本太高而带来的持续挑战和过高成本而慢慢地缩减。而其他一些与历史、建筑、自豪感及特定场所联系很少的社区，则很容易恢复元气并搬走（如1993年密西西比河大洪灾之后，伊利诺伊州的威尔米尔和密苏里州的新帕顿斯顿）。

（二）这对博物馆意味着什么？

近年来，应美国博物馆联盟要求，博物馆和图书馆服务研究所（Institute of Museum and Library Service）采用博物馆世界的数据库文件（MUDF）的数据来鉴别位于美国海岸区以内的35364家博物馆和相关组织，结果发现34.6%（12236）的博物馆和相关组织在海岸线 100千米以内，其中25.2%（8927）在沿海高脆弱性指数（Coastal Vulnerability Index）海岸的100千米以内。采用沿海脆弱性指数，可以测量出未来海平面上升引发的物理变化及其带来的海岸相对受损程度，并以潮汐变化范围、浪高、海岸倾斜率、海岸线变化、地形学和海平面上升的相对历史进度为标准，对海岸区进行了由低到非常高的分级。此外，在国家史迹名录（National Register of Historic Places）登记的9万处个人财产中，很多并没有存录于IMLS数据库中，但也同样面临海平面上升、暴风雨、暴洪、火灾和冻结/解冻的循环变化所带来的危险。

2009年（美国博物馆联盟有数据记载的最近年份），建设新博物馆的平均成本为180万美元。而对于每年运行花费超过400万美元的机构，新馆建设的平均成本是650万美元，一流艺术博物馆的建设成本超过2900万美元。2005年，弗兰克·盖里为Ohr-O’Keefe 博物馆设计了耗资4500万美元的庭院，该项目正建时，飓风卡特里娜把一个娱乐场的舢板刮到了工地上，损毁了几个建筑物。可见，不论博物馆大小，在把巨大的财力投入到新建设项目时，要理性评估现在和未来的每一个环节，包括建筑选址和设计元素的遴选。气候变化和海平面上升会给风险评估及其产生的表现产生重要影响，保险业也在重新审视如何评估风险及其存在的时间，对博物馆的影响将会是用多少钱投多大风险赔偿等问题，有些博物馆考虑的是选址与未来保险覆盖范围关联性等问题，而保险公司可能会更加期望由博物馆采取行动去降低风险。

气候变化不仅影响博物馆选址，也影响博物馆领域的研究。正如在线物种分布和预测性模型制造工具“生命图谱”所示，生物生存的关键在于适时迁徙。自然历史藏品因记录物种的历史方位而价值倍增，也给博物馆带来挑战，即如何制定出能够反映物种迁徙轨迹的收藏和研究计划。

（三）博物馆应该如何做？

可能要做到以下四点。① 对现有馆址和建筑进行长期风险预测，并把适应性作为推动旧馆翻新和新馆建设的主要因素。本文主要关注与水有关的危险——洪水、暴风雨、海平面上升、干旱、火灾、龙卷风和其他天气因素。② 在为新馆建设选址时，要考虑相关的环境规划。比如，现在看来很理想，但可能很快会受损，难以保护或不可能保护的场所，一些博物馆可能会决定修建室外的传统文化区域。作为一种选择，如果知道新的建筑物可能在相对较短的时间范围内被遗弃，博物馆或许会减少在这方面的开支。③ 博物馆要考虑单独作业或馆际合作，在风险较低的地方或在专门为降低风险而特别设计的建筑物里建造异地藏品存储区。2005年飓风“卡特里娜”毁坏了墨西哥湾沿岸，路易斯安那州的博物馆团结在一起，计划为藏品建设联合的内陆藏品存储设施。然而，这个计划因为多种原因没有实现，但这个主意很明智。④ 对建筑物和地面做出总体规划，以便于每十年都可以做出调整适应变化的条件。把社会作为一个整体来制定长远的规划，并在此背景下做出决策。

五、可穿戴技术[①]：当“自带设备”[②]是指衬衣和鞋子时

> 当互联网首次出现时，没有人能够设想到它给我们生活方式带来的多样性；互联网不仅能够解决功能性问题，而且能从根本上改变我们的世界观。可穿戴技术具有这种潜力，因为身体是我们最贴心的技术部件：它们是整个生态系统；它们消耗和创造能量；它们存储和处理数据；它们感知并与环境进行沟通。
>
> ——时装科学家阿曼达·帕克斯（Amanda Parkes）

专家将2014年称为“可穿戴技术繁荣之年”，因为依附于电脑、平板电脑或手机中的功能不断被转移到我们身体和服饰中。可穿戴技术涉及无缝连接和隐身

---

① 可穿戴技术（Wearable Tech）指通过将电子和电脑设备嵌入服饰或配件，提高智能手机、电脑的便捷性和可携带性，以及穿戴者的生产力。

② BYOD（Bring Your Own Device）指携带自己的设备办公，包括个人电脑、手机、平板等移动智能终端设备。可在机场、酒店、咖啡厅等登录公司邮箱，不受时间、地点、设备、人员、网络环境限制。

性，并将技术融入日常生活。当技术成为我们每天早晨穿着中不显眼的一部分时，这就是可穿戴技术的胜利。这项技术用途广泛。众多可穿戴设备目前主要专注于生物统计分析（医疗数据、量化生活、生命记录），但更广义而言，“可穿戴设备”可以将任何技术（社会媒体、通信、数据分析）集成到体表或体内。随着时间推移，人们对手持移动技术的创造力和大量关注可能会转向可穿戴技术。随着这一转变的到来，我们以前不得不拿起来、打开并记得随身携带的技术，将会从心理上融入我们的身体本身。

2013年投资者向可穿戴设备公司投资4.58亿美元，2014年可穿戴技术市场价值已达52.6亿美元，而到2018年可穿戴技术设备的市场范围预计可达到1.3～1.8亿件。这种投资是昙花一现还是明日之星，取决于可穿戴技术能否证明自己优于竞争对手——手持式设备。

可穿戴技术的首个大挑战就是能通过做一些智能手机无法实现的、或者比智能手机做得更好的事情来证明自己的存在。除了腾出双手之外，有的可穿戴技术提供头戴式显示器（在用户正常视野内分层显示数据），有的可通过腕带双向传输数据，有的依附于皮肤或假肢上，其他的将自己准确地织入衣服的不同部分。例如，2014年美国网球公开赛上，球童们穿的具有生物监测功能的T恤是由拉尔夫·劳伦设计的。可拉伸、可折叠、可机织和可洗涤的电子材料的发展加快了这种融合的可能。除了收集身体和周围环境数据之外，精心设计的可穿戴技术能够在无须盯着手机的情况下，以优雅而不突兀（更礼貌地读取数据）的方式监测并提供您的各种数据流，包括电子邮件。

可穿戴技术搜索功能的最佳例子之一就是谷歌眼镜（Google Glass），头戴、免触摸式显示屏使佩戴者不仅能够拍照或录像、搜索信息、跟踪预约、拨打电话、发送信息、共享内容，而且能够组合使用语音和触摸命令。目前谷歌特别关注该眼镜在保健、建筑和制造业中的潜在应用，其中免提信息是一项有价值的工作工具。在其他情况下，不是特别时尚但价格更低的技术设备，如头戴式Go-Pro摄像头能够完成同样的事情（例如，录制第一人称的事件发展过程视频）。无论谷歌眼镜本身能否成为下一个无处不在的个人技术附件，很多竞争性产品都在被开发。可穿戴技术总体来说（以后肯定是某种形式的免提耳机）是我们未来生活的一部分。

有时可穿戴技术旨在使某项具体的技术干扰性更小，如腕表可以让您快速查看电子邮件，手套内置控制器或小的夹式摄像头会生成您的生活照片流。有时，工程师似乎在比拼他们能将多少功能集中到一件定制的服饰上，例如，项链能否包含一个能够响应您的运动和环境噪声的光电显示屏？如果打算戴智能手表，您能否设计它来预报并显示即将发生的事件？为什么不能通过您的鞋子的震动来告诉您要去哪里或创建新的舞步形式（一个非常困难的挑战）？

很多这些功能看似轻浮，但可穿戴技术对健康医疗正产生深远的影响。可穿戴技术可以将医学监测转化为一个不显眼的永远运行的便携式个人装备。在最基本的层面上，个人健康监测带和标签可以收集一些例如运动、睡眠、温度和脉搏数据，生成大数据后与医疗服务提供者共享。表皮电子皮肤贴剂可以监测生物数据，配合诊断算法能够提供适当校准后的药物（目前正在针对帕金森症和其他运动障碍进行这类研究）。Embrace智能手表可以检测癫痫发作。通过谷歌纳米颗粒将药丸覆盖于皮肤上的可穿戴磁体，可以检测癌症。

可穿戴技术也可以改变其他领域。如果我们可以把人们变成移动的新闻采集设备，设想一下可穿戴技术将会如何影响新闻采集与报道、监督执法行为。可穿戴技术的双向数据流可以颠覆广告业、社交媒体和零售业：专门从事市场研究的高德纳公司（Gartner）预测，到2020年可穿戴技术的消费数据将推动全球1000家企业5%销售额的增长。

（一）这对社会意味着什么？

可穿戴技术的兴起可能会最终推动以多元化著称的男性科技板块的发展。虽然大多数可穿戴技术作为“男女通用”设备销售，但在实际操作中通常意味着“专为男性设计”。但科技行业发现，“一个尺寸不可能适合所有人群”——作为个人衣橱一部分的装备，必须考虑到性别、尺码、体型和肤色。多元化的设计师群体更容易满足不同用户的需求。谷歌眼镜首席设计师伊莎贝尔·奥尔松（Isabelle Olsson）提出眼镜设计团队男女比例应为1∶1，而整个谷歌员工70%为男性。一些评论家指出，很多可穿戴技术，尤其是整合了健康追踪功能的瑞士军刀和智能手机技术都是针对男性而设计的。女性不太习惯在口袋里随身携带智能手机，但有可能成为手腕或项链外接监视器的长期忠实用户。这反过来也会加快科技与时尚的融合，生产出更多可穿戴设备，吸引主流受众，推动性别多样化。

可穿戴设备能重塑工作场所，雇主可以借此度量和调整性能（包括运动队的运动性能），或跟踪生产、提高绩效。包括英国石油公司和世界最大最著名的拍卖网站eBay在内的一些公司，鼓励员工穿戴健康监控设备，有时也提供医疗保险折扣作为相应的回报。其他雇主可能会禁止可穿戴技术，或者至少制定严格的政策来管理和规范它们的使用，因为这些设备可能带来安全风险或不经意间因违反伦理习俗而创造了收到法院传票的纪录。

可穿戴技术将是可到达性的福音。像谷歌眼镜这类设备可以将视觉识别、位置感知信息和导航等功能融入日常生活中。时尚而不显眼的可穿戴技术可以消除辅助设备的羞耻感，同时提升其功能。为残障人士提供的可穿戴技术设备会越来越多，包括各种将目视文字转为音频的头戴设备。一位遭受严重视力损害的十几岁青少年最近发现，谷歌眼镜极大拓展了他的视野，使他能够恢复芭蕾练习。可穿戴技术还包括提供日益复杂的假肢或时尚前卫的设计，从而增强功能。例如，厨师的假体胳膊和手可以触摸和感知温度，测量食品pH值，并抓紧吸盘中的食物（只是概念设想，但工程师们正在努力实现）。在任何情况下，提高可穿戴技术可到达性的潜力都会促使设计师确保这样的设备可以无障碍使用。

正如对待任何新技术一样，在界定使用可穿戴技术的合理边界方面，社会正慢慢趋于一致。2014年普华永道调查报告显示，59%的受访者对将可穿戴技术融入日常生活表示担忧，包括安全漏洞和“使每个人都看起来很荒谬”等原因。这可能仅仅反映出任何新技术引发的谨慎思维，但也有一些行业表示出具体的担忧：去年美国电影协会和全国剧院老板协会明确表示，会劝离那些拒绝去除穿戴记录设备的顾客。美国已有三个州禁止开车时戴像眼镜一样的耳机，谷歌对这一禁令提出了反诉。人们穿戴的个人监控数据可以输入到越来越大的数字监控范围，如去年，加拿大律师在处理人身伤害案件时，就采用了来自其客户的Fitbit记录器数据①。当检察官开始挖掘这一证据的来源时，又会产生什么样的结果呢?

（二）这对博物馆意味着什么?

可穿戴技术是BYOD的逻辑延伸。博物馆应为携带手持设备（尤其是智能手机或平板电脑）的参观者提供解说应用。随着谷歌眼镜和同类设备的流行，博物馆应确保在这些新兴平台可以展示他们的解说内容。有些可穿戴技术还可以开辟手持式技术不能提供的服务项目。

从业者，如独立顾问马尔·迪克森（Mar Dixon）和尼尔·斯蒂勒（Neal Stimler）在纽约大都会艺术博物馆实验可穿戴技术如何帮助博物馆开展工作。头戴式免提记录设备如谷歌眼镜是否能够帮助文保人员和标本制作者，以及像

---

① Fitbit是总部设在美国旧金山的一家移动电子医疗公司，致力于研发和推广健康乐活产品，从而帮助人们改变生活方式。

格雷琴·A·安德鲁（Gretchen Andrus Andrew）这样的艺术家记录他们的工作。GPS连接的生物监控是否能够有助于确保在偏远和危险场所工作的研究人员（星际迷航的团队）安全？博物馆能否与健康追踪行业的主要厂商（美国旧金山的Fitbit——以记录器闻名的新兴公司，以及可穿戴设备制造商 Jawbone 等）合作，测量观众文化参与的生物参数？

可穿戴技术会推动博物馆向私人和商业用途提供开放的重新混合的讲解服务。这将鼓励博物馆以外的企业（其中许多缺乏在自己公司内部进行这些工作所需要的专业知识、资源和工作人员）开发可穿戴技术的应用程序或软件。

可穿戴技术也给藏品保管带来了另一种挑战。2013 年大卫·戴特纳（David Datuna）创作了首幅通过谷歌眼镜观看的公共艺术作品《美国肖像》，该作品在贝赛尔迈阿密国际现代艺术展首次亮相。随着谷歌眼镜软件升级换代（或最终退役），戴特纳的作品将给收集数字作品的博物馆带来技术上的挑战。我们怎样才能保证这样的作品在10年、20年或100年之后还能继续观看？

（三）博物馆应该如何做？

要做到以下五点。① 在参观者和工作人员使用可穿戴设备方面制定积极的政策。不仅要讨论是否因担心被秘密录像而在博物馆区或活动区（如员工会议或公开讲座）禁止使用可穿戴设备，而且要对参观者使用的可穿戴技术进行监控，引导观众充分利用自带设备获得专业讲解和互动体验。② 为观众使用可穿戴设备（以及手持设备）提供免费的无线网络连接和充电站。③ 在有条件的情况下，探索如何整合个人生物监测设备数据和室内GPS，跟踪观察观众在生理上和心理上如何体验博物馆。④ 如果只能让使用可穿戴技术者访问博物馆已创建的内容或体验，请考虑为那些没有自带设备的观众提供设备租借服务，以便弥合“数字鸿沟”，确保所有观众可以参观博物馆提供的所有展品。⑤ 与艺术家和技术专家合作，在博物馆试验可穿戴技术，帮助观众了解新兴技术，思考新技术对自己生活带来的影响，努力让可穿戴技术为博物馆的目标服务。

六、缓慢运动：乌龟比兔子好

任何值得做的事情都值得慢慢去做。

——梅·韦斯特（Mae West）

过去几十年，人们越来越意识到“快”看似非常高效，但最终并非有效。全世界范围内兴起的“缓慢运动”①由倡导相同原则的各领域人士或群体组成，代表着向慢节奏生活的一次文化转变。

20世纪80年代，卡罗·帕特里尼（Carlo Petrini）在意大利发起的慢食运动引起世界性关注，现已成为国际趋势。该运动在很大程度上是对抗食品和农业的全球化运动，以及对当地经济和传统的破坏。目前，缓慢运动已经加速，且被作为一种企业战略和生活哲学出现在从食品、旅行到卫生保健等各行各业，因为我们重新发现做事情快并不总是意味着做对事情了。

人们谴责技术限制了我们的关注视野。一本书的中等长度为64000个词，一份博客帖子的最优长度为1600字（7分钟读完），推特标题为140字，但如果减少到100字最好。推荐长篇内容的社区网站（Long Reads）就是为了对抗网络内容典型的超短形式而创（如果没有那么长时间，可以折中一下看中等长度的Medium博客平台）。缓慢阅读俱乐部组织会员开展读书互助活动，大家舒服地坐在椅子上，静静地读一小时书。还有缓慢电视活动，如挪威公共电视台的《全国编织之夜》栏目吸引130万人连续 4 小时观看编织谈话节目后，再花8个半小时去真正编织。

将缓慢的方式付诸实现要靠有意识的努力，因为一个多世纪的以更快做事为目标的技术进步已经将人们的内在生物钟重新设定。1873年，法国著名小说家、剧作家及诗人儒勒·凡尔纳在科幻小说《80日环绕地球》中设想斐利亚·福格用80天时间通过铁路和轮船环绕地球一周。现在，工程师正建造仅用6小时就可以环绕地球一周的超音速飞机。交流速度极致提升让旅行如白驹过隙，在地球上几乎达到同步（即使向飞来号着陆器发送信息，就像扔向距离太阳6.73亿千米的67P彗星，仅用28分钟）。但人们越来越多地意识到速度耗资巨大。2012年皮尤研究报告指出，87%的老师认为技术正在产生“注意力容易分散、关注时间短的一代人”。同时，我们开始记录“缓慢”的健身功效，如减少孩子们的压力，增加快乐感。

缓慢方式不仅能提升生活质量，而且会带来所有领域的变化，获得新商业机会。缓慢医药倡导者努力纠正卫生保健体系中丢失的传统，即让医生用15分钟诊治病患。缓慢旅游鼓励人们多关注周围环境和当地文化，通过文字解说或运河驳船慢慢旅行，或参与一些本身就很慢的活动，如做饭或寻找松露菌。缓慢旅行的

① 近年来，全球各地都流行缓慢的一种理念和原则，谢绝一种只为快而快的生活，例如，慢城市运动、慢餐运动、慢活、慢性等。

极端例子是Luis Simoes，他用了 5 年时间环游世界，并用素描记录旅行过程。旅行2年后，他已经参观了29个国家，69页的素描本已经画满了20本。他说："这种缓慢旅游，让我能与沿途民众和城市更密切地接触。"

很多"缓慢"关乎创建健康的、可持续发展的体系。2013年，佛蒙特旨在重新开通与纽约州之间航道的帆船货运项目拉开序幕，不再用石油来运送当地食品，也减少交通运输中碳的痕迹。"缓慢花卉"活动创立的"花卉路程"将买卖双方直接联系在一起。慢食运动鼓励家长设法花时间让孩子们坐到家庭餐桌旁吃饭，减少逃学、肥胖和垃圾食品，学习效果大有提升。而快餐业受到了影响，麦当劳 2014 年最后一季度的销售量减少 3.3%。源于意大利的缓慢城市运动致力于通过减慢整体步伐来提升城市生活质量，目前美国已经有三个认证城市。

缓慢艺术由来已久，但正被以极具想象力的方式进行修改和刷新。现在很多消费者喜欢选择在线购买一键发送，在电子阅读器上同步阅读的快捷方式，但苏格兰艺术家凯蒂·帕特森（Katie Paterson）与众不同地启动了未来图书馆项目：用100年时间将树木和文章打造成"未来图书馆"①，同样也保留印刷方法。当然，缓慢艺术也要借助新技术，例如，2012年英国罗波和尼克·卡特尔（Rob、Nick Carter）推出"转变静物画"的新理念，并对安布罗修斯·博斯查尔特的"窗子里的花瓶"（1618年）进行富有生命力的诠释，包括一个循环的、持续3小时产生的时光通道动漫片。

（一）这对社会意味着什么？

技术不能主宰未来，只给我们提供了选择。社会要决定将如何、何时运用何种技术革新、何时有意识地推后对抗不良的负面影响。我们可能需要研发出缓慢设计原则，帮助我们开辟、培育与所在地、体验和相互深度参与的场所和产品。"快速"的诸多优点容易被量化，特别是经济成就，而很多代价是"外显性的"——负面影响越来越多或越不容易被发现，也不计入廉价、速成食品和服务的价格中。速成食品让社会承担起肥胖的代价以及伴生的健康影响。"快速"之风使生态恶化，将水供应分流至不适合气候的农作物上，导致劳动力的滥用，生产速成产品和意识之风尚甚嚣尘上，并成为浪费主流。我们需要创造合适的价格

① 每年会有一名作家贡献自己的新作品，直接放进图书馆的时间胶囊里。至2114年，这些树木和文字最后将做成一本纸质书。这种种树造书方法将树的年轮和书的章节联系在一起，纸、木浆和书的自然原料就像作家头脑中日积月累的奇思妙想，慢慢成长为树木。2014年该项目负责人在奥斯陆郊外森林中种植1000棵云杉树苗，百年之后用来制作纸质书。因为未来100年，可能不会再有纸质书存在。

体系或至少进行商品评估，让这些花费变得明晰，让“缓慢”在总体花费上具有竞争优势。培育一种更缓慢、更周到的生活步伐意味着重新设计城市，与那些设计得周围只有汽车的城市相比，“可行走的城市”会持续不断地在生活质量上得高分。城市应采用像分享空间之类的设计原则，减慢交通，鼓励人们多在商店、餐馆和博物馆逗留。新城镇原则强调生活质量在效率之上，并以此为指导，鼓励城市规划师使用公共艺术作为调节城镇生活步伐的一种手段。

（二）这对博物馆意味什么？

随着周期性脱离数字世界的愿望越来越强烈，缓慢文化运动为博物馆将自身为逃避喧嚣世界的避难所提供了机会。但是，我们的领域需要努力解决拿什么来创建缓慢体验的问题。有时候，博物馆错误地认为“缓慢”只是其DNA中的一部分。美国大都会博物馆一项著名的观众研究（2001年出版）指出，观众看一件艺术品的平均时间为27.2秒。印第安纳波利斯艺术博物馆最近一项研究发现，不同展品的平均观看时间为4～31秒。创造有或没有技术中介的缓慢参与项目都需要做很多有意识的和深思熟虑的工作。不同观众需要以不同的速度与博物馆互动。博物馆可在线提供畅通无阻的浏览器和观看程序。有人可能在3年中花100小时观看荷兰画家蒙德里安作品的数字图像，而其他人则在翻阅虚拟展馆。但鲜有观众试图在蒙娜丽莎面前花30分钟后，还和来去匆匆的观众群一样看起来“怪异的、近乎疯狂的”。随着世界分岔成快速和慢速两条巷子，博物馆要找出时间的或空间的方法来适应不同步伐。

（三）博物馆应该如何做？

可能要做到以下五点。① 建立一个基础数据库，收集相关数据，例如，观众在展馆会待多长时间，平均时间和最长时间各是多少。观众在哪些空间里或单个藏品前逗留的时间最长。如果受所参与物品或展品时间长度影响，观众如何报告他们的满意度、情绪和学习结果。② 制定一些能培育缓慢体验的策略并进行实验，包括简单或没技术含量的、人工交互式的互动。例如，博物馆可以从人类图书馆“偷”一页纸，让观众有机会把一个人“借”来，进行约半小时的对话和互动。如果说绕过一幅画或放弃一本书是再简单不过的事情，但面对直视你眼睛的人，则很难一走了之。③ 参加设在每年春天的“缓慢艺术日”（2015年是在4月11日），鼓励人们参观当地博物馆和展览馆，慢慢欣赏艺术品，选择5件作品，每件沉思10分钟，然后在午餐时进行讨论。

第三节　2016年美国社会与博物馆发展[①]

一、劳动3.0[②]：新工作，或没有工作的未来？

问题是工作。你无法摆脱它：工作。口袋中有一两个选择，感觉才像那么回事。

——普利兹奖获得者、畅销书《工作》的作者Studs Terkel

在19、20世纪，工作是从农场、作坊到工厂和办公室。如今，技术、文化和经济快速发展，带来了全新的工作形态：全职工作被碎片化，变成由互联网驱动的自由工作，即所谓的“零工经济（gig）”。办公室中的alt组织结构正替代传统的官僚体制。很多工作者根本不“在”——而是通过电子联系或合用工作空间。高价值的工作者供不应求，工作变得具有弹性、自主性和福利丰厚。技术也让很多兼职和低收入工作者处境堪忧，就像20世纪流水线造成很大的劳工困扰，机器人和人工智能将重塑工作、文化和经济的真实特性。

关乎劳工的每件事都成为问题，首先是何时、何地工作。几乎四分之一的工作者全天或部分时间在家工作，这个数字远高于拥有大学学位的人数。因为无所不在的互联网设施不仅可以让人随时随地开展工作，而且创造了尽职尽责员工理应如此的期待值。“工作与生活平衡”变成“工作与生活融合”，因为两者越来越难划分清楚。然而，很多工作仍然在实体办公室完成，我们努力改善办公室运作方式，包括令人生畏的年度绩效评估仪式。像Adobe、Microsoft、Gap、Medtronic、Accenture、Deloitte和英国广播公司这类主流公司正准备用一种能提供连续的、以未来为方向的反馈机制代替年度评估，运转良好的机构也集中管理能量，支持和奖励最佳员工，而不是惩罚落后员工。

一些公司正摈弃自上而下的、等级性的传统管理制度，着力打造能培育更灵活、更有反应性的工作机制，让管理机构平面化，尽量减少CEO和一线员工之间的差别。一些公司从互联网创业中赢得先机，已经建立起完全没有工作头衔或任务的平面机构——自我组织的工作组。著名的Zappos（亚马逊旗下的鞋类电商）

① 本节译自AAM网站TRENDSWATCH2016，见www.aam-us.org。因篇幅所限，注释部分未做翻译。

② 劳动3.0是指用一台小小的手提电脑就可以掌控生活的时代，主要元素是世界各种肤色的个人。

等公司正在试验“合弄制”[①]，一种由团队分摊权力、精细界定角色和高度结构化的平等体制。这些激进的结构在批发商业中还比较少见，但其理念和原则正向主流业态渗透。

无论建立怎样的管理结构，企业都会创造弹性、自主和自定义的工作环境，努力留住最佳员工，例如，网络电子零售商Enjoy让员工自己选择时间，制定工作议程，管理自己的培训。一些公司出于哲学原因而努力创造愉快的、团结友爱的工作场所。丹·普莱斯（Dan Price）是支付交易公司（Gravity Payments）的首席执行官，他决定在未来三年时间内将所有员工的最低年薪提高至7万美元（多付的钱直接从丹个人的工资里扣。丹本来每年拿100万美元，现在只拿7万美元）——动机是他的信条，即所有工作者都值得拥有一份能生活的工资。但很多经理则认为给愉快的工作者投资会得到更多经济回报。

早在1930年，经济学家凯恩斯（John Maynard Keynes）预言，随着经济繁荣，生活水平提高，人们有可能一周只工作15小时，闲暇时间会更多。但目前，情况却相反，人们在单位工作的时间越来越长，也越来越努力。可能是因为单位提供的工作环境越来越舒服，比如健身房、午休间、餐饮，甚至洗衣服务，为何还要回家呢（谷歌公司一些员工最近承认，为了节约房租，他们其实一连几个月都生活在工作中）？但在瑞典，6小时工作日越来越普遍，生产力并未下降。

无论“全职”如何界定，但全天工作已经不是问题。技术类公司竭尽全力吸引和留住训练有素、高价值的工作者（苹果和脸书为了让处于最佳生育期的女性员工安心工作，付钱让她们冷冻卵子），这就使低工资的非熟练工作和兼职工作越来越没有竞争力。当快餐连锁业和大型零售商采用实时数据分析，准确安排员工需要什么，以及何时需要的情况下，技术就产生滥用劳动者的现象。2014年，星巴克承认“36小时随时待命”计划具有破坏性，并放弃这种做法。

随着稳定的雇佣关系、全职或兼职工作的比例不断缩小，据预测，到2020年，40%的美国劳动大军将会是自由职业者、承包商和临时工。从事自主的零工经济不仅仅是低技能的、可替代的临时工，也有受过高等教育的工人。美国评价医疗方案（Affordable Care Act）和其他保障制度正在缩小全职劳动和承包劳动之间的利益差距。在很多方面，这都是一种双赢，既满足了千禧一代珍视的灵活性和自主性，又让雇主们无须负担昂贵的、不容易驾驭的基础设施开支。但这种

① Holacracy在2007年提出，特点为职权更透明、运作更高效、反应更敏捷、创新更容易，最大限度挖掘员工创新力，内部采取分权自主、流程化、网络化的管理模式，具有典型的客户价值形态。

交易也有消极影响：由于基本的监管设施滞后，很多自主工作者容易遭受那些追求利润最大化却规避风险的公司的剥削。

上述现象预示着，未来的工作场所如何组织结构，如何保证人人都有工作的可能性。但随着机器人和人工智能更新换代越来越快，这些可能性还很远，我们看到，简单的自动化正替代零售职员、银行柜员和快餐工作人员等“粉领”们的位置。机器人复兴了美国的制造业，促进了最初的自动化工业和现在的航空工业的大发展。如今，机器人正被设计成为能翻汉堡包、能照顾医院病人，能递送包裹，甚至做手术。

自动化以人工智能助理的形式不断向工作场所迈进。“聊天盒（Chatbox）”语音聊天软件正在取代个人助理和客户服务代表，并向电子邮件和电话应答领域发展。管理任务也能自动化：原型软件写成的“我的执行总裁（iCEO）”能够进行项目和人员管理。随着真实的人工智能发展，我们看到一次机器学习的大爆炸：使用人类加工之后的计算力量，完善算法，演算出人类永远无法辨别的检测模式，以人类专家无法达到的超精确性预测未来结果。这些能力正在切断像法律、机器和金融等这类牢靠的职业生涯。IBM的认知计算项目沃特森（WATSON）已经变成一个王牌诊断器，能够分析海量医学文献（这是真正的医生不可能完成的任务），能够招募临床医生来对其结果进行微调。沃特森的皮肤能释读X光线，撰写法律简报和管理股票投资组合。他的程序设计者称，沃特森比人类同行能加工更多信息，且更少偏见。

至于自动化的加速到底是好事还是坏事，支持者和反对者差不多对半。英国48%的人是技术悲观主义者，他们害怕这种趋势将加大收入不平等，增加社会不安定因素。下面数字似乎有利于悲观主义者：在一些行业中，采用这些新技术能增加30%的产量，且节约90%的劳动开支，在未来的20年中，机器人和人工智能预计将代替美国47%的劳动者、英国35%的劳动者。而这仅仅是对现有工作的替代。乐观主义者相信这些新技术只是产生不同工种，虽然我们无法准确预见这些新工作将会是什么。如果说计算机的应用和发展带来了软件业等高利润领域，那么，机器人的出现则为建造和编程机器人的人们，以及机器人伦理学者创造了工作机会。像沃特森这样的项目，无论有多大力量，毕竟只是辅助人类，而非替代其人类同行，让他们也做一些人类擅长做的事情，比如创造力、直觉和关爱（如果沃特森和他的衍生品没有涉猎开处方、制作影像等创意活动，不能从事鉴定艺术等直觉活动，没有被输入为人类提供移情反应的编程，这种想法还能安慰人）。

如果很少的工作与广义的经济繁荣能够和谐一致，我们就需要考虑工作的根本目的。仅仅为了挣钱而工作吗？或工作是为了让我们过令人满足的、有意义的生活？如果是后者的话，一旦我们衣食无忧，还需要有偿工作吗？总体来说，问题的关键不是谁工作，谁获得报酬，而是国家政策是否有利于财富积累或分配。一些社会主义者、自由主义者和技术资本者倡导有保障的基本收入是消灭贫穷、与不平等斗争、减缓技术性失业困扰的有效手段。目前美国还没有尝试（尽管有人在底特律游说一个实验项目）基本收入政策，荷兰正在乌特列支等城市对这个概念进行试验。

（一）这对社会意味着什么？

美国正努力推行角色规范，维持或重新创造良好的中产阶级工作环境。联邦、州和市政府酝酿是否提高最低工资、提高多少等问题。在任何行动都能产生一种平等、对立和无法预知的反应的复杂经济环境中，劳资纠纷尤为困难。例如，劳工部正考虑采取措施，让雇主给成千上万的工人支付加班费，其他人则认为，即雇主发加班费，却削减了其他福利。支持或反对工会的法律争议尤其大，因为在20世纪，工会一直代表工人权益，但近年来工会发现自己的权力已被侵蚀。

兼职、项目制、零工经济的兴起，需要建立全新的规范性结构，需要对按照传统职业确立的资格（授权）体系进行改革。零工经济的兴起给卫生保健支持系统和社会安全带来巨大压力。加拿大、瑞典等国家已经建立了一种新的法律分类“独立承包人”，旨在规范分享经济类公司工作者的工作条件，比如优步和Lyft。在美国，联邦和州的管理者如法炮制，尝试起草规范，在雇佣方企图通过将风险和责任卸载给雇员的方式将支出最小化的时候，保护工人的利益。

随着自动化和人工智能不断向蓝领和行业工作渗透，我们应考虑财富重新分配在以大规模失业或就业不足的社会中起着何种作用。免费工作——艺术的、创意的、科学的、社会的——由于它们对社会的贡献而变得真正有价值？获得有保障的基本收入成为一种公民权利，而非一个标记？

（二）这对博物馆意味着什么？

经济整体状态和劳动条件决定着人们使用博物馆的时间和金钱。一方面，工作逐渐变成“24 / 7（每周每天）”随时在线的节奏，给人们留下的休闲时间越来越少。对于艺术行业的从业人员来说，每天8小时工作之外用于研究、社交的时间却成为沉没成本。另一方面，灵活的工作时间，自由职业者和承包劳动以及

“分享经济”工作的兴起，很多人可以灵活安排合适自己参观博物馆的时间。

在教育、培训和机遇方面，经济和工作市场也塑造着人们对博物馆的期待。近年来，图书馆已经顺应并满足了人们进入互联网、计算机知识培训和找工作助手的需要，博物馆会发现自己的工作远超出马斯洛金字塔型的层次需求理论：帮助人们建立个人信息档案并使之网络化，以期寻找富有创造性的工作。作为培训提供者，博物馆专门于作为高等级人类认知技能加速器的服务，这些技能有价值，但不能被更高级人工智能机器所取代。

洛杉矶县美术馆执行总裁戈万（Michael Govan）最近预测，随着独立策展人的出现，博物馆总体上会使用更多的兼职和外包劳动。博物馆未来工作的特征是：流动的、临时雇佣的高技术专家团队负责某项具体任务，任务完成之后就解散。这种模式已经在电影工业、房地产开发行业和新行业广泛使用，今后会更多地用于展览制作。

博物馆有自己的劳资纠纷，长期使用免费实习生尤其受质疑。营利性公司的实习岗位严格规范，劳工部如今为非营利组织留下一个大而肥的漏洞（可能被如何区分实习与志愿者所困扰，没有后者，慈善组织无法生存）。但就是因为这个做法是合法的并不意味着它符合伦理的——博物馆工作者中间不断形成一个共识，即免费实习岗位对博物馆领域是一种伤害。

美国目前陷入关于工资伦理和经济繁荣讨论：最低工资、生活工资、CEO与工人的工资差别。这些问题对博物馆也极为重要，特别是当它们努力培育一支更多元的工作人员队伍时。该领域的年轻干部不断成长，要求博物馆“将社会公平的镜头转向内部”，并对自身采取一种批评性的看法。

（三）博物馆应该如何做?

可能要做到以下三点。① 调查社区劳动力的变化情况，评估其参观需要、内容、服务和最方便的参观时间，甚至想分享的工作空间（像图书馆一样，变成某种程度的工作场所）。艺术博物馆可以为中立派和创意界创业公司提供活动场地，科学博物馆可以成为科学／技术的孵化器和科研中心，儿童博物馆可以开展课外教育和家庭服务项目。这种转变能推进博物馆使命，挖掘尚未充分利用的空间，获取经济和社会收益。② 转变观念，努力把博物馆变成有吸引力的、高性能的工作场所，包括处处体现自主性和权威的管理结构。在工资方面，博物馆无法与私人企业竞争，但如果与时俱进的话，可以变成最酷、最具创意的工作场所，吸引那些愿意牺牲高收入的最好和最聪明的人，为博物馆事业做贡献[①]。这并不是说，为了一个“合弄”公司就放弃组织结构图。90%的美国工人感到没有被充分欣赏；改善工作环境可以从管理者及早并经常说“你工作做得很好，谢谢”开始。③ 认真对待行业内的馆长（高级管理人员）与一线员工工资差别较大的经济不平等。年轻人为了进入这个行业，接受了不足以生活开支的工资待遇。博物馆界不仅要从行业出发提出需要，单个博物馆要评估自己内部做法，探索出一套伦理的、经济的价值体系，支持改革，改变现行政策和实践。

（四）博物馆案例

伦敦国家肖像馆和伯明翰博物馆信托基金（Birmingham Museums Trust West Midlands）签署协议，开始使用“生活工资基金会”研发的自愿性生活工作证明系统。该基金会2011年由英国公民联盟（Citizens UK）创办，鼓励雇佣方自愿支付员工能够在英国维持基本生活的工资。他们收集并分享数据，为生活工资做证明：给雇主的福利包括提高工作质量、减少缺勤率、提升员工保留率；对社会的福利，包括稳固家庭、缓解贫困。

2015年初，全美汽车联合会工人为了反抗科勒公司而举行罢工。密尔瓦基公立博物馆的当地工会会员签署了一项声明，指出“此前的斗争，包括美国历史上时间最长的罢工，激励了一代又一代劳工运动。UAW833现在的行动在威斯康星‘后工作权力’时代起着重要作用，再次显示了劳动工会如何夺回战斗，为工人们赢得权力”。这是博物馆及其员工如何帮助公众在社会和经济史背景下理解现在的劳工斗争。同样在2015年，博物馆行动主义者成立了一个非正式同盟“博物馆工人有话说”，改善博物馆和文化机构的工作环境和其他内部做法。他们举办周期性的“推特交谈”，组织分享会，发起关于博物馆劳工实践的谈话。

二、超越人类：拓展能力的极限

如果我能折断自己手指且是非自闭的，我宁愿不如此。自闭是自我的一部分。

——动物学家、动物保护主义者坦普·葛兰汀

① 将一些不直接产生经济效益的活动纳入考量范围，让员工在心理上获取更多价值感，有效改善管理者和从业人员之间的关系。

2015年是《美国残疾人法案》（Americans with Disabilities Act，ADA）[①]颁布25周年，现在应该探讨未来25年将如何发展。倡导者呼吁应更多地关注认知的可介入性，以便更好地获取信息和通信，并更综合地对待已有环境。目前，我们的社会正处在如何看待残障人士和残障人士如何看待自身的变化之中，但即使我们努力为所有人创造平等的环境，但应对变化的挑战仍然存在。神经系统界面、力触觉、先进的修复学、基因编辑等技术的发展正不断延伸人类物理的、感官的和认知的能力。一些博物馆已经受到挑战，虽然在可介入性设计方面已达到最佳做法，仍需要面对一种新的观众：这些人以人类前所未有的方式体验着这个世界。

长久以来，西方文化一直把"平常"与"正常"混同一谈，给那些偏离"平常"太远的人们打上标签，划归为"他者"一类。身体和认知的差异在不同时期被解释为神祇不赞许、道德败坏、天生低下或最近才作为能够修补或治愈的状态。

《美国残疾人法案》是残疾人权利的胜利，让他们获得和他人一样的权利和尊重。在普世性设计运动奠定的基础上，该法案提倡场所和系统的创建要让所有年龄、状态或能力的人方便进入。包括博物馆在内的很多机构，认识到简单、直观、灵活、合理的可介入性设计就是好设计，比如，对环境或设施进行改动来满足特殊残障人士的需求，但实际上很多博物馆所谓的可介入性设计实际上仍有很多不足。改善设计的斗争特别重要，因为很多残障事实上是由已有的环境造成的（美国矮人组织指出，成年的侏儒够不着自动柜员机，是银行的失误，而不是客户的）。

社会分残障和非残障（或"暂时有能力"）两类人，残障通常被认为是一种需要矫正的状态。具有各种认知和身体能力人士正挑战着这种概念，他们将自己和同类人视为有效的亚文化。"聋人文化"已被联合国残疾人权利公约明确承认，手语被承认为一种特殊语言，而不是一种断断续续的口语。神经多元性运动主义者认为自闭症是人类基因遗产一个珍贵部分，坦普·格兰汀曾发出自闭症患者是"不同的，而不是更少"的宣言，呼吁不要治疗或"治愈"有些残障人士（例如，关于人工耳蜗植入的伦理争论，这种医疗方法被看作企图消灭聋人文化）。随着基因扫描和生殖医学的发展，父母对孩子有更多选择。在人工授精中，精子的筛选、胚胎的选择和基因测试技术可以选择或避免某种特征。基因编

① 该法案禁止在就业、交通、公共设施、通信和政府活动中对参加人的歧视。

辑的进步令人震惊，全新的CRISPR-Cas9[①]技术预示着未来我们可以将基因编码剪裁成片，特别精确地粘贴到生物体中。这些超前的技术带来了诸多问题，除了堕胎，父母选择不要自闭的、聋哑的或带有唐氏综合征引起的三种版本第21号染色体的孩子是道德吗？在一个残疾儿童出生之前，采用技术手段“治愈”，这种做法在21世纪仅仅是优生学吗？

随着越来越多的“治愈系”技术工具的发展，一场拒绝“修正”的社会运动正在兴起。比如可穿戴技术设备“智慧眼镜”和“视力矫正器”被大量生产，用于辅助视力障碍者；能将声音转化为震动的“触觉背心”“智慧发卡”，用来辅助聋人和听力困难者。有些设备甚至被植入体内，比如，数码文身和神经移植，他们可以根据肢体残疾人的脑电波来控制仪器，包括使瘫患者打字。

为残障人士设计的辅助性技术极大扩展了人类的基本能力。人工耳蜗能发挥“仿真耳朵”作用，与无线设备同步（远程麦克风、电视天线、电话），正常听力的人也可能愿意做这种手术。上文提到的“触觉背心”工作原理是人脑能很快学会将震动转码为含义，这种转变不仅对声音（讲话）有效，而且对任何数据也有效——远程传感器或脑电图。例如，飞行员能够将飞行数据直接注入身体。仿真能代替缺失的肢体，也能帮助平常的跑步者通过自己两脚获得像尤赛恩·博尔特（每小时25千米）那样的最快速度。仿生鞋（Bionic Boot）发明者的目标是每小时行走40英里。机器人体外骨骼不仅能使瘫痪者行走，而且能提高任何使用者的速度和力量。“神经修复”设备正在研发，能修复大脑损伤或老化。

这类增强设备是旨在通过技术改变人类状况，获得超人运动的核心能量，让人们好上加好。目前正在试验生物黑客、身体黑客、研磨者和电子人等项目都预示着这些技术的发展前景。美国一家生物黑客公司（The Grindhouse Wetware）研究团队已经研发出生物植入物和LED文身，将RFID芯片埋入皮肤，就能遥控锁门、发动汽车、浏览网页、通过亲近度或姿势鉴别信用卡真伪。赛博格基金会（Cyborg Foundation）创建人、艺术家内尔·哈比森（Neil Harbisson）在脑中植入了一个类似触角的可联网装置，能将颜色转化成他能识别的震动。除了能“听”到色彩外，该装置还“听”到红外线和紫外线，并输入WI-FI来

---

① CRISPR-Cas9（Clustered regularly interspaced short palindromic repeats）病毒能把自己的基因整合到细菌，利用细菌的细胞工具为自己的基因复制服务，细菌为了将病毒的外来入侵基因清除，进化出CRISPR系统，利用这个系统，细菌可以不动声色地把病毒基因从自己的染色体上切除，这是细菌特有的免疫系统。科学家掌握了对一种蛋白Cas9的操作技术，并先后对多种目标细胞DNA进行切除。这种技术被称为CRISPR/Cas9基因编辑系统。

监控卫星数据[①]。

一份预测报告显示，到2035年，如果把普通的医疗植入器以及新的、正涌现的技术计算在内的话，大多数人将变成“超人”。这将产生很多问题：人类何时以这些方式选择提升自己的能力？如何界定“平常”“很不正常”？在人的能力被无限提升的未来，谁被认为是“残障”？

（一）这对社会意味着什么？

技术如此快速进步并不能让我们远离严重的、持续的全国性和全球性挑战。美国只有17%的残疾人能就业（而正常人就业率为64%），收入也较正常人少很多。只有45%的国家出台了反歧视法或其他针对残疾人的法律。

要解决我们越来越熟练地使用基因扫描和基因编辑的伦理和法律争端，尤其是关于胚胎编辑的伦理大争论，目前，美国和英国禁止编辑人类胚胎，但一些人为了研究的目的而呼吁修改现行法律。

按照严格的分类组织职业性和业余性运动，或奥运会和残奥会。传统的分类法正被打破，比如，残疾的田径运动员借助假肢能跑得更快或更好，残奥会冠军、“刀锋战士”奥斯卡·皮斯托瑞斯（Oscar Pistorius）因使用先进的碳纤维假肢而于2008年被奥林匹克委员会禁赛，但有多少非残疾的精英运动员能达到如此高水平？创造竞争性“公平”运动门类已经受到挑战，增强技术让创造一个公平的比赛环境变得异常艰难。事实上，残疾人借助增强技术能战胜非残疾人，最终会摧毁残疾人意味着“差劲”的观念。

我们既要理解那些拒绝改变成符合社会正常标准的残疾人，又要认真应对增强技术带来的新的社会不平等问题。当仿真手臂远胜过人类手臂时，很多人会不会选择用机器手臂来换掉自己的手臂？对于社会和经济地位低下的人们来说，无疑又增加了生存的难度。

（二）这对博物馆意味着什么？

作为思想领袖、教育者和伦理家，博物馆在社会中起着引领者的作用，因而

---

① 他天生患有色盲，他与科学家协力开发了一款特别的天线，并将其植入自己的颅骨，将“看不到”的色彩转化成“听得见”的声音，是地球上第一个获得法律认可的电子合成人。他还创办了电子人基金会（Cyborg Foundation），致力于研究如何将技术直接运用到人类身体上，来开发、延展和创造人的潜在感受力，在一次主题为“我听见颜色”的TED演讲中谈到自己怎样变成电子人，在参观美术馆时，就像走进音乐厅一样，可以聆听毕加索。

应该站在维护残疾人权益的前沿阵地，而不是仅用脚踩在狭窄的法律轨道的边沿。不仅要把普世性原则融入博物馆工作的方方面面，而且要把残疾人士吸纳到理事会、员工和咨询者队伍中。

很多博物馆，特别是小型机构和历史建筑，仍在努力达到ADA标准。博物馆需要准备应对下一次更严格法规的潮流，为像内尔・哈比森一样借助增强设备的残障人士提供艺术和音乐体验。积极探索在设计展览和公共空间中，创造体验增强技术的可行性和适度性。

（三）博物馆应该如何做?

可能要做到以下三点。① 全面清查为残障人士服务的实体和电子设施。以ADA标准为参照，首先考虑地面的可进入性。实践证明，执行通用设计标准将会提升所有博物馆使用者的体验，而不仅仅是为了残障人士。对于罹患各类残障的使用者而言，这样的清查工作非常重要。为达到此目标，博物馆要与当地相关机构和由残障人士管理的非营利组织合作。② 在展示诠释中要考虑到如何表现与残障人士相关的内容。戴・穆罕默德（Day Al-Mohamed）在最新一期《博物馆》中写道："博物馆要重视内容的包容性，而不仅是让残障人士机械地接触展品而已。"她鼓励博物馆要承认历史名人或权贵"被遗忘"的残障（内战时期摄影家Matthew Brady在职业生涯末期已经完全失明），全面表现残障人士的生活（海伦・凯勒不仅是盲人权益倡导者，还是女性参政论者、社会主义者、和平主义者和ACLU创办者）。③ 探寻博物馆藏品中包含的关于残障人士"不为人知的历史"。英国《埋藏于脚注中》的报告中指出，博物馆藏品中与残障人士有关的物品"数量很多"，但很少展览。这类物品"给博物馆能够去探讨并挑战'残障一定等于对社会贡献少'的看法，通过展示历史上残障人士发挥着怎样多元和具有潜在影响的作用"。

（四）博物馆案例

1. 太平洋科学中心

每月周六这一天，太平洋科学中心就早早开门，迎接泛自闭症障碍儿童和家长参观。调暗灯光，调低声音，帮助这些观众避免拥挤，为这些特殊观众提供一个温馨的参观环境（其他很多博物馆也提供自闭症–友好活动和参观时间）。

2. 芝加哥当代艺术博物馆

该馆根据申请，为色盲观众提供EnChroma眼镜，使他们以另一种方式感受色彩。这款眼镜背后的原理是“感知心理物理学”，虽然色彩感受体验是模拟的，但能大大改善观众的观展体验。该博物馆最近还更新了网站，在展馆中采用了可接触性设计，合并了多感官线索，极大地提升了所有使用者的体验感。

3. 国家公园管理局的朗帝斯诠释中心（Lowndes Interpretive Center）

该中心沿着阿拉巴马塞尔玛（Selma）[①]到蒙哥马利国家历史步道（Montgomery National Historic Trail）放置雕像，来阐释民权运动，包括一尊吉姆·莱塞尔（Jim Letherer）的雕像，这位一条腿的犹太人跟随马丁·路德·金从塞尔玛游行到蒙特马利。穆罕默德（Day Al-Mohamed）指出：“展览是关于游行和选举权，但偶然把残疾作为故事的一部分——不仅是因为任何特殊安排，而是因为关于残障就在那里。”

三、我/我们/这里/那里：博物馆和基于位置的增强设备矩阵

> 结果是，虚拟现实的杀手级应用是其他人类。建造一个人们想要居住的世界，居民便会来。
>
> ——英国科幻小说家查尔斯·斯特罗斯

增强现实（AR）技术和虚拟现实（VR）技术是去往其他地方和实践（真实的或想象的）的入口。它们可以是魔法镜子，提供可能的世界的映像——更精彩、有趣、大开眼界（大量信息）。它们可以是魔杖，展现出一个藏在我们身后的隐形世界。这些技术在为一部分人带来巨额利润的同时，也让其他人贫穷。它们能增强共情，同时也能产生新形式的歧视。AR和VR也对博物馆有着承诺与风险。当你足不出户，仅仅戴上耳机就能体验神奇的景象、声音、触摸，或与朋友一起闲逛，为什么还要去博物馆？另外，这种直接的、高效的平台能够与人们随时随地接触，博物馆能说服多少人来参观实体馆（IRL）。如果VR和AR变成既

① 塞尔玛（Selma）是1965年马丁·路德·金等黑人领袖组织三次声势浩大的抗议声讨运动之一（其余两次是在蒙哥马利和阿拉巴马），这些运动直接推动了1965年《投票权利法案》的通过，让黑人的选举和被选举权利得到保障。

可以负担，也能广泛介入的，博物馆需要敏锐地弄清其位置及其与社会的价值构成。

先来给这些电子亲戚的关系画张图。VR指一种载体，将用户运送到完全电子化、模拟的环境中，即一个想象世界或真实世界、现在或过去的再创造。最受欢迎的VR是《魔兽世界》，约7000000用户在Azeroth平原、山川和海洋中漫游过。最著名的非游戏类虚拟世界可能是2003年推出的《第二人生》[①]，其地产包括几个得分较少的虚拟博物馆（进入者少）。目前对VR游戏或非游戏的关注，是通过新展示技术让这些世界变为沉浸式，创造一种幻境，让用户似乎身处完全真实的3D世界。最近议论最多的是Oculus Rift，一种为电子游戏玩家设计的沉浸式VR头戴式显示器。2014年脸书售价为20亿美元，但三星、谷歌和索尼也竞相推出成熟的同类产品。正如前数十年，硬件平台对资源展开激烈竞争，VR技术应运而生。

与此相反，AR技术旨在用虚拟提升真实感的方式增加我们周围世界的电子信息，在我们所见或所看基础上传递内容和信息，并以最成熟的方式，与用户交互，且适应用户。博物馆AR早期版本包括使用Layar的摄像头覆盖，即简单的谷歌眼镜探索阶段。微软即将发布的演示视频HoloLens混合现实头戴式显示器炫耀其能够产生一种分享的“合弄”工作环境——能使多个用户观看和操纵相同的虚幻器物。这一类别的后起之秀也包括有些神秘的Magic Leap ——一款只在撩人的GIF图库中闪了一面的产品——许诺能制造超现实的AR技术。

VR和AR在过去几十年发展异常迅速。第一个装置产生于1968年，被称为“达摩克斯之剑”，因为它很重，不得不悬挂在天花板上供用户使用。现在，装置变得更小，更轻便，更便宜，而体验感更强。发展的动力来自在线游戏这个有利可图世界的巨额报酬的繁荣，但游戏因被劫持、被用于其他目的而具有一段脆弱的历史。事实上，很多现代游戏开始设计时就允许且鼓励“改装”。例如，视频游戏“我的世界”（Minecraft，一款沙盒建造游戏）鼓励玩家建立方块状结构、村落、国家，甚至整个世界，这些建造已经被用于现实世界的城镇规划和社区改造（丹麦发动在Minecraft上建造整个国家1：1复制品，帮助公众使用地理数据）。

困扰AR/VR的很多顽固问题正逐个消除。人脑与数字数据失调产生的“虚

① 由美国林登实验室（Linden Lab）开发，于2003年正式上线投入运行，是互联网上最接近真实的一个虚幻三维世界。

拟现实病”稍有缓解。谷歌眼镜早期接收器无法解决传输到眼镜信息的真实与虚幻问题，包括眼睛压力。单iOptik（VR增强现实隐形眼镜）原型能让用户同时关注数据和距离。第一代头戴设备价格都在几千美元或更多，现在市价仅仅几百美元。Google Cardboard是一个以透镜、磁铁、魔鬼毡及橡皮筋组合的可折叠的智能手机头戴式显示器，提供虚拟实境体验，可用于带3D显示软件的智能手机，使之瞬间变成一个简单的VR装置，花费不到10美元。

AR/VR并不限于耳听眼看。像任天堂电力手套（Nintendo Power Glove，1989年）和微软Kinect（2010年推出，彻底颠覆了游戏的单一操作，使人机互动的理念更加彻底地展现出来）让用户能够灵活操作动作遥控器手柄（oculus touch），用一双虚拟的手工作。战术触觉控制器（tactical haptics controller）为用户创造一种科幻和重量感，虚拟现实触控体验（ultrahaptics）能用超声波产生一种远距离触摸感。微型脑波检测技术已经被植入像Mindflex（2009年）这样的玩具中。现在，我们正探索实验非浸入式设备，能使用户根据想法来移动光标，甚至远程控制另一个用户的肌肉，最终实现身体电子化，通过直接的神经输入与电子世界互动。

很多仿生艺术类AR/VR项目都是作者策划、创意和帮助研发的。科幻小说家尼尔·斯蒂芬森是Magic Leap增强现实公司的首席未来学者，经常把他的小说环境设置为充斥着AR/VR装备的未来世界。尼尔·盖曼（Neil Gaiman）是WoofbertVR的投资者。他与博物馆的合作是受经典科幻小说《一级玩家》启发，剧中主人公戴着虚拟现实的假发上学。我们中很多人对《星际迷航》中吉恩·罗登贝瑞（Gene Roddenberry）很多前身而着迷，且了解到微软最新推出RoomAlive（房间内体感互动游戏）的震撼。

（一）这对社会意味着什么？

AR/VR新技术促进了传统行业（如游戏）的发展，也催生了新商业机会。2025年VR市场值预计将达到54亿美元，而硬件将产出另外630亿美元。与此同时，AR/VR网购模式将会给实体零售业带来毁灭性打击。当你能“看见”自己在试衣服，“感受”面料，或在虚拟的客厅为你的电子沙发试音（2014年宜家家居首次推出的一个选择），虚拟购物对你该有多大的诱惑啊！

VR通过提供有吸引力的、可进入的、内容丰富的平台复兴了一些萎靡不振的行业。2015年，《纽约时报》给每位用户（共110万）赠送一款免费的谷歌纸板耳机，并配一款免费应用，让读者进入一系列短的沉浸式纪录片。《流离失所》[①]是其中第一部虚拟现实纪录片，展示了宗教冲突和迫害造成三千万人背井离乡，主人公是三个生活困难的儿童难民。VR能帮传统的报刊赢回读者吗？就像报纸的订阅率一样，传统音乐表演的上座率多年来一直在下降。洛杉矶交响乐团最近装备了一辆卡车作为微型音乐厅在当地巡回演出，让居民犹如身临其境地体验VR交响乐，特写、全景等效果甚至比在现场观看更好。

研究者正在实验虚拟体验的“亲社会”效果。VR通过让人们“住”在别人的家庭、环境和身份中，与未来的自己相连接，帮助人们理解他们对环境的影响，减少冲突。研究还证明，与阅读和电视等传统媒体相比，VR的影响要长久得多，因此VR可以作为一种移情工具，将我们日益碎片化的世界团结在一起。罗伯特·伍德·约翰孙基金会（Robert Wood Johnson）正资助一项大规模的、长期的研究项目，采用VR来教移情。Gary Marcus指出，AR应用程序通过将一个陌生人的爱好和家庭背景叠加起来，提醒我们彼此的人性，并借此培育共情，比如美国人是否认为《流离失所》中的主人公比其他国际难民更值得同情，人们通过海平面的VR项目提前看到了马林峡谷的未来，是否会更加支持与气候变化做斗争的种种努力。

VR和AR在正式和非正式教育中都起着重要作用。“谷歌探险”项目已经给教师提供性价比高的工具套盒，让学生通过谷歌纸盒（纸板头盔显示器）虚拟参观埃菲尔铁塔或美国自然历史博物馆[②]。VR和AR通过让学生进入小型系统（细胞）或超大型银河系，并借此改变“沉浸式学习”的意义。这些技术还能降低手术、工程或空间探索等与实践先进技术有关的工作的风险和费用。2015年，布朗大学首次推出一个名叫YURT（超级现实舞台）的沉浸式3D虚拟现实屋，通过培训和实验，加快科学的发展。AR/VR也能促进终身学习，初创公司ScopeAR通过用AR建立“自己动手做”社区来应对这种挑战。现在，人们几乎任何事情都要求教于YouTube，在未来，你可能“scope in”一名专家，通过一项DIY工作，一步步来看你所看到的，展示你在做的事情。

---

① 该视频观看渠道包括Youtube、《纽约时报》的VR应用程序（IOS版本或者安卓版本）、安卓智能手机或者苹果手机下载VRSE虚拟现实应用程序、三星虚拟现实头显Gear VR。而获得《纽约时报》赠送谷歌纸盒的一百万订阅者也可通过谷歌纸盒观看一个时长为11分钟的360°全景视频，这部纪录片是最容易吸引人眼球的数字化新媒体。

② 老师通过使用一台平板电脑把想要展示的场景显示到这些设备上，并允许他们在360°之间轻松切换不同位置的照片。学生们通过使用这些工具去获得知识以达到教育效果。谷歌已经证实，它正在与和行星协会、美国博物馆的探险、凡尔赛宫合作为这个系统制作内容。

VR/AR技术的力量有可能是危险的。一个作家预测，AR能被用于“种族过滤”：避免看到“其他人”，或给人贴上“AR警告”记号，引发骚扰。在诱发共情方面，VR不仅比传统媒体更有效，也使男性和女性对强奸不敏感，让人更加意识到他们完美的阿凡达和他们在真实世界身体之间的差别。

（二）这对博物馆意味着什么？

美国自然历史博物馆数字化学习部副主任巴瑞·约瑟夫（Barry Joseph）认为AR/VR技术正在快速种类化。增强定位功能设备，Mooshme矩阵，沿着横、竖两个轴线分布一个平台：从“这里（提升用户的环境）”到“那里（将用户传送到一个不同的空间）”，从“我（个人/独处体验）”到“我们（分享的，社交体验）”。约瑟夫承认由像Oculus Rift这样的“我们/那里”技术带来的威胁：如果人们在沉浸式、鼓励性的虚拟环境中能够社交，还为什么要来博物馆？但他提出，这类体验能激发深度兴趣，鼓励人们在真实世界中寻找更多信息。AR技术极大拓展了BYOD世界（带上你自己的设备），以及人们安排自己参观的方式。约瑟夫为混合现实头戴式显示器（HoloLens）这类“我们/那里”技术激动不已，他称之为“博物馆管理的甜蜜现场”。如果观众能看、操作、控制和分享真实物品的“电子版本（虚拟的，幽灵般）”，或分享虚拟讲解员的导览，人们也许会欣然来博物馆参观，与朋友和家人一起，体验虚实结合的博物馆之旅。

和平面新闻媒体和古典音乐一样，博物馆也不断与其他休闲娱乐竞争观众。因此，博物馆应合理AR/VR技术平台，提供更加丰富的信息，激发馆内、馆外观众的好奇心，吸引更多新观众。此外，利用AR/VR技术，提供与同行分享、交流专业技能的新途径。因为并不是每个博物馆都有文保员、包装员和运输员或装裱员，最小的博物馆也能通过AR/VR技术平台邀请其他博物馆的专家，以“流动员工”形式，进行藏品保养或其他工作。

（三）博物馆应该如何做？

可能要做到以下两点。① 使用现有的或原始的与博物馆有关的内容，为观众提供AR/VR体验。了解哪些设备能帮助观众获得最佳的“在博物馆”体验，增加销售3D-IMAX类影片。VR内容制作既不容易也不便宜。但很多机构开始与低于市场利率的新兴的制作公司和艺术家合作，同时，内容发展主要支撑源仍掌握在广告公司和硬件特定交易商手中。通过与开展AR/VR项目的公司合作，这类项目能在非营利预算基础上来完成。② 采用现有技术，并应用于其目标。为什么不采取NYT的领先？给每位博物馆会员一个谷歌纸盒头戴设备（Cardboard headset），定期发布新内容：导览的后台、新特展预展、最新旧石器挖掘的迷你型扫描仪或坐在馆长办公室，和他（她）面对面谈论年度重点工作。

（四）博物馆案例

很多博物馆尝试AR/VR技术的应用，这里介绍几例Mooshme Matrix款的最新尝试。

1. “我/这里”

斯坦福的坎托艺术中心（Cantor Arts Center）的“The Art++ 增强现实”应用软件采取图像识别技术，在照片、绘画或雕塑周围产生一种“电子光环digital halo”，提供辅助的多媒体信息。该项目由布朗媒体创新研究所支持完成，是致力于研发创新型讲故事方法的斯坦福和哥伦比亚大学一次有益的合作。

2. “我们/这里”

提供分享AR体验的设备（Hololens）尚未用于商业用途，2015年3月，蒙德里安的3D博物馆煽动性地推特了“关于#混合现实头戴式显示器 #博物馆 #3D与@micro-soft的会议，期待为下一代制作‘在真实博物馆中的教育和艺术’”。

3. “我/那里”

伦敦的科陶德画廊是最早使用WoofbertVR的艺术馆，这种应用可以介绍世界各地的博物馆藏品。科陶德画廊的导览由于讲述人尼尔·盖曼（Neil Gaiman）而获得了很高的知名度，他也是Woofbert的投资人。Woofbert代表着技术人员（三星、脸书）和博物馆之间的合作，强强联合。该项目最终将提供虚拟导览，与用户互动。

4. “我们/那里”

达拉斯艺术博物馆推出了一个名为“镜像阶段：互联网之后的自我可视化”的展览，并组织艺术家乔·拉夫曼（Jon Rafman）在线上虚拟世界“第二人生”组织了一场表演，现场邀请观众通过隐藏在SL角落的“阿凡达”导览登录，在他的在线用户角色模型（Kool-Aid Man）指导下，参与活动，体验虚实结合的梦幻般展览。

四、夺旗运动：争夺代表与认同的斗争

取下旗帜，现在就取下来，把它放到博物馆中。在下面刻上1861～2015年。

——《世界与我》的作者塔-奈西希·科茨（Ta-Nehisi Coates）

（该书入选《纽约时报》2015年度十大好书）

过去的一年，全球范围都在努力应对种族、认同、文化、历史和象征主义等问题。长期以来，有一些固定的框框条条来界定和控制着社会，比如男/女、异性恋/同性恋、白人/黑人/黄种人的身份及其表现方式，现在这些固化的边界正被打破，活动主义者利用社交媒体的力量确保有人倾听他们的声音。作为集体历史的公共监管者，博物馆发现自己陷入与表达、认同和物质文化的斗争中。

西方社会开始承认人类认同的复杂性——包括种族、性取向和性别。政府总是滞后于社会变化，美国人口普查永远都扮演追赶者角色，不断改变着收集数据的方式，支持人们为自己划分类别（或拒绝归类）的方式。2000年，普查局首先允许人们选择多种族。随后十年中，这样选择的人们成倍增加，2010年多达180万人。新一代父母更愿意让孩子有多种族身份，以至于美国社会接近主体少数民族。

博物馆不再被迫把人分成二元类别，并开始接受性取向和性别的变化。16%的美国人认为自己既非完全的异性恋，也非同性恋，而是介于二者之间。有些人能认识到他们的性别与3岁时的基因或形态不一致。社会制度和司法体系，以及传统的环境，慢慢接受并适应这些复杂性（2014年脸书为用户提供了58种性别选择和3个名词）。很多大学还在为如何安排在校期间变性者（特别是单性别的大学）苦苦挣扎，佛蒙特大学已经正式承认第三性：中性。社会总要等到一个孩子成年时才做出很多严肃的生活决定，但那不是父母和准备做变性手术孩子们的选择。挪威正考虑出台一项法律，允许孩子们在7岁时就可以依法改变性别，但禁止不到18岁就做变性手术。

但接受流动的边界能提高我们对代表和控制的关注。一个人公开承认自己身份的权利有限制吗？Rachel Dolezal因在社会媒体和平面媒体上自认为黑人而受辱，她父母和同事都知道她本来就是白人。Dolezal反复强调她的行为是基于深

切感受到内心的身份认同。但批评者谴责她——和其他宣称是黑人的白人——在原来的身份变得不方便时，就选择他们本可放弃的身份。身份也是关于个人历史的事情。女权主义者对前奥运冠军布鲁斯·詹纳（Bruce Jenner）变性后首次以女性形象登上《名利场》杂志封面，并宣布改名凯特琳（Caitlyn Jenner）愤怒不已。Elinor Burkett写道："没有以女性身份生活过的人不应该界定我们。在善待女性的文化中，作为一个女人意味着获得一定的体验，忍受一定的侮辱，享受一定的礼节。"她认为布鲁斯获得女性身份的权利并不能超越他大部分时间以男性生活的经历。

谁能够代表社区说话？"Change the Mascot（变化吉祥物）"的支持者向华盛顿的国家橄榄球联盟队施压，不准再用种族诽谤的名字"红皮肤"，而一些土著民集会支持这个队的绰号。让事情复杂化的是，文化不仅仅是出身或起源的问题，而是关于遗产。一个人成长于一种文化中是为了代表它吗？纳瓦霍国最近争议是否让不能说流利的纳瓦霍语的成员出任公职，最早决定修改竞选条件。

社交媒体的兴起改变了这些话题的走向，或加速改变或放大冲突。推特是个大传播器，让反抗者能把问题直接抛给公众，也不经过主流媒体过滤。这种激化有关"代表"问题的讨论，是缘于一场推特风波无法区分"社区共识与外部立场"之间的差别。社交媒体，特别是匿名平台，通常鼓励人们展示最糟的情况和没有过滤的自我。例如，一个学生在科尔盖特大学静坐抗议，被Yik Yak（一种新型的匿名社交网络）帖子狂轰滥炸，引发出公民对话中从未出现的新种族主义（尽管抗议组织者认为这是一件好事情，因为至少大学不用假装那些态度在校园不存在）。

身份认同越来越分裂的特性让相互对立的声音已无法调解，因为双方都认为自己代表社团。去年夏天，波士顿美术博物馆让游客穿上和服在莫奈油画《穿和服的女人》前摆姿势，舆论哗然，抗议引发了一场更大反抗议活动，一些日裔美国人穿上和服，敦促日本驻波士顿领事馆副总领事代表博物馆发言。一名日裔美国人在博客中写道，"周二和服事件最冒犯的那些人是非日裔亚洲美国人和白人联盟"，并批评媒体把所有亚裔美国人混为一谈。

身份和代表问题不仅出现在个人和公司层面，也出现在公共领域，比如面对一段痛苦过往的有形提醒物时。在美国，"取下旗帜"运动呼吁从南卡罗来纳州法院取下联邦战旗，演化到要取下阿拉巴马蒙哥马利国会山的小瀑布，密西西比大学，甚至弗吉尼亚理查曼的圣保罗主教（Episcopal）教堂（联邦教堂）中的旗帜。联邦总统杰弗逊·戴维斯[①]的雕像也被从奥斯丁田纳西大学校园中被移走，密苏里大学一些学生也想尽办法将托马斯·杰弗逊[②]的雕像搬出校园，耶鲁大学的学生抗议者迫使校方给长尔霍恩（Calhoun）寄宿学院重新命名，因为约翰·C·长尔霍恩（John C. Calhoun）是奴隶制强有力的倡导者。南非在回应要求拆除殖民主义者塞西尔雕像时也面临类似问题，苏联和东欧社会主义国家对是否拆除列宁像也纠结不清（或像乌克兰艺术家一样，颠覆性把列宁像改造成银河帝国的黑暗尊主达斯·维德）。

现在是否要取下一面旗帜或一尊雕像已不是问题，在哪里划定边界成为争端。公共雕像永存压迫，或让我们想起需要重新对待的历史？从雕像毁坏者到查尔斯顿的长尔霍恩和玛丽安广场（Marion Square）事件，到最近发生的AME圣公会黑人教堂（Emanuel African Methodist Episcopal Church）枪杀案，人们都从种族观点出发，在地理上和思想上划界线。但很多评论家指出，如果我们抹去过去的有形提醒物，如何理解我们究竟怎样来到今天的？

（一）这对社会意味着什么？

如果社区能积极主动地提出社会公平问题，就能以富有成效的、平等的方式商讨文化和社会转型。与此相反，如果社会拒绝变化，等矛盾濒临临爆点时，通常以损坏每个寻求合法解决途径的社区而告结。例如，研究证明马丁·路德·金被暗杀后引发的暴乱毁坏城市，黑人家庭收入下降10%，年轻人种失业率升高。

学校和大学团体通常是重大社会改革的燃点，当他们以思想探索方式寻求尊重和包容之间的平衡时，踏出了一条艰难的线路，比如密苏里大学和耶鲁大学努力回应要求改革的声音。

我们的社会需要创造一个尊重人的环境（身体和法规），包括动辄就把人类型化，且将其固化。随着民权运动和残疾人权力运动的发展，卫生间又一次冲在了社会变革的前沿。很多城市和学校准备再造卫生间的时候，倡导“平等进入”的前沿城市（西雅图、费城、伯克利、圣特菲、奥斯丁、达拉斯）通过了适合所有性别的卫生间的条例。

---

① 杰弗逊·汉弥尔顿·戴维斯（Jefferson Hamilton Davis，1808～1889年），美国军人、政治家，美国历史上最有影响力的政治人物之一，于美国内战期间担任美利坚联盟国首任，也是唯一一任总统。

② 托马斯·杰弗逊（Thomas Jefferson，1743～1826年），美利坚合众国第三任总统（1801～1809年）。同时也是《美国独立宣言》主要起草人，以及美国开国元勋中最具影响力者之一。

（二）这对博物馆意味着什么？

人民和时代呼唤博物馆来充当文化防卫者，因为在取下联邦战旗，或移走雕像和纪念牌的运动中，作者或发言人最后都呼吁“把它放到博物馆”。人民需要博物馆作为防爆卫士，来破解社会不稳定问题，或者要博物馆把反抗的器物埋藏在文物库房中，让人看不见，想不起，或人民乐观地相信博物馆能培育强有力的辩论、对话与和解。

对于博物馆藏品，“文化挪用”意味着什么（超出文化遗产的法律问题）？何时讲述这么多藏品（美术品、装饰艺术、古代文物或自然历史标本）背后蕴含的鲜为人知的殖民主义和压迫等故事是明智的、必需的或可取的？只有基因上、历史上的代表人物或群体才有资格提出这些问题？

2015年12月，约翰·卡明斯（John Cummings）在路易斯安那建造的惠特尼种植园正式对公众开放，他称之为美国第一个专门讲述奴隶制的博物馆。卡明斯是白人，有些人在博物馆开放之前就谴责他“不断从黑人痛苦遭遇中谋利”，但其他人则称他是现代版的约翰·布朗，一个与种族主义和压迫做斗争的白人。

近年来，博物馆通过咨询员和咨询理事会等形式努力弥补员工中缺乏种族和文化多样性的缺憾。由于认同的竞争性特征，选择族群和个人来“代表”整个文化和种族利益也越来越具有挑战性。任何个人或族群能代表整体的心声？这样的族群如何证明博物馆的认同并使之产生效力？谁有资格（权力）挑战他们给博物馆的输入物？

（三）博物馆应该如何做？

可能要做到以下五点。① 以新视角来看自身环境，尽量不把游客类型化为“受欢迎”或“不受欢迎”，妥善处理一些公开和敏感的问题。接受“每个人都应该安安静静处理个人事情”，哲学也许像改变标记一样简单，对卫生间等服务设施进行整修、翻修或改造。② 在博物馆自身范围内，要未雨绸缪，提前采取一些有效方法避免或应对争端。比如预设和征集一些有难度的谈话，尽量在博物馆遇到批评时，能够妥善而及时处理，因为一个推特井号（#）标签就能发动一个小型抗议，然后变成国家新闻。③ 要让人们在自己文化认同和关注的语境中体验博物馆。博物馆受其使命指导，关注一件器物的审美或科学意义，而其他人可能通过文化和历史的镜头来观看其藏品。博物馆如何能证实并承认这些呢？④ 决定是否及如何在州、城市、社区中排除或重置文化爆炸点过程中发挥作用，特别是当有人冒犯博物馆，冒犯与创建人或捐助人有关的历史性财产和遗址及纪念物，或有人离间博物馆与社区、观众和支持者关系的时候。⑤ 创造在社会关于消除、治愈、重建等内容的对话中发挥作用的机会（也是一种义务）。通过征集、收藏和展示等核心活动，用艺术品和历史记录冲突和呼唤社会变革。还可以充当调解者，为善意寻找解决争端办法的人们提供沟通与对话的机会，把尽可能多的人团结在一起。

（四）博物馆案例

1. 明尼苏达历史社团

2014年，该社团新设了包容与社区参与部，指导所有历史遗址和博物馆在工作中引入包容性做法，确保该馆所有活动都能反映多样性，包括藏品、项目、员工招募、志愿者、历史保护与治理等内部和外部策略。克里斯·泰勒认为该部门旨在“承认多元社区内部的专业技能或知识，通过合作与共同创造，用博物馆资源放大并传播多元社区的声音”。该社团一直致力于团结多元化会员，而设立包容与社区参与部则是融合与提升这些做法。

2. 福特–萨姆特堡国家纪念公园

2015年6月17日，南卡罗莱纳查尔斯顿的AME圣公会黑人教堂，9名非裔美国祈祷者被枪杀，福特–萨姆特堡国家纪念公园取下了飘扬在遗址上面的联邦旗帜。国家公园管理局说，晚些时候会把一些联邦旗帜和标语挂在观看度较低的地方。“作为查尔斯顿海港的中心，福特–萨姆特堡国家纪念公园上方只能飘扬美利坚合众国现在的旗帜，这一点很重要”。城堡内将举办历史上的旗帜展，让观众了解城堡的历史和那里飘扬的旗帜的历史。但这种做法让很多人生气，他们认为旗帜根本不应该展览，也有人认为这些旗帜根本不应该被去掉。

3. 纽约现代艺术博物馆

该馆推出了一项题为“考察认同”的学习项目，用藏品探讨人们感知和表达自己的方式。项目设计者认为，“一个人天生的因素和条件，比如种族遗产、性别或身体，在界定其身份时，通常会起作用”。这种建构主义者的方法鼓励学习者通过自身经历来诠释艺术。

4. 惠特尼美术馆

该馆准备搬迁至下曼哈顿区之前曾主办了一次“博物馆怎样才算得上是一个安全而友好的空间”的讨论会，讨论包括提供性别中立的厕所等话题。新建筑内的标识现在读作“所有性别的卫生间”。美国民间艺术博物馆和犹他州美术博物馆也为观众提供所有性别（或中性）卫生间。

五、幸福感：因为你如愿以偿

国民生产总值不足以保证我们孩子的健康，他们教育的质量，或他们玩耍的快乐。它能衡量一切，却把那些令人生有价值东西排除在外。

——罗伯特·肯尼迪（Robert F. Kennedy）

人类努力追求成功，所以我们规范行为来符合关于成功的定义。如果我们真正要在生活中快乐幸福，就要有一些衡量标准。在政府、商业，甚至私人生活中，人们通常会关注得与失、投资回报率和净增值，不仅仅因为金钱是世界上最重要的东西，而是因为它容易量化和跟踪。如今，人们反对过度关注金钱，认为它是以人类健康、可持续性和福利为代价的。政府正在试验很多非财务标准，包括幸福，企业发现幸福其实也是有利可图的。一旦我们把成功重新定义为超出金钱之外的东西，博物馆要准备为之做出巨大贡献。

西方社会也并未一直把金钱作为衡量一切的标准。18世纪社会改革家杰米里·边沁（Jeremy Bentham）认为，幸福是生活最重要的衡量标准。但幸福是主观的，因而很难衡量，故数世纪以来，经济学家用金钱作为人们体验和评价世界的准绳。这种方法导致二战后把国内生产总值或国民生产总值作为衡量国家繁荣的主要指标。

金钱是幸福的贫穷代替物。1974年，美国南加州大学经济学教授理查德·伊斯特林（R. Easterlin）在著作《经济增长可以在多大程度上提高人们的快乐》中提出，尽管一个国家的富人在整体上比穷人快乐，但却不能让一个国家比另一个国家更幸福。过分专注金钱已经产生很多负面影响，比如轻视家庭劳动、自愿主义活动、消磨时光等一些免费活动；消费不可再生资源而盈利，或损害健康或环境，子孙后代就要付出代价；违反对道德或公平的活动。最麻烦的是，我们不得不面对气候变化带来的诸多代价，GDP、股价和其他关键的财务指标并不衡量可持续性。

20世纪70年代，不丹就提出国民幸福指数。1990年，联合国首次推出人类发展指数，把寿命、教育、人均国民收入等都考虑进来。2009年时任法国总统的萨科齐批准了诺贝尔经济奖获得者阿玛蒂亚·森和约瑟夫·斯蒂格利茨的报告，提出“可持续性幸福”是衡量成功的关键。第二年，法国把幸福作为一个主要标题引入年度国民社会肖像，法国研究者发现衡量不幸福比幸福要容易得多，产生了一种成功的逆向衡量标尺。同年，英国首相卡梅伦承诺给英国人推出一套总体幸福指数。

各国政府都在采用一种体系，衡量就业、健康、志愿者活动对降低犯罪率的影响。商业界也在寻找有意义的标准。2010年，Zappos的CEO谢家华（Tony Hsieh）根据他的书《传递幸福》发动了“工作幸福”运动，证明工作场所的快乐与员工参与、在职、生产力最终能产生高利润。谢家华甚至发明了投资回报率计算器，将企业从培育快乐员工中获得的收益进行量化。按照快乐倡导者肖·阿彻尔（Shawn Achor）的观点，这些收益一般包括提高销售率37%、31%生产率和准确性的19%。盖洛普咨询公司最新调查显示，不到三分之一的美国人“参与”工作（对单位的热情与忠诚度），千禧一代中参与度最低。

快乐不断被商品化，书籍、课程，甚至手机应用程序承诺要帮助你达到这种难以捉摸的状态。例如，“Happify（使你快乐）”应用程序基于“以科学为基础的情感快乐”，采用专有的框架来培植弹力、正念（西方心理学最热门词汇）和持久的快乐。但有时候，快乐的处方不需要太多技术（哥本哈根的快乐研究所最近表明，仅仅远离脸书一周就能让参与者明显地更快乐）。美国银行最近进行了一项个人传感器试验，用位置数据、声音分析和动作传感器跟踪员工的快乐和生产力（制定午餐休息的新日程，减轻压力，提高营业额，增加产量）。面部识别软件与人工智能配合，学习如何读懂情感，如牛津的微软项目、最近在《纽约客》杂志亮相的很多小型初创公司的产品Affectiva（情绪识别）。计算程序对从社交媒体上收集的海量数据进行情感分析，来诊断某一群人或某一区域的情绪。最近研究者使用核磁共振成像来标识快乐在脑海中出现的部位，出现在哪里的头脑中，希望在科学研究基础上研发出“快乐项目”。

（一）这对社会意味着什么？

多年来，全职妈妈和妻子被贬低和边缘化，因为她们的家务活没有用金钱衡量，或对家庭快乐做出了多大贡献。社会上对免费工作的贬低让父母之间在照顾孩子和做家务所花费的时间很不平等，即使倡导夫妻要分摊家务。如果未来无法大幅度提高就业率，无法缩短贫富差距，就要采取非财务标准衡量一个人是否有社会价值。

对千禧一代来说，用非货币化词汇界定成功尤为重要，因为他们面临着很高的失业率，即使就了业，也不能保证经济上成功：大学毕业生几乎有一半人在20岁时从事的是低报酬和没有晋升希望的工作。幸运的是，千禧一代对追求快乐似乎有好直觉，他们更愿意把钱花在体验上，而不是东西上，事实证明这种策略更容易产生持久的快乐。脸书和其他社交媒体鼓励人们展示他们美好的生活场景，而不是隐瞒不快乐的精神状态，从而建设更富裕，更美好的世界，让更多人获得可持续的健康、快乐和幸福。

（二）这对博物馆意味着什么?

对博物馆界来说，非财务标准是一件好事情。在福利的通用衡量标准尚未出台的情况下，博物馆在努力展示财政影响时总显得有些落后。由于博物馆工资低，就应更多关注于员工的幸福和福利，且尽可能地争取财政奖励。博物馆界的权威艾莲·古力安（Elaine Gurian）说：“如果员工开心幸福，观众会原谅你任何事情。”

对非营利机构来说，一个利好消息是，慈善给予让人们感到为他人花钱比为自己花钱更能增加幸福感。亚利桑那的罗德星（Lodestar）基金会充分利用人性的这个方面，努力“指导我们通过慈善寻找幸福”（即“这与我有关，但至少帮助了你”）。一些大型基金会将福利作为一个明晰的目标。例如，罗伯特·伍德·约翰逊（Robert Wood Johnson）基金会优先资助“积极健康”的研究项目，包括福利、幸福和婚姻满意的贡献。迪士尼公司的慈善资金优先给予那些能“给全世界贫困家庭和孩子带来幸福、希望和笑声”的项目。

（三）博物馆应该如何做?

可能要做到以下三点。① 不能只用金钱衡量成功，成功也应包括快乐。博物馆不仅要强调教育功能，也要让观众体验快乐。也是受幸福博物馆项目委托，2013年伦敦经济学校一位研究者对英国博物馆进行调研，他认为参观博物馆与高度幸福感有联系。② 建立一种快乐感的内部审核机制，探索如何创造让员工快乐且工作的环境，把员工的快乐和福利作为衡量成功的一项明晰标准。正如上文所说，博物馆在工资方面无法与私人企业竞争，但却能成为最好的工作场地。③ 回应大众对幸福感、满意度和参与性的需求，让博物馆成为人们追求福利的最佳伙伴。慈善基金会看重博物馆提升社区福利的能力，企业也要发挥博物馆“让观众快乐”活动的作用，培养幸福和富有生产力的员工。

（四）博物馆案例

已经有几个博物馆与医院合作，或医院建立博物馆，旨在提高病患福利和健康效果。

1. 英国的切尔西和威斯敏斯特医院博物馆（Chelsea and Westminster Museum）

2009年获得博物馆认证，将艺术与病房结合，所有病患在心理状态方面有明显提升。

2. 迪拜的阿尔·马克图姆医院博物馆（Al Maktoum Hospital Museum）

采用一种“语言能够治愈”的社交媒体运动，创造和分享一种“对于那些罹患病痛者有种力量和康复效果”的语言档案。

3. 快乐博物馆计划（Happy Museum Project）

该计划2011年诞生于英国，得到英格兰艺术基金会（Arts Council England）的全力支持，帮助英国的博物馆界应对挑战，树立一种乐观主义典范，增加参观者、博物馆从业人员和社区的幸福感，创造一个可持续发展的未来（具有讽刺意味的是，该计划又将快乐变回金钱，结论是博物馆的个人福利价值为每年超过3000英镑）。

快乐博物馆的例子包括：① 比尼艺术和知识之家（Beaney House）的“纸质小药店（Paper Apothecary）”项目，观众在这里可以拿到一张药剂师开出的“快乐处方”，让他们一天都快乐。② 伍德霍恩慈善信托博物馆（Woodhorn Charitable Trust’s museums）中有一名喜剧演员与观众互动。③ 加拿大温哥华博物馆展出纽约设计师施德明（Stefan Sagmeister）的“快乐秀”巡回展。温哥华博物馆指出，该展览与社区联系紧密。根据2012年调查，“温哥华人是孤立的，不相关联的”。博物馆推出了一系列活动，包括公共论坛，讨论如何创建一个更快乐的社区，鼓励人们探索各种快乐。除了巡回展之外，施德明还发起了一项为期10年的项目来界定和控制他自己的快乐。

后　　记

全球化时代的博物馆机遇与挑战并存，如何抓住机遇、迎接挑战、与时俱进，需要我们深入研究之后再进行不断实践。因此，研究对于博物馆而言，是重中之重。当然，研究并非仅仅指藏品研究，更指广义的与博物馆有关的各个方面的研究，即博物馆运行过程中所有环节、所有工作及其未来发展趋势。然而，目前我国博物馆发展过程中普遍面临着研究能力不足的问题，国家一、二、三级博物馆及央地共建8+3博物馆评估结果均显示，科研短板是各个博物馆发展的制约瓶颈。

有鉴于此，2018年12月25日，刘玉珠局长在全国博物馆工作座谈会上提出，国家文物局将在2019年发布《关于推进博物馆改革发展的实施意见》，其中就有“加强以藏品为核心的收藏、保护与研究工作，强化预防性保护和数字保护，着力推动研究型博物馆建设”的倡议。这一发展目标立即得到了很多博物馆的回应，如河南博物院在2019年给公众的新年贺词中就提出“加快研究型博物馆建设步伐”。其实，此前就有一些学者呼吁建设研究型博物馆，如自庶（《建设研究型博物馆》，《中国博物馆》2004年第1期）、邓庆（《研究型博物院的理论与实践——以沈阳故宫为例》，《理论界》2009年第12期）、尤雪晴（《研究型博物馆会是未来的发展趋势吗》，《科技日报》2015年9月13日第1版）等，更有一些博物馆也提出建设研究型博物馆的发展目标，如故宫博物院、上海博物馆、中国丝绸博物馆、天津自然博物馆、厦门大学人类学博物馆等，并且中国印刷博物馆、浙江大学考古与艺术博物馆、海南历史文化博物馆均旨在建成一个小型研究型博物馆。这种提倡“研究”的博物馆再定位预示着未来发展的强力支撑与工作重点将回归于更加广义的“研究”。

在国外，研究型的博物馆非常普遍，包括英国自然历史博物馆（伦敦）、德国柏林和法兰克福自然历史博物馆以及瑞典斯德哥尔摩自然历史博物馆等自然类博物馆，宾夕法尼亚大学等高校博物馆，大英博物馆、大都会博物馆、卢浮宫、艾尔米塔什、安大略皇家博物馆等综合类博物馆，日本的世界瓷砖博物馆等专题类博物馆。

也就是说，我国的博物馆要走出国门，面向世界时，必须具有与国外博物馆能够对话、交流的研究方法、成果，更重要的是具有国际研究视野的专家学者。近年来，我国博物馆在陈列展览的“走出去，引进来”方面进行了积极的探索，推出了一批学术型展览，极大地提升了博物馆的影响力。但尚未形成以陈列展览为主干，以藏品保护研究、教育项目、科技融合等方面为重点，以博物馆管理为支撑的综合研究合作体制，因此，加强博物馆及相关领域的研究将是未来国际合作的更广阔领域。

笔者一直认为研究是博物馆发展的基础与依据，应予以重视。无论是博物馆从业者，还是为博物馆发展培养人才的教育者，均应有此意识。这也是编辑出版本书的初衷所在。本书收录的，是笔者如何由一个外来者、观察者到一个参与者、建设者的心路历程，也是一段与博物馆相识相知的渐变过程。尽管并未了解全面，但这些文字均是认真思考后的提炼与总结。感谢接纳、包容笔者的秦始皇兵马俑博物馆（2009年更名为秦始皇帝陵博物院）和陕西历史博物馆，感谢所有的博物馆同人，感谢有幸一起共事的老师和朋友。